中国生物多样性保护与绿色发展基金会绿色企业工作委员会学术出版资助项目
广东仕诚塑料机械有限公司出版赞助项目
广州创源文化传播有限公司出版赞助项目

中社智库 年度报告
Annual Report

绿色发展系列丛书

主　编 ◎ 周晋峰
副主编 ◎ 李荣杰　唐人虎　王斌康　郑喜鹏

2025年
中国绿色经济
发展分析

中国社会科学出版社

图书在版编目（CIP）数据

2025年中国绿色经济发展分析／周晋峰主编. 北京：中国社会科学出版社，2025.3. --（绿色发展系列丛书）. -- ISBN 978-7-5227-4948-8

Ⅰ. F124.5

中国国家版本馆CIP数据核字第2025JC4420号

出 版 人	赵剑英
责任编辑	谢欣露
责任校对	周晓东
责任印制	郝美娜

出　　版	中国社会科学出版社
社　　址	北京鼓楼西大街甲158号
邮　　编	100720
网　　址	http://www.csspw.cn
发 行 部	010-84083685
门 市 部	010-84029450
经　　销	新华书店及其他书店

印　　刷	北京明恒达印务有限公司
装　　订	廊坊市广阳区广增装订厂
版　　次	2025年3月第1版
印　　次	2025年3月第1次印刷

开　　本	710×1000　1/16
印　　张	29.5
字　　数	499千字
定　　价	108.00元

凡购买中国社会科学出版社图书，如有质量问题请与本社营销中心联系调换
电话：010-84083683
版权所有　侵权必究

绿色发展系列丛书编委会

主　　　编　周晋峰
副 主 编　李荣杰　唐人虎　王斌康　郑喜鹏
撰 稿 人　(以文序排列)

石定寰	周晋峰	单胜道	肖　青	张　良
王斌康	王　静	王　澜	唐人虎	齐英杰
封　紫	庄双博	郭雁熙	李　正	尹就平
陈枚花	叶齐茂	张国威	王　平	孙德宇
姜　超	李彩宇	马晶晶	刘　璇	卢秉桢
沈　阳	诸　兵	郑喜鹏	叶梦阳	白益民
柏文喜	罗润华	古新添	李晓哲	刘　江
周一帆	黄筱甖	郭玲玲	邓　智	张　舸
严　飞	彭　莎	张雨桐	刘家磊	薛春瑜
刘广青	关宇轩	张大林	樊广东	李家鑫
薛超玉	汤玉杰	权嘉乐	黄卫扬	秦志红
何考华	黄如谏	王晓琼	韦　琦	莫玉纯
陈友瑜	詹姆斯·克雷布		吴文婧	冯晓瑞
毕树礼	郑　健	刘元堂	杨　彦	汪新亮
朱枭强	韩富全	陈建湘		

编辑组成员

王斌康	王志勇	朱　亮	王恩忠	马乐跃
卢乐杰	薛阿慧	杨　磊	金伽伊	谢顺鹏
李　南	李　卓	黎诗敏	黄美秀	黄金梅
刘思铖	李　云	陶欣然		

战略合作单位
　　　　　国家电力投资集团有限公司商业模式创新中心
　　　　　中国城市科学研究会绿色建筑研究中心
　　　　　腾讯科技有限公司能源事业部
　　　　　北京中创碳投科技有限公司
　　　　　北京中创格润科技有限公司
　　　　　北京财团商道管理咨询有限公司
　　　　　北京市盈科律师事务所
　　　　　广东省经济学家企业家联谊会
　　　　　广东仕诚塑料机械有限公司
　　　　　广州创源文化传播有限公司
　　　　　中青创业（广东）投资发展有限公司
　　　　　广州丰乐工商管理研究院
　　　　　广州万佳实业控股有限公司
　　　　　《小康》杂志社
　　　　　《中国民商》杂志

序 一
因地制宜推动绿色低碳技术创新

石定寰[*]

联合国世界环境与发展委员会（WCED），通常称为联合国环境特别委员会，是在1983年第38届联合国大会上通过决议成立的独立机构。1987年在其提交的报告《我们共同的未来》中，首次正式提出了"可持续发展"这一概念。之后，1992年联合国召开了具有里程碑意义的"联合国环境与发展会议"，在此次大会上通过了以可持续发展为核心的一系列重要文件，包括《关于环境与发展的里约热内卢宣言》和《21世纪议程》等。此后，中国将可持续发展战略纳入国家经济和社会发展的长远规划之中，并进一步将其内化为更契合中国国情和实际需要的绿色发展理念，实现了可持续发展理念的本土化创新。进入21世纪，绿色发展成为国家生态文明建设的基本途径，以绿色、低碳、循环为主要原则，日益成为推动国家生态文明建设的重要抓手。

工业革命及其后的持续工业化进程极大地增强了人类改造自然的能力，并不断提高了对资源的需求。在此过程中，人类在与自然的关系中扮演了强势角色，而自然则相对处于弱势地位。工业文明以功利主义为其伦理基础，奉行"人类中心主义"，追求人类的幸福。这种文明形态使得人类凌驾于自然之上，引发了包括气候变化、环境污染、资源短缺、生物多样性丧失等在内的一系列生态失衡问题，这些问题构成了对可持续发展的严重威胁。

---

[*] 石定寰，国家中长期科学和技术发展规划领导小组办公室成员、战略研究组组长，国务院参事，世界绿色设计组织主席，中国可再生能源学会理事长，中国科技咨询协会理事长，中国科技情报学会理事长，中国生产力促进中心协会理事长，研究方向为绿色设计、可再生能源和新能源科技。

2025年中国绿色经济发展分析

20世纪80年代，西方社会对全球变暖议题的讨论极为热烈。随后，国际社会在全球变暖议题上的探讨和行动逐渐深入：从对全球变暖问题的关注呼声日益增多，到该议题被纳入联合国议程，再到达成政治共识，并通过连续召开的全球气候大会，敦促各国针对气候变化控制目标采取政策行动。在这场全球应对气候变化的浪潮中，中国始终深度参与其中，并随着社会经济的不断发展，发挥着越发重要的作用。

若要实现气候变化减缓，就要努力实现碳中和。中国明确提出的"双碳"目标，既是大国的责任担当，也是中国实现绿色发展目标的现实需要。因此，社会经济发展模式的深度转型，迫在眉睫且势在必行。

从历史发展的角度来看，工业文明对农耕文明的替代是"不留情面"的。我们现在深度推进生态文明建设，实现绿色低碳发展，那么可再生能源对化石能源的替代也将是碾压式的，这是大势所趋。2018年前后几年，中国的化石能源燃烧排放的二氧化碳每年都在100亿吨以上，这里面煤炭占了几乎75%，石油占了20%。而根据国务院《2024—2025年节能降碳行动方案》发布的总体要求，到2025年，非化石能源消费占比将达到20%，重点领域和行业节能降碳改造形成节能量约5000万吨标准煤、减排二氧化碳约1.3亿吨。2060年前实现碳中和目标，要聚焦到能源领域，且需要煤炭、石油产业逐步地转型。

各国国情不同，在气候变化进程中受到的影响程度也各异，因此在碳中和策略和目标上，国家之间既存在着博弈，也在寻求互相理解。发达国家已完成工业化转型，对中国而言，有些国家的经验可供学习和借鉴，为中国的绿色发展提供一些参考，但要完成中国式现代化建设，实现中国特色的高质量发展，我们更需要摸索出一条适合自己的独立自主之路。这条道路更具挑战性和不确定性，也更需要建设包容性的政府，以及以开放性、多主体的市场为主导的体制机制加以推进。

中国式现代化建设正处于转型升级的关键阶段，主要任务就是要推动发展方式转型，推动经济向高质量发展迈进。2024年7月，中共中央、国务院印发了《关于加快经济社会发展全面绿色转型的意见》，提出了到2030年要实现的绿色转型总体目标：重点领域绿色转型取得积极进展，绿色生产方式和生活方式基本形成，减污降碳协同能力显著增强，主要资源利用效率进一步提升，支持绿色发展的政策和标准体系更加完善，经济社会发展全面绿色转型取得显著成效。

序一　因地制宜推动绿色低碳技术创新

我国地域广阔，受地理梯度、政策环境、文化差异等因素影响，不同地区的社会经济发展程度也存在差异，虽然这种差异在国家政策的宏观调控下在逐渐缩小，但发展不平衡的问题依然存在，有一点对各地区而言则是高度统一的——以科技创新做产业变革的先导，以绿色设计为可持续发展的引擎，加大可再生能源开发利用力度。这是解决我国能源和资源"瓶颈"制约、确保国家能源安全的根本之策，是促进消费、增加投资、稳定出口的重要结合点，也是各地区调整产业结构、提高竞争力的现实切入点。

加快新发展格局构建，以碳达峰碳中和工作为引领，坚定不移走生态优先、节约集约、绿色低碳高质量发展道路，协同推进降碳、减污、扩绿、增长，深化生态文明体制改革，是我国经济社会发展全面绿色转型，形成节约资源和保护环境的空间格局、产业结构、生产方式、生活方式和消费理念的关键。当下，不论是从二氧化碳捕集与利用关键技术及应用，还是有机废物厌氧发酵沼液催化重整处理与制氢利用技术，抑或面向新型电力系统的煤电低碳灵活关键技术……中国在"双碳"领域的科技创新的每一步进展，都在为实现"绿水青山就是金山银山"的绿色发展理念贡献着新质生产力。

《2025年中国绿色经济发展分析》在宏观层面上，继2023年与2024年两部"绿皮书"之后，持续对中国经济的发展状况进行了全面的分析。本报告不仅涵盖了全局性的经济分析，还特别聚焦于产业层面，对相关行业领域的绿色发展进行了深入的观点解读与学术分析。此类年度性出版物的连续出版，有助于形成对国家经济战略格局发展轨迹的持续观察与思考，若能持之以恒，其时代参考价值将越发显著。

序　二
实现中国式现代化，推动产业绿色转型升级

周晋峰[*]

良好的生态环境是经济发展的重要基础和支撑，是人民幸福生活的重要前提，也是影响人类社会可持续发展的关键要素。党的二十大报告中明确提出"中国式现代化是人与自然和谐共生的现代化"。传统的生产模式具有耗能高、污染大等特点，推动中国式现代化建设，必须要解决好人与自然之间的关系，坚持走绿色发展之路，建设具有中国特色的现代化是我国经济社会发展的历史必然。

长久以来，经济发展往往以牺牲环境为代价，认为"金山银山"和"绿水青山"的关系是对立的，矛盾是不可调和的，这就导致了严重的环境污染和生态破坏，严重制约着人类社会的可持续发展。近年来，我们有一个共同的感觉，那就是极端气候事件越发频繁，百年不遇、千年不遇等词频繁见于报端，全球温室气体排放量仍在积累，并未实现碳中和，突破《巴黎协定》中温度上升1.5摄氏度阈值就在眼前。除此之外，全球生物多样性锐减的态势并没有得到扭转，形势依旧十分严峻。扭转现有态势，实现可持续发展是全人类的共同夙愿。

党的二十大报告明确提出并深入阐述了中国式现代化理论。一个国家要走向现代化，既要遵循现代化一般规律，更要符合本国国情。人口规模巨大和现代化的后发性，决定了我国实现现代化将面临更强的资源环境约束。人口多、资源约束强、环境承载力较弱等基本国情，决定了中国式现

---

[*] 周晋峰，中国生物多样性保护与绿色发展基金会创会理事长，第九届、第十届、第十一届全国政协委员，第九届、第十届中华职业教育社副理事长，世界可持续发展科学院院长，世界艺术与科学院院士。研究方向为生态文明、生物多样性与绿色发展。

代化不能走西方国家实现现代化的老路，而是要走人与自然和谐共生的现代化新路。改革开放以来，我们用几十年时间走完西方发达国家几百年走过的工业化历程，实现了经济增长的奇迹，打破了"现代化＝西方化"的迷思，展现了现代化的另一幅图景。同时，我们必须要看到，当今世界正经历百年未有之大变局，机遇和挑战并存，新一轮科技革命和产业变革正是大变局的重要推动力量。全面推动经济社会高质量发展，实现绿色转型升级，是推动中国式现代化的关键路径。

我国仍然并将长期处于社会主义初级阶段，需要进一步深化改革，推动经济增长方式绿色转型，要把补上"生态欠账"作为实现中国式现代化，实现中华民族伟大复兴中国梦的前提条件。要想实现经济社会发展与生态保护"双赢"，需要坚持生态优先、绿色低碳发展，不断筑牢生态环境根基，推动经济社会发展全面绿色转型。

2024 年，我国持续推动碳强度下降工作。截至 2024 年 7 月底，风电、太阳能发电总装机容量达到了 12.06 亿千瓦，是 2020 年底的 2.25 倍，提前 6 年多实现了 2030 年的装机容量目标。① 节能和提高能效是实现碳减排最主要，也是最经济、最直接的路径。我国通过新技术、新材料、新工艺、新设备的应用，不断赋能绿色发展，经济发展"绿色含量""科技含量"显著提升，不仅推动了企业创新，促进了自身高质量发展，为应对气候变化作出了重要贡献，也为全球可持续发展贡献了中国方案。

但是，推动产业绿色转型升级仍然需要久久为功。在建设生态文明、稳步推进经济社会绿色低碳高质量发展的进程中需要从以下几个方面入手：

（1）加快产业结构优化与调整。需要发展绿色低碳产业，改造升级传统产业，构建绿色产业体系。在资源约束收紧等现实因素下，需要由要素驱动、投资驱动向创新驱动转变。发展绿色低碳产业是加快产业结构优化与调整的重要方向。通过推动人工智能、互联网、大数据等新兴技术与绿色低碳产业深度融合，可以释放出数字化、智能化、绿色化叠加倍增效应。除此之外，传统产业是经济发展的重要支撑，但往往存在高能耗、高排放等问题。因此，改造升级传统产业是实现产业结构优化与调整的

---

① 《碳强度持续下降 我国已提前实现 2030 年目标》，2024 年 11 月 7 日，https://www.360kuai.com/pc/9f0d4284 7ebdf23f4？kuai_so＝1&sign＝360_6aa05217&cota＝3&refer_scene＝so_52. 2024.11.7。

序二　实现中国式现代化，推动产业绿色转型升级

关键。通过采用新技术、新工艺对传统产业进行改造，可以有效提高生产效率和产品质量；通过加强节能减排技术的研发和应用，可以降低成本；通过产业链延伸和上下游整合，可以提高传统产业的附加值和市场竞争力。构建以高端制造和现代服务业为代表的绿色产业体系，并催生一系列新兴产业或者新技术引领的先导产业，将为我国经济增长带来无限活力。

（2）加大绿色技术创新与运用。创新是经济发展的重要引擎。当下，新一轮科技革命突飞猛进，人工智能、互联网、大数据等新兴技术与传统技术相结合，孕育出了无限可能。新技术创造出新产业、新业态，产业更新换代不断加快。为了推动绿色技术的创新与发展，政府和企业应加大对绿色技术研发的资金投入，构建绿色技术研发平台，整合各方资源，形成"产学研用"紧密结合的创新体系。在全社会形成鼓励创新、支持创新的良好氛围。绿色技术的研发最终需要转化为实际应用，才能发挥其价值。因此，我们需要采取包括一系列优惠政策在内的多种措施推广绿色技术成果。绿色技术的研发和应用需要高素质的人才支持。因此，需要加强绿色技术相关专业的建设和发展。

（3）加快能源结构调整与消费方式变革。能源是经济发展的重要基石和驱动力，支撑着社会的正常运转和经济的可持续增长。近年来，我国不断加快发展新能源和可再生能源，促进化石能源清洁高效利用，构建了"多能互补"的能源体系，紧紧围绕能源、工业、建筑、交通等重点领域和重点行业积极推进节能提效改造升级，以更少的能源资源消耗创造更好的经济社会效益。推动能源结构调整，是实现经济社会发展全面绿色转型的关键所在。除了关注能源方面，我们也应该关注消费方式的变革，笔者之前提出过"碳平等"的观点，即人人具有相同的碳排放权，同样，人人都具有相同的减排的义务和责任，通过消费端的变革反作用于生产端，自下而上的变革同样意义重大。培养绿色消费理念，推动绿色低碳生活，实施垃圾分类与节水节电，发展循环经济，这些都将有助于推动社会经济的绿色低碳转型。

加快推进社会经济绿色转型离不开制度与政策保障，尤其是在"碳达峰""碳中和"的大背景下，推动产业绿色低碳发展时间紧、任务重。亟须进一步深化改革、不断创新，从政策法规、激励机制以及监管与测评三个方面入手，不断明确绿色低碳产业发展路径，建立健全相关体系，以确

保绿色转型的顺利推进。

（4）我国需要进一步完善绿色产业政策及其法律法规。近年来，国家出台了一系列旨在推动绿色产业发展的政策文件，如《中共中央 国务院关于加快经济社会发展全面绿色转型的意见》《关于加快推动制造业绿色化发展的指导意见》《关于大力实施可再生能源替代行动的指导意见》等，这些文件为绿色产业的发展提供了明确的顶层设计。然而，在具体实施上，目前仍存在部分省份绿色产业政策法规不完善的问题。即使部分省份已出台了碳达峰方案、绿色低碳循环发展经济体系实施意见，但大多并未单独提出绿色低碳产业发展的具体方向和目标路径。因此，各地需要加快构建与绿色产业发展相适应的法律法规体系，应加快建立健全绿色产业发展规划，明确产业发展方向和目标，优化重点区域布局，推动绿色产业健康发展。

（5）建立绿色产业发展激励机制方面，我国仍需加大力度。尽管国家已经出台了一些激励绿色产业发展的政策措施，如税收减免、资金补贴等，但这些措施在实施过程中仍存在一些问题，如财政激励不足、激励力度不均衡等。为了解决这些问题，各级政府应制定绿色低碳产业动态财政调节机制，根据不同时期的绿色低碳发展落实情况进行动态财政协调与平衡。同时，还应制定以点带面、点面结合的财政分层分类激励办法，形成"中央+地方"协同增效的激励格局。此外，还应鼓励企业加大绿色技术研发和投入，通过技术创新推动绿色产业的快速发展。

（6）建立与完善绿色产业监管与测评相关体系。目前，我国绿色产业的监管和测评机制尚不健全，绿色产业的发展状况难以准确评估。应加强对绿色产业的监管力度，建立健全绿色产业统计核算体系，对绿色产业的发展状况进行定期监测和评估。同时，还应制定绿色产业标准和认证体系，对符合绿色产业标准的企业和产品进行认证和奖励，以推动绿色产业的规范化发展。

从总体上来看，目前，我国碳排放总量仍居高位，生态环境的历史欠账尚未还清，产业结构调整仍面临着诸多压力，制造业大多处于全球价值链中低端，煤炭、石油等化石能源仍是我国能源主体，亟须加快构建清洁、低碳、安全、高效的能源体系。

自党的十八大以来，我国在生态环境质量改善、绿色低碳转型、全球生态治理等方面都取得了前所未有的成就，开创了人与自然和谐共生的中国式现代化理论体系，构建了生态文明建设的"四梁八柱"，推动了能源结构、产业结构深度调整和绿色转型升级。从系统性、长期性的战略视角看，我国社会经济全面绿色转型升级未来可期！

最后，期待本书能够为各领域绿色转型提供借鉴。

序　三
把新质生产力转化为绿色经济产出

单胜道[*]

生产力是马克思主义理论中的基础性概念，劳动者、劳动资料、劳动对象共同构成生产力三要素。其中，劳动者所具有的主动性、能动性和创造性，是生产力中最活跃的要素。在马克思主义理论的基础上，习近平总书记站在现代化强国建设全局的高度，创造性提出"新质生产力"一词，这是一项重大理论创新，也是马克思主义生产力理论中国化、时代化的最新成果。

新质生产力的特征包括高效能、高质量、高科技、数字化、网络化和智能化，并以创新为核心要素，最终实现质量变革、效率变革和动力变革。

中国仅用短短几十年走过了发达国家两百年的工业化进程，可谓阔步疾行、波澜壮阔。但不可否认的是，在这种快速的经济发展过程中，中国经济经历了低效率、高耗能、高排放的发展阶段，这不仅增加了资源使用强度，也提高了资源供给的难度。在国际环境日趋复杂多变的情况下，资源供给问题也将日益成为经济增长的明显制约因素。加之产品销售的对外依赖，我国经济发展面临着双重不稳定因素，同时也引发了一系列生态环境问题，比如雾霾、极端气候、碳排放、野生动物栖息地碎片化等问题。此外，随着中国经济崛起而需要履行的应对气候变化责任，高速发展阶段所积累的一些社会矛盾，如城乡差距、人口老龄化、公共服务水平较低、自然资源利用率低等，也会进一步呈现。这些因素都令原有发展模式难以为继。

---

[*] 单胜道，浙江科技大学党委副书记兼生态环境研究院院长，博士生导师，浙江省循环经济学会理事长，主要研究领域包括废弃生物质厌氧发酵能源化、炭化循环利用与水土环境健康等。

如何在应对上述问题和挑战中保持坚韧，并在多变的市场中获得稳定发展，进而引领企业和社会走向更加繁荣和可持续的未来？这是一个需要我们深思的问题。当前，包括中国在内的全球经济进入重大转型升级的阶段——从旧发展模式到新发展模式转变，通过融合人工智能、大数据等数字技术，向高质量发展转变。

发展新质生产力是推动高质量发展的内在要求和重要着力点。以我国在新能源领域的布局为例，我国经济可持续发展面临着资源供给和环境保护的双重压力，新能源是解决目前人类可持续发展问题的必然选择。为促进绿色低碳循环发展经济体系建设，推动形成绿色低碳的生产方式和生活方式，国家发展和改革委员会、工业和信息化部等六部门于2024年10月联合印发《关于大力实施可再生能源替代行动的指导意见》，重点对可再生能源安全可靠供应、传统能源稳妥有序替代，以及工业、交通、建筑、农业农村等重点领域加快可再生能源替代应用提出具体要求。并明确提出，到2030年全国可再生能源消费量达到15亿吨标准煤以上的目标，为实现2030年碳达峰目标提供有力支撑。我国新能源的布局，在汽车领域这项传统产业领域体现得尤为突出。随着2024年第1000万辆新能源汽车下线，中国成为全球首个新能源汽车年度产量达到1000万辆的国家，标志着我国新能源汽车产业迎来高质量发展新阶段。新能源汽车，所代表的不仅是一款车的生产，而是横跨多学科、多产业，涉及原材料、动力电池、电机及电控系统、人工智能、充电服务等多个方面，承载着中国向"双碳"目标和产业绿色转型升级坚定迈进的使命。

新质生产力的提出，顺应了新时代进一步解放和发展社会生产力的时代要求。将创新为主导作用的新质生产力转化为绿色经济产出，除了政策引导与规划，也离不开劳动者核心竞争力的提升。因此，与人才强国战略相结合，加强绿色人才的培养尤为关键。

我国进入了全面建设社会主义现代化国家、向第二个百年奋斗目标进军的新征程，在这个需要不断奋进的征程中，我们比历史上任何时代都更加渴求人才。以我国不断更新的职业目录为例，自2015年版《中华人民共和国职业分类大典》（以下简称《大典》）正式提出"绿色职业"概念以来，在国家"双碳"目标指引下，2022年版《大典》标注了134个绿色职业，约占职业总数的8%，说明随着我国绿色低碳发展的不断深入，对这一领域的职业人才需求也在不断提高。

序三 把新质生产力转化为绿色经济产出

高校和社会各界也要肩负起培养大批具有较高科技文化素质、具备综合运用各类前沿技术能力、熟练掌握各种新型生产工具的创新型人才的重任。以大学生低碳循环科技创新大赛为例。自2021年以来，由中国生物多样性保护与绿色发展基金会主办，浙江大学能源工程学院、浙江科技大学环境与资源学院、浙江大学环境与能源政策研究中心、浙江省科协资源环境学会联合体、浙江省循环经济学会、浙江省绿色科技文化促进会共同承办的大学生低碳循环科技创新大赛，已连续举办了三届，得到了全国各地高校的积极参与，其中2024年大赛组委会共收到来自全国30余个省、直辖市、自治区的260余所高校1100余个项目报名参赛。

这些有益尝试，构建了教育、科技、人才"三位一体"运行体系，建立了政府部门、产业企业、社会组织、行业院校联动机制，通过人才培养，不断提升传统产业的质量、"含金量"和绿色属性，摆脱传统经济增长方式、生产力发展路径，让具有高科技、高效能、高质量特征的企业和行业不断发展起来。实现新质生产力发展，并将其转化为绿色经济产出，是一项系统工程和长期而艰巨的任务。

《2025年中国绿色经济发展分析》的编撰，通过聚焦新质生产力和高质量发展这一年度特色，对当年国家的绿色经济发展进程、面临挑战、亮眼表现、存在问题及政策建议等进行了系统分析，深度关注社会经济发展各领域在绿色发展领域的创新科研项目及成果，对我国深度推进绿色经济发展提供了借鉴与参考。这样的年度梳理与盘点，同样有助于摸清新质生产力发展中的堵点、卡点，实现重点领域、重点产业的科研攻关和科技创新，从而激发劳动、知识、技术、管理、资本和数据等生产要素活力，为企业绿色转型提供指导，从这一层面来讲，同样也是一部服务于各行各业的工具书。

望通过此书，与社会各界共鉴共勉。

前　　言

党的二十大报告提出，"推动绿色发展，促进人与自然和谐共生"。中国生物多样性保护与绿色发展基金会（以下简称中国绿发会）以此作为主题组织编写《绿色发展系列丛书》，由谢伯阳同志、周晋峰同志先后任主编，绿色企业工作委员会（以下简称绿工委）负责编写工作，王斌康同志负责统稿，对绿色经济发展的相关环节——绿色规划设计、绿色能源、绿色供应链金融、绿色生产方式、绿色消费、循环经济等绿色经济的理论研究和社会实践活动一一进行了分析总结和发展预测。

2023 年 3 月，《2023 年中国绿色经济发展分析》由中国社会科学出版社正式出版，成为"绿色发展系列丛书"的第一本绿皮书。中共中央统战部原副部长胡德平同志撰写题为"生态文明下的绿色发展"序言。明确指出："中国绿发会支持《2023 年中国绿色经济发展分析》一书的出版。该书不是一本指导企业如何绿色发展的理论著作，而是各个绿色产业中有成功实践的企业、成功经验和典型案例的汇集、分享。"该书出版发行后，在很多城市都引起了很好的反响。北京、上海、广州、深圳、佛山、潮州、肇庆，这些地方都先后召开了规模不等的"绿皮书读书会"，大家对"绿色发展系列丛书"给予一致好评。

鉴于《2023 年中国绿色经济发展分析》成功入选中国社会科学出版社"中社智库"年度分析报告，并引起社会各界的积极反响。中国绿发会决定组织编写《2024 年中国绿色经济发展分析》，继续保持丛书服务社会绿色发展、服务企业绿色转型的职能，为此中国绿发会两次召开由周晋峰副理事长兼秘书长主持的绿皮书编辑工作会议。周晋峰副理事长强调，"绿色发展系列丛书"要呈现中国绿发会自己的特色，要用优质的创作内容体现丛书的服务功能和年度特色，对绿色经济发展所涵盖的各个领域都要有深入的研究和呈现；要能够做出特色，做成品牌，力求打造出一套年度化、系列化理论与实践相结合的中国绿色经济发展的系列报告，并辅以行业领域有代表性的案例作为参考资料，力争做成对中国绿色发展有贡献、对节能减排有促进、对企业实际工作有价值的系列丛书。

2024年3月《2024年中国绿色经济发展分析》由中国社会科学出版社正式出版。北京市原副市长、中国绿发会创会理事长胡昭广同志撰写题为"坚定不移，走绿色发展之路"的序言。更多的城市召开了读书会，有些城市还召开了建设生态文明实现绿色发展的培训班。南宁、昆明、玉溪、重庆、贵阳、盘州、济南、临沂等城市还召开了绿色经济发展论坛，对促进社会经济绿色发展、提高对建设生态文明重要性的认识起到了很大的推动作用。特别是广大企业家对本书表现出巨大的热情，认为本书既有相当的理论高度，又有可以实操的典型案例，对广大企业实际工作者理解绿色经济发展，践行降碳减排具有较好的指导价值。

在全球倡导可持续发展的推动下，中国发展绿色经济对实现经济转型，应对气候变化具有重要意义，中国绿发会在2024年9月1日启动《2025年中国绿色经济发展分析》的编写工作，由周晋峰同志任主编，并且延续前两年报告的编写指导思想："绿色发展系列丛书"要对社会经济高质量发展、产业转型升级、企业绿色低碳发展具有指导性和实操性，要把来自国有企业、民营企业、县域经济绿色发展的优秀案例融会其中，同时邀请国际跨国公司和国际嘉宾参与本书的创作，分享国际上的成功经验，重视并拓宽"绿色发展系列丛书"的服务功能，也欢迎社会各界推荐更多的优秀文章、优秀案例、优秀书目加入"绿色发展系列丛书"之中。

《2025年中国绿色经济发展分析》的编写受到社会各界专家学者、企业及科研单位的关注和大力支持，在此特别感谢中共中央统战部原副部长胡德平同志对本书的悉心指导，感谢北京市原副市长、中国绿发会创会理事长胡昭广同志，国务院参事、中国可再生能源学会理事长石定寰同志的积极支持，感谢本书的各位撰稿作者的不吝赐稿，感谢中国绿发会谢伯阳理事长、周晋峰副理事长兼秘书长、肖青副秘书长、绿工委副主任兼秘书长王恩忠同志的大力支持，感谢绿工委的学术出版资助，感谢各战略合作单位的大力支持和出版赞助。同时，也要感谢本书编写组成员的积极参与和辛勤劳动。我们还要感谢中国社会科学出版社对这套"绿色发展系列丛书"出版的大力支持。

绿色发展系列丛书编委会

目　录

总报告

发展新质生产力　增强绿色经济新动能
……………………中国生物多样性保护与绿色发展基金会
绿色企业工作委员会课题组（3）

理论探索与战略研究

上市公司碳核算碳披露现状及能力提升研究 …… 唐人虎　王　澜（39）
新能源项目建设必须重视保护自然朋友
………………………… 周晋峰　齐英杰　封　紫（49）
"双碳"目标下的储能方式分析及展望 ………………… 庄双博（61）
中国绿色经济的立法现状和司法实践
………………… 郭雁熙　李　正　尹就平　陈枚花（73）

绿色规划设计

可持续发展"绿色城市"的解决方案 ………………… 叶齐茂（87）
被动式建筑在未来城市节能减排中的发展探索
………………………………………… 张国威　王　平（98）
零碳建筑技术助力实现碳中和目标 …… 孙德宇　姜　超　李彩宇（107）
城市更新的绿色引擎
——基于自然的解决方案改造滨河空间 …… 刘　璇　马晶晶（114）

绿色能源

中国核电行业对绿色经济发展的促进作用
　　……………………………………………………………… 卢秉祯　沈　阳（127）
能源变革下的城市级电池资产管理平台
　　——以安徽巡鹰新能源集团有限公司为例　……………… 褚　兵（138）
中国碳市场 2.0 催化产业低碳高质量发展　…… 郑喜鹏　叶梦阳（146）
中日氢能合作，实现氢能产业优势互补　……………… 白益民（157）

绿色供应链金融

地方财政及专项债对绿色经济发展的支持　……………… 柏文喜（171）
绿色供应链金融数智化转型：科技驱动，价值共生
　　………………………………………… 罗润华　古新添　李晓哲（184）
新能源上市公司外汇风险管控　………………………… 刘　江（195）
ESG 投资助力能源行业绿色低碳化发展　……… 周一帆　黄筱曌（205）

推行绿色生产方式

区块链技术赋能光伏产业碳链建设
　　——以协鑫集成科技股份有限公司为例
　　…………………………………………… 郭玲玲　邓　智　张　舸（219）
绿色经济发展的人才培养：现状、模式分析与展望
　　…………………………………………………………… 严　飞　彭　莎（235）
使用生物降解地膜与黄腐酸肥料促进农业绿色低碳发展
　　……………………………………………………… 张雨桐　刘家磊（247）
煤矿超低浓度瓦斯资源化利用及碳减排潜力分析
　　………………………………………… 薛春瑜　刘广青　关宇轩（258）

| 目　录 |

绿色经济循环智能创新发展

可再生能源产业链平台建设与发展研究 ……… 张大林　樊广东（269）
自动驾驶末端物流的作用和发展趋势 ……………………… 李家鑫（281）
基于卫星遥感技术的CO_2浓度监测技术与应用
　　……………………………… 薛超玉　汤玉杰　权嘉乐（291）
大规模设备更新助推塑料装备制造业绿色低碳发展
　　……………………………… 黄卫扬　秦志红　何考华（302）

绿色经济的实践活动

库布其沙漠治理与"绿进沙退"新发展 ……………… 黄如谏（319）
全面严谨，推动生物基材料含量检测认证标准编制
　　………………………………… 王晓琼　王　静　韦　琦（329）
探索环境权益质押在低碳行业的应用实践
　　——融资租赁风控体系建设 ……………… 莫玉纯　陈友瑜（342）
推进中国的绿色经济
　　——政策与行动 ……………………………… 詹姆斯·克雷布（350）
绿色设计：全球可持续发展的主要推动力
　　………………………………… 吴文婧　冯晓瑞　毕树礼（357）

绿色消费

推动绿色消费　促进绿色发展
　　——中国餐饮高质量发展的必由之路 ……… 郑　健　刘元棠（367）
我国农业食品系统温室气体减排的分析与建议 ………… 杨　彦（377）
智能化装配式城市污水处理系统及发展前景
　　………………………………… 汪新亮　朱枭强　韩富全（386）
厨余垃圾处理碳排放核算及政策建议 ……………… 陈建湘（397）

社会经济绿色发展典型案例

浙江余姚市鹿亭野生铁皮石斛保护与开发
  ——浙江健九鹤药业集团有限公司 ················· (411)
建设"低碳环保之家",打造零碳酒店
  ——北京红墙紫龙花园酒店管理有限公司 ············· (414)
新型化石燃料温核聚变复合燃烧技术及其应用
  ——领航国创控股集团有限责任公司 ················ (418)
广州琶洲三七互娱总部高层绿色建筑设计
  ——GWP 源尚建筑设计事务所 ···················· (422)
秸秆高值化利用 助力农业绿色发展
  ——安徽丰原集团有限公司 ······················· (425)
"智能驿站"绿色公共服务项目
  ——北京数驿科技有限公司 ······················· (429)
朗坤广州生物质资源再生中心
  ——深圳市朗坤科技股份有限公司 ·················· (432)
科技驱动汽车后市场绿色转型
  ——北京哇牛数字科技有限公司 ···················· (436)
冷热碳表产品应用
  ——乌兰察布试点案例 ·························· (440)
绿色创新驱动,引领建筑节能新未来
  ——广东兴定新材料有限公司 ····················· (443)

总报告

发展新质生产力　增强绿色经济新动能

中国生物多样性保护与绿色发展基金会绿色企业工作委员会课题组[*]

科技革命和产业变革正在重塑世界新格局。新兴市场国家和发展中国家影响力不断增强，全球治理体系发生深刻变革，国际力量对比发生重大变化。这些变化前所未有，具有显著的时代特征，表明我们的世界正在经历百年未有之大变局。

从实践来看，这个变局是世界各国人民共同作用的结果。各国在经济、政治、科技等领域的实践活动中相互依存、相互作用，共同推动了这一变局的演进；从本质上来看，这是由于社会生产力的巨大发展直接推动了新的产业革命。随着科技创新的飞速发展，人工智能、大数据、新能源、新材料、先进信息技术、先进制造以及生物科技的创新成果不断涌现和应用，正在颠覆传统的产业模式，推动社会生产力新的跃升和产生新的质态。这是百年未有之大变局发生的根本推动力。

2023年9月7日，习近平总书记主持召开新时代推动东北全面振兴座谈会时提出"新质生产力"的概念，强调积极培育新能源、新材料、先进制造、电子信息等战略性新兴产业，积极培育未来产业，加快形成新质生

---

[*] 课题组组长：周晋峰，中国生物多样性保护与绿色发展基金会副理事长兼秘书长，世界艺术与科学院院士，北京大学、美国普度大学联合培养博士，罗马俱乐部执行委员，研究方向为生物多样性保护、绿色发展等；肖青，中国生物多样性保护与绿色发展基金会副秘书长，主要研究方向为经济管理、德国经济等；执笔：张良，中国生物多样性保护与绿色发展基金会绿色企业工作委员会首席经济分析师，主要研究方向为产业经济、产业分析等；王斌康，中国生物多样性保护与绿色发展基金会绿色企业工作委员会副主任，高级经济师，主要研究方向为战略管理、股份合作经济等；王静，中国生物多样性保护与绿色发展基金会政策研究室主任，副研究员，主要研究方向为生态文明、绿色发展等；王澜，北京中创碳投科技有限公司战略投融资部总监，主要研究方向为绿色贸易、碳市场、环境保护等。

产力，增强发展新动能①，而后多次提及并对其概念的内涵和实现路径做了系统阐述。

2024年，是中国绿色经济加速发展、经济社会发展全面绿色转型加速推进的一年，全社会各领域、各类产业积极推动创新发展，淘汰落后产业和落后产能，加强新能源、新材料、新科技等战略性新兴产业和未来产业，升级改造传统产业，在新质生产力推动下，绿色经济迈上了新台阶。

新质生产力，为绿色经济发展提供了新动能，带动了全社会的创新热潮，推动经济绿色发展。在新质生产力推动下，中国绿色经济迈入高质量发展的崭新阶段。

一 新质生产力的内涵及本质特征

（一）新质生产力的内涵

2024年1月31日，习近平总书记在主持中共中央政治局第十一次集体学习时系统阐述了新质生产力概念的内涵并明确了新质生产力的具体作用方式，指出："新质生产力是创新起主导作用，摆脱传统经济增长方式、生产力发展路径，具有高科技、高效能、高质量特征，符合新发展理念的先进生产力质态。它由技术革命性突破、生产要素创新性配置、产业深度转型升级而催生，以劳动者、劳动资料、劳动对象及其优化组合的跃升为基本内涵，以全要素生产率大幅提升为核心标志，特点是创新，关键在质优，本质是先进生产力。"②

新质生产力是人与自然和谐共生关系下生产力的新跃升和新质态。新质生产力以科技为核心，融合创新思维与新型生产模式。其本质是实现社会经济的高质量发展，其呈现方式是绿色低碳发展，其目的是推动城乡融合实现共同富裕。新质生产力是实现中国式现代化重要的科技创新推动力，是实现中华民族伟大复兴的重要发展新动能。

新质生产力是绿色生产方式和生活方式，是减污降碳、资源利用效率

---

① 《习近平主持召开新时代推动东北全面振兴座谈会强调　牢牢把握东北的重要使命　奋力谱写东北全面振兴新篇章》，《人民日报》2023年9月9日第1版。
② 《习近平在中共中央政治局第十一次集体学习时强调　加快发展新质生产力　扎实推进高质量发展》，《人民日报》2024年2月2日第1版。

提升，是绿色发展的新动能。

（二）新质生产力本质特征及发挥作用的方式

1. 新质生产力的本质特征

新质生产力由新技术、新要素、新产业、新模式及其优化组合共同构成。

新质生产力具有创新、高效、可持续性等重要特征：

（1）创新

创新是新质生产力的灵魂，是其能够持续发展的源泉。其中包括技术创新和产品创新，通过不断引入新技术、新工艺和新材料，开发新产品，提供新型服务满足市场不断变化的需求。

（2）高效

高效是新质生产力的基本要求，也是其核心竞争力所在，通过优化产品生产流程，提高生产效率降低生产成本，使市场主体能够在市场竞争中立于不败之地。同时，高效也意味着更快的响应速度和更强的市场适应能力。

（3）可持续性

可持续性是新质生产力的核心价值。在资源利用和环境保护两方面取得平衡，实现经济社会长期的可持续性发展，也是新质生产力的主要目标。包括采用先进的环保技术，降低能耗排放，推动循环经济和绿色经济。

（4）开放性

开放性是新质生产力的重要特点。科技创新推动企业融入国际市场，企业必须充分利用国际国内的市场资源，吸收外部优势，才能推动创新和发展。新质生产力能够不断拓展本身的发展空间，提高市场竞争力，在全球化背景下，开放性显得尤为重要。

（5）智能化

随着信息技术的迅猛发展，智能化生产已经成为新质生产力的重要标志，通过应用人工智能、机器学习等技术实现生产过程自动化、智能化和精准化，可以大幅提高生产效率和产品质量。

（6）整合性

在现代经济中，生产的整合性已经成为发展趋势。新质生产力通过整合各种资源和要素，实现生产过程的优化和协调，提高整体效益和竞争力。包括产业链上下游的整合、跨行业的协同等。

（7）人性化

新质生产力必须考虑到人的需求和福祉，注重人性化设计和生产，通过关注员工身心健康提高工作满意度和幸福感，以及提供个性化的产品和服务，实现经济发展和社会进步的"双赢"。

（8）服务性

随着服务经济的崛起，服务性生产已经成为经济的重要组成部分。新质生产力通过提供高品质的服务，满足人们多样化的需求，实现更大的发展。服务性不仅体现在产品售后服务上，还贯穿于整个生产过程中。

（9）协同性

在全球产业分工不断深化的推动下，协同性已成为新质生产力发展的必然选择。通过实现产业链、价值链的协同发展，新质生产力能够充分发挥各环节的优势，提高整体效益和竞争力。

2. 新质生产力推动经济社会发展的作用方式

（1）新科技催生新产业

新科技促使经济社会发生颠覆性的重大变革，并吸引投资形成新的产业。

世界经济论坛连续多年组织专家评选年度十大新兴科技。2024年的年度十大新兴科技如表1所示。

表1　　　　　　2024年世界十大新兴科技

序号	十大新兴科技
1	用于科学探索的人工智能
2	隐私增强保护技术
3	可重构的智能表面
4	高空通信中继平台
5	集成传感和通信科技
6	面向建筑世界的沉浸式技术
7	弹性热量效应建材
8	碳捕获微生物

续表

序号	十大新兴科技
9	替代性牲畜饲料
10	用于器官移植的基因组学技术

资料来源：世界经济论坛：*Top 10 Emerging Technologies of 2024*，2024年。

我国多项新兴科技取得突破，吸引投资形成新的产业，人工智能的技术突破，已推动形成高速发展的 AI 产业。产业的资源配置效率更高，环境影响更小，价值产出更大。

（2）新要素贡献商业新价值

从农业社会到工业社会，土地、劳动力、资本、技术四类生产要素一直扮演着财富创造的核心角色。随着基因科技、环境科技、空间探索科技与信息科技的发展进步，生态、空间和数据成为新的生产要素，并反过来对经济与环境的和谐发展产生积极的推动力。新要素不断被创新，极大地促进了财富创造和社会发展。

2024 年 5 月 18 日，中国卫星导航定位协会在北京发布《2024 中国卫星导航与位置服务产业发展白皮书》（以下简称《白皮书》）。根据《白皮书》披露的信息，2023 年我国卫星导航与位置服务产业总体产值达到 5362 亿元，同比增长 7.09%。截至 2023 年底，我国卫星导航与位置服务领域相关的企事业单位已接近 2 万家，从业人员近百万（见表 2）；截至 2023 年底，中国卫星导航专利申请累计量（包括发明专利和实用新型专利）已突破 11.9 万件，同比增长 4.84%，继续保持全球领先。

表 2　　2023 年中国卫星定位相关空间服务产业绩效

绩效指标项目	绩效指标量值
产值贡献总量	5362 亿元
从业企业数量	约 2 万家
从业人员	近 100 万人
专利申请量	超 11.9 万件

资料来源：中国卫星导航定位协会：《2024 中国卫星导航与位置服务产业发展白皮书》，2024 年。

知识（包含营销与经营知识、管理知识和科技制造知识等）创造了巨大的生产力，同时知识本身成为稀缺的商品，知识培训也成为快速发展的服务型商品。根据艾媒咨询的数据，2022年，中国知识付费产业市场规模达1126.5亿元，较2015年增长约70倍，预计2025年市场规模将达2808.8亿元（见图1）。

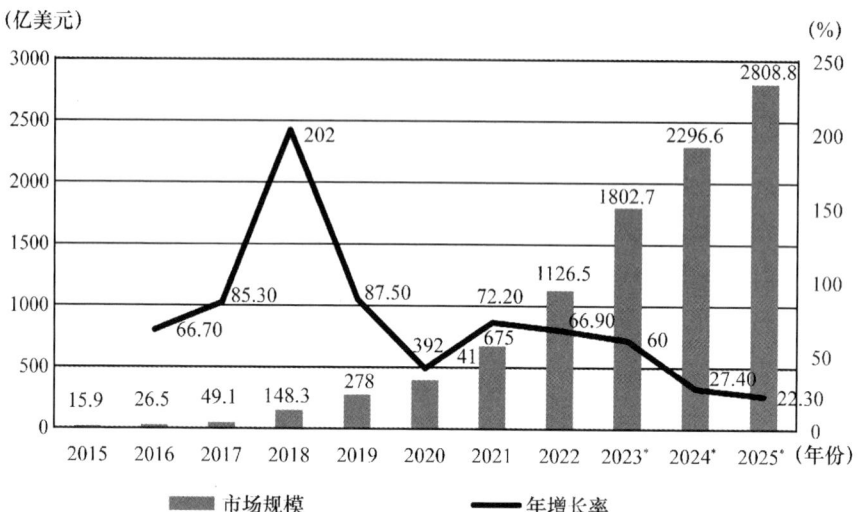

图1　2015—2025年中国付费知识产业市场规模及年增长率（含2025年预测）

注：带"＊"标记的为预测值。

资料来源：iiMedia Research：《2022—2023年中国知识付费行业研究及消费者行为分析报告》，2022年。

（3）新产业打开市场新机遇

新质生产力对于整合科技创新资源，引领发展战略性新兴产业和未来产业，具有重要的作用。

2023年8月，工业和信息化部联合科技部、国家能源局、国家标准委员会印发《新产业标准化领航工程实施方案（2023—2035年）》，根据该实施方案，我国八大新兴产业分别是新一代信息技术产业、新能源产业、新材料产业、高端装备产业、新能源汽车产业、绿色环保产业、民用航空产业、船舶与海洋工程装备产业，九大未来产业分别是元宇宙、脑机接口、量子信息、人形机器人、生成式人工智能、生物制造、未来显示、未来网络和新型储能。

(4) 新模式推动资源更优化配置

商业模式创新成为企业市场竞争的新手段，并且往往产生颠覆式的破坏力，由此推动全球商业竞争格局的变化，并推动生产力进步。

我国制造业企业以往大多处在全球分工的最底层，成为外资品牌的代工企业。如今，我国很多代工企业纷纷升级商业模式，从纯粹代工升级为全球制造和全球销售。

华为、比亚迪、海尔等品牌，还凭借商业模式创新，升级为集技术研发、加工制造、品牌营销、全球贸易、金融服务、平台建设运营等于一体的产业链平台型领导品牌，跨入世界500强。

(三) 新质生产力是推动绿色经济的新动能

1. 新质生产力是绿色经济发展的内在要求和重要着力点

中国经济发展中存在单位经济产出能源消耗量过高、碳排放量较大、自然资源消耗严重等一系列问题，不符合环境可持续发展的要求。中国石油、天然气等化石能源消费量巨大，并且严重依赖进口，铁矿石、铜矿石等稀缺资源大量进口，存在能源和资源供应链安全方面的不确定性。

各区域发展不平衡，中西部地区或广大乡村地区经济落后，产业较为传统和单一，增长缺乏动能。我国多数企业的全要素生产率偏低，市场竞争力不强，迫切需要发展新质生产力。我国居民的收入增长相对缓慢，就业压力较大。

新质生产力是生产力现代化和高新技术的具体体现，具有高科技、高效能、高质量特征，是符合新发展理念的先进生产力质态。新质生产力与绿色经济之间存在着紧密且相互促进的关系。

新质生产力强调创新起主导作用，摆脱传统经济增长方式，通过技术革命性突破、生产要素创新性配置、产业深度转型升级而催生新动能。绿色经济是一种人与自然和谐共生的经济活动，强调可持续发展，强调自然资源的可持续利用，强调经济增长与环境保护的协调统一。新质生产力为绿色经济提供新的动能，既是我国绿色经济发展的内在要求，也是重要着力点。

2. 新质生产力本身就是绿色生产力

绿色发展，是由新质生产力的本质特征决定的。新质生产力本身包含了绿色发展、高质量发展所依赖的创新、科技、和谐、共享的系统思想。2024年1月31日，习近平总书记在主持中共中央政治局第十一次集体学习时进一步强调："绿色发展是高质量发展的底色，新质生产力本身就是绿色生产力。"[①]

当前，以清洁能源、生物技术、人工智能、无人控制、量子信息、虚拟现实等为重点的新技术快速发展，引发了广泛的产业变革，带来了能源节约、碳排放减少、资源节约等一系列社会效应，体现为强大的绿色生产力。发展绿色生产力，就要以关键性、颠覆性技术突破带动节能降碳、绿色环保等绿色产业爆发式增长，为经济社会绿色发展提供新动能。

经济发展的活力、创新力和竞争力都与强调和谐与共享的绿色发展紧密相连，密不可分。离开绿色发展，经济发展必然透支环境资源，最终失去源头活力。

二 新质生产力促进中国绿色经济发展

2024年，中国全社会绿色转型进入提速期，各大产业、各个领域都取得了重要的发展成绩。

（一）第一产业

新质生产力在农业领域主要体现为设施化、数字化和绿色化，通过引入智能农业技术，推广精准农业，实现农林牧副渔业生产的精准化、智能化和绿色化。提高农产品的产量和质量，精准、适量使用化肥和农药，推广有机肥料和生态农药，更好地保护生态环境，使得山水林田湖草沙都得到生态保护和合理利用。

农业农村部联合国家发展和改革委员会、财政部、自然资源部印发《全国现代设施农业建设规划（2023—2030年）》（以下简称《规划》）。

[①] 《习近平在中共中央政治局第十一次集体学习时强调 加快发展新质生产力 扎实推进高质量发展》，《人民日报》2024年2月2日第1版。

按照《规划》，到 2030 年，我国现代设施农业规模将进一步扩大，区域布局更加合理，设施蔬菜产量占比提高到 40%，畜牧养殖规模化率达到 83%，设施渔业养殖水产品产量占比达到 60%，设施农业机械化率与科技进步贡献率分别达到 60% 和 70%。

信息技术与农业的深度融合，不仅使畜禽养殖、田间种植、机械装备等变得更加智能，而且推动农业管理和服务更加现代化，为传统农业带来革命性变革。

农业生产更趋绿色化。2024 年，我国化肥、农药施用持续减量增效，畜禽粪污综合利用率、秸秆综合利用率、农膜处置率均有较大幅度的提高。同时，新认证绿色、有机和名特优新农产品数量 1.5 万个，全国农产品监测总体合格率达到 97.8%。[①]

(二) 绿色制造业

绿色制造业，是指通过引入绿色能源、智能制造、工业互联网等技术，使制造领域实现生产过程的自动化、智能化和资源利用方式的绿色转型。在提高生产效率和产品质量的同时，减少能源消耗、资源消耗，减少温室气体排放和对环境的污染。

1. 新一代信息技术产业

根据工业和信息化部 2024 年 7 月 31 日公布的数据，2024 年上半年，我国规模以上电子信息制造业，实现营业收入 7.37 万亿元，同比增长 8%，实现利润总额 2942 亿元，同比增长 24%。[②]

2024 年前三季度，我国软件和信息技术服务业务收入 98281 亿元，同比增长 10.8%，利润总额 1.16 万亿元，同比增长 11.2%，出口 410.3 亿美元，同比增长 4.2%。[③]

2. 新能源产业

2024 年前三季度，我国风电、太阳能发电合计新增装机突破 2 亿千瓦，其中风电新增装机 3912 万千瓦，同比增长 16.85%。25 家 A 股风电产

[①] 汪文正：《粮食产量连续 9 年稳定在 1.3 万亿斤以上——"三农"基本盘进一步夯实》，《人民日报海外版》，2024 年 1 月 24 日第 4 版。

[②] 《2024 年 1—6 月中国电子信息制造业生产及出口增速分析》，2024 年 8 月 10 日，https://www.toutiao.com/article/7401400791229039139/?channel=&source=search_tab。

[③] 《工信部：2024 年前三季度软件业务收入 9.83 万亿元》，《北京商报》2024 年 10 月 31 日。

业链上市企业营业收入总额1957.32亿元，净利润总额135.14亿元。①

2012年以来，我国光伏发电连续十多年高速增长（见图2）。截至2024年前三季度，光伏发电新增规模160.88吉瓦，装机总规模突破760吉瓦。

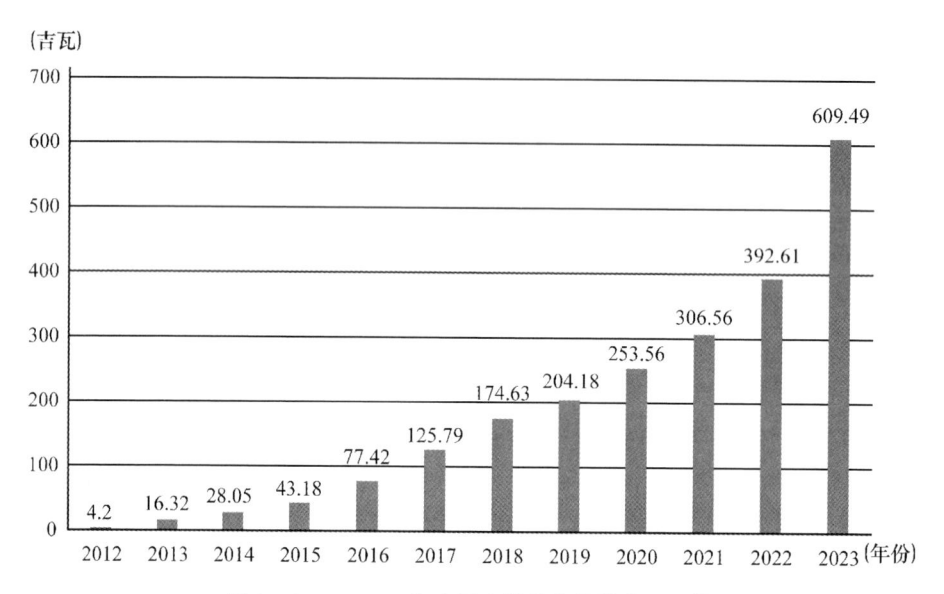

(吉瓦)

年份	装机规模
2012	4.2
2013	16.32
2014	28.05
2015	43.18
2016	77.42
2017	125.79
2018	174.63
2019	204.18
2020	253.56
2021	306.56
2022	392.61
2023	609.49

图2　2012—2023年中国光伏发电累计装机规模

资料来源：Statista, *Cumulative Installed Solar Power Capacity in China from 2012 to 2023*，2024年。

2024年第三季度，中国新能源乘用车销量占比首次突破了50%大关，超越燃油车成为主流。②

新能源行业在电池技术、电机技术、智能驾驶技术等方面取得了显著进展。2024年前三季度，中国光伏电池产量达47809.1万千瓦，同比增长12.8%；③锂电池出货量达786吉瓦时，同比增长30%，锂电池板块营业

---

① 《国家能源局：前三季度全国可再生能源发电新增装机2.1亿千瓦》，2024年10月31日，https://www.toutiao.com/article/7431842726213206562/? channel=&source=search_tab。
② 《全球首个，年产量超千万！我国新能源汽车再成市场焦点》，2024年11月14日，https://www.toutiao.com/article/7437123224707531303/? channel=&source=search_tab。
③ 中商产业研究院：《2024—2030年中国光伏电池行业市场前景预测及未来发展趋势研究报告》，2024年，https://www.toutiao.com/article/7431742128461595147/? channel=&source=search_tab。

收入 1.57 万亿元。

截至 2024 年 9 月底，全国可再生能源装机达到 17.3 亿千瓦，同比增长 25%，约占我国总装机的 54.7%。其中，水电装机 4.3 亿千瓦，风电装机 4.8 亿千瓦，太阳能发电装机 7.7 亿千瓦，生物质发电装机 0.46 亿千瓦。可再生能源发电量稳步提升。2024 年前三季度，全国可再生能源发电量达 2.51 万亿千瓦时，同比增长 20.9%，约占全部发电量的 35.5%。[①]

在新型储能领域，国网能源研究院新能源研究所发布的《新型储能发展分析报告 2024》显示，截至 2024 年 9 月底，全国已建成投运新型储能 5852 万千瓦/1.28 亿千瓦时，较 2023 年增长约 86%。到 2025 年，我国新型储能的市场销售规模将会突破 1 万亿元。[②]

3. 新材料产业

2024 年，新材料产业市场规模持续增长，上半年实现营业收入 4356.21 亿元。工业和信息化部预计，2025 年，我国新材料产业总产值将达到 10 万亿元的规模，年均复合增长率达 13.5%，市场前景广阔。[③]

新材料产业链不断完善，上游包括金属原料、合金、化学纤维等原料，中游为新材料制造，涵盖石墨烯材料、超导材料等，下游为应用领域，新材料广泛应用于电子电气、汽车、新能源等领域。产业链的完整促进了新材料的快速发展。

近年来，我国在高性能高端新材料技术和生产能力方面显著提升，国家相关部门先后出台了支持新材料产业发展的政策举措，支持国内企业在新材料研发方面的投入不断增加，推动了新材料技术的不断创新和突破。我国新材料产业已经形成了产业集群的发展模式，基本形成了以环渤海、长三角、珠三角为中心，东北地区、中西部特色突出的产业集群分布。

4. 高端装备制造产业

2024 年，在高端装备制造业领域，我国企业取得了多项技术创新，提升了行业的技术水平和国际竞争力。随着"一带一路"共建的推进和全球

[①] 《17.3 亿千瓦！我国可再生能源装机规模不断实现新突破》，2024 年 10 月 31 日，https://m.gmw.cn/toutiao/2024-10/31/content_37649796.htm。

[②] 《从软硬协同到 AI 大模型应用，海博思创携储能"硬科技"冲刺科创板》，2024 年 10 月 16 日，https://www.toutiao.com/article/7426306642964955700/?channel=&source=search_tab。

[③] 《新材料赋能"广州智造"，专家建议加强研发应用端对接联系》，2024 年 11 月 7 日，https://www.toutiao.com/article/7434505745627873818/?channel=&source=search_tab。

市场的不断扩大，我国高端装备制造企业正在加快海外市场拓展步伐。高端装备制造业加大在节能环保、清洁生产等方面的投入，响应国家绿色转型升级发展战略，推动了行业可持续发展。

东方电气集团研发的F级50兆瓦重型燃气轮机（G50）成功交付，标志着我国在自主重型燃气轮机领域实现了从"0"到"1"的突破。5G技术得到广泛应用，智能制造装备市场规模持续扩大，推动了高端装备制造业的数字化和智能化转型。

根据国家统计局官网公布的数据，2024年上半年，我国工业各产业向"新"、向"绿"转型态势更加明显，规模以上高技术制造业增加值占规模以上工业增加值的比重为15.8%；[①] 集成电路、服务机器人、新能源汽车、太阳能电池等智能绿色新产品表现亮眼，产量均保持两位数增长，为经济发展积蓄了新动能。

5. 新能源汽车产业

根据中汽协数据，我国新能源汽车连续9年产销位居全球第一。2024年前10个月，我国新能源汽车产销分别完成977.9万辆和975万辆，同比分别增长33%和33.9%，占汽车新车总销量的39.6%。其中，新能源汽车国内累计销售869.2万辆，同比增长38.3%，占汽车国内总销量的44%。[②]

6. 绿色环保产业

我国形成全链条的环保产业体系，涵盖污染治理和生态修复技术研发、装备制造、设计施工、运行维护等环节。2023年9月5日，在服贸会第二届中国生态环保产业服务"双碳"战略院士论坛上，生态环境部副部长指出：我国生态环保产业已成为绿色经济中的重要力量，为推动经济社会发展、全面绿色低碳转型发挥了重要作用。2022年，我国生态环保产业营业收入约2.22万亿元，比10年前增长约372.3%，年复合增长率达15.1%，基本形成了领域齐全、链条延伸、结构优化、分工精细的产业体系。[③]

2023年，全国环保产业营业收入保持了3%左右的增长。2024年前10

[①] 《转型升级稳中有进 政策效应陆续显现 上半年国民经济延续恢复向好态势》，2024年7月16日，https://www.gov.cn/lianbo/bumen/202407/content_6963076.htm。

[②] 《中汽协：10月我国新能源汽车销量同比增长49.6%》，2024年11月11日，https://www.toutiao.com/article/7435966907498512930/?channel=&source=search_tab。

[③] 李禾：《生态环保产业成绿色经济重要力量》，《科技日报》2023年9月6日第2版。

个月，生态环保产业低速稳定增长，预估2024年全行业营业收入在2.3万元上下。

7. 航空航天产业

2024年，我国"嫦娥六号"任务成功实施，实现月球背面着陆区的现场调查和分析，并携带月球背面样品返回地球。"长征"系列运载火箭在国际市场上展现出强大的竞争力，"天宫七号"货运飞船成功在轨验证了3个小时交会对接模式。

中国C919大型客机、运-20大型运输机、大型水陆两栖飞机（AG600和AG600M）等标志性成就使大飞机阵容进一步加强，C929洲际客机也进入研制进程的关键阶段。

2024年11月12—17日，第十五届中国国际航空航天博览会暨珠海航展取得丰硕成果，航天科技集团、航天科工集团凭借雄厚的科技创新实力，持续放大"明星"参展商效应。中国民营企业在运载火箭、卫星制造等领域也取得了重要突破。

2024年前三季度，我国七大航空公司在营业收入和净利润方面均有显著表现。7家上市航空公司合计实现营业收入约4557.47亿元，同比增长16.54%。

8. 船舶与海洋工程装备产业

根据工业和信息化部发布的数据，2024年1—9月，我国造船完工量3634万载重吨，同比增长18.2%；新接订单量8711万载重吨，同比增长51.9%；手持订单量19330万载重吨，同比增长44.3%。我国造船三大指标以载重吨计分别占全球总量的55.1%、74.7%和61.4%。[①]

我国承接了全球70%以上的绿色船舶订单，并实现了对主流船型的全面覆盖，绿色、高附加值、独家技术成为中国造船业2024年的新亮点。

9. 生物制造

在生物制造领域，未来约70%的产品可以用生物法生产，有望创造30万亿美元的经济价值。经济合作与发展组织（OECD）曾对6个发达国家进行分析，结果表明：生物制造技术的应用可以降低工业能耗15%—80%，降低原料消耗35%—75%，降低空气污染50%—90%，降低水污染33%—

---

① 《2024年前三季度我国造船三大指标实现同比增长》，2024年10月12日，https://www.gov.cn/lianbo/bumen/202410/content_697946.htm。

80%，降低生产成本 9%—90%。2030 年，相关产业规模将达到全球工业生产总值的 35%。① 生物制造具有清洁、高效、可再生等特点，被视为新质生产力的重要新科技赛道。

目前，我国生物制造核心产业增加值仅占工业增加值的 2.4%，低于美国、欧盟、日本的 11%、6.2% 和 3.2%。未来十年，石油化工、煤化工产品的 35% 可被生物制造产品替代，生物制造潜力巨大。

除上述制造业门类外，我国在未来产业的元宇宙、脑机接口、量子信息、人形机器人、生成式人工智能、生物制造、未来显示、未来网络等领域也积极布局，进展显著。其中，元宇宙已经形成千亿产业产值。

（三）服务业

发展生产性服务、服务型制造、循环经济、共享经济等新业态，可以实现资源的高效利用和循环利用，实现人与环境的和谐，促进经济社会可持续发展。

1. 生产性服务业

生产性服务业的创新发展是推动新质生产力发展的重要条件，特别是产业链、供应链中的生态环保、绿色制造方面的生产性服务，是新质生产力增强绿色发展新动能的重要结合点。

生产性服务业，是为保持生产过程的连续性、促进技术进步和产业升级并提高生产效率而提供保障服务的服务产业。它依附于制造业，同时又贯穿于企业生产制造和全球销售的各个环节中。它以高端人才和知识资本作为主要投入，是第一、第二、第三产业加速融合的关键。

我国生产性服务业具有巨大发展空间，目前已取得了很大程度的发展，在我国成为制造业大国的过程中发挥了重要的作用。我国的生产服务业，一个显著的差距是企业与商业管理服务业没有对实体经济形成有效的支撑，并成长为万亿体量的产业。2023 年，美国企业及商业管理服务 GDP 贡献为 5055.1 亿美元，约合人民币 3.56 万亿元，产生了德勤、麦肯锡、埃森哲、波士顿咨询集团、IBM iX、贝恩咨询、毕马威等数十家国际知名的咨询服务机构。而我国还没有具备国际公信力的咨询服务机构，年营业

---

① 《20 多省份抢抓生物制造新赛道，业内呼吁出台顶层文件》，2024 年 8 月 28 日，https://www.toutiao.com/article/7408163979635458579/?channel=&source=search_tab。

收入过百亿元的咨询服务机构数量也为零。

2. 服务型制造

服务型制造指的是依托"硬件+软件+平台+服务"提供大规模个性化定制的系统集成方案等新模式新业态。服务型制造是现代制造业新质生产力的高级形态。

服务型制造是工业化进程中制造与服务相融合发展的一种新型产业形态，是制造业转型升级的主要方向。发展服务型制造、重塑制造业价值链，是增强产业竞争力、推动制造业由大变强的必然要求，是顺应新一轮科技革命和产业变革的主动选择，是有效改善供给体系、适应消费结构升级的重要措施。

2016年7月12日，由工业和信息化部、国家发展和改革委员会、中国工程院共同牵头制定发布的《发展服务型制造专项行动指南》具体展开了创新设计、定制化服务、供应链管理、网络化协同制造、服务外包、产品全生命周期管理、系统解决方案、信息增值服务、金融支持服务和智能服务10项重点任务，分别以不同的具体内容促进服务型制造发展。[①]

2024年9月19日，华为发布十大数智化系列解决方案，面向客户深化数智创新，打造出国际领先水准的服务型制造品牌。广东省广合科技凭借独特的"定制化服务+全生命周期管理"模式，成为广东省服务型制造标杆企业。成都市涌现出四川成飞集成科技有限公司、四川腾盾科技有限公司、成都星云智联科技等十多家服务型制造企业。

3. 循环经济

资源循环利用的产业化即循环经济。2023年，我国循环经济产业规模已达4万多亿元，同比增长13.1%。伴随着农林废弃物、餐饮产业废弃物、城市废弃物和工业废弃物循环利用立法力度加大，产业化技术和模式日益成熟，该产业将呈现高速度增长态势，2030年前后市场规模有望超过8万亿元，并实现产业链条的国际化覆盖。

4. 共享经济

据国家信息中心发布的《中国共享经济发展年度报告》：2022年，中

[①] 《三部门关于印发〈发展服务型制造专项行动指南〉的通知》，2016年7月28日，https://www.gov.cn/xinwen/2016-07/28/content_5095552.htm。

国共享经济受疫情影响增速从两位数降至3.9%，市场规模达到38320亿元；2023年，增长超过10%；2024年，增长速度接近15%，市场规模预计将达4.8万亿元（见表3）。我国成为世界上最大的共享经济市场。伴随绿色消费理念的推广，共享模式日益深入人心，并伴随数字化平台经济的繁荣呈现高速成长态势。共享办公、共享房屋、共享汽车、共享自行车、共享玩具、共享厨房等，几乎万物皆可共享。共享经济延长了产品的使用周期，提高了使用频率，降低了资源消耗、环境污染和碳排放。

表3　　　　　　　　2024年中国共享经济指标一览

指标	表现
市场规模	约4.8万亿元
共享平台数量	携程、美团、拼多多、滴滴、怪兽充电、阿里巴巴、百度文库、腾讯音乐、抖音、小红书等数十个
增长速度	约15%
客户基础	手机用户数量16.8亿人（包含一人多机），网约车用户5.03亿人
共享类型	生活服务、生产领域、知识技能、交通出行、共享医疗、共享办公、共享住宿

资料来源：课题组根据工业和信息化部及国家信息中心等资料整理。

5. 传统服务业绿色转型

我国传统服务业体量巨大，目前普遍借助互联网、智能化、新能源等新质生产力实现绿色转型，焕发出新的生机。2024年前10个月，我国传统服务业如餐饮业、旅游业、酒店业、零售业等在互联网科技平台的支撑下，实现了订单、生产、收银和配送等环节的智能化，节约了人力成本和管理成本，全行业绿色转型升级带来了新的增长。交通运输和仓储服务产业产值提升，信息化、智能化、能源绿色转型同步提升，增长动能强盛。

（四）绿色经济进展

1. 我国经济社会全面绿色转型

近20年来，中国持续开展大规模国土绿化行动，为全球贡献了约1/4的新增绿化面积。2024年，中国计划完成国土绿化任务1亿亩，其中新增造林 1000 万亩。中国近年来持续推进科学绿化工作，有效地提升了绿化面积。

在能源领域，2024 年上半年可再生能源发电新增装机超过全球的一半，规模以上工业水电、核电、风电、太阳能发电量合计同比增长 13.4%，占规模以上工业发电量总比重进一步提升。绿色能源供给体系布局提速，截至 2024 年 6 月底，我国可再生能源发电装机占比达到 53.8%，风电、光伏发电装机规模超过煤电。

金融和市场领域，绿色低碳的相关市场机制也在持续完善，绿色金融产品不断推出。2024 年 3 月 27 日，中国人民银行、国家发展和改革委员会、工业和信息化部、财政部、生态环境部、金融监管总局、中国证监会等多部门联合发布了《关于进一步强化金融支持绿色低碳发展的指导意见》。多个城市碳排放权交易市场启动，为节能减排提供了市场化的引导激励和调节机制。

绿色低碳生活方式成为全民热潮。2024 年 7 月，我国新能源车辆国内月度零售量历史性首次超过传统燃油车。共享自行车出行成为城市风景线。国民绿色消费意识增强，绿色产品政府采购力度加大，国家发展和改革委员会等机构积极推动建立产品碳足迹管理体系等。我国经济社会全面绿色转型成绩显著。

2. 制造业绿色发展情况

2024 年 3 月 1 日，工业和信息化部等七部门发布我国首个《关于加快推动制造业绿色化发展指导意见》（以下简称《意见》），明确提出到 2030 年将进一步健全绿色低碳标准体系，完成 500 项以上碳达峰急需标准制修订。《意见》明确，到 2030 年，我国制造业绿色低碳转型成效显著，传统产业绿色发展层级整体跃升，产业结构和布局明显优化。到 2035 年，制造业绿色发展内生动力显著增强，碳达峰后稳中有降，在全球产业链、供应链绿色低碳竞争中优势凸显，绿色发展成为新型工业化的普遍形态。

为了实现该目标，在推进传统产业绿色低碳化重构方面，《意见》提出将推进绿氢、再生资源、工业固废等原料替代，增强天然气、乙烷、丙烷等原料供应能力，提高绿色低碳原料比重。到 2030 年，主要再生资源循环利用量达到 5.1 亿吨，大宗工业固废综合利用率达到 62%，电解铝使用可再生能源比例达到 30%（见表 4）。

表4　　　　　　　　2030年我国绿色发展指标

绿色发展指标	指标值
主要可再生资源循环利用率	5.1亿吨
大宗工业固废综合利用率	62%
电解铝使用可再生资源比率	30%
绿色工厂产值占制造业总产值比重	超过40%

资料来源：课题组根据工业和信息化部等七部门发布的我国首个《关于加快推动制造业绿色化发展指导意见》整理。

下一步，我国在绿色低碳领域将培育形成若干具有国际竞争力的先进制造业集群，同时不断推动工业互联网、大数据、人工智能、5G等新兴技术与绿色低碳产业深度融合，鼓励绿色工厂进一步深挖节能降碳潜力，创建"零碳工厂"。到2030年，各级绿色工厂产值占制造业总产值比重超过40%。

三　2025年绿色经济发展展望

2024年，我国加速发展绿色经济和数字经济。碳排放量和单位GDP能耗指标持续下降。全国各省份都建立了责任明确的绿色发展领导班子，将能耗大户和排放大户纳入重点管理对象范围，对落后产能分别采取了升级改造和关停并转的硬性措施。国家研发投入持续增长，绿色发展绩效管理指标更为科学严谨，以新质生产力推动社会经济全面绿色转型的力度不断加大。

（一）经济总量与绿色经济新引擎

2025年，中国GDP总量有望增长到139万亿元，维持5%上下的中速增长。绿色经济增长速度超过传统经济，有望从2024年的绿色GDP总量约28万亿元增长到30万亿元，占全部GDP的比重增长到22%。

绿色经济增长速度超过传统经济。以绿色制造生产性服务产业、节能环保产业、绿色能源产业、新能源装备产业为代表的万亿级产业集群茁壮成长，生活消费领域绿色包装、绿色家居、绿色建筑、绿色交通等万亿级产业持续升级，循环经济、共享平台经济都将成长为十万亿级的新兴产业。新质生产力为中国经济全面绿色转型、可持续增长提供了强大动力。

1. 绿色金融

我国工业化初步完成，正在推动实现以经济社会全面绿色转型为表现形式的中国式现代化，构建高水平的社会主义市场经济体制，推动城乡融合，制造业、能源产业、建筑产业、交通运输产业和节能环保产业以及城乡居民消费绿色转型。绿色金融通过绿色信贷、绿色债券等金融产品和服务，将资金引导到节能环保、清洁能源、绿色交通、绿色建筑等领域，有效减少环境污染，促进绿色产业发展。

各类机构普遍预测，我国为实现全面绿色转型，所需的绿色金融投资需求规模在百万亿元上下。这将对我国金融市场、证券资本市场产生巨大的推动力，也将带来经济体量百万亿级的扩容。

2. 绿色制造

2023年10月30日，由工业和信息化部提出，全国绿色制造技术标准化技术委员会归口管理的《绿色制造术语》（GB/T 28612—2023）和《绿色制造属性》（GB/T 28616—2023）两项国家标准发布，并于2024年1月1日起正式实施。①

根据上述两大文件的定义，绿色制造是一种低消耗、低排放、高效率、高效益的现代化制造模式。其本质是在制造业发展过程中统筹考虑产业结构、能源资源、生态环境、健康安全、气候变化等因素，将绿色发展理念和管理要求贯穿于产品全生命周期中，以制造模式的深度变革推动传统产业绿色转型升级，引领新兴产业高起点绿色发展，协同推进降碳、减污、扩绿、增长，从而实现经济效益、生态效益、社会效益协调优化。

在工业方面，对于钢铁、有色、石化、化工、建材、造纸、印染等传统产业，高能耗、高污染的过剩产能将得到有效控制，提质增效推动产值提升。在技术改造环节，节能低碳和清洁生产技术装备、工艺流程等受到大力推广普及，绿色供应链体系日益成型，工业项目资源利用率提升。

2024年，我国累计建成国家层面的绿色工厂超过5095家，产值占全部制造业产值比重接近30%。按照工业和信息化部《"十四五"工业绿色

---

① 《绿色制造系列国家标准发布》，2023年10月30日，https://www.miit.gov.cn/jgsj/jns/gzdt/art/2023/art_49b7e48b92cf44ddaf239852eaeafc86.html。

发展规划》目标，预计到2025年底，废钢、废纸、废有色金属回收利用量分别达到3.2亿吨、6000万吨和2000万吨，其中，再生铜、再生铝、再生铅产量达到400万吨、1150万吨和290万吨。

根据国家发展和改革委员会《"十四五"循环经济发展规划》，到2025年，我国主要资源产出率比2020年提高约20%，单位GDP能源消耗、用水量比2020年分别降低13.5%和16%左右，农作物秸秆综合利用率保持在86%以上，大宗固废综合利用率达到60%，建筑垃圾综合利用率达到60%，废纸、废钢利用量分别达到6000万吨和3.2亿吨，再生有色金属产量达到2000万吨，资源循环利用产业产值达到5万亿元。

3. 绿色电力

截至2024年底，中国绿证累计核发49.55亿个，同比增长21.42倍；累计交易5.53亿个，同比增长4.19倍，其中企业绿证购买量超过99%。[①] 全国可再生能源年发电量达到3.3万亿千瓦时左右。

预计到2025年，全国抽水蓄能、新型储能装机将分别超过6200万千瓦和4000万千瓦。

到2025年，实现全国煤炭消费总量控制在42亿吨左右的目标。在大力推动煤电低碳化改造后，预计到2025年，全国煤电机组平均供电煤耗将降至300克标准煤/千瓦时以下，接近280克标准煤/千瓦时，单位煤耗量进一步降低。

2025年能源结构中，我国非化石能源消费占比将进一步提升到20%，终端能源消费中电能占比在30%左右。[②]

4. 节能环保产业

节能环保产业全行业产值从2018年前后的7万亿元上下，有望在2025年达到13万亿元上下，2030年将达到15万亿元。[③]

增长的动力，来自节能环保品质标准的日益提升，技术投资水平的日益提升，节能环保终端产品消费需求的持续提升，以及终端产品的日趋多元。

---

① 《截至去年底我国绿证累计交易达5.53亿个》，2025年1月18日，https://content_static.cctvnews.cctv.com/snow-book/index.htm/？item_id=7191703636249351141&source=50006&sub_source=50006_001。
② 《国务院关于印发〈空气质量持续改善行动计划〉的通知》，2023年11月30日，http://www.gov.cn/zhengce/content/202312/content_6919000.htm。
③ 《加快发展新质生产力协同推进降碳减污扩绿增长》，《光明日报》2024年12月13日第6版。

工业废弃物、农林废弃物、城乡生活废弃物和建筑废弃物回收利用不断产业化，大大充实了节能环保产业的内涵。

（二）碳排放总量

碳排放量是检验绿色经济发展成效的重要指标。按国际能源署（IEA）的数据，2023年中国碳排放量为126亿吨。2024年5月29日，中国发布《2024—2025年节能降碳行动方案》，要求2024年单位GDP能耗和二氧化碳排放分别降低2.5%左右和3.9%左右，规模以上工业单位增加值能源消耗降低3.5%左右，非化石能源消费占比在18.9%左右，重点领域和行业节能降碳改造形成节能量约5000万吨标准煤和减排二氧化碳约1.3亿吨。

由此预测，2025年我国碳排放总量将下降到123.4亿吨左右，全国单位GDP能耗将比2020年降低13.5%，累计节约能源约2.5亿吨标准煤，减少二氧化碳排放约27亿吨，相当于减少约7.1亿吨的煤炭消费。

四 绿色经济发展存在的问题

（一）就业市场结构性调整

每一次生产力的革新，都必然带来就业市场的结构性调整。

随着我国全社会向绿色低碳转型，社会各界对绿色人才需求不断上升。中国石油和化学工业联合会预计，"十四五"时期我国需要的"双碳"人才在55万—100万人。[①]

近年来，各类与绿色低碳相关的新职业纷纷涌现，包括碳排放管理员、碳足迹计量评估师、可持续发展规划师、气候数据分析师等（见表5）。

表5	社会急需的绿色技能
序号	绿色技能
1	碳足迹：评估和管理环境影响
2	环境法：了解与可持续性相关的法律框架
3	可持续发展报告：编制有关可持续发展工作的报告

---

① 佩信集团：《2023油气行业未来人才管理趋势报告》，2023年。

续表

序号	绿色技能
4	可持续发展咨询：为组织提供可持续发展战略咨询
5	辐射安全：确保核和其他环境中的安全
6	气候数据分析：分析气候相关数据
7	创造力和适应能力：应对环境挑战的基本技能

资料来源：微软必应数据库。

第一，全社会需要绿色就业的观念转型。各行各业的从业人员都需要遵循"低排放、高效率、环境和社会高度可持续"的绿色就业理念。新质生产力促进绿色发展，需要绿色专业技能人才、新型服务技能人才、高技术人才、工匠技能人才和艺术型人才等宏观范围的绿色人才，我国上述各类绿色人才缺口初步估计在3000万人上下。[①]

第二，就业结构的不平衡。东部沿海地区和一线城市集中了大量企业单位和商业实体，就业人口较多，中西部地区、三线以下城市或农村地区企业单位和商业实体较少，就业机会少。传统制造业、建筑业、低端服务业吸纳人口较多，而量子计算、脑科学、可控核聚变、深海开发等未来产业和银发经济、幼儿看护、环境生态修复、乡村服务业和乡村文化产业，当前尚处于培育阶段，未形成大规模吸纳人口创造绿色就业机会的能力。

中国迫切需要新质生产力的加持，来创造更多基于新产业、新业态发展而产生的就业友善型商业业态，从而为求职者提供多元化职业选择，以适应新产业新业态的发展需要，助力高质量充分就业、绿色就业，为经济社会发展注入强大动力。

（二）社会金融对绿色经济的支持有待提高

银行业是推动中国绿色金融发展的主力军。绿色贷款在中国绿色金融中居于首要地位。中国人民银行数据显示，截至2024年第三季度末，我国本外币绿色贷款余额35.75万亿元，同比增长25.1%。投向具有直接和间接碳减排效益项目的贷款分别为11.86万亿元和12.04万亿元，合计占绿

---

① 《技能人才前景广阔！这些领域人才缺口将达近3000万人》，2023年11月21日，https://www.toutiao.com/article/7303720073355870774/?channel=&source=search_tab。

色贷款的66.8%。①

根据央行网站发布的2024年前三季度金融统计数据报告，9月末，广义货币（M2）余额309.48万亿元，同比增长6.8%。狭义货币（M1）余额62.82万亿元，同比下降7.4%。流通中货币（M0）余额12.18万亿元，同比增长11.5%。同时，根据国家统计局发布的数据，初步核算，2024年前三季度我国国内生产总值949746亿元，同比增长4.8%。

300多万亿元的本外币存款总额仅仅产生了35.75万亿元的绿色信贷，社会金融资产对绿色经济的支持仍然存在巨大的提升空间。

如果说现有的、成熟的绿色技术能够减少一半的碳，还有一半的碳就需要靠未来的发明和更加成熟的技术来实现。未来30年中，我们累计的绿色低碳融资需求将达到487万亿元。如果把30年作为分母，平均每年的融资需求大概在16万亿元。我们现在没有做到16万亿元，最近几年平均在10万亿元，所以跟16万亿元的目标相比，我们大概还有6万亿元的缺口。②

此外，社会金融资本在支持绿色技术升级改造、专精特新企业融资、绿色人才创业创新方面，仍然行动迟缓，做法保守，存在只做锦上添花，从不雪中送炭的旧思维。

对于新质生产力的培育来说，新能源、新材料、新科技、新产品、新业态，在种子期和早期发展阶段，普遍短缺资金，迫切需要金融支持。传统金融普遍厌恶风险，风险投资资金的支持对于创业期的新质生产力发展意义重大。我国风险投资市场，已经形成了全球第二的规模，但是经济增长贡献比重仍然偏弱。我国迫切需要更多股权投资机构和风险投资机构进入绿色低碳科技领域。

（三）居民消费需求低迷，绿色生活方式有待强化

消费对于经济增长、扩大就业、居民可支配收入稳定增长，意义重大。我国消费领域存在两大问题。

1. 消费贡献占比偏低，消费增长缓慢

国家统计局数据显示，2024年前三季度，社会消费品零售总额达

---

① 《绿潮澎湃，沪上启航——2024第三届绿色金融北外滩论坛即将开幕》，2024年12月2日，https://www.toutiao.com/article/7443756650848076300/?channel=&source=search_tab。
② 《中国金融学会绿金委主任马骏：吸引更多PE、VC进入绿色低碳科技领域》，2024年3月30日，https://finance.eastmoney.com/a/202403303029970413.html。

353564亿元，同比增长3.3%。其中，按消费类型划分，商品零售额达314149亿元，同比增长3.0%；餐饮收入39415亿元，同比增长6.2%。餐饮业成为拉动消费增长的最大贡献因子。我国居民消费增长仍然处于缓慢培育阶段。

根据世界银行2021年的数据资料，在GDP达到万亿美元的17个国家中，我国居民消费占GDP的比重仅为38.3%，荷兰为42%，韩国为46.1%，德国为49.2%，日本达到53%，美国高达68.2%。目前，我国居民消费的GDP贡献偏低，增长潜力巨大。

不确定性因素对中国的产业增长、就业、政府财政造成了直接的冲击，导致投资性生产消费、政府消费下降。发展新质生产力，淘汰落后产能，以及加强房地产投资和基础建设投资宏观调控，也必然造成就业结构性调整，以及资本市场制度和市场管理机制不完善等原因，导致居民投资性消费意愿低迷。总之，2024年我国居民消费增长低于预期，民间储蓄规模持续攀高。

2. 绿色消费低迷，绿色生活方式尚未形成风气

绿色消费是绿色经济链条中不可或缺的一环，伴随着人类对环境和气候危机的反思，在20世纪六七十年代发展起来并蔚然成风。绿色消费与可持续发展或可持续的消费行为有关，是一种为当代和子孙后代保护环境的消费形式。消费者有责任通过采取环保行为来解决环境问题或共同承担环境保护的责任，如使用有机产品、清洁和可再生能源，以及选择零废物产品、零排放车辆、节能建筑等。

目前，绿色消费的"5R"原则在世界范围内得到普遍认可：节约资源，拒绝浪费（Refusing）；减少污染（Reducing）——减少化石能源的使用以及节约水资源，开启绿色生活；重复使用，共享利用，再利用（Reusing）；分类与回收（Recycling）；旧物新用（Repurposing），比如把旧梯子当作书架，把旧玻璃杯当作艺术花盆等。

但我国各类商场、零售商店仍然大量使用塑料包装袋，商家仍然存在过度包装的问题。全球每年生产的塑料袋数量超过1万亿个，中国是全球最大的塑料包装市场和生产基地，塑料袋年产量达到3000万吨，消费量在600万吨以上。①

---

① 中研普华：《2024—2029年中国塑料袋市场深度调查研究报告》，2024年。

绿色生活方式的推广是新质生产力助推绿色经济发展的重要方面，需要运用新质生产力的科技手段，如智能化技术媒介等，加强绿色生活方式的教育和宣传，提高公众的环保意识，养成绿色生活方式的习惯。同时，通过科技降本、政策扶持、政府采购等手段降低绿色产品的价格，引导公众形成绿色消费的习惯。我国新能源汽车全球产量第一、消费量第一，这是我国在绿色消费和绿色能源交叉领域的重大贡献。

（四）中国企业全球价值链掌控力有待加强

当前，我们正在经历以数字化、智能化、万物互联为主要内容的第四次工业革命。数字产品和科技创意以指数级而非线性速度展开，跨境商品流通、人员流通、资金和数字信息流通日益频繁。全球经济加速一体化，开放和共享成为主流趋势。

全球价值链包括供应链（包含研发、设计、加工制造和物流）、营销链、服务链和回收链一系列创造价值增值的过程（见图3）。

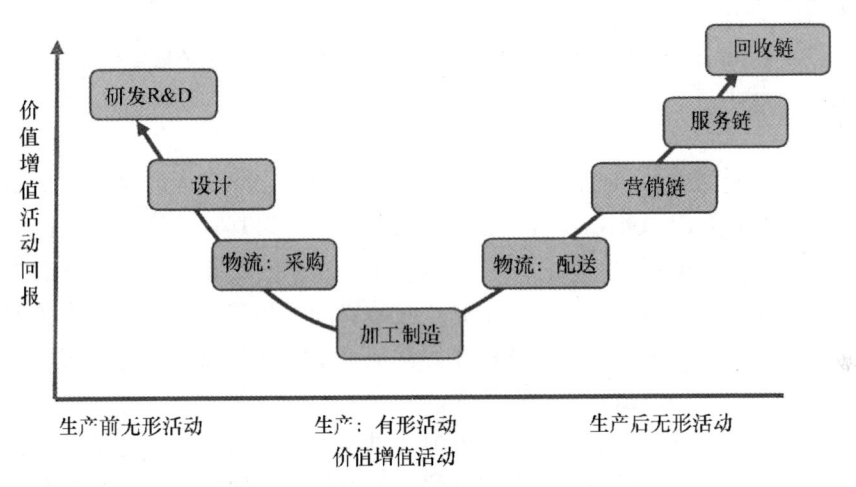

图3　全球价值链

资料来源：课题组根据世界银行研究资料整理。

数字化和智能化是绿色经济的大趋势。在数智科技相关产业的供应链环节，我国实现了部分科技领先。但数智科技产业全球价值链的核心环节和关键要素环节，仍然掌握在以美国为首的发达国家手里。比如，美国掌握着全球芯片制造关键技术电子设计自动化（EDA）和核心专利知识产权

74%的份额，荷兰掌握光刻机69%的市场份额，韩国控制存储器芯片44%的市场份额（见表6）。

表6　　　　　　　　　电子高科技产业链全球集中度

产业链环节	国家及地区	集中度/全球份额（%）
芯片EDA及核心专利知识产权	美国	74
光刻机	荷兰	69
锂矿石储量	智利	44
	澳大利亚	22
用于锂铁电池的钴矿	刚果民主共和国	60
硅晶圆加工	日本	56
存储器芯片	韩国	44
10纳米以下芯片加工	中国台湾	92
锂电池相关矿物加工	中国	80

资料来源：《建立有弹性的供应链，振兴美国制造业，促进广泛的增长》，2021年；波士顿咨询集团和半导体行业协会：《2021年美国半导体行业现状》，2021年；德勤洞察，http://deloitte.com/insights。

在电子消费品和智能装备制造产业，中国企业尚未形成全球价值链中市场分销、客户服务等高回报链条的充分渗透，尤其缺乏类似于美国沃尔玛、亚马逊、英伟达、英特尔、日本三井商社、三菱商社等供应链链主企业。在全球营销链条上，我国企业普遍需要加强品牌广告策划、媒体通路和渠道终端的力量，社会关系媒介的营销链条强化，以及绿色品牌和绿色营销相关活动的加强。

面对欧盟日益严格的新能源电池"谁生产，谁回收"的立法要求，我国企业如比亚迪、爱玛电动车等品牌，也迫切需要加强新能源电池海外循环回收的价值链条。

在美国、欧洲不断加强贸易保护政策和科技封锁手段的前提下，新质生产力形成的产品和服务，需要足够大的国际、国内市场来支撑，因此，我国企业拓展海外价值链任重道远。

五　实现经济社会全面绿色转型的政策建议

（一）规划清晰的新质生产力实现路径

1. 围绕"一核五翼"落实新质生产力

2024年7月10日，国家信息中心牵头，围绕新质生产力的落地编制"新质生产力指数"，形成了"一核五翼"的指标体系。"一核"，是以促进经济高质量发展为目的，"五翼"分别是经济新动能、科技创新、绿色低碳、改革开放和高水平人才。

"一核五翼"指标体系框架，提出了聚焦高水平人才培养和引进，实现科技创新、绿色低碳，进而深度推进改革开放的可操作性衡量指标体系，为新质生产力给出了切实可行的落地路线和前置性衡量指标体系。

2. 全要素统筹培育壮大新质生产力五大要素

战略性新兴产业政策，以及人才、科学技术、资本以及数字化产业平台五大要素的全方位统筹发展，是新质生产力推动绿色发展的核心路径。

我国各级政府长期重视对战略性新兴产业的扶持政策，成果显著。2024年前三季度，高技术产业和战略性新兴产业继续保持高速增长，信息传输、软件和信息技术服务业增加值同比增长11.3%，装备制造业增加值同比增长7.5%，高技术制造业增加值同比增长9.1%，形成了经济发展新动能。

人才战略层面，我国多年来持续加强产业高科技人才和高校高科技人才的培养和引进。各级政府纷纷出台政策培养和引进高科技人才，中国高科技研发人才和高技能人才规模已经居于世界前列。

科研投入方面，自2000年以来，我国在应用科学和通用科学的研究开发投入增长16倍。2024年前10个月，中国的研发与设计服务业投资同比增长11.0%，研发投入占GDP的2.4%。科研投入成为新质生产力实现路径的关键环节。

资本是加快要素配置的催化剂。华为、联想、腾讯、华润、中国科学院等企业和事业机构，成为投资市场的活跃力量，催生了众多科技创新型企业，助力新质生产力提升。

数字化产业平台是产业价值链全球化的最新要素。新质生产力离不开统一的国内大市场和全球大市场，以及全球供应链和服务链、营销链的支持。

3. 新质生产力与绿色转型双轮驱动高质量发展

绿色转型既是新质生产力推动绿色发展的呈现方式，也是必由之路。2024年前三季度，生态保护和环境治理业的销售收入同比增长11.4%。新能源、节能、环保方面的绿色技术服务业的销售收入同比分别增长22.5%、18.7%和6%。① 亮眼的数据证明，绿色转型本身就是新质生产力和经济驱动力。

在环境和生态治理的制度层面，各级政府推行"生态环境分区管控"制度，把生态保护红线、环境质量底线、资源利用上线和生态环境准入清单等生态环境"硬约束"，落实到生态环境管控单元，实现精准施策、科学治污、依法管理，从而显著提高生态环境精细化管理水平，促进高质量发展。

（二）强化产业升级的引擎——生产性服务业

生产性服务业具有高度专业化、高度创新驱动、高度产业融合和辐射能力强的特点。它是全球产业竞争的战略制高点，是产业转型升级和发展方式转变的引擎。发展新质生产力，要把促进生产性服务业创新发展摆在首位。

生产性服务业在统计体系中大约有十个类型：

一是围绕产品和产业链的研究开发产业；

二是为产业链中各企业产品的市场准入、检验检测提供服务的产业；

三是为产业链提供物流配送服务的产业；

四是为产业链各环节提供金融服务的产业；

五是为产业链提供生态环保和绿色技术的产业；

六是数字技术，包括云计算、大数据、人工智能，对产业链制造过程、运行过程进行赋能，把一个个工厂纳入工业互联网体系；

七是与产品的销售和零部件及原材料采购、贸易批发、线上线下的各种营销活动相关的产业；

八是为产业链提供商品和品牌的专利保护和宣传服务的产业；

---

① 《前三季度"两新"发展势头良好》，《人民日报》2024年10月14日第3版。

九是包括会计师事务所、律师事务所、产业咨询服务机构在内的各种专业服务业；

十是提供售后服务和产品回收服务的相关产业。

国家创新与发展战略研究会学术委员会常务副主席黄奇帆指出，生产性服务业在发达国家 GDP 中占比越来越大，普遍在 40%—50%，而我国的生产性服务业占比仅为 17%—18%。① 我国生产性服务业增长潜力巨大。

根据 OECD 数据库资料，2023 年，中国制造业产值全球占比为 35%，世界排名第一，超过包括美国在内的 8 个主要经济体的总和（见图 4）；中国制造业增加值全球占比为 29%。但在全球价值链体系中，中国仍存在营销链、服务链、回收链（循环经济）以及信息链等环节的缺失或不足问题，制约了未来发展。

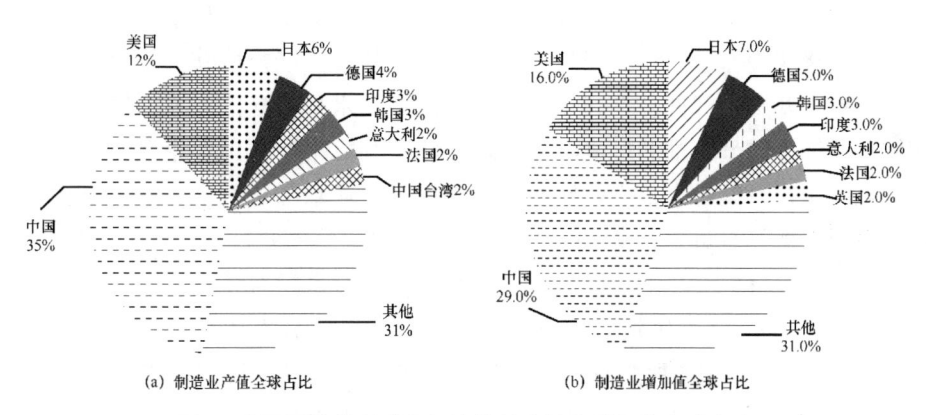

图 4　中国及其他制造业经济体总产值和增加值全球占比

资料来源：OECD TiVA Database, "World's Biggest Manufacturing Economies-PROD & VALU Manufacturing Sectors", 2023。

当前制造业价值创造正在从产品经济向服务经济的更高层次——体验经济转型，体验经济的精髓在于为每一个客户量身定制，定制化制造成为服务体验的一个关键部分。我国尤其需要升级制造业价值链，加强服务型制造环节，大力发展依托工业软件、工业互联网以及客户销售平台的服务型制造，加强制造业竞争力。

---

① 《黄奇帆：中国制造业如要赶超欧美　最大短板在于生产性服务业》，2024 年 4 月 8 日，https://www.toutiao.com/article/7355386847599673856/?channel=&source=search_tab。

共享经济是全球经济向资源可持续性转型的最新形态。这是全球经济绿色转型的趋势，也是全球融合的大趋势。在全球共享时代，中国的共享平台经济迅速崛起，培育了数十个平台，并积极拓展全球市场。但我国平台企业的人才国际化水平较低，供应链、服务链、营销链等价值链条不全，政策、资金、税收等多方面的支持不足。大多数共享经济平台都能够创造百万级别的就业，这对缓解就业压力提供了新引擎。

（三）积极稳健推动原子级制造产业

原子级制造是通过对原子级的规模化精准操控，将制造的可控量推进到原子水平，实现传统制造三要素的全面革新：加工对象从连续材料变革为离散原子；加工精度从大尺度变革为原子尺度；将材料和结构决定产品性能变革为原子调控产品性能。逐步实现原子级精度制造和原子级结构制造，最终实现原子的按需创制，以近乎完美的加工工艺控制，全面提升基础材料、基础零部件、基础元器件和基础工艺水平。支持能源、化工等传统产业绿色转型，推动集成电路、航空航天等战略性新兴产业发展。量子信息、生命科学等未来产业发展，对于提升工业基础能力、推进新型工业化绿色发展具有重要意义。

2024年11月23日，工业和信息化部高新技术司召开原子级制造创新发展座谈会，深入研讨《原子级制造创新发展实施意见（2025—2030年）》，原子级制造战略研究取得阶段性新进展。原子级制造正处于从理论创新与关键技术突破向产业化迈进的关键阶段。[1]

（四）强化中国制造全球价值链体系

中国制造要通过"扩链、强链、补链"，形成"一头在内、一头在外"，打造水平分工加垂直整合一体化的产业链集群。

加工贸易的GDP转化率一般只有12%左右，其中包含工人薪酬、企业利润、生产资料折旧及各项税费，财富转化效益不高；如果70%—80%的零部件在中国本土制造，相关的劳动力就业、利润和税收都留在了中国，带来的GDP转化率将在32%左右，财富转化的效益和质量都会显著提升。

---

[1]《工信部：研究出台原子级制造创新发展实施意见》，2024年11月25日，https://www.toutiao.com/article/7441040656820142628/？channel=&source=search_tab。

我国需要为企业和人才"走出去"搭建更多服务平台，并借助产业链优势深化和强化海外生态链，变"中国制造"为"与中国共享"。我国应该依托在全球产业链上已经建立的主导优势，积极培育全球性供应链链主品牌。

2024年5月22日，CBRE世邦魏理仕发布《2024年中国零售商调查：全球化视角之海外门店拓展》专题报告，对93家中国零售商进行的调研数据及案例显示，2023年共有36家中国品牌首次在海外开设门店，涵盖餐饮、服饰、母婴等多个领域。

依托我国的人才结构特性和中低端专业人才储备丰富的优势，结合绿色化、专业化、全产业链整体输出服务优势，加快就业友好型产业全球化布局，加强我国企业在产业链营销环节、售后服务环节和循环回收环节的能力建设，对我国构建国内国际双循环产业体系和人才就业体系，强化全球价值链体系，缓解国内就业市场压力，创造海外侨汇收入，都作出了积极的贡献。

（五）全方位提高居民收入，做强内循环

世界发达国家内循环的最终消费（居民消费+政府消费）拉动GDP的贡献都在55%—60%。我国需要提高经济内循环的GDP增长贡献，具体措施包括以下方面。

1. 增加居民收入，激发强大的消费购买力和消费意愿

居民的可支配收入是居民消费的依据，刺激消费要优化收入分配制度，确保劳动报酬与经济增长同步，提高劳动报酬在初次分配中的比重。加大就业力度，创造更多就业机会，加强对低收入群体的扶持，通过社会保障、税收减免等方式提高居民的收入水平，增强居民消费购买力。鼓励企业研发新产品新技术，提高产品质量和服务水平，激发消费者的购买欲望。

2. 培养新的消费热点

关注新的消费领域，如绿色消费、智能消费、新能源汽车，通过政策引导和市场培育，形成新的消费热点。

3. 促进消费信贷发展

优化消费信贷政策，降低信贷门槛和成本，为居民提供更多的消费信贷支持；要加强对消费信贷市场的监管，防范金融风险，确保消费信贷的

健康发展。在发展消费信贷的同时，也要加强消费知识的教育，引导理性消费，避免盲目消费和浪费。

4. 促进医疗与教育发展

医疗与教育作为国家的两大基石，其体制改革对于国家的整体发展和民众的福祉至关重要。要逐步实现医疗资源优化配置，提高医疗资源利用效率，完善医保制度的基本框架，确保更多人能够享受到基本医疗保障。教育体制改革应该进一步深化，优化教育资源配置，提升教育质量，加大对农村和贫困地区教育的投入，缩小教育差距。要加强国际教育的交流与合作，借鉴国际先进的教育经验。

5. 增加居民的财产性收入

政府和相关机构应加强对资本市场的监管，确保市场公平、透明，降低投资风险，鼓励和引导居民参与有价证券的投资，提高其财产性收入。创新财产运营模式，为居民提供更多元化的理财方式，在此过程中，应谨慎评估风险，确保资金安全。要鼓励居民利用自身专业技能将知识技能转化为实际收益。

6. 采取积极措施鼓励消费

通过扩大中等收入群体规模，努力促进低收入群体增收，完善医保制度降低居民医疗支出，通过教育改革减少家庭教育开支，完善消费基础设施建设，健全社区商业配套设施提升消费便利性，举办消费促进活动，推动新兴消费，创新消费场景，促进国货消费，通过激发消费潜力，促进消费增长，倡导绿色消费，进而推动经济的可持续发展。

做强内循环，一个重要的增长潜力板块在农村地区。国家统计局数据显示，2024年前三季度，全国人均可支配收入为3.09万元，其中城镇居民为4.12万元，农村居民为1.67万元，前者为后者的2.47倍。[①] 促进共同富裕，最繁重的任务仍然在农村。当前制约农民收入提高的主要问题是：农村户均土地经营规模小，制约了农业劳动生产率的进一步提高。农业农村部数据显示，2021年全国农村经营耕地10亩以下的农户约为2.1亿户，农户户均经营规模仅为7.46亩。[②] 而法国农民户均土地面积为630

---

① 《2024年前三季度居民收入和消费支出情况》，2024年10月18日，https://www.stats.qov.cn/sj/zxfb/20241018_1957037.html。
② 《争做服务乡村振兴"排头兵"——华夏食无忧安全食品产业园"建设纪实"》，2023年5月30日，https://cn.chinadaily.com.cn/a/202305/30/ws647528031053798937 6a93.html。

亩、美国为 2550 亩、加拿大为 4500 亩、巴西为 1050 亩、韩国为 23.33 亩、日本为 48 亩。① 世界银行将户均耕地低于 2 公顷（30 亩）的定义为小农。我国农村户均土地不足这一定义下的 1/4。

同时，农业存在发展机遇。我国是第一大农产品进口国。2023 年，我国农产品贸易逆差为 1351.8 亿美元。这说明我国农产品市场需求存在 9000 多亿元的进口替代空间。

未来，中国将有 2.1 亿农业户，借助现代设施农业可实现现代化、精品化和高产化。按照户均 6 万元左右的设施投资规模，存在 12 万亿元以上的设施农业投资需求，农业新质生产力提升将推动农业户均年增收数万元，为以内循环为主的经济发展提供下一个增长引擎。

结　语

新质生产力概念的提出，是生产力理论和经济发展理论的崭新成就，是中国式现代化思想理论的最新成果，为中国履行联合国可持续发展理念，与世界各国协作应对全球重大挑战和危机，积极促进强劲、可持续、平衡和包容的经济增长提供实际行动和可行路线的理论基础。

2024 年 7 月 31 日，中共中央、国务院印发《关于加快经济社会发展全面绿色转型的意见》，这是国家层面首次对加快经济社会发展全面绿色转型进行系统部署，标志着以新质生产力推动绿色经济高质量发展的加速进行。

2024 年，在新质生产力的推动之下，我国绿色经济取得了丰硕成果，在全球经济不景气的各种挑战之下，保持了增长态势，释放了新的增长动能。

2024 年，我国的经济运行呈现出新质生产力和绿色低碳转型双轮驱动，加速推动高质量发展的良好态势。我国经济内循环的各项基础条件持续良性发展，居民就业持续稳定，收入持续增长。

围绕"构建公正的世界和可持续的星球"这一主题，中国对世界经济

---

① 《专访蔡继明：分配制度改革四十年》，2023 年 10 月 5 日，https://www.toutiao.com/article/7286269941882405391/?channel=&source=search_&ab。

增长和全球治理作出了举世瞩目的贡献。

围绕 2030 年人类可持续目标，中国借助新质生产力大力推动可再生能源装机容量提升，以举国之力推动全社会平均能效提升，大力开发、推广包括 CCUS 在内的零排放和低排放技术的落实工作，逐步降低化石能源消费占比。在关键原材料、半导体及技术供应链领域，积极研发绿色科技，实现持续、负责任的发展。

2024 年，围绕能源转型和气候行动，中国领先世界，再一次体现了大国担当和以新质生产力为内核的科技自信。

主要参考文献

《习近平在黑龙江考察时强调　牢牢把握在国家发展大局中的战略定位　奋力开创黑龙江高质量发展新局面》，《人民日报》2023 年 9 月 9 日第 1 版。

《习近平在中共中央政治局第十一次集体学习时强调　加快发展新质生产力　扎实推进高质量发展》，《人民日报》2024 年 2 月 2 日第 1 版。

徐冠华：《生物制造：推动第四次工业革命的关键力量》，《学习时报》2024 年 7 月 10 日第 A6 版。

黄奇帆：《新质生产力的逻辑内涵与实施路径》，《黄河科技学院学报》2024 年第 6 期。

理论探索与战略研究

上市公司碳核算碳披露现状及能力提升研究

唐人虎　王　澜[*]

一　上市公司是落实"双碳"目标的主力军

2020年9月22日，国家主席习近平在联合国大会第75届会议上，向全球宣布了中国的"30·60"碳排放达峰和碳中和目标（以下简称"双碳"目标）。表明中国将提高国家自主贡献力度，并采取更有力的政策和措施。我国大约90%的碳排放量直接与企业的生产经营活动相关，企业的碳减排行为是我国实现"双碳"目标的关键。

首先，上市公司是国民经济的"基本盘"。2023年，全市场5330家上市公司实现营业收入72.70万亿元，同比增长0.86%；实现增加值19.49万亿元，同比增长3.78%，占GDP总额的15.46%。

其次，上市公司是中国碳排放的主要来源。2021—2023年，中国碳排放最高的100家上市公司的合计排放量均超过了50亿吨，与现阶段全国碳市场覆盖的碳排放规模相当。

再次，上市公司是中国企业的优质代表。其在人力资本、研发实力、融资能力、风险应对、企业治理等方面处于优势地位，具备率先行动的基本能力。

---

[*] 唐人虎，碳排放权省部共建协同创新中心特聘教授，北京中创碳投科技有限公司董事长，名古屋大学—中创碳投碳中和创新联合实验室中方主任，国家发展和改革委员会自愿减排（CCER）项目及清洁发展机制（CDM）项目审核理事会专家，主要研究方向为能源科技、气候变化等；王澜，北京中创碳投科技有限公司咨询事业部总监，工程师，主要研究方向为碳市场、环境保护等。

最后，上市公司是公众关注的焦点。其接受股民和公众的监督，信息披露更加透明，具备示范引领的有利条件。上市公司的减排行动不仅对实现"双碳"目标至关重要，而且对整个产业链的减排工作也具有深远的影响。

二 推动上市公司绿色低碳发展的内部、外部形势

企业在推进"双碳"目标的过程中，碳排放的核算和信息公开是基础性工作。2021年，《中共中央 国务院关于全面贯彻新发展理念做好碳达峰碳中和工作的意见》强调了"完善企业、金融机构等碳排放报告和信息披露制度"的重要性；《2030年前碳达峰行动方案》也明确要求"相关上市公司和发债企业应依法定期披露企业碳排放信息"。2022年，国家发展和改革委员会、国家统计局、生态环境部联合发布了《关于加快建立统一规范的碳排放统计核算体系的实施方案》，旨在优化和完善碳排放的统计核算体系。

碳排放问题也是企业可持续信息披露中的关键议题。2023年，国际可持续准则理事会（ISSB）发布了首批可持续披露准则，聚焦于可持续相关信息的总体披露要求和气候相关披露要求。2024年，上海证券交易所、深圳证券交易所、北京证券交易所三大交易所发布的ESG披露新规要求部分企业强制披露范围一和范围二温室气体排放数据；香港联交所也修订了《ESG守则》并发布《实施指引》，要求所有发行人从2025年起披露范围一和范围二温室气体排放数据，大型股发行人从2026年起需要披露范围三温室气体排放数据。随着国内外对ESG披露要求的不断提升，碳管理与碳披露已成为可持续信息披露中的焦点。

三 上市公司碳核算、碳披露、碳管理评价方法的构建

（一）碳核算、碳披露、碳管理面临的困难

碳核算、碳管理与碳披露在可持续信息披露中仍然是具有挑战性的问

题，上市公司在碳核算和碳披露中面临不少难题。首先，碳核算的标准和规则尚未统一，ISO 14064、ISO 14067 系列标准、GHG Protocol 温室气体核算体系、PAS 2050、PAS 2060 等都是核算碳排放的标准，企业在选择适用标准时存在问题；其次，上市公司组织结构复杂，在应用上述标准进行碳核算时面临许多实际操作问题，如核算边界有运营控制权法、财务控制权法和股权比例法三种，不同边界下的碳排放核算结果和含义存在差异；最后，碳披露的基础工作相对薄弱，如财政部《企业可持续披露准则——基本准则》仍在征求意见阶段，相关政策亟待完善。

（二）构建碳核算碳披露评价体系

为评估上市企业在推动碳排放达到峰值和最终实现碳中和方面的努力及其成效，我们采用了量化指标方法，包括构建碳核算碳披露评价体系，并发布"双碳行动指数"。评价议题的设置参考 TCFD 评价标准，综合考量了上市企业在碳排放控制、减排目标设置、减排成效、策略规划等多个方面的表现，通过层次分析法（AHP）来确定各评价指标权重。首先参考 TCFD 评价标准设计权重赋值表，请行业专家对评价标准进行两两比较，给出相对重要性报告后，最终用 AHP 模型计算得到权重结果。

基于"双碳行动指数"，北京中创碳投科技有限公司（以下简称中创碳投）对高耗能的 100 家上市公司和互联网、汽车、房地产、银行、券商五个关键行业进行了分析，并按得分将公司划分为"卓越"至"一般"五个等级，以衡量它们在碳排放和行业影响力上的表现。根据该评价结果，中创碳投联合《财经》杂志连续四年发布"上市公司碳排放排行榜"暨"上市公司双碳领导力榜"，得到了上市公司的积极反馈，多家公司引用了榜单结果。

（三）基于提示工程的批量碳披露质量评价

基于上述评价体系，中创碳投采用人工智能领域的语言模型（AI-LLMs），并借助于提示工程（Prompt Engineering）这一技术路径，通过设计提示（Prompts）对企业碳披露、碳管理水平进行了统一分析。通过提示工程对企业公开发布的年度报告、可持续发展报告、企业社会责任报告以及环境、社会与治理（ESG）报告等文件进行深入分析，系统性评估企业公开披露的碳排放数据的准确性、信息披露的全面性以及与国际标准的一致性等关键指标。

采用该模式，可实现 AI 自动进行信息抽取、AI 自动进行得分点分析、AI 自动进行各议题打分计算，从而剥离不同评分人员评判时对给分标准的理解差异，保持评分一致性。

(四) 采用问卷调研深入研究企业面临的碳披露问题

问卷调研和访谈是获取企业碳核算和碳披露实际挑战的关键手段。仅通过数据分析，无法切实了解企业在实际进行碳核算、碳披露工作中真正面对的困难。因此，通过对企业进行问卷调研、访谈，可进一步深入了解上市公司在碳核算和碳披露过程中遇到的实际问题和需求。

依据行业、公司规模、上市地点等因素，从大数据分析结果中筛选出具有代表性的上市公司作为调研对象，通过邀请企业参加闭门讨论活动、向企业定向发送电子邮件、借助行业协会与企业建立联络等多种渠道发放问卷，识别上市公司在碳核算和碳披露过程中的关键问题和需求。

四 企业碳管理与碳披露现状分析

从 2020 年起，各行业的"双碳行动指数"逐年连续上升，显示出积极进展。互联网行业该指数增幅最大，增幅超过 25%，显示出上市公司在数字化转型和绿色创新方面的显著作用。高耗能行业紧随其后，该指数增幅超过 20%，反映了上市公司能源结构调整和能效提升的努力。汽车、房地产、银行、券商等行业该指数也呈上升趋势，体现了上市公司在新能源汽车、建筑节能、绿色金融和低碳产业方面的贡献。

(一) 高排放行业碳核算与碳披露表现持续增强

对于排放量在全国前 100 家的上市公司，经过对 2020—2023 年的数据分析得出，其整体碳披露比例已由 2020 年的 44% 提升到 2023 年的 65%，其中 A 股上市公司碳披露比例攀升明显，由 2020 年的不足 10% 增长到 2023 年的 49%，而 H 股披露水平保持稳定（见图 1）。其中，电力、水泥和钢铁行业碳披露比例持续攀高，水泥行业碳披露比例在 2021 年已超过榜单平均，钢铁行业碳披露比例在 2023 年接近榜单平均，而煤炭行业碳披露比例在 2023 年出现小幅度回落。

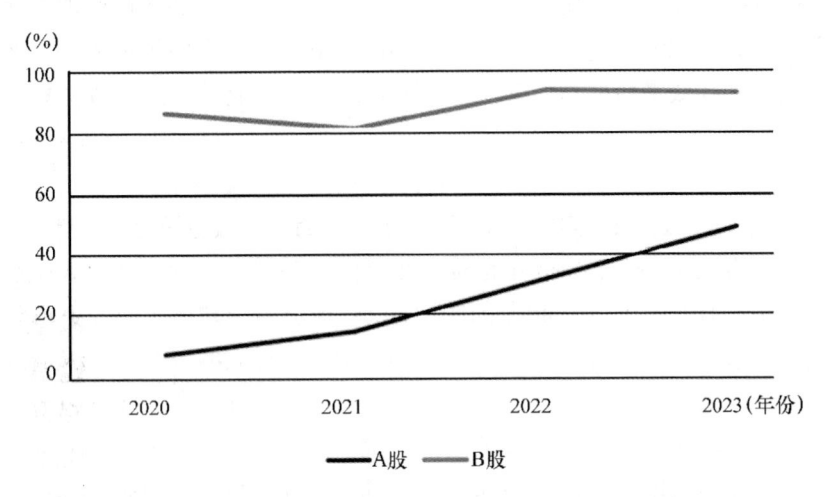

图 1　2020—2023 年前百家碳排放上市公司的碳披露情况

2023 年，被评为"一般"的公司数量显著减少，占比从 2021 年的 15.00%降至 3.00%，显示出整体进步。这表明，企业对"双碳"目标的重视程度提高，低碳转型力度增强。部分企业通过技术创新和管理创新实现了跨越式发展。例如，山东钢铁集团通过绿色智能制造、淘汰落后产能、超低排放改造以及 CCUS 技术研发，从"一般"提升至"良好"等级，展现了其在"双碳"领域的领导力。

水泥、钢铁、煤炭等高能耗行业在"双碳"目标上持续表现出显著进步，龙头企业保持领先地位。央企和民企在"双碳"领导力上表现优于地方国有企业，显示了它们在实现"双碳"目标上的主动性和创新性。央企如中国铝业通过绿色发展、清洁能源利用和循环经济，实现了碳排放的持续下降。民企如复星国际通过科技创新和数字化转型，加强碳管理，实现了低碳发展。相比之下，地方国有企业在"双碳"领导力上表现较弱，需要加快淘汰落后产能，提升绿色竞争力。

（二）上市公司在碳管理方面表现出显著进步

建立碳管理团队的公司数量增加。到 2023 年，有 79 家上市公司公开表示了高层对于公司绿色低碳转型的积极态度，23 家公司明确了董事会在气候治理或碳管理方面的具体职责。此外，还有32家公司明确设有专门负责碳管理的工作团队。比2021年均有显著进步。另外，越来越多的企业建立了"双碳"考核奖惩机制。如华能国际、复星国际和中国神华等，通过具体措施和绩效考核推动低碳发展。但是，许多企业未详细披露考核目标和奖惩细则。

（三）上市公司对范围一和范围二碳排放的披露数量呈上升趋势

2021年有43家公司披露范围一和范围二碳排放，而2023年增至65家，其中已有6家企业公布其范围三排放。国资委推动央企控股上市公司披露ESG报告，预计未来披露范围一和范围二碳排放的企业数量将继续增加，而由于港股对范围三披露的要求，对范围三进行核算、披露的上市公司也将逐年增多。在碳强度和碳足迹方面，2023年有42家上市公司披露了主要产品碳强度，比2021年有长足进步，其中钢铁行业对碳足迹的公布重视程度明显大于其他高排放行业。

（四）提出碳中和目标的上市公司数量增加

2023年，已经有47家上市公司明确提出了碳排放目标，较2021年、2022年快速增加。着眼目标覆盖范围，90%的公司减碳目标都包含范围一和范围二排放，其中宝钢股份、中电控股和中国石油这三家公司还明确了范围三的目标，说明更多公司对碳排放有科学、明确的预期。

领先上市公司展现出更透明的碳排放目标，这些目标的透明度取决于其内涵清晰度、科学论证过程和实际行动。多数公司的减碳目标具有明确的前提和条件，如覆盖范围、基准年和目标年份。新提出碳中和、碳达峰目标的公司均设定了明确的目标年份。卓越水平的公司科学论证了目标提出过程，如宝钢股份和中电控股。在实际行动方面，多家公司设定阶段性目标和子目标，并进行进度跟踪，如中远海控。

（五）上市公司的碳管理与碳披露呈现显著行业特征

互联网行业"双碳"领导力显著增长。如阿里巴巴、腾讯和百度在碳中和方面取得显著进展，通过技术创新和平台优势推动供应链减排，并应用数字化工具提高能源效率。未来，需提升可再生能源使用水平和绿色金融产品开发能力，加强供应链减碳措施。

房地产行业面临市场的调整和流动性压力,但一些领先的房地产企业在"双碳"目标的实现上展现出了积极的态度。尽管市场调整,但领先房企如远洋集团和招商蛇口,通过绿色建筑和低碳技术减少碳排放。该行业需加强碳排放管理,明确低碳发展战略,增强供应链和项目碳排放监控。

新能源汽车的增长势头强劲,带动汽车行业碳管理能力显著增强。如吉利汽车和宁德时代在全生命周期碳排放管理上取得进展。该行业需加强碳排放管理和优化,推动新能源汽车与电网互动,提高能源效率。

绿色金融业务增长,商业银行和证券公司在绿色信贷和债券发行方面表现积极。然而,银行在自身碳核算和减排上需提升,应加强绿色金融创新和内部碳减排措施。

五 企业碳管理与碳披露中存在的问题及建议

(一)企业碳管理与碳披露中存在的困难

在调研访谈中,所有受访公司都认同碳中和的价值,但有不少公司认为践行"双碳"行动带来的压力与机遇不平衡。这是导致部分企业"双碳"相关工作缺乏动力的根本原因。

从短期来看,认为碳中和带来的机遇比压力更多的企业只有23.08%,从长期来看,这一数字也仅有69.23%,可见企业面对"双碳"行动时感受到的压力远高于机遇(见图2)。这些压力主要来自投入成本的增加、产业结构的调整、市场竞争的加剧、政策监管的变化等方面。而机遇则主要体现在提升企业形象、增强社会责任、拓展新市场、促进技术创新等方面。

由于"双碳"行动的效益是长期的、不确定的、分散的,而成本是短期的、确定的、集中的,因此很多企业在权衡利弊时,倾向于保守的选择,不愿意或不敢积极参与"双碳"行动。但这一现象将会随着"碳双控"相关政策的发布,以及一系列龙头企业陆续设置供应链减碳要求,得到显著的改变。

公司高管对"双碳"工作的支持不足。调研分析显示,几乎所有的公司都认为披露"双碳"相关信息可以提升企业形象,且绝大部分公司高层对"双碳"工作表示了重视(见图3),但其中只有34.62%的公司高管在

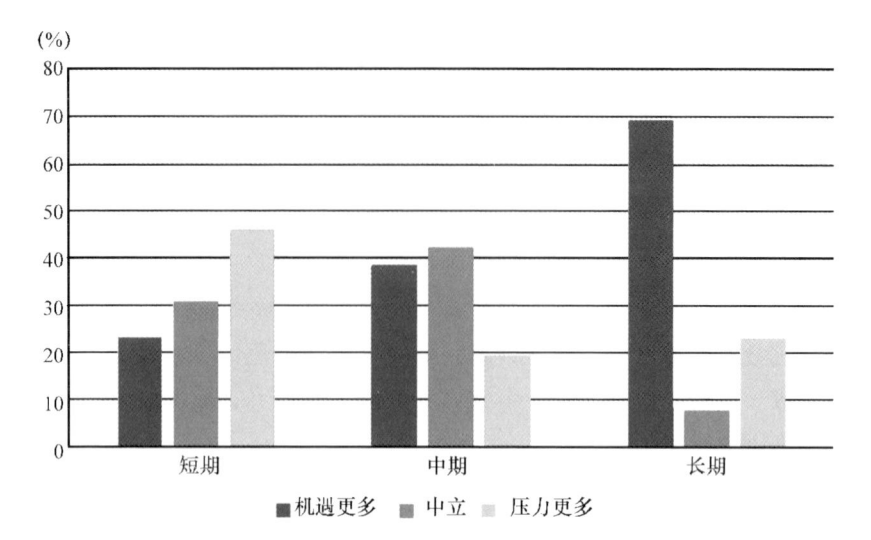

图 2 企业对"双碳"目标的风险与机遇判断

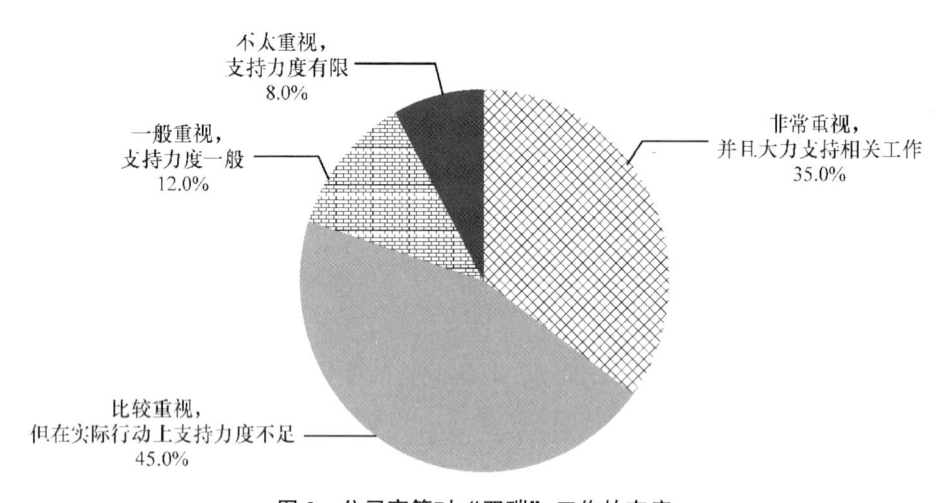

图 3 公司高管对"双碳"工作的态度

行动上对"双碳"工作予以实际支持，仅 38.46% 的公司制定了实现碳中和战略目标和行动方案，制定较为完善的气候风险管理体系的公司更是只有 23.07%。这说明，很多公司高管虽然口头上认同"双碳"工作的重要性，但在实际操作中缺乏足够的决心和行动力，没有将"双碳"工作纳入公司的核心战略，没有为"双碳"工作提供充分的资源和保障，没有建立有效的激励和约束机制，没有及时监测和评估"双碳"工作的进展和效果。这导致了"双碳"工作的执行力不强，缺乏系统性和持续性，难以形成全员参与的良好氛围。

(二) 企业碳管理与碳披露能力提升建议

1. 战略规划描绘"双碳"蓝图

企业应将低碳发展战略规划作为碳管理的首要步骤，以指导公司实现"双碳"目标。上市公司需将"双碳"战略纳入公司核心发展战略，科学评估排放源，明确减排时间表和路线图，并设定阶段性和业务特定的子目标。此外，鼓励企业制定全面覆盖价值链的"双碳"战略，并根据发展情况灵活调整规划。

2. 建立健全碳管理机制

为有效执行"双碳"战略，上市公司需建立完善的碳管理机制，包括确立领导责任、决策流程和沟通渠道。这一机制应明确各级职责，促进全员参与，加强内部沟通，提升决策质量和执行效率。建议公司构建清晰的碳管理架构，确保碳减排工作的顺利实施。

3. 建立以低碳为导向的考核机制

当前，部分企业虽已实施与"双碳"目标挂钩的考核与激励措施，但在公开报告中尚未详尽说明具体的考核指标和奖惩办法，同时，仍有众多企业未启动相关工作。确立"双碳"考核与奖惩体系对于提高企业在碳排放方面的表现至关重要，它能够全方位评估企业的低碳管理能力，并有效培育员工的低碳责任感。这一体系是企业实现绿色转型和"双碳"目标的有效手段，因此，企业应加速构建和完善"双碳"考核与奖惩机制。

六 结 语

随着全球对气候变化和可持续发展的重视日益加深，中国上市公司在实现"双碳"目标中扮演的角色越发关键。本文通过深入分析上市公司的碳核算与披露现状，构建"双碳行动指数"，并运用提示工程等先进技术手段，全面评估了企业在碳管理和碳披露方面的表现。研究结果表明，尽管取得了一定进展，但上市公司在碳管理的标准化、透明度和战略规划方面仍面临诸多挑战。未来，企业需进一步加强内部管理机制，明确低碳发展目标，并与政府、行业组织和科研机构等多方合作，共同推动绿色转型。我们期望本研究能为上市公司提供实质性指导，为政策制定者提供决策支持，共同促进社会经济向低碳、绿色发展方向转型，实现可持续发展的未来。

主要参考文献

中国上市公司协会：《中国上市公司2023年发展统计报告》，2024年。

财经十一人、中创碳投：《中国上市公司碳排放排行榜暨双碳领导力榜（2023）》，2023年。

张贤等：《中国二氧化碳捕集利用与封存（CCUS）年度报告》，2023年。

雷舒然、陈浩：《国际自愿减排机制在我国的发展概况—VCS篇》，2023年。

新能源项目建设必须重视保护自然朋友

周晋峰　齐英杰　封　紫[*]

随着全球气候变暖的加剧，极端天气频繁发生，生态系统遭到严重破坏，人类的生存和发展受到极大的威胁。减少碳排放量以应对气候变化，已成为全球共识。作为全球最大的碳排放国，我国正面临着巨大的减排压力。

当前，碳排放主要源自化石能源消费。为降低化石能源依赖、减少温室气体排放，我国加快能源绿色低碳转型，大力发展新能源。随着国家能源结构转型的不断深入，新能源开发与自然之间的矛盾日益凸显。新能源项目往往忽视了对人类的自然朋友——生物的保护，导致区域生态系统退化、栖息地丧失和生物多样性下降。而生物多样性是人类赖以生存和发展的基础，是地球生命共同体的血脉和根基。因此，在推动新能源项目建设的同时，必须强调生物多样性的重要性，高度重视保护人类的自然朋友。

一　新能源项目对生物多样性的负面影响

新能源主要包括太阳能、风能、水能、生物质能、海洋能、氢能、核能等，因其具有绿色、清洁、高效的特点，在应对气候变化和实现"双碳"目标方面发挥着重要的作用。但是，新能源在项目建设、运营和退役

---

[*] 周晋峰，中国生物多样性保护与绿色发展基金会创会理事长，第九届、第十届、第十一届全国政协委员，第九届、第十届中华职业教育社副理事长，世界可持续发展科学院院长，世界艺术与科学院院士；齐英杰，温州大学三垟湿地生态环境研究院专家工作站院士助理，研究方向为生态文明教育、环境教育、湿地生态等；封紫，中国生物多样性保护与绿色发展基金会综合技术部研究专员，研究方向为生物多样性保护与恢复、绿色标准和垃圾分类等。

等各阶段均对生物多样性构成一定的威胁。

（一）土地占用和栖息地破坏

新能源项目建设需要占用大量的土地，包括临时、长期以及永久性占地。例如，2024年批复的中核田湾200万千瓦滩涂光伏发电示范项目批准用海面积高达1875.7761公顷（约28000亩）。[①]

截至2024年8月底，我国新能源发电装机规模为12.7亿千瓦[②]，主要集中在西北、东北和华北等区域，几乎涵盖了所有的生态系统类型，包括荒漠、森林、河流、滩涂、草原、湿地、山地、海洋、农田等。但无论占用何种类型的生态系统，都将对地表或海底造成扰动，破坏土壤或沉积物的结构和功能，造成栖息地的丧失和破碎化，引起景观连通性下降，阻碍种群间的基因交流，降低遗传多样性和种群多样性，打破生态系统平衡。

（二）环境污染

新能源具有清洁、污染排放少、可再生等优点，但新能源项目在全生命周期，特别是建设期、运营期、维护期和退役期，均存在环境污染的风险，主要包括水污染、土壤污染、大气污染、噪声污染、光污染和固体废物污染等方面。

在项目建设过程中，运输、地面平整、设备安装产生的噪声和扬尘，施工场地的露天灯光以及施工后产生的大量固体废物，都会干扰附近居民的生产和生活，并对周边野生动植物的繁衍生息产生不利影响。设备的运行、保养和维修也会产生一些噪声、光影、废水、废气、固体废物等。例如，光伏电场每年约需清洗15次，清洗1兆瓦光伏需要5吨清水和230千克的清洁剂[③]，而清洗废水往往得不到有效的回收处理，造成土壤和水体的污染。项目退役后的设备拆卸、运输和回收也同样面临着各种污染问

---

① 袁雪飞：《全国最大海上光伏项目选址连云港》，《中国经济导报》2024年5月11日第4版。
② 戴小河：《我国新能源发电装机占比超过40%》，2024年9月26日，https://www.gov.cn/yaowen/liebiao/202409/content_6976710.htm。
③ 石杰、杨乔木、李继安等：《浅谈光伏板清洗产生污水的环境影响问题及启示》，《清洗世界》2022年第5期。

题，特别是固体废物。预计到 2030 年，累计将有超过 3 万台机组达到退役年限，由此带来的固体废物规模将达 94.79 万吨。① 如此大量的固体废物，无论是采用堆放、填埋、焚烧或再利用等何种处理方式，都将对生态环境构成严峻的挑战。

（三）种群变化

新能源项目还会对周边野生动植物的种群结构产生一定的负面影响。例如，风电场的运行可能造成鸟类和蝙蝠因与涡轮叶片碰撞而死亡。一项研究，在 2014—2022 年开展的 8 次监测活动中，记录了 14 科 25 种 119 只鸟类碰撞事件，包括尼加拉瓜红色名录上的三个物种，近危类迁徙物种布莱克本莺（Setophaga Fusca）和本地物种红树美洲鹃（Coccyzus Minor），以及易危类，也是尼加拉瓜唯一迁徙的蜂鸟——红喉北蜂鸟（Archilochus Colubris）；同时还观察到 4 科 18 种 134 只蝙蝠的碰撞事件。② 另外，风力涡轮机运行产生的噪声和湍流会影响鸟类的觅食、迁徙、繁殖等行为，进而影响种群数量、结构和分布。并且，鸟类物种丰富度、功能丰富度和系统发育多样性随着与风力涡轮机距离的增加而增加，在 500 米以上尤为显著。③

其他新能源建设项目也存在类似的威胁。光伏面板是潜在的生态陷阱，可以反射水平偏振光，引诱水生昆虫在这些高度不适宜的表面产卵，导致种群数量下降。而鸟类会因此将太阳能板与水体混淆，增加发生碰撞和烧伤的风险。蝙蝠则通过回声定位将太阳能板误以为是水体而发生碰撞。水电站大坝建设改变了河流的自然生态水文条件，会阻断鱼类洄游路线，影响鱼类越冬和繁衍，而水动力效应，如压力变化、剪切应力、加速度、旋涡运动、曝气、撞击、空化等则会造成鱼类受伤或死亡。④

---

① 都芃：《"退役"潮即将到来百万吨风电设备当归何处》，2023 年 12 月 25 日，https://baijiahao.baidu.com/s?id=1786208548290510184&wfr=spider&for=pc。

② Zolotoff-Pallais J. M., Perez A. M., and Donaire R. M., "General Comparative Analysis of Bird-Bat Collisions at a Wind Power Plant in the Department of Rivas, Nicaragua, between 2014 and 2022", European Journal of Biology and Biotechnology, Vol. 5, No. 3, 2024.

③ Ding Z. F., Liang J. C., Cai J., Wei L., "Resident Breeding Bird Responses to Wind Turbines: A Functional and Phylogenetic Perspective", The Journal of Applied Ecology, Vol. 32, No. 9, 2021.

④ Cox Reilly X., Richard T. Kingsford, Iain Suthers, and Stefan Felder, "Fish Injury from Movements across Hydraulic Structures: A Review", Water, Vol. 15, No. 10, 2023.

二 新能源建设中保护生物多样性的必要性

生物多样性是生物及其与环境形成的生态复合体以及与此相关的各种生态过程的总和[1]，是地球生命共同体在经历几十亿年的演化结果，对维持生态平衡和人类可持续发展发挥着重要的作用。

（一）生物多样性是地球生命系统的基础，对于维持生态平衡和可持续发展至关重要

生物多样性是生态系统服务的基础，为人类生存和发展提供了丰富的食物、药物和工业原料等物质资源，通过水源涵养、土壤保持、固碳释氧等方式维持和改善人类生存环境，并为旅游康养、休闲游憩、景观审美等文化情怀提供载体，具有巨大的经济效益、社会效益和生态效益。

生物多样性对维持生态系统的结构和功能的相对稳定起着至关重要的作用。生物多样性是生态系统生产力、稳定性、抵抗生物入侵以及养分动态的主要决定因素。[2] 物种对环境波动的内在反应的异步性、物种对扰动的反应速度的差异以及竞争强度的减少等机制，在不断变化的环境中增加了生态系统过程的稳定性[3]，并提高了生态群落捕获资源、产生生物量和回收必需营养素的效率[4]，促进生态系统功能的稳定性[5]，增强生态系统对气候事件的抵抗力[6]。

由于气候变化和人类活动的影响，全球生物多样性正急剧下降。而每

---

[1] 马克平、钱迎倩：《生物多样性保护及其研究进展［综述］》，《应用与环境生物学报》1998年第1期。

[2] 李奇、朱建华、肖文发：《生物多样性与生态系统服务——关系、权衡与管理》，《生态学报》2019年第8期。

[3] Michel Loreau1 and Claire de Mazancourt, "Biodiversity and Ecosystem Stability: A Synthesis of Underlying Mechanisms", *Ecology Letters*, No. 16, 2013.

[4] Cardinale B. J., Duffy J. E., Gonzalez A., et al., "Biodiversity Loss and its Impact on Humanity", *Nature*, Vol. 486, 2012.

[5] 李周园、叶小洲、王少鹏：《生态系统稳定性及其与生物多样性的关系》，《植物生态学报》2021年第10期。

[6] Isbell F., Craven D., Connolly J., et al., "Biodiversity Increases the Resistance of Ecosystem Productivity to Climate Extremes", *Nature*, Vol. 526, 2015.

一种生物的灭绝都会逐渐侵蚀地球的再生能力①，导致生态系统服务功能下降，对粮食安全、经济发展、人类健康以及气候环境变化构成威胁。

（二）生物多样性是自然固碳的重要途径，对于应对气候变化、减少全球极端天气具有重要的价值

工业革命以来，温室气体大量排放，使得大气二氧化碳（CO_2）浓度从278ppm升高到2023年的420ppm，造成全球气候变暖、极端气候事件频发。减排固碳刻不容缓，成为缓解气候变化的关键手段。固碳，即碳封存，是为生物多样性提供的重要生态系统服务之一，其属性与碳封存的有效性之间存在正相关性。②生物多样性及其生态系统服务通过光合作用、微生物分解、土壤矿物质作用、生物矿化、海洋溶解泵和生物泵等多种路径减少大气中的CO_2，发挥碳封存和储存的功能，缓解全球变暖。

海洋是世界上最大的碳库，吸收了相当于过去几十年人为排放的25%的碳，储碳量大约是大气的60倍。③生物泵使海洋溶解的无机碳库存增加了近10%（2800GtC），使大气中的碳减少了大约一半④，且其中大部分周转相对缓慢，大约每10000年一次⑤。作为陆地生态系统的主体，森林碳汇能力占陆地生态系统碳汇的80%以上⑥，几乎相当于化石燃料排放量的一半⑦，且地上部分固碳的有效性随着生物多样性的增加而增加⑧。另外，

---

① Rolston, H., *Environmental Ethics: Duties to and Values in the Natural World*, Philadelphia, PA: Temple University Press, 1988.

② Mekonnen H. Daba and Sintayehu W. Dejene, "The Role of Biodiversity and Ecosystem Services in Carbon Sequestration and its Implication for Climate Change Mitigation", *Environmental Sciences and Natural Resources*, Vol. 11, No. 2, 2018.

③ DeVries T., "The Ocean Carbon Cycle", *Annual Review of Environment and Resources*, No. 47, 2022.

④ DeVries T., "The Ocean Carbon Cycle", *Annual Review of Environment and Resources*, No. 47, 2022.

⑤ Hansell D. A., "Recalcitrant Dissolved Organic Carbon Fractions", *Annual Review of Marine Science*, No. 5, 2013.

⑥ 朱教君、高添、于立忠等：《森林生态系统碳汇：概念、时间效应与提升途径》，《应用生态学报》2024年第9期。

⑦ Pan Y., Birdsey R. A., Phillips O. L., et al., "The Enduring World Forest Carbon Sink", *Nature*, Vol. 631, No. 8021, 2024.

⑧ Mekonnen H. Daba and Sintayehu W. Dejene, "The Role of Biodiversity and Ecosystem Services in Carbon Sequestration and its Implication for Climate Change Mitigation", *Environmental Sciences and Natural Resources*, Vol. 11, No. 2, 2018.

土壤作为一个重要的碳库，其碳储量（至少 1500—2400Pg 碳）比大气（590Pg 碳）和陆地植被（350—550Pg 碳）的总和还要多。① 不过，植物多样性损失对土壤有机碳的影响将随着时间的推移而增加。②

生物多样性在减少大气中温室气体的积累具有积极意义。加强生物多样性保护，提升生态系统多样性、稳定性和持续性，可以有效应对全球气候变化，否则，21 世纪内全球气温可能会上升 2.6—3.1℃③，这将会给人类带来毁灭性的灾难。

（三）生物多样性保护是实现经济、社会和环境协调发展的重要环节

随着人口增长和工业化进程的加速，自然资源的过度开发和环境污染对生物多样性造成严重影响，并引发一系列生态环境问题，社会经济可持续发展正面临着前所未有的挑战。保护生物多样性是实现可持续发展的关键，不仅关乎地球健康，还与经济繁荣和人类福祉紧密相连，是解决环境污染与经济发展矛盾的有效途径。

保护生物多样性主要是通过保护野生动植物及其栖息地、减少环境污染、控制外来物种入侵、限制资源过度开发和降低人为干扰等措施，有效遏制生物多样性的丧失，维持生态平衡，改善气候环境，为人类提供优质的生存空间，为社会经济的发展提供充足的自然资源和条件，实现经济效益、社会效益和生态效益的有机统一。

三 新能源项目建设中保护生物多样性的相关策略

在过去的几十年里，生物多样性正以前所未有的速度下降，而栖息地的退化与丧失是其主要的威胁因素。为实现全球变暖控温 1.5℃ 内，以风电、光伏发电为代表的新能源产业得到迅猛发展。而新能源项目建设不可

---

① Mekonnen H. Daba and Sintayehu W. Dejene, "The Role of Biodiversity and Ecosystem Services in Carbon Sequestration and its Implication for Climate Change Mitigation", *Environmental Sciences and Natural Resources*, Vol. 11, No. 2, 2018.
② Balesdent J., Basile-Doelsch I., Chadoeuf J., et al., "Atmosphere-soil Carbon Transfer as a Function of Soil Depth", *Nature*, Vol. 559, 2018.
③ 联合国环境规划署：《2024 年排放差距报告》，2024 年。

避免地会改变土地利用性质，并对周边生物多样性产生一定的影响。因此，应坚持统筹兼顾，强化科学管理，使负面影响最小化并得到有效控制。

（一）科学规划与慎重选址

新能源项目规划时，首先要进行资源评估和选址。坚持生态优先、因地制宜、就近利用原则，结合一定的基础数据，充分考虑生态环境条件、生物多样性现状以及社会经济背景等限制性因素，综合评估，避开重要生态功能区、陆地和海洋生态环境敏感区、脆弱区等区域以及关键物种、濒危物种的关键栖息地和迁徙通道，选择资源禀赋好、建设条件优越、可持续开发以及符合区域生态环境保护等要求的地区开展新能源项目建设。

在项目规划阶段，需要强调适度开发，开展追踪生态风险评价，特别是项目对区域生物多样性的影响评估。依据评价结果，制定相应的风险应对措施和管控方案，明确生物多样性保护目标，为后续的设计、施工、运维和退役等阶段提供指导，确保项目能够顺利推进并达到经济与生态"双赢"的预期目标。

（二）重视生态型方案设计

方案设计是实现新能源项目绿色可持续发展的重要保障，须紧紧围绕生态文明建设，将减少对生态环境破坏和自然资源损耗作为设计宗旨。

项目设计前，需进行实地勘探、调研工作，收集项目现场周边环境、地质条件和水文情况等数据信息，以此为依据，控制用地面积，并充分考虑区域生态环境需求，开展设计工作。新能源中光伏发电占地面积大，对生态影响范围较广，因此，在设计中要充分利用原有的地形地貌，科学设置面板高度和间距，减少地表扰动和植被破坏，避免造成水土流失或土地退化；同时设计最佳的光伏方阵倾角，降低光伏板反射光对生物多样性的影响，特别是对下垫面植物、鸟类和昆虫的影响，最大限度地降低光污染和生物损害。另外，交通设计中应尽量利用原有的道路，避免地面过度硬化和栖息地破碎化，保证生态连通性，防止种群隔离和退化。

其他新能源项目也存在类似的威胁，如水坝对洄游鱼类的影响，因此，新能源项目设计必须从潜在的生态风险出发，从设计层面规避风险、解决问题，确保设计方案更加科学合理、切实可行，实现生物多样性保护，推动区域生态环境质量持续向好。

（三）实施生态恢复与补偿

新能源项目会占用一定的土地，在施工、运营和退役阶段会产生多种污染和废弃物以及生态扰动，会对周边的生态环境和生物多样性产生持续的负面影响。因此，生态修复工作需要贯彻项目始终，全面分析各个时期潜在的生态风险，制定科学的生态修复方案和监管制度，采取"边施工边修复""阶段性修复""调查监测与适时评估"相结合的方式，及时恢复和重建受损的生态系统，以确保生态系统的持续改善和项目的长期效益。

生态补偿是以实现生物多样性保护和生态系统服务可持续利用为目的的重要环境经济手段，是实现人与自然和谐发展的重要途径。新能源项目建设企业作为生态环境的破坏者和受益者，应承担起资源补偿、生态环境保护与修复的责任和义务。对于不同类型的新能源项目，应依据相关法律法规，结合项目全生命周期的生态环境影响，基于生态系统服务价值、资源利用成本、生态损失成本、生态保护成本、生态修复成本、环境治理成本以及发展机会成本等制定科学的生态补偿标准。另外，生态恢复是一个长期且复杂的生态过程，需要持续的补偿供给，避免生态系统再次退化的风险。因此，新能源项目生态补偿可以依据生态系统恢复周期、生态保护目标、资金投入可持续性等设定合理的年限。

（四）加强监测与评估

新能源项目的生命周期较长，且生态破坏和环境污染对生态环境的影响具有一定的累积效应，因此，应建立健全项目全生命周期及后续恢复过程的生物多样性保护监测与评估体系，不断优化保护措施。

在规划初期，新能源项目应重视和开展区域生态本底调查，进行生物多样性评估，为项目可行性论证提供重要依据，并指导项目在设计、施工、运营和退役等阶段实施生物多样性保护，为项目建成后实现科学管理提供必要的数据基础以及重点保护对象。

在施工阶段，对环境变化和野生动植物及其栖息地状况进行监测，及时发现生态破坏问题以及潜在的生态环境风险，调整施工方案。

运营期的生物多样性监测和评估亦不容忽视。需要根据监测结果，及时调整运行时间、运行强度以及更新设备、优化构架等。

此外，电场设施退役后的土地复垦和生态恢复至关重要，需要在调查和监测的基础上开展环境影响后评价，针对存在的问题采取有效的应对措施，确保生物多样性的保护成效。

四 新能源项目建设中保护生物多样性的案例分析

（一）澳大利亚牧牛山风电项目

澳大利亚牧牛山风电场位于澳大利亚塔斯马尼亚州中央高地，建设安装48台风力发电机组，是典型的环境友好型可再生能源项目。项目将绿色设计、绿色施工和生态友好贯穿于项目全生命周期，制定和落实了一系列保护措施。

采用多重生物多样性监测和救护。开工伊始，在现场和附近洞穴安装监测仪器和专业摄像机，记录动植物生长和活动情况，并依此采取严格的保护措施。同时，与一家动物救助站合作，调查施工区域野生动物生长和活动情况，保护现场动物，及时救助受伤动物。为保护附近的濒危物种楔尾鹰和白腹海鹰，引入鹰类追踪预警系统。该系统能在三秒内对一定范围内飞行的鹰类进行识别，并自动停机，以有效降低撞击事件的发生。

生物多样性保护贯穿始终。制订生态环境保护方案，落实野生动植物保护措施，对于无法避开的动物巢穴采取保护性搬离，防止造成伤害；对项目范围内珍稀植物予以标记，减少或避免对原生植物的破坏。项目还对飞禽的巢穴分布、行为特点以及鸟类和蝙蝠与风机碰撞情况展开调查研究，提高保护效果。施工结束后及时恢复植被，监控牧草生长情况，并每周开展运行机组对飞行动物影响的调研等。

开展科学化生态管理。项目聘请了当地专业环境保护公司为项目提供全方位支持，确保生态环境保护责任的有效落实。在施工前制订详细的生物多样性保护管理计划，并严格执行。在项目建设及运维期间，定期召开专题会议，跟踪环保批复和环保方案的执行情况，以及现场发生的生态环境事件，及时优化落实。

自项目实施以来，牧牛山风电项目坚持人与自然和谐发展，不仅实现了自身的可持续发展，更为当地生物多样性保护以及全球应对气候变化贡献了积极力量。

(二)国网青海电力公司"生命鸟巢"项目

三江源位于青藏高原腹地,不仅拥有丰富的水力、风电、太阳能、可燃冰等新能源资源,还是全国鸟类最多的地区之一,以及东亚候鸟迁徙的重要节点。三江源分布野生鸟类432种,包括白肩雕、金雕、猎隼等26种国家一级保护鸟类。[①]

随着青海电网规模不断扩大,鸟类生存与电网的矛盾日益凸显。为此,国网青海电力公司积极对接生态环保专业机构,综合考虑鸟类生态习性和迁徙路线,结合输电运维模式特征,制订保护方案,开启"生命鸟巢"项目。通过在输电线路周边安装适宜的人工鸟巢、搭建招鹰架,以及定期的鸟巢维护和跟踪调查,促进电网与鸟类的共生。

2016年至今,公司在三江源安装"生命鸟巢"5018个,招鹰架16个,成功引鸟筑巢2300余窝,引鸟筑巢超50%[②],猛禽数量明显增多。猛禽作为草原顶级捕食者,其数量的增加对控制鼠患和兔患、维护草原生态平衡具有重要意义。

公司还在三江源设立了云端观鸟站、鸟巢观测系统、在线观测摄像头等设备,收集大鵟等猛禽宝贵的数据,为世界鸟类繁殖生态学发展提供了重要支撑。

"生命鸟巢"项目已入选联合国COP16能源转型促进生物多样性保护实践案例集,展现了能源电力绿色转型、新能源与生物多样性协同发展的创新成果。

五 相关的政策建议

(一)完善政策法规,鼓励和支持新能源项目建设中生物多样性保护

政府应加大相关政策法规要求,督促新能源企业在项目建设、运营和退役过程中切实加强生物多样性保护。将生物多样性保护纳入相关法律法

[①] 宋晓英:《青海新增16种新鸟种与稀有罕见鸟种》,《中国绿色时报》2022年8月19日第1版。
[②] 芈峤、张鹏:《云端1号房:离天最近的鸟类安居房——探访"'生命鸟巢'守护三江源头生态和谐"项目案例》,《青海日报》2024年11月4日第5版。

规中，制定出台新能源项目生物多样性保护和监管制度，明确各类主体的法律责任。建立健全新能源项目生物多样性保护激励机制，通过税收优惠、奖励措施等激励形式，推动企业履行生物多样性保护职责。制定完善新能源领域生物多样性保护评价标准体系，加强项目全生命周期的生态环境监督管理和问责。同时，优化企业生物多样性信息披露制度，将自身生产经营活动对生物多样性的影响纳入运营决策考量。

(二) 加大资金投入和技术支持力度，提升生物多样性保护成效

政府作为公益性投资主体，可设立专项资金，用于支持新能源绿色技术研发，引导创建以新能源关联企业为主体，高校、科研院所和金融投资参与的创新联合体，建立专项牵引、投入分担、成果互用、风险共担、利益共享的创新生态体系和长效合作模式。金融机构应加大对生物多样性保护领域的信贷支持，通过绿色债券、绿色信贷、绿色保险等金融产品，结合生态系统服务付费、生物多样性补偿、包含生物多样性因素的碳汇交易等市场机制，降低融资成本。企业应增加生物多样性保护的投入比例，引入生物多样性友好技术体系，提升企业抗风险能力，保障能源和生态安全。

(三) 加大科普宣传力度，提高全民生物多样性保护意识

政府应充分发挥生物多样性保护的主导作用，联合社会组织和企业，依托自然保护区、动物园、植物园、自然博物馆和科学技术馆等，积极开展生物多样性科普宣传。采用"线上+线下"相结合的方式，通过公益短片、宣传手册、展览展示、专家宣讲等形式，让公众对生物多样性有更多的了解和认识，提高公众保护意识。通过宣传引导，动员全民积极参与生物多样性保护，践行绿色生活方式，节约能源、绿色出行，杜绝浪费，倡导绿色消费。同时，建立健全生物多样性保护公众参与机制，通过听证、研讨、举报等形式使公众依法行使知情权、参与权、表达权和监督权。

(四) 加强人才队伍建设，培养生物多样性保护领域专业人才

制定完善创新人才引进政策，营造良好的创新生态，吸引更多人才从事新能源领域生态环境保护技术的研发和应用，提高生物多样性保护能力和管理水平。建立人才激励机制，通过制订合理的薪酬、福利和职业发展计划等激励措施，激发员工对生物多样性保护的积极性。构建完善的生物

多样性保护培训体系，通过定期组织内部培训、外部培训、在线学习等方式，提升员工的生态素养和生物多样性保护能力，推动其在生产和生活中践行生态文明理念。此外，新能源行业应加强与高校、科研机构的交流学习和广泛合作，创建人才培养基地，共同培养创新人才，合力攻克生物多样性友好的新能源技术的壁垒。

六　结　语

生物多样性既是可持续发展的基础，也是目标和手段。新能源项目在应对气候变化和实现可持续发展方面发挥着积极的作用，但从全生命周期视角分析，仍存在诸多潜在的生态环境风险。因此，在新能源项目建设时，应秉持绿色可持续发展理念，积极承担生态环境保护责任，始终将生物多样性保护贯穿于新能源项目价值链的整体布局中，加强生态环境治理，培养专业人才，推动生物多样性保护技术创新和新能源技术生态友好，努力建设人与自然和谐共生的现代化。

主要参考文献

中共国家能源局党组：《加快建设新型能源体系　提高能源资源安全保障能力》，《求是》2024年第11期。

宋大昭、魏玉兵：《新能源发展与生物多样性，如何兼顾？》，《环境经济》2023年第19期。

吴建国、王思雨、巩倩等：《太阳能利用工程对生态系统、生物多样性及环境的影响与应对》，《环境科学研究》2024年第5期。

刘心放：《探索电网保护与自然生态的和谐共生之路——国家电网的生物多样性管理与价值创造实践》，《可持续发展经济导刊》2023年第Z1期。

"双碳"目标下的储能方式分析及展望

庄双博[*]

在全球应对气候变化的大背景下，2020年9月22日，国家主席习近平在第75届联合国大会上宣布：力争2030年前实现碳达峰，2060年前实现碳中和"双碳"目标。这一目标旨在通过绿色低碳发展，减少对化石能源的依赖，推动能源转型以应对气候变化。在实现过程中，储能技术发挥了至关重要的作用。首先，缓解了可再生能源如太阳能和风能的间歇性问题，通过储存过剩电力并在用电高峰时释放，平衡电网负荷，提升消纳能力。其次，储能提升了电力系统的稳定性和安全性，在高比例可再生能源并网时，能有效维持电网的频率和电压稳定。再次，储能技术推动了中国能源结构优化，减少对传统能源的依赖，为清洁能源的广泛应用提供技术支撑。最后，储能助力分布式能源系统发展，提升本地资源的利用效率，增强能源系统的灵活性和可靠性。储能技术发展是中国实现"双碳"目标的关键支柱，将在技术进步和政策支持下持续推动能源转型。

一 "双碳"目标下的能源转型需求

在"双碳"目标的背景下，中国能源转型需求凸显，主要包括降低化石能源依赖、提升可再生能源占比、储能技术的突破、智能电网和电力调度、能源消费结构优化等方面。这些需求共同指向中国能源体系的深刻变革，以适应全球气候变化和可持续发展的目标。在这一过程中，不仅要依

---

[*] 庄双博，《中国民商》杂志执行副总编，主要研究方向为新经济新业态发展。

赖技术进步，还需要协调政策、市场和社会多方力量，共同推动能源的绿色低碳化发展。

（一）能源结构调整的必要性

2024年6月20日，国务院新闻办举行"推动高质量发展"系列主题新闻发布会，国家能源局有关负责人介绍了贯彻落实能源安全新战略，推动能源高质量发展的有关情况。近年来，我国能源结构正在发生较大变化，一次能源生产总量累计增长35%，非化石能源发电装机历史性超过火电，我国成为全球能耗强度下降最快的国家之一。截至2024年9月底，中国风电、光伏装机合计达到12.5亿千瓦。可再生能源年发电量为3万亿千瓦时左右，约占全社会用电量的1/3，其中，风电、光伏发电量超过全国城乡居民生活用电量。①

中国能源结构调整是实现可持续发展的重要任务，其必要性体现在多个方面。首先，能源安全的保障。当前，中国的能源结构仍以煤炭为主，对进口石油和天然气的依赖较高，尤其在国际能源市场波动中表现出脆弱性。通过调整能源结构，提升可再生能源和清洁能源的比例，中国可以有效提高能源自给率，增强国家能源安全。其次，环境污染防治。化石能源的大量使用导致温室气体和污染物排放剧增，严重影响空气质量和生态系统。增加风能、太阳能等清洁能源的应用比例，可以显著减少污染物排放，改善生态环境，提升居民生活质量。再次，能源结构调整也是中国应对气候变化的关键举措。为实现"双碳"目标，中国需减少化石燃料使用，推动清洁能源发展，从而降低碳排放总量，彰显中国在全球气候治理中的责任担当。与此同时，这一调整还能提升产业竞争力。清洁能源产业的蓬勃发展催生了新能源电动汽车、智能电网等新兴领域，促进技术创新与就业增长。最后，优化能源结构可以提高资源利用效率，延长资源使用寿命，减少浪费。总之，能源结构调整不仅事关国家能源安全，也直接影响环境保护、经济高质量发展和人民福祉的提升，是中国可持续发展战略的核心内容。

---

① 《我国能源含"绿"量不断提升新型储能"蓄"势而发》，2024年11月10日，https://mbd.baidu.com/newspaper/data/landingsuper?context=%7B%22nid%22%3A%22news_9957687096676090156%22%7D&n_type=-1&p_from=-1。

(二) 可再生能源比例上升倒逼储能发展

尽管近年来中国在推动能源结构转型，但煤炭在能源消费中的主导地位尚未根本改变。随着国家对可再生能源的重视，可再生能源在能源结构中的比例稳步上升。2013—2023 年，煤炭消费比重从 67.4% 下降到 55.3%，累计下降 12.1 个百分点；风电、太阳能发电、水电、核电及生物质能等非化石能源消费比重从 10.2% 提高到 17.9%，累计提高 7.7 个百分点。[①] 2023 年，中国总发电装机容量中可再生能源占比达 50.4%，首次超过化石燃料的 47.6%。

储能技术在提升电网稳定性方面至关重要。它能够快速响应电力需求变化，平抑负载波动，避免电网频率和电压异常。此外，在自然灾害或电网故障情况下，储能系统还能提供备用电源，增强电力系统的恢复能力。在西部等可再生能源资源丰富地区，储能技术通过平衡远距离输电波动，有效提高了电网弹性。同时，储能技术也解决了"弃风""弃光"问题[②]，通过低谷时存储多余电力、高峰时释放，减少了能源浪费，提升了可再生能源的消纳率，为优化电力资源配置提供了保障。

此外，储能技术还推动了分布式能源系统和电力市场化改革。分布式储能与智能电网结合，实现局部消纳和自给自足，减少对大电网的依赖。在市场化领域，储能系统通过峰谷电价套利获取收益，不仅提升了经济效益，还增强了在调峰调频中的作用。总体来看，储能技术在提高可再生能源利用率、增强电网稳定性和助力"双碳"目标实现中具有不可替代的作用，将为中国能源系统的绿色转型提供强大支撑。

二　储能技术的分类及现状

储能是指通过介质或设备将能量存储起来，并在需要时将其释放的过程。根据能量转化的方式，储能技术可以分为物理储能（如抽水蓄能、飞

---

① 《国家能源局：煤炭消费比重降至55.3%非化石能源提高到17.9%》，2024 年 6 月 20 日，https://www.chinanews.com.cn/cj/shipin/cns-d/2024/06-20/news992784.shtml。
② 胡健、任育杰、杜金魁等：《含相变储能的风/光/热电联产综合能源系统优化调度》，《储能科学与技术》2023 年第 3 期。

轮储能、压缩空气储能等）、电化学储能（如锂电池、铅酸电池、钠离子电池、全钒液流电池等）、热储能（如相变材料、熔融盐等）、电磁储能（如超级电容器、超导储能等）以及化学储能（如氢、甲烷、甲醇等）。[1]目前，物理储能和电化学储能应用最为广泛。我国的储能产业经历了技术验证、示范应用和商业化初期阶段，经过二十多年的发展，相关产业链和商业模式逐步成熟，并进入规模化发展阶段，正在成为我国能源领域的新兴经济增长点。

据 CNESA DataLink 全球储能数据库统计，截至 2024 年 6 月底，中国电力储能项目累计装机规模已达 103.3 吉瓦，同比增长 47%。其中，抽水蓄能的累计装机占比首次降至 55%以下，而新型储能装机首次突破 100 吉瓦时，达到 48.18 吉瓦/107.86 吉瓦时，功率规模同比增长 129%，能量规模同比增长 142%。[2] 2024 年上半年，新型储能继续高速发展，新增投运装机 13.67 吉瓦/33.41 吉瓦时，同比增长 71%。新型储能项目数量超 1000 个，预计全年新增装机规模为 30—41 吉瓦。

（一）物理储能技术

物理储能技术通过物理过程存储和释放能量，依赖力学和热力学原理，不涉及化学反应，因此通常具有较长寿命和较高的安全性。

抽水蓄能是最成熟的物理储能技术之一，适用于大规模储能。在电力低谷时，抽水机将水从低位水库送至高位水库储存能量；在电力高峰时，通过水流驱动发电机发电，完成能量释放。其能量转换效率高达 70%—80%，且储能能力大、响应快速，但对地势和水源要求高，建设周期长、成本较高。

飞轮储能通过高速旋转的飞轮存储机械能，适合短时高功率需求。其响应速度极快、结构简单、寿命长，但能量密度较低，且对材料和设计要求高。

压缩空气储能通过将压缩空气存储于地下洞穴或高压容器中，在需要时释放驱动涡轮机发电。其适合大规模储能，可提供长时间输出，但需要特定地质条件，且能量损失较大。

---

[1] 杨于驰、张媛、莫堃：《新型储能技术发展与展望》，《中国重型装备》2022 年第 4 期。
[2] 《我国新型储能累计装机超 100 吉瓦时》，2024 年 8 月 26 日，http://www1.xinhuanet.com/energy/20240826/b6ce22fd54974d73bbac8301f7639930/c.html。

重力储能通过提升重物到高处存储能量，下落时释放带动发电。它对水源依赖低、空间要求小，但技术尚未成熟，初期投资较高。

超导磁储能利用超导磁体存储电能，具备极高的效率和快速响应能力，但需要低温环境维持超导状态，成本高昂，主要用于短时高功率需求。

总体来看，物理储能通过改变能量的物理状态（如高度、速度、压力或磁场）实现储能，具备高效率、长寿命和环境适应性。在大规模储能领域，抽水蓄能与飞轮储能广泛应用，而压缩空气储能和超导磁储能则在特定场景下展现潜力。未来，随着技术的不断进步，物理储能将在能源系统中发挥更重要的作用。

（二）电化学储能技术

电化学储能因其高效、灵活和模块化的特点，成为储能技术研究与应用的热点，也是推动清洁能源高比例渗透的重要支撑。该技术通过化学反应实现能量的可逆转换，与机械储能和热储能相比，具有显著优势。电化学储能的能量转换效率通常在80%—90%，远高于传统储能技术；其响应速度快，毫秒级动态反应能力特别适合电力系统调频、调峰等辅助服务；模块化设计使其部署灵活，可根据需求扩展，适用于不同场景；此外，锂离子电池等技术具备高能量密度，在储能领域表现得尤为突出。

当前，电化学储能技术涵盖多种类型，适配不同应用场景。锂离子电池是最成熟的技术之一，广泛应用于新能源并网和电动汽车领域，具有能量密度高、寿命长等优点，但资源依赖和热失控风险是其面临的挑战。钠离子电池凭借资源丰富和成本低，成为大规模储能的经济型选择。全钒液流电池因安全性高、容量可扩展，适合大规模电网调峰，但系统复杂、成本较高。传统的铅蓄电池因成本低在备用电源中仍被使用，但寿命短和环保压力限制了其竞争力。此外，新兴技术如锌基电池和固态电池因环保和高能量密度特点备受关注，未来潜力巨大。

近年来，中国政府通过一系列政策支持电化学储能发展，如《能源重点领域大规模设备更新实施方案》《新型电力系统行动方案》等，为行业创新和市场拓展提供了政策保障。作为储能领域的核心技术，电化学储能以其高效率和广泛应用场景，为能源转型与"双碳"目标的实现提供了重要助力。未来，随着技术进步与成本降低，该技术将在全球能源体系中发挥更关键作用，为可持续发展注入新动能。

（三）热储能技术

热储能技术通过吸收、存储和释放热能，调节能源供需，帮助提升能源系统效率，并减少能源浪费，是实现低碳能源体系的重要手段之一。根据工作原理，热储能技术可分为显热储能、潜热储能和热化学储能三类。

显热储能通过改变储能介质的温度来存储热量，常用的介质包括水、砂石和熔融盐等。其技术简单、成本较低，但能量密度相对较低。潜热储能则利用材料在相变过程中吸收或释放热量进行能量存储，如固液相变材料。它具有较高的能量密度和温度稳定性，是近年来的研究热点。热化学储能则通过可逆化学反应来存储热量，如吸附/解吸反应，这种方式具有高能量密度和长时间存储能力，但技术成熟度较低且系统复杂。

热储能技术广泛应用于电力、工业、建筑和交通等多个领域，具有经济性、高效性和环境友好等优势。与电化学储能相比，热储能的原材料成本较低，如熔融盐和相变材料。热储能能够直接利用可再生能源产生的热能或工业废热，能量损失小，且储能材料多为无毒、可回收的物质，对环境友好。然而，热储能技术仍面临能量密度较低、材料稳定性差和长时间储存时的热损失等挑战，尤其在高温储能应用中较为明显。

随着中国可再生能源比例的增加和"双碳"目标的推进，热储能技术取得了显著进展。例如，中国敦煌100兆瓦熔盐塔式光热电站采用熔融盐储能技术，即便在无光照条件下，仍能独立发电15小时，保证24小时无间断发电，并每年减少二氧化碳排放35万吨。

热储能技术作为能源存储技术的重要部分，弥补了能源供需不平衡，提高了能源利用效率，为低碳经济目标提供支持。尽管技术仍面临一些挑战，但随着材料和系统设计的不断进步，热储能将在未来能源系统中发挥更加重要的作用，助力可持续发展。由此可以看出，未来的能源系统将会是一个由"可再生能源+储能"共同构建的新兴电力支持体系，尤其是调峰补偿政策，不仅可以增加储能设施的经济效益，还可以进一步提高其在电力供应中的重要地位。[1]

---

[1] 李绍根：《"双碳"及"双新"形势下储能技术发展及商业模式展望》，《经济与社会发展研究》2023年第26期。

三　储能技术面临的挑战

（一）投入成本居高不下

储能技术的高成本一直是限制其大规模应用的主要障碍之一。无论是电化学储能技术、物理储能技术，还是热储能技术，初始投资和运行费用都较高，制约了其市场竞争力。以锂离子电池为代表的电化学储能为例，虽然其广泛应用于电动车、电子设备和电网储能，但高昂的材料成本和资源分布不均成为其发展的核心挑战。锂、钴、镍等关键资源集中于少数国家，导致供应链容易受到地缘政治和国际贸易政策的干扰。一旦物流网络或产业链出现问题（如疫情或国际冲突），整个供应体系可能受到严重冲击，从而影响锂离子电池的生产与应用。

物理储能中，抽水蓄能凭借效率高、寿命长的优势，成为全球规模最大的储能技术，占据市场主导地位。然而，其高昂的建设成本和漫长的施工周期限制了进一步发展。抽水蓄能项目需建设两个水库及配套的管道、泵站和发电机组，总投资通常在8000—15000元/千瓦，建设周期长达5—10年。尽管运行成本相对较低，但初始高昂的建设费用使许多潜在投资者望而却步，限制了其在能源转型中的应用潜力。

热储能技术因其能够存储和释放热能，在电力系统、工业余热回收及建筑供暖等领域具备广阔前景，尤其是潜热储能技术。然而，材料研发、生产、封装及系统集成的高成本严重影响了其经济性与大规模应用。通过材料创新、工艺优化和政策支持，潜热储能成本有望逐步下降，从而成为推动全球能源系统低碳转型的重要解决方案，为储能技术的发展提供新动力。

（二）储能技术仍待升级

1. 能量密度和效率亟待提升

储能技术在现代能源体系中扮演着重要角色，但能量密度和效率的不足限制了其大规模应用。能量密度决定了单位质量或体积的能量存储能力，是影响设备占地需求和建设成本的关键因素。目前，锂离子电池的能量密度较高（200—300瓦时/千克），但难以满足长时大容量储能需求；抽水蓄能、飞轮储能等物理储能技术则能量密度较低，需要大规模的基础设施。热储能中显热储能（如熔融盐）的能量密度较低，而潜热储能虽然能量密度较高，但受限于相变材料的性能和成本。与此同时，储能系统的效率直接影响能源利用率和经济性。物理储能（如压缩空气储能）的效率通常低于60%，电化学储能的效率虽在85%—95%，但性能衰减和热管理问题导致长期使用中的能量损失仍然显著。

针对储能技术面临的"瓶颈"，提升能量密度和效率需从材料创新、系统设计和技术集成入手。在电化学储能中，研发高比能正负极材料（如高镍正极、硅基负极）和固态电池，将显著提升能量密度与安全性；热储能领域则需开发导热性更高、稳定性更强的相变材料。

2. 循环寿命与性能退化

循环寿命和性能退化是储能技术在长期应用中面临的核心挑战，直接关系到系统的经济性与可靠性。电化学储能技术（如锂离子电池）在多次充放电循环后，因电极材料结构损伤、电解液分解等因素，容量衰减和效率下降成为不可避免的问题。部分电池在3000—5000次循环后，容量可能下降至初始水平的80%以下，严重影响其实际使用寿命。物理储能如飞轮储能，尽管循环寿命较长，但高速旋转部件的机械磨损会导致能量损失，降低系统效率。热储能技术的性能退化则主要表现在材料特性的劣化，如潜热储能中的相变材料在多次相变后可能出现热导率降低、相变潜热衰减或化学稳定性下降，从而影响储能效果和系统稳定性。

针对循环寿命与性能退化问题，各种储能技术需从材料、设计与管理等方面着手优化。在电化学储能技术中，研发高稳定性的正负极材料（如高镍正极和硅基负极）、改进电解液配方以及采用固态电解质，可以显著提升电池循环寿命。物理储能领域，通过使用高强度、耐磨损的复合材料并优化机械结构设计，可降低旋转部件的磨损率。热储能技术则需开发化学稳定性更高的相变材料或复合储能材料，同时改进封装与热管理系统，减缓材料性能衰退。

3. 储能产业尚需政策支持

储能产业是能源转型的重要支柱，但政策支持的不足在一定程度上制约了其快速发展。在部分地区，储能技术尚未被纳入能源发展规划的核心内容，缺乏明确的激励政策，如建设补贴、税收优惠或电价机制调整。同时，电力市场机制的滞后使储能的市场价值难以充分体现。例如，在电网辅助服务市场中，储能设备的响应能力和灵活性无法通过现有价格机制获得合理回报。我国不同省份对于储能参与辅助服务市场的补偿标准差异较大，缺乏统一标准；结算方式较为简单；补偿价格普遍偏低，无法完全达到储能主体的收益预期。[①] 此外，储能项目的融资渠道有限，投资方对行业盈利模式的不确定性存疑，进一步削弱了资本流入的积极性。

要推动储能产业发展，政策支持需从规划引导、市场激励和技术规范等多方面入手。首先，应将储能技术纳入可再生能源与电力系统规划，明确其战略定位，并通过制定专项补贴和税收优惠政策降低储能项目的初始投资成本。其次，应进一步完善电力市场机制，为储能设备参与峰谷电价套利、频率调节和备用容量等提供稳定的盈利渠道，同时探索碳市场与储能的结合，提升其环境价值。此外，政府可以支持储能企业通过绿色金融和低息贷款获取资金，减轻融资压力。最后，在技术层面，应制定统一的储能设备设计、制造、运行和回收标准，促进储能技术的规范化与规模化发展。未来，随着政策体系的完善，储能产业将迎来更多的投资机会，为构建绿色、低碳的能源体系提供强大支撑。

四 中国储能产业的发展战略及前景展望

中国储能产业正快速崛起，成为实现"双碳"目标和推动全球能源转型的重要力量。

（一）中国储能产业战略布局

中国储能产业作为实现"双碳"目标的重要支撑，正通过技术创新和产业升级推动协调发展。其战略布局涵盖多技术路线并进、构建完整产业链、政策支持与市场化机制改革，以及分布式储能与集中式储能的同步推进。

1. 多技术路线并进

中国储能产业通过多技术路线发挥技术优势，满足多样化需求。在电

[①] 董军、彭诗程：《双碳目标下我国储能发展及市场参与激励政策建议》，《华北电力大学学报》（社会科学版）2023年第3期。

化学储能领域，锂离子电池主导调峰调频、分布式光伏等应用，同时加速钠离子电池和固态电池研发，以应对锂资源压力。钠离子电池凭借资源丰富、成本低成为替代方案，固态电池则因其高能量密度和安全性被视为下一代技术。此外，超级电容器在轨道交通等领域展现潜力。在物理储能与热储能方面，抽水蓄能继续主导调峰，而压缩空气储能效率提升，地下抽水蓄能优化选址，热储能技术扩展光热发电与工业余热利用。

2. 构建完整产业链

完整产业链是高质量发展的关键。从资源保障到设备制造，再到运维服务，各环节协调推进。上游强化资源保障，研发低成本技术并建立电池回收体系；中游通过标准化和规模化降低成本，布局新型电池量产；下游则通过能源管理系统优化效率，并提供全生命周期运维服务。

3. 政策支持与市场化机制改革

政策支持推动储能规模化应用，《"十四五"新型储能发展实施方案》通过补贴、税收优惠等手段降低成本，地方政策促进光伏与储能协同发展。市场化改革旨在完善储能参与电力市场的规则，增加盈利空间，共享储能模式成为新增长点，储能还被纳入碳交易体系。

4. 分布式储能与集中式储能齐头并进

分布式储能广泛应用于光伏系统、微电网和工商业园区，减少能源损耗并优化用电模式；家庭储能提高能源自给率，降低电费。集中式储能则平滑新能源输出，缓解间歇性问题，并通过大型储能电站提高清洁能源利用效率。

（二）中国储能产业的前景展望

1. 技术进步推动成本下降

技术进步是储能成本下降的核心驱动力，覆盖从材料研发到生产制造的全产业链。锂离子电池通过材料和电解液创新，提高能量密度并降低成本；钠离子电池以低成本原材料为基础，进一步压缩制造费用。规模化生产与智能制造技术提升了效率，降低了加工成本。热储能技术则通过高导热性、长寿命相变材料的研发，显著降低系统投资费用，增强储能方案竞争力。储能规模化带来的规模效应进一步推动设备单位成本下降，锂电池价格在十年内下降约85%。未来，钠离子电池和固态电池商业化将进一步降低储能成本，为能源转型提供支持。

2. 市场规模高速增长

储能市场的增长源于全球能源转型和"双碳"目标的推动。中国政府通过补贴和政策支持激发市场活力,《"十四五"新型储能发展实施方案》明确了行业发展方向。可再生能源和分布式能源系统的普及进一步扩大储能需求。预计到2030年,中国储能装机容量将大幅提升,广泛服务于电力系统调峰调频、备用容量和新能源并网。电动汽车普及和V2G技术应用也将扩展储能市场。

3. 国际竞争力增强

技术进步和产业规模化提升了中国储能的国际竞争力。中国是全球储能设备生产大国,企业如宁德时代、比亚迪在锂离子电池领域保持领先,产品广泛应用于电动汽车和分布式能源等场景。钠离子电池和固态电池等新型技术受到国际市场关注。凭借成本优势和规模效应,中国储能产品性价比高,推动出口增长,成为全球储能市场的重要力量。

4. 全面助力"双碳"目标

储能技术在低碳能源系统中发挥关键作用,平滑风电、光伏波动,减少"弃风""弃光";在火电改造中,通过调峰调频降低高碳能源依赖。未来,储能技术将与智慧能源技术结合优化电力调度,V2G技术促进车网互动以降低碳排放,热储能技术提升工业余热利用效率。技术突破与政策支持将推动储能技术成为能源转型的重要支撑。

五 结 语

储能技术作为现代能源系统的重要支柱,在应对全球气候变化和能源转型需求中发挥着不可替代的作用。中国储能产业经过多年发展,已初步形成从技术研发到市场应用的完整生态体系,在电化学储能、物理储能、热储能等多领域实现了技术突破和商业化落地。无论是服务于可再生能源并网、提升电网稳定性,还是推动分布式能源和电动交通发展,储能都展现了其广泛的应用价值。同时,随着储能技术成本的持续下降和市场规模的快速扩张,中国储能产业不仅满足了国内能源结构转型的需求,还凭借技术和制造优势在全球市场中占据重要地位。储能技术正在加速改变能源生产与消费方式,为实现低碳化、智能化和高效化的能源体系提供了重要保障。

展望未来，储能产业将在全球能源转型中承担更大责任。中国在"双碳"目标的指引下，将继续深化储能技术的研发与应用，通过多技术路线并进、产业链协同发展以及政策与市场机制的完善等，构建更加灵活、绿色和稳定的能源体系。同时，储能技术的创新将进一步推动新能源与智慧电网、绿色交通和低碳工业的深度融合，为多领域能源升级提供新动能。在全球范围内，中国储能企业凭借领先的技术水平和规模化生产能力，将积极参与国际能源治理，输出"中国方案"，推动全球储能产业的可持续发展。储能作为能源转型的核心支柱，正引领着一场深刻的能源革命，为人类社会迈向清洁、绿色的未来贡献力量。

主要参考文献

胡健、任育杰、杜金魁等：《含相变储能的风/光/热电联产综合能源系统优化调度》，《储能科学与技术》2023年第3期。

李绍根：《"双碳"及"双新"形势下储能技术发展及商业模式展望》，《经济与社会发展研究》2023年第26期。

董军、彭诗程：《双碳目标下我国储能发展及市场参与激励政策建议》，《华北电力大学学报》（社会科学版）2023年第3期。

薛海波、郭嘉林、魏明航等：《"双碳"目标下我国储能产业可持续发展政策探究》，《能源研究与利用》2024年第1期。

巨星、徐超、郝俊红等：《新型储能技术进展与挑战Ⅰ：电化学储能技术》，《太阳能》2024年第7期。

中国绿色经济的立法现状和司法实践

郭雁熙　李　正　尹就平　陈枚花[*]

在全球气候变迁和资源环境压力日益严峻的情形下，绿色经济作为一种创新且可持续的发展路径，正逐步成为全球经济转型的核心驱动力。自2011年国际商会倡导绿色经济理念以来，环境友好与经济增长并行的理念迅速普及，促进了绿色经济体系构建。

作为全球最大的发展中国家，中国积极回应全球绿色发展倡议。近年来，中国在绿色经济领域立法与司法取得了显著成果。本文旨在探讨中国绿色经济的立法现状与司法实践，展示法治建设成就与挑战，并展望未来的发展前景。期望通过本文为中国在绿色经济领域的法治建设提供参考。

一　中国绿色经济相关法律法规的演进

（一）我国从20世纪70年代至今一直重视环境保护立法

1978年3月，在第五届全国人民代表大会上，环境保护首次被写入宪法。新修订的《中华人民共和国宪法》第十一条明确规定："国家保护环境和自然资源，防治污染和其他公害。"这一创举对新中国的生态文明建设具有里程碑意义，意味着我国环境保护立法取得突破性进展，意味着作为国家根本大法的宪法对环境保护的认可与肯定，意味着我国环境保护将

---

[*] 郭雁熙，北京市盈科（广州）律师事务所高级合伙人，管委会委员，律师，主要研究方向为绿色经济立法；李正，北京市盈科律师事务所全球董事会副主任、中国区董事会主任，律师；尹就平，北京市盈科（广州）律师事务所合伙人，律师；陈枚花，北京市盈科（广州）律师事务所，律师。

开启新的法治化时代。①

1979年9月13日，我国颁布第一部环境保护基本法律《中华人民共和国环境保护法（试行）》，后于1989年12月26日颁布了《中华人民共和国环境保护法》；2014年，对《中华人民共和国环境保护法》进行了修订（于2014年4月24日生效）。《中华人民共和国环境保护法》为我国环境生态保护的基本法律，对我国环境保护的基本原则、基本制度、法律责任等作出了指导性的规定。

此后，我国先后颁布系列关于环境生态保护的专门法律，如《中华人民共和国水污染防治法》《中华人民共和国海洋环境保护法》《中华人民共和国大气污染防治法》《中华人民共和国土壤污染防治法》《中华人民共和国固体废物污染环境防治法》《中华人民共和国环境噪声污染防治法》《中华人民共和国环境影响评价法》《中华人民共和国土地管理法》《中华人民共和国森林法》等。这些法律涵盖了水、土壤、噪声污染防治，海洋环境保护，土地森林资源保护等领域，并且根据我国国情不断得以完善。

同时，由国务院制定的关于环境保护的具体实施规则、办法和条例，由生态环境部以及其他相关部门依据国家法律和行政法规制定的实施细则和管理规定，以及地方性法规和规章层出不穷，使我国环境立法体系不断深化、完善和成熟。

（二）《民法典》中绿色原则及其重要意义

绿色原则最早由徐国栋教授于2003年在《民法典草案》中提出。然而，由于当时中华人民共和国民法典编纂的时机尚不成熟，绿色原则并未立即被纳入。这一原则在随后的《民法总则》中于2017年正式被写入，并在2020年正式出台的《中华人民共和国民法典》（以下简称《民法典》）中被保留在总则编第九条，第九条规定："民事主体从事民事活动，应当有利于节约资源、保护生态环境"，即绿色原则条款。该原则的确立，使得我国的《民法典》成为世界范围内首部真正意义上的"绿色民法典"，具有划时代的创新和引领意义。绿色原则具有独特的法律价值和功能，其作为民事主体进行民事活动必须遵循的基本原则，不仅在民事领域确定了

---

① 秦书生、王艳燕：《新中国成立以来我国环境法制建设的发展历程》，《岭南学刊》2024年第1期。

保护生态环境的原则，也丰富和发展了生态环境保护和环境侵权责任体系的内容。

《民法典》引入绿色原则，体现了我国对生态环境保护的高度关注。绿色原则不仅仅体现在环境保护当中，更体现在与环境息息相关的生产、制造、消费等方面，将人与自然和谐共处纳入具体的法律规定，体现了法律对社会的引领和推动作用。

（三）具体的法律法规概述

目前我国缺乏权威性的、统一的绿色经济法律，多为各个专门领域的法律法规或规范性文件，法律文件纷繁复杂，呈现碎片化。

1. 环境保护方面的立法

如前所述，现行法律有环保领域的基础法律《中华人民共和国环境保护法》，以及水、土壤、噪声污染防治，海洋环境保护，土地、森林资源保护等领域的专门法律，如《中华人民共和国水污染防治法》等。此外，还有大量由国务院制定的行政法规如《排污许可管理条例》《建设项目环境保护管理条例》等，由国家部委制定的部门规章如《生态环境行政处罚办法》《排污许可管理办法》等，以及由地方人大制定的地方性法规如《广东省环境保护条例》《广东省水污染防治条例》《广东省排放污染物许可证管理办法》《广东省机动车排气污染防治条例》等。

2. 绿色能源方面的立法

我国正在加快构建碳达峰碳中和政策体系，为绿色经济的发展作出积极贡献。绿色能源方面的相关法律有《中华人民共和国节约能源法》（2018修正）、《中华人民共和国清洁生产促进法》、《中华人民共和国循环经济促进法》、《中华人民共和国可再生能源法》（2009修正）等。

3. 绿色消费方面的立法

《中华人民共和国消费者权益保护法实施条例》是绿色消费领域的主要法律，该法第六条规定，"国家倡导文明、健康、绿色的消费理念和消费方式，反对奢侈浪费"，明确倡导绿色消费；第三十条规定，"有关行政部门应当加强消费知识的宣传普及，倡导文明、健康、绿色消费，提高消费者依法、理性维权的意识和能力；加强对经营者的普法宣传、行政指导和合规指引，提高经营者依法经营的意识"，明确了行政部门承担了倡导绿色消费的责任；第三十一条规定，"国家完善绿色消费的标准、认证和信息披露体系，鼓励经营者对商品和服务作出绿色消费方面的信息披露或者承诺，依法查处虚假信息披露和承诺的行为"，明确将完善绿色消费标准、认证及信息披露体系，为绿色消费提供立法支持。

4. 绿色金融方面的立法

为发展绿色金融、管控绿色金融的风险，国家部委与地方纷纷出台了相关的政策文件，如《关于构建绿色金融体系的指导意见》《银行业保险业绿色金融指引》《关于发挥绿色金融作用服务美丽中国建设的意见》等规范性文件，以及《深圳经济特区绿色金融条例》《广东省发展绿色金融支持碳达峰行动的实施方案》等地方性法规和政策文件。绿色金融方面，没有全国范围统一适用的法律法规，多为指导意见和政策文件。

二　绿色经济立法的核心价值

（一）绿色经济立法是保护绿色经济发展的有效措施

随着《民法典》确立绿色原则及中国政府在第75届联合国大会上关于"碳达峰碳中和"的庄严承诺，绿色原则成为社会发展基本原则，推动了绿色经济的高速发展。围绕绿色经济目标所开展的绿色设计、绿色生产、绿色制造、绿色科技、绿色流通、绿色消费等直接经济活动也迅速发展起来。在绿色经济活动发展过程中，各经济活动参与主体也在寻求相应的法律法规的支撑与保障，越来越重视法律法规在发展绿色经济中的作用。

1. 绿色经济立法是强化与稳固绿色经济制度的核心措施

绿色经济立法旨在促进经济与资源环境的和谐共生，达成经济与环境的"双赢"。《中华人民共和国环境保护法》等法律将环境保护纳入国民经济与社会发展规划，为绿色经济制度提供了坚实的法律后盾，确保其成为国家发展的核心指引。

2. 绿色经济立法规范了经济主体的行为

绿色经济立法涉及清洁生产、节能减排、资源节约等多个维度，要求企业遵循绿色经济原则，减少污染与能耗；同时，鼓励企业采用新技术、新工艺及设备，提升资源利用率，降低废弃物排放，推动绿色技术创新。

3. 绿色经济立法为绿色经济发展提供了法律保障

政府通过财政补贴、税收优惠、绿色信贷等措施，引导社会资本流向绿色经济领域；同时，立法保护环保企业的知识产权、绿色产品的市场权益等，营造良好的法治环境。

4. 绿色经济立法强化监督与执法机制

通过构建严格的环保监管体系与惩罚机制，查处污染行为；实施绿色经济统计与考核，评估各地发展情况；建立信息公开制度，提升公众知情权、参与权与监督权，全面保障绿色经济制度的顺利推进与实施。

（二）绿色经济立法是环境保护的约束条件

绿色经济立法从制定标准、确立准入机制、建立资源税和环境保护税制度等方面提供环境保护的具体约束条件。

1. 制定严格的环保标准

绿色经济立法通过制定严格的环护标准为环境保护提供约束条件，涉及空气、水体、土壤等各个方面，确保企业和个人在经济活动中严格遵守。

2. 确立严格的环保准入机制

绿色经济立法要求政府部门根据区域环境承载力与特定条件，全面评估建设活动对环境的影响，并据此制定限制或调控准则。例如，对环境高污染行业，则设置了更高的环境准入门槛，确保企业达标运营。

3. 建立资源税与环境保护税制度

绿色经济立法可运用税收制度促进企业节约资源与减少污染。资源税旨在调节资源价格，引导企业合理开采与利用资源；环境保护税则针对污染物排放与危险废物处理行为征税，以此促使企业降低污染。

（三）绿色经济立法是绿色消费的法律保障

绿色消费作为新兴的消费模式，正逐步成为社会主流趋势，关乎个人生活品质及社会的可持续发展。消费者在选择商品和服务时，需兼顾个人需求与环境影响，体现对生态环境的尊重与保护意识，践行可持续发展理念。绿色经济立法为绿色消费提供了法律支撑。

1.《中华人民共和国环境保护法》是绿色消费的法律基石

该法第三十六条规定："国家鼓励和引导公民、法人和其他组织使用有利于保护环境的产品和再生产品，减少废弃物的产生。国家机关和使用财政资金的其他组织应当优先采购和使用节能、节水、节材等有利于保护环境的产品、设备和设施。"这为绿色消费提供法律导向，引导社会各界自觉选择环保产品。

2.《中华人民共和国消费者权益保护法实施条例》进一步强化了绿色消费的法律保障

该条例在倡导绿色消费、明确行政部门责任及完善绿色消费标准、认证及信息披露体系等方面，都作出了具体的规定，为推广绿色消费提供了明确的法律依据。

三 绿色原则的司法实践以及存在问题

（一）绿色原则在《民法典》中的体现

"绿色原则"作为《民法典》的新生原则，在《民法典》中有非常清晰和具体的体现。

《民法典》总则第九条规定："民事主体从事民事活动，应当有利于节约资源、保护生态环境。"上述规定，为"民事主体从事民事活动"提出了整体且明确的绿色要求，即"应当有利于节约资源、保护生态环境"，是绿色原则在《民法典》中最简约的阐释和最重要的体现。

《民法典》物权编第二百九十四条规定："不动产权利人不得违反国家规定弃置固体废物，排放大气污染物、水污染物、土壤污染物、噪声、光辐射、电磁辐射等有害物质。"该条款对不动产权利主体行使物权提出了明确且具体的绿色要求和环保要求，是绿色原则在物权领域的具体应用。

《民法典》合同编第五百零九条第三款规定："当事人在履行合同过程中，应当避免浪费资源、污染环境和破坏生态。"上述规定，对民事合同的履行提出了"应当避免浪费资源、污染环境和破坏生态"的绿色要求，是我国民事合同制度绿色化的体现。

《民法典》债权责任编第七章"环境污染和生态破坏责任"对违反绿色原则的侵权行为规定了较为严重的法律责任，例如第一千二百三十二条规定："侵权人违反法律规定故意污染环境、破坏生态造成严重后果的，被侵权人有权请求相应的惩罚性赔偿。"《民法典》所规定的债权责任主要是以补偿性赔偿为原则，而仅仅在知识产权、产品责任以及环境保护三个方面规定了"惩罚性赔偿",体现了绿色原则在《民法典》中不仅是一般的应用,而且已经上升到更为重要的层级,因为绿色原则是事关整个中国社会甚至人类命运共同体的关键问题,对侵权人需要规定比"补偿性赔偿"更严重的"惩罚性赔偿"的法律责任。

(二) 绿色原则在具体案件中的适用

在中国裁判文书网中,以"绿色原则"为关键词输入检索,涉及的案例有1793个案例(检索时间:2024年11月29日),说明司法实践中已经将绿色原则作为关键且具体的原则去衡量和参考。

节选部分案例如表1所示。

表1　　　　　　　　　部分案例节选内容

序号	案号	关于绿色原则的判决主旨
1	(2024)粤01民终567号案件(物权类)	因此,严活明自行开荒旨在充分利用土地资源,为国家法律所鼓励,符合节约资源的绿色原则,且严活明种植行为存续多年,棠涌二社在征地前均未提出异议,应视为其默许严活明的开荒种植行为,严活明在涉案地块种植作物具有一定的合理性,其应当被确定为涉案地块上青苗的所有者,故本院对棠涌二社的上述意见不予采纳
2	(2022)鲁14民终241号案件(买卖合同纠纷)	本案双方当事人之间的法律关系是买卖合同关系,合同所涉设备属于通用设备,并非属于为上诉人专门制作的专用设备。解除合同后,被上诉人可将设备另行销售。上诉人明确表示已另行购买其他设备,不再使用被上诉人的设备,如继续履行合同,本案设备在上诉人处无法使用,也不利于节约资源,更不符合《民法典》规定的绿色原则,故判决解除合同
3	(2023)粤03民终19220号案件(服务合同纠纷)	本案中某甲公司与某乙公司签订的合同《厂房租赁与电费代缴服务合同》,实质上是由某乙公司提供数据中心机房供某甲公司存放用于"挖矿"的机器设备,某乙公司提前收取某甲公司电费并收取差价,并无房屋租赁费用。虚拟货币"挖矿"活动能源消耗和碳排放量大,违反了《民法典》倡导的绿色原则,双方签订的合同存在以合同形式掩盖非法目的情形,应认定为无效协议
4	(2023)渝05民终8823号(噪声污染纠纷)	根据《民法典》第二百八十八条"不动产的相邻权利人应当按照有利生产、方便生活、团结互助、公平合理的原则,正确处理相邻关系",以及《中华人民共和国噪声污染防治法》第七条"任何单位和个人都有保护声环境的义务,并有权对造成环境噪声污染的单位和个人进行检举和控告"之规定,防治噪声污染不仅人人有责,也人人受益。持续推动声环境质量改善,营造更加舒适宜居的生活环境,更是经济绿色发展、社会和谐稳定的需要。希望双方当事人今后本着诚信友善原则,坚持社会主义核心价值观和《民法典》的绿色原则,进一步采取防治噪声污染措施,增进和谐友善的邻里关系

根据上述案例，绿色原则在司法实践中已在物权、合同及侵权领域得到采纳和适用。

(三) 绿色原则在司法实践中所存在的问题

1. 绿色原则是否可以作为认定合同无效、解除合同的依据

在司法实践中，不乏引用绿色原则作为判定合同无效、解除合同的案例。笔者认为，可以将绿色原则与其他法定事由并列为认定合同无效、解除合同的依据，但不宜单独引用绿色原则作为认定合同无效或解除合同的依据。《民法典》对民事行为有效的条件、无效的情形以及解除合同的情形已作出了明确的规定，不能泛化绿色原则的适用范围和情形，绿色原则条款本身难以独立作为司法裁决的法律规范依据，需要与其他法律条文一道使用才能满足法律适用的要求[①]，在合同法领域，国家出于环境保护目的对合同的干预，不能触及最本质的意思自治，"绿色原则"无法拓展至影响合同效力以及合同解除等核心事项[②]。

2. 缺乏绿色原则的权威案例

经检索与绿色原则相关的案例，目前未见有与绿色原则相关的指导性案例或优秀文书案例。在司法实践中，法官对绿色原则的适用拥有较大的自由裁量权，为避免裁判标准不一、引导各方准确理解和适用绿色原则及维护绿色原则的权威，最高人民法院、最高检察院等权威机关应当适时公布一些涉及绿色原则相关的典型案例或者指导案例供业内学习研究，进而发挥指导案例制度和类案参考制度的作用和优势[③]。

四 中国绿色经济立法与司法实践的相互影响效用

(一) 立法对司法实践的影响作用

1. 立法的发展推动司法实践的创新，促进司法裁判的公正性

在审理环境资源案件时，法院不再仅关注经济利益，而是更注重生态

---

① 郑少华、王慧：《绿色原则在物权限制中的司法适用》，《清华法学》2020年第4期。
② 王灿发、王雨彤：《"绿色原则"司法适用的法理、风险与规制》，《学术月刊》2023年第3期。
③ 褚立宁：《绿色原则在〈民法典〉中的体现及司法实践浅析》，2023年7月25日，https://mp.weixin.qq.com/s/qnmyi8wDYr7fmMCry7904Q。

环境保护，积极融入绿色经济理念。同时，在审判中采用灵活创新的审判方式，如七人合议庭制度。在司法实践的证据收集方式上，可采取专家证人等创新方式，让裁判更具公正性。此外，一些地区法院实施了环境资源刑事、民事、行政审判职能的统一管理，即"三合一"审判模式，提升了审判效率。上述创新的背后，是因为立法工作的发展在推动。

2. 立法为司法实践提供明确的法律适用依据

《民法典》确定了绿色原则，该原则在司法实践中得到广泛应用，为审理环境资源案件提供了有力的法律支撑。同时，绿色经济立法还制定了一系列环保标准和制度，为司法实践提供了重要法律适用依据。在违法处罚上，提供明确的法律依据，如对于非法采矿、乱伐林木等破坏环境资源的行为，司法机关可依据具体规定进行处罚，追缴非法所得，有效保护自然资源。

3. 绿色经济立法也提供有效的司法救济途径

如制定环境公益诉讼相关规定，为民众提供路径，使其能够依法维护自身的权益。

（二）司法实践对立法完善的反馈

司法实践为立法体系的完善提供动态且持续的反馈机制，不仅验证了立法的意图，还成为推动立法进步的关键路径，揭示立法缺陷。

司法实践推动法律体系的进一步深化和完善。结合司法实践，我们可以看到，顶层设计的缺失导致绿色经济立法相关的法律法规分散且缺乏整体性；而在土壤保护、化学品管控、生物安全等关键领域，法律相对空白，导致司法实践缺乏明确的法律依据。

司法实践有助于洞察执法中存在的一系列问题，从而促进立法工作的提升。部分环保法规表述含混、实施细则缺失，导致执法力度薄弱，企业易规避责任。这要求提升绿色经济立法的技术水平，减少甚至避免前述问题的发生。

（三）立法与司法促进绿色经济发展

立法与司法在推动绿色经济发展中扮演着不可或缺的角色，两者形成合力，共同引导绿色经济朝着健康、可持续的方向前进。

1. 立法工作为绿色经济明确发展方向，提升发展绿色经济的意识

立法工作不仅为绿色经济的发展确立基本原则和制度框架，还具体设定绿色经济的目标和要求，为社会各界提供明确的指引。

立法工作通过限制高污染、高能耗产业，支持低污染、低能耗的绿色产业和技术创新，促进产业结构的优化升级，促进经济高质量发展。

立法工作可通过资金、技术、政策等方面的扶持，推动绿色经济的发展。

通过国际合作，立法工作还可推动绿色经济的全球化发展。通过与国际组织等签署条约，共同应对全球环境问题，为绿色经济的国际化发展提供了广阔空间。

2. 司法在维护绿色经济稳定发展方面同样发挥积极作用

通过调解、仲裁等多元化纠纷解决机制，司法工作有效化解因环境问题引发的矛盾和纠纷，为绿色经济的发展创造和谐发展环境。

通过司法机关对行政机关执法行为的有效监督，可防止执法不公、滥用职权等问题的发生，保障绿色经济相关法律法规的顺利实施，促进绿色经济的发展。

五 中国绿色经济立法与司法实践未来展望

（一）我国绿色经济立法的趋势与方向

我国绿色经济立法正呈现多元化、系统化和精细化的演进态势，以适应全球环境保护与经济发展的动态变化。

我国正积极构建绿色经济法规体系，填补特定领域法律空白，以推动绿色经济法律体系的完善。同时，预计未来将探索更具操作性的法规条款，如量化指标、评估体系等，以提高法律法规的实施效果。此外，未来立法需要提高适应性，以应对环境问题的多变性和可持续发展需求的增长。

绿色经济立法将更加注重约束性规定与激励机制的强化与平衡。未来，立法预计将通过财政补贴、税收优惠等激励措施，激发企业和个人参与绿色经济活动的积极性；同时，立法也将对环境违法行为实施严格惩罚措施，形成有效约束。

绿色经济立法未来将强调科技创新的支撑作用，鼓励绿色技术研发，加强知识产权保护，促进科技成果商业化。

绿色经济立法国际化趋势明显。通过借鉴他国先进经验与国际接轨、参与国际环保组织、签订环保协议等方式加强国际合作。

（二）绿色司法实践的创新与发展

司法实践的创新与发展已成为热门议题。在环境资源审判体系上，部分法院成立专业生态案件审判团队，并构建全面的生态环境审判规则，如量刑指导、生态修复补偿细则等；如前所述，部分法院还实施"三合一"审判模式，发布指导案例，引导社会关注环保。

在修复性司法方面，法院将生态保护与修复理念融入审判，结合认罪认罚从宽制度，激励被告人主动修复环境。同时，实践正在探索替代性修复方案，如认购碳汇等，强调生态修复责任，通过监督回访确保修复效果。

在跨区域与跨部门司法合作上，法院加强与检察院、公安机关、生态环境部门等的合作，形成合力应对环境问题。通过跨区域司法合作并建立协作机制，实现信息共享、案件协查、联合执法等，优化资源配置。

司法辅助手段的创新应用也备受关注。部分法院设立环境资源技术调查官制度，引入环境损害评估、生态修复效果评估、生态产品价值核算等科技手段，并利用专家证人，为司法决策提供科学依据。

数字化平台与智慧司法的运用也取得显著成效。法院利用在线诉讼平台、移动微法院等数字化工具，提供便捷司法服务。通过搭建"数字碳汇"认购平台，实现碳汇收益市场化，为绿色执行开辟新途径。利用大数据、人工智能等技术，提升环境资源审判智能化水平。

（三）绿色经济立法与司法将对中国绿色经济发展的贡献

绿色经济立法与司法体系对中国绿色经济转型与发展的推动作用显著。立法层面确立绿色经济的主旨、基本原则及具体规则，司法实践则确保这些法规的有效实施，两者共同构建了绿色经济的法制体系，促进了绿色消费、绿色金融等新兴经济模式的兴起，加速了绿色经济的稳健增长并助力环境保护目标的实现。

绿色经济立法和司法将引领社会经济全面的绿色转型。通过立法与司法，社会各界被有效引导至绿色发展的路径，促进产业结构优化、技术创新与生态保护等领域的深刻变革。新能源汽车产业的兴起，便是在立法与司法共同作用下，成功实现政策向市场转型的典范。

在提升我国国际竞争力方面，立法与司法体系也发挥重要作用。通过与国际标准接轨的法律法规制定及环境执法力度的加强，中国绿色产品的质量与标准得到显著提升，增强了国际竞争力。

绿色经济与司法体系还促进了绿色就业与创业的发展。面对绿色经济对人才与技术的需求，立法与司法通过鼓励技术创新、推广绿色就业岗位等措施，为绿色经济的可持续发展提供人才与技术保障，为社会稳定与繁荣注入新活力。

六　结　语

审视中国绿色经济的立法与司法实践历程，我们深刻感受到中国在绿色经济转型上的坚定决心与取得的显著成就。在立法层面，正逐渐构建一个全面、系统且科学的绿色经济法律体系；在司法实践层面，结合环保需求及司法实务不断创新，展现出了积极的姿态，为绿色经济的可持续发展提供了坚实的司法支撑。

我们坚信，在党和政府的坚强领导下，在全社会的共同努力下，中国绿色经济的立法与司法实践必将迎来发展高峰，中国也将继续为全球绿色发展贡献宝贵的智慧与方案，携手国际社会，共同书写人类与自然和谐共生的美好篇章。

绿色规划设计

可持续发展"绿色城市"的解决方案

叶齐茂[*]

一 世界需要可持续发展的"绿色城市"

全球不乏冠以"绿色"称号的城市，不缺让城市"绿起来"的工业技术发明和设计方案，用"绿色"包装起来的建设项目、绿色建筑、城市绿地、紧凑城市、绿色交通、绿色能源、水质保护、废物回收，了了可见，但是，世界需要的是真正可持续发展的城市，而不是"漂绿的"城市。"漂绿的"城市是不可持续的。

（一）亮起的是红灯还是绿灯

以《寂静的春天》为标志的当代环保运动已经开展63年了，可是，世界经济论坛发布的《全球风险报告（2024）》拉响的仍然是警报：全球气候和生态环境每况愈下，各项关键指标正在亮起红灯，而不是绿灯；技术解决方案和设计对防止甚至逆转温室气体增加正在亮起红灯，而不是绿灯；资本主义[①]对"去增长"、减少浪费、追逐公平从来亮起的都是红灯，而不是绿灯。

全球气候变暖正在加速。尽管195个国家在2015年巴黎联合国气候大会上同意采取措施减少二氧化碳排放，把全球变暖控制在比工业化前升温

---

[*] 叶齐茂，澳大利亚执业城市规划师，曾任中国农业大学发展学院教授，主要教学和研究方向为城镇规划。

[①] 自工业革命以来由化石燃料推动的经济增长机器的资本主义，具有无止境的扩张和积累、资源浪费、炫耀性消费、计划性报废和不惜一切代价追求利润的本质。

1.5℃以下，但是，从2023年2月到2024年1月的12个月，全球气温已经首次超过工业化前的1.5℃大关。①

全球生物多样性丧失和生态系统崩溃的风险正在加剧。任何地方的海水里都含有多氯联苯（PCB）和二氯二苯三氯乙烷（DDT），天穹下因气候变化和环境污染而灭绝的生物难以统计，偌大一个地球已经没有濒临灭绝物种的栖息地，过去100年的物种损失率已经达到200E/MSY（每百万物种中灭绝的数量）：这是我们进入第六次生物大规模灭绝的信号。

地球系统正在发生长期、不可逆转和自我延续的重大变化。随着突破冰原崩塌造成的海平面上升，永久冻土融化造成的碳释放，以及海洋或大气洋流扰乱的临界阈值，地球健康或人类福祉将受到严重影响。

全球现代城市的增长却始终没有放缓。现代城市消耗的全球能源占比上升至75%，排放的二氧化碳占比上升至80%，世界上超过70%的大型城市中心和超过1亿居民处于环境危害的高风险或极端风险中，近4%的城市高度暴露在飓风、洪水、干旱、地震、山体滑坡和火山爆发等极端天气事件中。②

（二）问题在哪里

国际环境保护思潮中的亮绿派、浅绿派、深绿派围绕引起全球变暖和生态环境危机的问题各抒己见。

亮绿派已经成为21世纪以来环境保护思潮的主流。亮绿派认为，环境问题是存在的，也是严重的，但是，绿色技术和设计创新，加上有道德消费，可以让我们现在的生活方式延续下去。③世界范围不乏采用这个标签的组织甚至流行文化。我们不仅熟悉亮绿派的观念，而且深信不疑，仿佛它们是真理，甚至感到一片光明。

深绿派的主张曾经是20世纪环境保护思潮的主流，但是，在增长、利润和浪费、全球化和工业技术进步的强大压力下而逐步被边缘化了。深绿派认为，鲜活的地球和除人类以外的生物都有存在的权利。人类的繁荣有赖于健康的生态环境。为了拯救地球，人类必须在自然界的限制

---

① 《2024年全球平均气温升高首破1.5℃阈值》，《中国科学报》2025年1月13日第1版。
② 世界经济论坛：《全球风险报告（2024）》，2024年。
③ Derrick Jensen et al., *Bright Green Lies: How the Environmental Movement Lost its Way and What We can do about it*, 2021, p.18.

范围内生活。因此，需要在社会、文化、经济、政治和个人层面进行重大变革。[①]深绿派强调摆脱现代工业文明、"去增长"和摆脱消费主义的必要性，强调本地解决方案、短供应链和与土地的直接联系，强调非人类的生存及其生态环境。他们认为，增长、利润和浪费、不公平驱动的"绿色城市"不是在拯救地球，而是在拯救现代工业文明。于是，一些深绿派人士批评了亮绿派的种种谎言，包括"绿色城市"的谎言。

二 可持续发展的"绿色城市"建设

（一）绿色建筑

深绿派人士以"新美国住宅"为例，证明现在的"绿色建筑"不过是一个包装，因为它们没有实质性地改变现代建筑对生态环境和其他生命的巨大影响，尤其是没有实质性地改变我们长期以来依靠现代建筑而实现的生活方式。

绿色建筑的核心在于：①能源效率：绿色建筑通过高效的隔热、照明、供暖和制冷系统最大限度地减少能源消耗。通常整合太阳能电池板等可再生能源，以进一步减少对化石燃料的依赖。②资源保护：可持续建筑强调使用可回收、再生或本地采购的材料，以减少浪费并最大限度地减少碳足迹。雨水收集系统和低流量装置等节水技术也有助于节约水资源。③场地可持续性：从选址到景观设计，绿色建筑实践旨在最大限度地减少生态影响并保护自然栖息地。透水铺装、绿色屋顶和本土景观设计等策略，有助于管理雨水径流并促进生物多样性。简言之，真正的绿色建筑一定可以显著减少对环境的影响。

2013年，在拉斯韦加斯美国建筑展展出的"新美国住宅"被LEED认证为白金级别的绿色建筑。对深绿派而言，以"新美国住宅"为代表的现代建筑，破坏了其他生物赖以生存的环境，驱离或干扰了那里的非人类生物，依靠化石燃料运来的建筑材料不是当地的，或没有任何本地成分，那些建筑材料的降解过程可能延续数千年，从而导致土地健康状况下降。太阳能板，不是真正意义上的"绿色"的，金属、混凝土、石膏和其他由污

[①] 《2024年全球平温气温升高首破1.5℃阈值》，《中国科学报》2025年1月13日第1版。

染性、破坏性极强的全球化工业开采和生产的建筑材料也不是"绿色"的。这样，LEED认证的"绿色建筑"并非真正的生态建筑。如果把"绿色建筑"使用的所有建筑材料和设备一并考虑，那些建在充斥污染源的大都市中心的"绿色建筑"，那些在其中制造汽车或其他消费品的"绿色建筑"，都不是生态建筑。最重要的一点是，那些"绿色建筑"是在用增长、浪费和不公平的文化破坏着地球文化，用"漂绿"的建筑工业模式取代在广袤森林的老树上劈下木板的模式。

（二）城市绿地

建设城市绿地本身没错。但是，深绿派披露了一个不争的事实：城市绿地是建设起来的，而不是保留下来的。事实上，城市开发破坏了原有的自然群落，城市建成区打碎了完整的自然群落。即使少数几个野生公园在一定程度上可能保护了古老的植物群落，但大多数本地动物物种都消失了，有的已经灭绝，有的受到威胁或濒临灭绝，还有的被驱赶到远离城市建成区的非城市建成区上。

深绿派道破了城市绿地的一个真相：城市绿地与城市中的其他事物一样，无论如何都是以人为本的，是用来维持我们现有生活方式的，不适合非人类的生活。我们可以在大大小小的城市绿地里散步、晨练、野餐、嬉戏，看蝴蝶、大雁甚至丹顶鹤，但是，无论怎样保护城市建筑和城市道路之间大大小小的城市绿地，城市绿地都是打成了碎片的栖息地，那里原生的生物群落大多被消灭了，那些冠以"绿色"的园林及其设施都是人工自然，而非真实的野生自然。就是保护城市郊区的绿色景观也不一定可行，因为城市需要从那里进口城市需要的资源，要利用那里的土地种植农作物。城市开发抽干了支撑湿地的地下水，砍伐了森林，灌溉了沙漠，草原变成了粮田，城市建设对生态系统的破坏大多首先发生在城市附近。人类无法创造古老的森林群落、成熟的平原群落或完整的湿地。大自然当然可以做到这一点，但需要时间。时间太少了，绿色的希望就更少了。这就是为什么我们现在的行动如此重要。我们现在的所作所为决定了我们之后的人类和非人类的生活是什么样的。

（三）紧凑城市

认识到城市蔓延对环境造成巨大破坏，人们都对紧凑城市的神话津津乐道：紧凑城市可以减少能源使用和排放，保护荒地和水质，拯救生物多样性，并提供更高的生活质量。但是，深绿派换个角度提出，紧凑城市的好处是虚幻的。他们揭开了紧凑城市的真相：紧凑城市的一个主要影响是利用广阔的自然区域来为城市高效生产商品，而非有效生产自然。事实上，任何一个人口百万的大都市的食物远远超出了它们郊区的供应能力，甚至还要来自其他地区和其他国家。城市居民需要大得多的土地去供养他们，他们无须与那些他们赖以生存的土地接触，消耗其他地方的土壤、森林、草原、水等来构建"影子承载能力"，也就是食物链专家、《饥饿的地球》的作者伯格斯特伦（Georg Borgstrom）所说的"幽灵耕地"，尽管一个城市的生态足迹可能不大而且紧凑。所以，紧凑性和可持续性之间的关系可以是负相关、弱相关或有限相关的。

深绿派相信，如果人们的生活方式可以持续至少3500年而不破坏一个地方，那就是可持续的。如果人们的文化——主要由密集城市推动的——在几个世纪内成功地摧毁了一个大陆98%的古老森林，那么，这种生活方式是不可持续的。紧凑城市模式显然做不到这一点，而深绿派认为，现代工业文明之前的那些文明的确做到了这一点。可是，大多数环保主义者认为，我们必须保持高能量消耗的现代生活方式；我们必须不惜代价避免干扰对我们如此重要的"繁荣"。所以，他们正在询问的真正问题：我们如何能够有一个可持续的工业文明。对于深绿派来讲，答案当然是我们不能。

三 可持续发展的"绿色城市"的能源与交通

（一）绿色交通

无论陆地交通工具是绿色的还是非绿色的，都要使用道路（包括铁路），而道路分布和道路材料对生态环境的破坏已经是不争的事实。详细展开的证据告诉我们：我们严重低估了道路本身的破坏程度。

栖息地破碎化是道路造成的最严重生态环境危害之一。动物路毙同样触目惊心。

道路及其铺设的路面都是由沥青或混凝土制成的。沥青是对环境造成最严重破坏的材料之一。① 实际上，混凝土对地球造成的破坏比其他任何人造物质都要严重。按重量计算，全世界每年使用的混凝土是钢材、木材、塑料和铝材总和的两倍。② 混凝土生产的能源密集程度几乎令人难以置信：混凝土生产（连同冶金焦炭）约占温室气体排放总量的11%。道路几乎全部由沙子建成。城市中心对沙子的消耗量与日俱增，规模也在不断扩大。现在，全球每年开采的沙子大约有400亿吨。除了水，工业文明消耗的沙子比其他任何物质都要多，而且，采砂对环境具有极大的破坏性。③ 径流是道路及其铺设的路面造成的另一个主要环境危害，因为径流造成土壤侵蚀、下水道溢流和洪水泛滥，把污染物带入河流。在许多城市地区，道路径流是流入河流的最大污染源。一旦流域内的不透水表面积增加到10%，鱼类就会开始消失。④ 在美国，约有一半的城市空间是铺设的，用于汽车的土地比用于人类居住的土地还多。人行道占美国地表面积的2%以上。⑤ 仅停车位一项，美国就有约5亿个，占地面积超过1700平方英里。这是造成城市热岛的重要原因，而城市热岛效应通过改变地球表面的反照率（反射率）加剧了全球变暖。

目前这一代电动汽车依赖于锂离子电池（LIB）技术。锂离子电池的使用寿命相对较短——在电动汽车中为8—10年，之后作为固定式储能装置可能再使用10年。⑥ 与内燃机电路中使用的传统铅酸电池不同，如果锂离子电池在使用寿命结束时不能安全回收，会对环境造成危害。⑦ 保守估计，到2030年，世界范围每年将产生1100万—1600万吨废旧锂离子电池，而且随着电动汽车逐步取代内燃机汽车，这一数字将呈指数级增长。目前，回收锂离子电池时只能回收电池中一半的材料，意味着未来30年还

---

① Ryan F. Shedivy et al., "*Leaching Characteristics of Recycled Asphalt Pavement Used as Unbound Road Base*", University of Wisconsin-Madison, May 2012.
② Cement Trust, *What is the Development Impact of Concrete*?, 2011.
③ Vince Beiser, *Sand Mining: The Global Environmental Crisis you have Probably never Heard of*, The Guardian, Feb 27, 2017.
④ Natural Resources Defense Council, *Paving Paradise: Sprawl and the Environment*, April 14 2000。
⑤ Derick Jense, *Road to Ruin*, The Sun, Feb 2001.
⑥ Ahuja J., Dawson L., Lee R., "A Circular Economy for Electric Vehicle Batteries: Driving the Change", *Journal of Property, Planning and Environmental Law*, Vol. 12, No. 3, 2020.
⑦ Vaughan A., "The Looming Electric Car Battery Waste Mountain", New Scientist, Vol. 244, No. 3256, 2019.

需要逐步增加锂矿开采，而开采矿物的生产过程不可避免地会向当地生态系统泄漏污染物。同时，没有适当的电动汽车电池回收技术或废旧锂离子电池中未回收的成分，都会引发新一轮的环境灾难，进一步挑战充分解决环境可持续性问题的可能性。

面对上述真相，谁还会相信交通的"绿色"谎言呢？无论汽车使用的能源多么"清洁"，也无论汽车的相对污染物排放量多寡，用电动汽车替代燃油汽车都与用低焦油香烟替代高焦油香烟的道理一样。

（二）绿色能源

2020年，美国历史最悠久的环保组织塞拉俱乐部宣布，美国有至少160个城市、10个县和8个州承诺，2035—2050年，实现完全使用绿色能源和不使用化石燃料能源或核能的共同目标。但是，深绿派在分析了每种能源从原材料到制造、运输、安装、运行、维护和处置的完整系统后，从以下三个方面揭示了这个所谓的绿色的能源的真相：

第一，把实现绿色能源以取代化石燃料所需的所有成本加起来看，包括它们造成的外部影响，它们对地球造成的破坏并不比坚持使用化石燃料小多少。

第二，不从根本上解决由资本主义增长、浪费和不公平推动的能源消耗水平所带来的真正问题，不改变化石燃料支配的生活方式，不改变工业革命以来适应并依赖工业资本主义生活方式的人们所创造的与地球和生态系统的基本关系，利用绿色能源不过是资本主义内部的一种能源解决方案，代表着当前政治和资本主义制度的更新和扩张，基本上只是为现在的工业文明提供额外的能源，而没有实质性地减少化石燃料的使用。化石燃料使用量的历史最高点是在2019年，这意味着到目前为止，转向绿色能源的努力并没有产生太大的效果。

第三，绿色能源要达到工业规模，需要相应规模的生产设施，例如，一望无际的田野和山坡上遍布风能和太阳能园区。这样，城市能源的绿色光环给生态环境留下的是挥之不去的阴影；同时，生产工业规模可再生能源需要相应的设施，而那些设施的生产场地和生产过程，以及原材料采掘和加工场地不可避免地留下的是破碎山脉的尘土、酸湖、千疮百孔的褐色土地。尽管生活在"绿色城市"里的人们不能直接感受到因绿色能源实现工业规模而产生的环境问题和社会不公平问题，但是，它们的存在是不争的事实。

四　可持续发展的"绿色城市"的生态保护

（一）水质保护

美国自然资源保护委员会（NRDC）写道：利用的绿地和绿色基础设施模仿自然区域渗透雨水径流的能力，可以起到双重作用，帮助保护水质。这个想法听起来不错，但是，由于这种文化是建立在汲取的基础上的，因此，这个想法在现代工业王国里只是乌托邦。

城市绿地和绿色基础设施无法替代完整的原生群落，即使有绿色景观、绿色建筑和透水地面，但城市里汽车、化学品、污水、宠物、化肥、杀虫剂以及人类使用各种有毒物品（例如油漆、塑料制品）时遗留的细微残留物，都会改变水质。所以，城市本身处理过的水质会比完整的湿地或森林中的水质差很多。

当然，城市把湿地纳入污水处理计划，有时很好；减少城市排水对附近溪流的污染也不错；但任何时候，只要我们谈论的是数十万人或数百万人聚居生活的城市，城市本身的水质无一例外地都会变差。所以，深绿派认为，工业化城市保护不了水质，只能毁掉河流、湖泊、海洋和地下蓄水层。

（二）循环经济

废物回收利用是绿色城市的一大承诺。尽管我们对废物实施分类，把塑料瓶、易拉罐、纸张织物、玻璃制品、金属制品、家电、手机、电池扔进可回收垃圾桶和相应的回收场所，相信它们会被回收利用，然而，废物回收利用并不完全像亮绿人士告诉我们的那样，废物回收利用还有一些不能忽视的真相：回收本身可能是能源密集型的、有毒的和高度破坏性的。

塑料垃圾：我们使用的塑料中只有不到10%的塑料垃圾得到了回收利用，而90%的塑料垃圾是得不到回收利用的。

玻璃垃圾：玻璃是100%可回收的，可以无限回收，而不会损失质量或纯度：这不是真相。回收玻璃的确可以节省原材料。与生产新铝相比，回收铝可节省80%的能源消耗，因此，提高回收率是减少能源消耗和采矿影响的关键。回收玻璃的确可以节省沙子和纯碱，熔化回收玻璃的能源比生产新玻璃的能源减少40%。考虑到运输和其他加工环节，生产1吨新玻璃大约要产生2吨二氧化碳，而生产1吨回收玻璃还是会产生远高于1吨的二氧化碳。

金属垃圾：通过100%的金属回收，就不必采矿了：这不是真相。北美地区的钢、铝和铜的回收率大体在69%—88%。

纸张：把回收的纸张切碎并悬浮在液体中形成纸浆，分解材料的硫基化合物会释放二氧化硫和其他化合物，从而导致酸雨。纸浆生产还会释放包括苯、硝酸盐、汞、一氧化碳、氨和氯化二噁英等持久性的污染物。把回收的纸浆加工成新纸张后，产生的大量含油墨和清洁化学品的混合物被送到垃圾填埋场。

电子垃圾：以锂离子电池为代表的其他类型的回收比以上提及的回收更复杂和更危险，一旦到达垃圾填埋场，便会继续引起环境灾难。

实现零废弃物的唯一途径是生产出对土地有用的废弃物，这就是大自然的工作方式。工业当然不是这样运作的。矿渣不是食物，塑料不是食品，纳米碳材料也不是食物。我们依然应该回收利用它们。

现在的回收利用技术还拯救不了地球，也不会带给我们一个自我维持的绿色经济：这是真相。而通过有效的回收，不需要新的原材料的输入，森林、山脉、河流和草原可以完好无损，而工业可以继续发展，消费可以继续无度，无休止地回收最初的相同原材料：这才是谎言。回收跟不上增长。所以，增长是一个比材料因回收而损失或降解要大得多的问题。

五　结　语

深绿派认为，工业文明是不可能持续下去的。他们期望环保运动能够重回正轨，这样，在工业文明结束时，世界上能剩下更多的东西。所以，现在的绿色行动如此重要。当然，要使建设绿色城市成为一种绿色行动，就必须以自然界本身的方式切实造福于自然界。问题不在于一个绿色行动是否让我们的生活更舒适，而是这个绿色行动是否对环境更有利。因此，所有建设绿色城市的技术和设计方案都要回答这样几个问题：原料从哪里来；对地球及其所有生物有何影响；可持续下去会是什么。假定真要实现绿色，那就只能理性地消除工业文明，扔掉城市，治愈土地，包括恢复森林、沼泽、湿地、草原和土壤，回归自然限度之内的生活：这当然是深绿派的幻想。实际上，即使是转向"绿色的"资本主义，也不会理性地放弃工业文明、建成绿色城市、让人类社会回归自然，而只会用绿色把增长、利润和浪费、不公平包装起来，用工业技术延续工业文明，最终还是濒临灭绝的人类社会自己在非理性的力量或本能的推动下，实现文明转型。

为什么深绿派的观念会被边缘化了？深绿派的观念中既有对人类的爱，也有对人类的恨，包含着对工业社会破坏大自然并毁掉一切之前那段时光的怀念，对现代性、工业化及其理性的憎恨。实际上，这类观念源于早期自然保护主义者的观念，如荒野伦理：在上帝的荒野中蕴藏着世界的希望，那是一片广阔而清新、未被破坏、未被救赎的荒野；文明的束缚消失了，伤口在我们意识到之前就愈合了。但是，早期的自然保护主义者把自然和人类文明、荒野的乌托邦式纯净和工业社会的污垢之间完全对立起来。从他们的角度来看，现代人类的根本缺陷是把我们自己置于自然之上，通过技术把自然力用于我们自己的目的。在这样做的过程中，把自己与自然分离开来，让自己走出了大自然脆弱的生态，从而危及包括我们自己在内的物种和生态系统的健康和生存，所以，回归自然的唯一途径就是重新成为自然的一部分。在他们看来，自然是人类未触及的一切，而人类则是自然反复无常的对立面。这种重新结合是不可能的。

深绿派呼吁浪漫地回归自然，反映了我们对更古老、更安全、更熟悉的意识结构的怀念。而亮绿派对未来的呼唤旨在彻底放弃那个更古老、更安全、更熟悉的意识结构，在意识中给未知的事物留下空间。他们信誓旦旦地宣称，有意识地、谨慎地把世界的命运掌握在自己手中，否则就有失去一切的风险，这与人类进步能力中固有的激动人心的可能性密不可分，即我们可以让世界比历史上任何时候都更美好、更丰富和更繁荣。

主要参考文献

世界经济论坛：《全球风险报告（2024）》，2024年。
《2024年全球平温气温升高首破1.5℃阈值》，《中国科学报》2025年1月13日第1版。

Derrick Jensen et al. , *Bright Green Lies: How the Environmental Movement Lost its Way and What We can do about it*, 2021.

Alex Steffen, *Building to Save the Planent*, BASF, May 2015.

Ahuja J. , Dawson L. , Lee R. , "Circular Economy for Electric Vehicle Batleries: Driling the Change", *Journal of Property, Planning and Envinonmental Law*, Vol. 12, No. 3, 2020, pp. 235-250.

被动式建筑在未来城市节能减排中的发展探索

张国威　王　平[*]

未来是追求极致品质的高质量发展时代，被动式建筑是以"尊重自然、适应自然"为核心，以气候与地域条件为基础，从建筑布局、建筑空间、建筑材料等方面最大限度减少能耗的产生，营造舒适的生活生产空间的最经济有效的设计手段，其对推动我国打造高质量绿色建筑具有重要性。通过梳理被动式建筑的发展、国内外被动式建筑与自身实践案例，探索被动式建筑未来的发展趋势与策略，将有利于推动被动式建筑在未来节能减排城市建设中的转型升级。

一　被动式建筑产生的背景

截至 2023 年底，全国城镇累计建成绿色建筑面积约 118.5 亿平方米，获得绿色建筑标识项目累计达 2.7 万余个，中国绿色建筑正走向高水平的新阶段。但综观所有的绿色建筑，很多绿色建筑实际运营情况远未达到预期，存在运营能力的缺乏、数据失真等问题，同时建造全周期中的增量成本，影响建造选材的质量及后续节能减排的实际效果，从而鲜有建筑能做到真正的绿色建筑标准。因此，被动式建筑因其能耗低被广泛关注。

从概念来看，被动式建筑是指不依赖外部能源而实现建筑的采暖、降温、采光及通风的建筑。其特点是与当地气象数据相结合，设计中利用被

---

[*] 张国威，GWP 合伙人、总建筑师、总裁，哈佛大学华南校友会董事、会长，广州源尚建筑设计有限公司董事长，主要研究方向为建筑设计；王平，GWP 合伙人，副总裁，哈佛大学硕士杰出毕业生，主要研究方向为建筑设计。

动式太阳采暖、被动式降温、天然采光、自然通风等设计策略。[①] 其核心理念是从设计手法上，尽可能提高建筑对周边资源的高效利用与转化，减少"主动"技术引入，实现节能、舒适、低能耗和低碳排。

从被动式建筑演变来看，1933年，美国建筑师通过建造南向窗户进行太阳能采暖，"太阳房"概念首次出现。"被动式建筑"概念的正式提出在1988年，来自瑞典的博·亚当姆森教授和来自德国的沃尔夫冈·菲斯特教授首次共同提出了"被动式房屋"（Passive House）理念。[②] 1991年，德国率先在达姆施达特市建立了世界上第一个被动式住宅，在全国范围内广泛实践建设。目前，德国已拥有数千座被动式建筑，形成了成熟的建筑技术和施工规范，并出台了PHI被动房认证标准，吸引全球各国学习借鉴。

国内被动式建筑研究较晚。2010年，上海世博会的"汉堡之家"是国内第一座获得认证的被动式建筑项目，2015年，住建部首次提出了我国被动式建筑的标准《被动式超低能耗绿色建筑技术导则（试行）》，后面相继发布《近零能耗建筑技术标准》（GB/T 51350—2019）、《公共建筑节能设计标准》（GB50189—2015），为国内被动式建筑提供技术指导。但我国地域辽阔，纬度跨越大，气候南北差异性巨大，各地区被动式建筑发展不同，尚未形成完善系统性的建设标准。

因此，被动式建筑对国内来说仍具有巨大的挑战。我们希望利用中国丰富的地形地貌与气候变化，挖掘中国因地制宜的传统营造技艺与现代被动式建筑的优秀案例，构建被动式建筑的创新发展技术体系，推动未来绿色建筑的发展。

二 古今被动式建筑的设计特点与启示

中国民居是我国传统建筑的重要类型，不同地域气候形成了多样化的建筑形态，如干阑式木楼、江南庭院民居、圆形土楼、北京四合院等，其整体布局构成、建筑形态及建造材料的应用无不体现对气候的被动式适

---

① 宋琪：《被动建筑设计基础理论与方法研究》，博士学位论文，西安建筑科技大学，2015年。
② 杨庭睿、乔春珍：《被动式建筑发展现状及设计策略研究》，《建设科技》2020年第19期。

应。对传统民居所蕴含的世代相传的被动式技术经验通过现代绿色建筑理论及技术措施加以分析、提炼，挖掘气候适应性的内在机理，以期为营造地域性绿色建筑提供可行性。[1]

（一）典型传统民居被动式设计策略适应性

根据中国建筑热工区划，分别选取岭南、北京地区的传统民居作为代表，分析其因地制宜的被动式设计策略。

1. 岭南地区传统民居被动式策略

岭南地区属于建筑热工分区中的夏热冬暖地区，夏季漫长且炎热潮湿，通风、隔热是传统民居的防热除湿重要手段。岭南传统建筑形态开敞，民居两侧门窗尽可能布置在一条直线上，有利于形成穿堂风。以天井为中心，借助天井的热压通风作用，配合两侧廊道的引风，带动厅堂及房间的通风。通过控制天井、厅堂、廊道和巷道的空间组合及大小比例，零能耗提升民居室内的热环境质量。建筑屋顶采用覆瓦双层屋面，形成静态空气层隔绝外界热量。在用材方面，岭南地区因地制宜地使用具有较好热阻性能的青砖、泥砖、石块及泥沙等材料，有效隔热节能，保证在潮湿多雨气候条件下的坚固性和耐久性。

2. 北京地区传统民居被动式策略

北京属于建筑热工分区中的寒冷地区。北京四合院作为北方地区居住建筑最典型的代表，对光照、保温、防风需求较高，采用以保温得热为主的被动式设计。四合院采用围合式布局，朝向多为坐北朝南，冬季南侧门窗有利于获取太阳辐射热量提高室内温度，北墙不开窗或开小窗，避免寒风侵袭。四合院建筑多以一层为主，开间宽大，进深较浅，以接受充分日照。外围护结构多采用厚重、保温性能好的材料，外墙以青砖、砖土混合材料为主，屋顶铺设苇席、苫背、瓦片，保温防寒。连接屋舍的抄手游廊和屋前檐廊可遮挡夏季部分直射阳光，降低室内温度。

（二）现代被动式建筑设计策略

现代被动式建筑除了基础的被动式设计，还引入了严密的围护结构、

---

[1] 张涛：《国内典型传统民居外围护结构的气候适应性研究》，博士学位论文，西安建筑科技大学，2013年。

新风系统、可再生能源的利用等措施以降低建筑的能耗需求，维持健康舒适的室内环境。

1. 德国弗莱堡市政厅

弗莱堡市政厅建于 2017 年，总建筑面积 26115 平方米，是全世界第一个达到"能源盈余"标准的办公建筑，每年在空调、通风和热水供给方面的能源需求量仅为同类办公建筑的 40%，并为城市电网供能。

作为基于被动式建筑标准的产能建筑，该项目重点在于可再生一次能源、气密性、舒适性的设计。项目充分利用光照资源，将当地落叶松木与高隔热性能的光伏板纵向结合排布，每年屋顶、立面约 800 块太阳能板产生的电能除自身消耗外，多余的能量供应城市电网系统。项目通过高性能保温玻璃、封闭的围护结构层、高效的热回收系统、热质量的激活装置等为绿色园区提供针对性技术解决方案，提升建筑气密性、保温隔热性能，满足舒适性和低能耗的需求。

2. 湖南株洲市民中心

株洲市民中心建于 2018 年，总建筑面积 61608 平方米。建筑遵循节能、环保、适宜的原则，以既有成本为导向实现低能耗最大化。市民中心通过合适尺度的庭院和天井系统最大化自然通风采光，降低机械设备能耗。体形系数小于 0.4，外围护结构采用 20 厘米厚的保温材料，幕墙由高性能的"三玻二腔"隔热玻璃和木龙骨组成，通过合理的建筑造型和极好的气密性使建筑能耗仅为同类建筑的 1/10—1/6，获得住建部科技与发展产业化发展中心被动式低能耗建筑质量标识。

对传统民居和现代被动式建筑的案例研究表明，传统民居取之于自然、用之于自然、最终回归于自然，以朴素的被动式技术营造生态宜居的建筑环境，其蕴含的经验对于现代被动式建筑建造依然有借鉴意义。而现代被动式技术通过新材料、可再生能源等的利用，有效实现节能减排。因此，在保留不同气候适应性被动式设计手法的同时融合现代被动式技术，推动地域文化与绿色技术的深度融合，将有效打造低耗能的被动式建筑，推动未来绿色建筑的可持续发展。

三 被动式建筑在节能减排背景下的设计实践

在全球重视生态资源、推动绿色可循环发展背景下，被动式建筑的本质在于以"尊重自然,适应自然"为核心,在适应自然元素的基础上,结合热回收技术和可再生能源,通过保暖隔热性能、气密性较好的围护结构和新风系统提供舒适室内环境,利用建筑物本身的隔热、蓄冷、空间布局等实现建筑冬暖夏凉的效果,推动建筑超低能耗建设。

从被动式策略角度来看,被动式不是若干相互独立的技术组合,而是具有"城市群体—建筑单体—细部建构"框架体系的复杂开发系统。[①] 立足于被动式设计理念,我们始终追求建筑实用性、经济性、形象性三者合一。从设计初期剖析地域气候与自然条件,研究建筑整体布局与形态,定制化功能空间,在树立城市形象地标的同时控制成本。在项目施工阶段,整合结构、幕墙、暖通、电气等各专业协作配合,并根据现场条件实地调整与反复优化,从内至外实现建筑形象、功能的品质化落成。我们希望能在不同类型项目中探索被动式建筑的发展趋势,在树立城市地标的同时实现建筑生命周期的绿色创新实践。

(一) GWP 实践案例一:资兴子兮如斯文化行馆

资兴子兮如斯文化行馆是郴州"一江两岸"规划中首个近期建设项目,是栖息于画卷东江的资兴新地标。项目位于湖南郴州资兴市,属中亚热带季风湿润气候区。冬季湿冷多阴雨,夏季闷热前涝后旱,春季潮湿且气温多变,秋季凉爽舒适短暂。作为文化行馆功能建筑,采用被动式节能设计能有效提升项目后期运营的成本控制。

1. 建筑规划选址条件

项目位于小东江沿岸,背山面水地势,东高西低,具有极佳的自然通风条件。规划利用凤凰山顶至小东江的热环境对流条件对建筑规划进行布局思考,提升场地内的空气对流,有效改善资兴市春季潮湿、夏季闷热及冬季阴冷多雨的气候环境。

2. 建筑朝向

建筑朝向采用偏离正南向 33°布置。为避免建筑夏季西晒高耗能,项目采用两种方式进行处理:一是西向客房设置阳台,减少西晒对客房内部直接能耗影响。二是公共空间采用立面格栅,物理遮阳同时也增加整体建

---

① 巩新枝、贾晨阳:《我国居住建筑被动式节能优化设计研究进展与展望》,《建筑节能(中英文)》2022 年第 1 期。

筑立面丰富度。

3. 建筑形体

因需充分考虑对流以提升场地内风速，带走南方夏季湿热空气和冬季阴冷空气。项目分析不同建筑形体周围的风环境情况（见图1），c、d、e、f 四种形式都是以防风效果为主，无法很好地形成场地内的通风走廊，因此项目采用高低错落的"一"字形布局，以改善场地内部的通风及热环境。

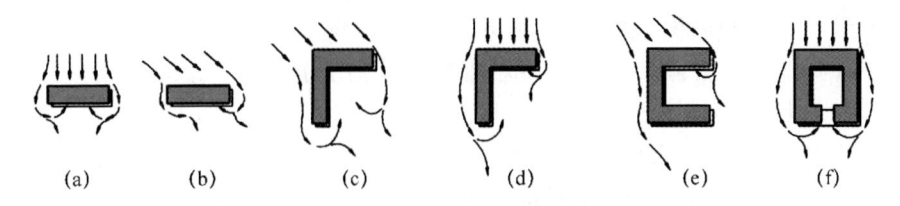

图 1　不同建筑物形体周围风环境分析

（二）GWP 实践案例二：曾宪梓纪念馆

项目位于广东省梅州市，属于亚热带季风气候区，具有夏日长、冬日短、气温高、光照充足的特点。设计以遮阳防晒功能为核心考虑，应用被动式设计实现节能，维持舒适室内热环境。

1. 双层围护结构

外立面的"金"字造型采用石材作为立面材质，既是斗拱的现代演绎，也是双层围护结构的遮阳外皮，能够有效阻挡阳光直射，减少热量传入。立面石材与内侧落地玻璃之间设有阳台，实现室内通风的同时有效遮阳隔热，满足室内光环境控制需求。

2. 高性能隔热材料

通过隔热材料改善建筑物的热围护结构，可以最大限度减少夏季热量的增加和冬季的热量损失。项目在外立面玻璃开阳处添加了高性能隔热稀土膜新材料，在满足展厅的自然光环境需求的同时，有效隔离内外温差，防止太阳直射带来的炫光及热辐射，减少热量传导，从而降低建筑能耗，起到节能效果。

3. 屋面太阳能系统

项目所在地梅州全年光照充足，周边无高层建筑物遮挡，具有良好的光照条件。项目在建筑屋面设置太阳能光伏板，巧妙利用"第五立面"设置实现节能减排，实现可持续能源的利用。

（三）GWP 实践案例三：佛山能源总部大楼

项目地处粤港澳大湾区极点城市佛山南海桂城，是映月湖侧最具昭示性的城市名片。应用被动式设计不仅契合能源总部持续创新与能源高效利用的理念，而且满足项目长期运维中成本控制的需求。

1. 建筑窗墙面积比

建筑采用简洁富有节奏的竖向构件作为外立面主体元素，严控玻璃总面积与建筑外墙面总面积之比，有效利用太阳光照减少室内采暖与空调能耗，提升建筑的保温隔热性能，在塑造总部企业标杆形象的同时，实现被动式节能。

2. 建筑采光井

项目整体建筑几乎铺满场地，部分建筑底层与地下室空间采光不足。为削弱因采光不足导致的高耗能，项目设置 8 扇采光井，采光井与地下采光系统相配合，白天地下空间无须主动供电辅助照明，有效节能，提高地下室与首层建筑的采光利用率。

3. 高性能幕墙玻璃

幕墙玻璃是影响建筑物节能效果的主要部件。设计通过对比白玻、热反射玻璃与 Low-E 玻璃等不同材料，采用了玻璃传热系数与遮阳系数较低的 Low-E 玻璃。将太阳光过滤为冷光源起到隔热作用，在冬季能够减少热量向外扩散，达到保温目的，保证透光率的同时，实现高效节能。

通过不同类型的建筑实践，被动式建筑作为结构复杂的综合体，其相较传统建筑的技术水平、建设成本等要求更高，其建设成本更是覆盖选址、规划、设计、施工、运维整个生命周期。随着城市用地的高度集约化，被动式建筑的推广面临巨大的挑战，需要自上而下的政策、资金、人才的支持。而建筑设计作为统领建筑全生命周期的关键角色，在满足功能、形象、成本的基础上，需以技术赋能，推动绿色建筑在行业中的主导地位，实现城市的品质化和生态化升级。

四 被动式建筑在未来绿色城市建设中的发展趋势与策略

未来是追求建筑极致性能的高质量发展时代，而被动式建筑是绿色建筑从低耗能建筑向零耗能建筑转型的关键，是集高能效、低能耗、健康舒适等多重优势于一体，实现恒温、恒湿、恒氧的低碳建筑。在应用被动式技术的基础上，利用可再生能源对建筑能耗进行平衡和替代，实现近零能耗建筑或零能耗建筑。在零能耗建筑基础上，通过绿色建材、碳汇效应、用能结构、建筑耐久等达到运行阶段净零碳排放的目的①，而实现全生命周期净零碳排放是探索未来绿色城市高质量发展的重要路径。因此，需从政策法规、技术更新、人才培养等方面共同促进被动式建筑建设与推广，实现未来绿色城市的可持续发展。

（一）健全法规与监管体系，落实激励政策

国内被动式建筑发展不均衡，除河北、河南、山东等地标准体系、技术规范较为完善外，其余大部分省市处于技术研究和试点示范阶段，仅颁布被动式建筑实施方案或技术导则。② 因此，应加强发展落后地区相关研究，出台针对性设计标准，完善设计、施工、验收、评价、检测环节的配套政策，鼓励政府根据各地实际情况采取容积率奖励、保障土地供应、税收优惠等合理可控的激励政策，构建各地区被动式政策体系。

（二）发展被动式建筑相关产业链，加强人才培养

被动式建筑需要专业人才的持续配合与成熟的技术，针对不同气候、地理条件做出适应性的被动式设计，其发展需要建筑上下游全产业链支撑。国家应鼓励支持被动式建筑"产、学、研、展、拓"相结合，培养专业技术人才、项目管理者和企业负责人；结合试点项目培训产业工人技能，增加产业工人规模。此外，细分生产、建造、运维行业，扶持关联企业，发展如绝热节能材料等重点产业集群，以期实现产品本土化，降低成本，使被动式建筑更具推广性。

（三）结合传统民居建造经验，加强技术创新应用

开发商、设计师等相关从业人员应响应政府政策，增加被动式技术的

---

① 董恒瑞、刘军、秦砚瑶等：《从绿色建筑、被动式建筑迈向零碳建筑的思考》，《重庆建筑》2021年第10期。
② 郝生鑫、陈旭、曹恒瑞等：《被动式低能耗建筑政策梳理及分析展望》，《建设科技》2020年第8期。

应用。加强对不同地区气候、地域特点的了解，融合传统民居被动式策略经验与现代智能技术，打造与气候相适应的低能耗、本土化建筑。针对被动式建筑涉及的门窗系统、围护系统、高效热回收新风系统、太阳能等产品、装备进行创新研发，降低被动式建筑工程的增量成本，提升产品价值。

主要参考文献

杨庭睿、乔春珍：《被动式建筑发展现状及设计策略研究》，《建设科技》2020年第19期。

巩新枝、贾晨阳：《我国居住建筑被动式节能优化设计研究进展与展望》，《建筑节能（中英文）》2022年第1期。

董恒瑞、刘军、秦砚瑶等：《从绿色建筑、被动式建筑迈向零碳建筑的思考》，《重庆建筑》2021年第10期。

郝生鑫、陈旭、曹恒瑞等：《被动式低能耗建筑政策梳理及分析展望》，《建设科技》2020年第8期。

零碳建筑技术助力实现碳中和目标

孙德宇　姜　超　李彩宇[*]

一　零碳建筑的内涵与其对实现碳中和目标的重要意义

（一）零碳建筑的定义

国际能源署报告显示，2021年建筑领域总能耗占全球总能耗的30%，建筑碳排放量占全球碳排放总量的28%；2022年，建筑制冷和供暖需求的增加导致全球碳排放增加了约6000吨二氧化碳（CO_2），约占全球CO_2排放总增量的20%。因此，建筑节能降碳是全球减少碳排放、实现碳中和的重要措施。

零碳建筑是建筑实现碳中和的最终目标。自2006年起，英国、美国、澳大利亚等欧美发达国家相继提出了"零碳建筑"的概念。但不同国家对零碳建筑尚无统一的定义，其主要差异表现在碳排放核算范围、化石能源使用情况、可再生能源利用限制、降碳措施范围（是否包含碳补偿等）方面。近年来，我国结合了自身建筑的建设情况、用能特点、市场机制等，界定了零碳建筑的定义。建筑降碳与节能之间存在紧密的联系，因此零碳建筑应依照"节能优先、可再生能源发力、能源转型"的路径，先降低能

---

[*] 孙德宇，中国建筑科学研究院建科环能科技有限公司低碳建筑技术研究中心副主任，中国建筑学会建筑模拟专委会副主任委员，主要研究方向为零碳建筑、建筑模拟等；姜超，中国建筑科学研究院建科环能科技有限公司低碳建筑技术研究中心工程师，主要研究方向为建筑节能、零碳建筑等；李彩宇，中国建筑科学研究院建科环能科技有限公司低碳建筑技术研究中心工程师，主要研究方向为建筑节能、零碳建筑等。

源需求，再充分挖掘可再生能源资源和建筑蓄能，并结合绿色电力交易、绿色电力证书交易与碳排放权交易等市场化机制，实现建筑净碳排放量不大于零。

此外，从建筑全过程碳排放的角度来看，除运行阶段的碳排放外，由建材生产及运输、建造及建筑拆除等过程产生的隐含碳排放量占建筑全生命期碳排放的20%左右。但随着我国建筑节能标准的不断提升，隐含碳排放的占比将不断升高。因此，零碳建筑的最高表现形式为全过程零碳建筑，即在建材生产及运输、建筑建造及拆除和建筑运行的全部环节实现碳中和的建筑。

我国将发布《零碳建筑技术标准》以进一步约束和引导建筑降低碳排放。《零碳建筑技术标准》建立了覆盖建筑领域全过程、全专业、目标分级的零碳建筑技术体系，是首部覆盖全要素的零碳建筑领域国家标准。标准建立"低碳、近零碳、零碳"技术指标体系，旨在提升建筑能效与推动能源转型，以运行阶段为重点，并兼顾建筑隐含碳排放，以推动我国建筑领域实现碳中和目标。

（二）建筑领域实现碳中和目标的任务

建筑碳排放包含直接排放和间接排放。其中，间接排放又包含能源间接排放和其他间接排放。

直接排放指建筑使用煤炭、天然气等化石能源满足供暖、炊事、生活热水需求所产生的碳排放，降低直接排放应通过建筑电气化等能源转型手段，逐渐减少建筑的化石能源使用，实现将直接排放转为间接排放。能源间接排放指建筑用电以及城镇热电联产供热等产生的碳排放，为减少该部分碳排放，建筑应充分采用建筑节能等手段，降低空调、供暖、通风等能源需求，进而降低建筑用能碳排放。其他间接排放指由钢筋、混凝土、玻璃、铝合金等建筑材料产生的碳排放，为减少该部分碳排放，建筑在建造阶段应推广使用减量化、资源化、可循环的绿色建材，并采用低碳的建造方式。

在此基础上，建筑领域可进一步创新零碳建筑的发展模式和市场机制，如绿色电力交易、建筑碳交易等，探索建筑碳中和的灵活化实现路径，并推动促进全社会共同实现碳中和目标。

二 零碳建筑发展现状与面临的挑战

（一）零碳建筑发展现状

国际方面，2023年12月，欧盟实施"建筑能效指令"修订案，要求2030年后所有新建建筑实现零排放，2050年既有建筑改造为零碳建筑，此外，2040年将彻底淘汰化石燃料锅炉。美国提出"更好建筑挑战"计划，推动建筑能效提升40%以上，并通过发布ASHRAE 228标准，明确了零碳建筑的定义、碳排放计算范围、计算方法等。日本实现了建筑节能法治化，并发布《2050年碳中和住宅·建筑的对策和实施方法》，提出2030年新建建筑实现零能耗建筑。英国皇家建筑师学会（RIBA）发布《RIBA 2030气候挑战》，提出了2030年建筑应达到的低碳目标。

国内方面，零碳建筑发展呈现加速态势，相关政策推广力度较大。国务院、住建部等国家部委在《2030年前碳达峰行动方案》《关于推动城乡建设绿色发展的意见》《"十四五"建筑节能与绿色建筑发展规划》等多部政策文件中均强调低碳、零碳建筑的规模化发展，并将低碳建筑和零碳建筑技术作为实现碳达峰碳中和的重点技术体系。2024年3月，国家发改委、住建部发布《加快推动建筑领域节能降碳工作方案》，将支持超低能耗、近零能耗、低碳、零碳等建筑新一代技术研发作为建筑领域节能降碳的重点任务。在此基础上，各地积极出台了一系列支持政策，如北京、上海等城市已将零碳建筑纳入城市建设重点项目。

随着我国政策的大力推动与标准体系的发展，2024年，我国零碳建筑示范项目数量显著增加，据中国建筑节能协会《关于发布2024年第一批零碳建筑测评项目的通知》，通过零碳建筑认证的项目已逾20项。据统计，全国已建成的近零能耗、零碳建筑示范项目面积已超过200万平方米，零碳建筑发展正处于强劲增长时期。

（二）零碳建筑发展面临的挑战

虽然我国现阶段低碳、零碳建筑推广已取得了一定成效，但零碳建筑的进一步规模化建设仍存在多重挑战。

第一，技术集成与系统优化难度高。零碳建筑需要多种建筑节能降碳技术的深度融合，包括被动式节能设计、高效设备系统、可再生能源利用等。在零碳建筑对建筑降碳水平和技术集成的高要求下，围护结构与设备系统的协同优化、可再生能源消纳与系统运行控制、建筑能耗实时监测分析等均具有较高的难度，且其中涉及建筑、暖通、电气等多个专业，各专业协同也具有一定的挑战性。此外，我国建筑气候区数量多，不同地区气候差异明显，建筑形式多样，零碳建筑难以形成统一的技术路线，需要因地制宜地开发技术，建立适用于不同气候区的零碳建筑技术路径。

第二，经济性对零碳建筑发展有所影响。相比传统建筑，近零能耗建筑增量成本在800—1200元/平方米。尽管从全生命期的角度来看，零碳建筑具有较好的经济性，但其建设前期投入较大，投资回收期较长，在一定程度上影响了零碳建筑的规模化推广。

第三，零碳建筑的设计能力与施工质量要求高。零碳建筑对建筑设计的系统性和施工精细度有较高要求。设计或施工团队对新技术应用经验的不足会显著影响零碳建筑的降碳效果，在气密性设计、热桥处理、设备选型等方面较为明显。同时，由于零碳建筑对围护结构性能和气密性的要求较高，因此对围护结构施工精度要求高，其设备系统安装调试也更为复杂，需要提升施工团队专业化水平，施工质量控制难度大。

第四，零碳建筑对运营管理的专业性要求较高。人员使用习惯及建筑运维策略会对建筑运行阶段的能耗和碳排放产生显著影响。但目前建筑物业管理团队普遍缺乏零碳建筑相关的运维经验，保障建筑持续高效运行的难度较大。

因此，在工程实践中，需加强多专业、多团队协同，通过设计、施工、运行全流程质量控制，实现零碳建筑的有效推广建设，推动建筑领域实现碳中和目标。

三　某零碳建筑技术实践

（一）项目概况与项目定位

该项目位于北京市，属于我国建筑气候区划中的寒冷地区，建筑类型为办公建筑。该项目总建筑面积3.15万平方米，建筑高度为45米，通过建筑节能、高效设备、新能源利用等14项建筑节能降碳技术的集成，在营造健康舒适的室内环境的同时，建筑降碳率达75%，结合市场化机制，实现零碳建筑的目标。

（二）建筑本体降碳技术体系

1. 被动式技术

被动式技术是指以非机械电气设备干预手段实现建筑能耗降低的节能技术，具体指通过对建筑遮阳的合理设置、对建筑围护结构采用保温隔热技术、提高建筑气密性等，实现建筑采暖、空调、通风等能耗的降低。

该项目根据寒冷地区气候特点和建筑功能需求，通过优化建筑规划设计策略，充分利用自然通风、天然采光等资源，强化建筑气候环境适应性，降低建筑用能需求。项目紧邻集中绿地规划，过渡季可形成明显的通风廊道，有利于自然通风，改善建筑微气候。通过合理规划策略，使得建筑物南向无遮挡，可更好地利用自然采光，降低照明能耗，改善室内的光环境。同时于每层设置通风器，进一步强化建筑内通风效果，降低空调能耗。

项目通过提升围护结构热工性能，降低屋面、外墙等部位的传热系数，减少夏季围护结构传热，降低房间对空调的需求。屋面传热系数达 0.18W/（m^2·K）[瓦/（平方米·开尔文）]，（每平方米面积上温度差为1开尔文时，所传递的热功率为0.18瓦）外墙传热系数达0.27W/（m^2·K），达到近零能耗建筑水平。通过提升建筑外窗热工性能，减少夏季透过外窗传热得热，进一步降低房间的空调需求。外窗传热系数达1.2W/（m^2·K），采用三玻两腔外窗，在实现外窗高保温性能的同时，兼具良好隔声性能，解决建筑临街侧可能面临的室内噪声问题。

2. 主动式技术

主动式技术是指通过机械设备干预手段为建筑提供采暖空调通风等舒适环境控制的建筑设备工程技术，具体指选用高效设备实现节能的技术。

该项目通过高效冷热源、高效机房、高效照明、高效电梯等技术的应用，显著提升建筑能效，降低能源消耗。建筑冷热源采用"干式风机盘管+独立新风"的空调系统，实现温度、湿度独立控制，并使得干式风机盘管可采用中温冷源处理，解决了传统风机盘管系统结露发霉的问题，有效改善室内空气品质的同时，提高了空调系统的效率。

该项目设置新风全热回收系统，从建筑排风中回收热量用于新风处理，有效降低了夏季和冬季建筑的新风负荷。

办公建筑制冷系统能耗占建筑物总能耗的40%以上，具有很大的节能潜力；高效制冷机房是制冷行业节能减碳的关键技术。该项目通过温湿度独立控制系统、机房精细化设计和运行策略精密控制，实现制冷机房综合能效达6.5，远高于行业平均水平。

项目全楼采用直流照明系统，采用一级能效LED直流灯具，结合自然采光、占空感应等智能照明控制系统，照明能耗降低54%。在此基础上，该项目设置了健康光环境示范区域，选用全光谱灯具，设置节律照明控制，适应人体节律对光照的需求，提升室内环境舒适度与健康水平。

该项目建筑内电梯全部选用A级节能电梯，采用能量回馈、电机变频、智能群控、目的楼层预约等节能措施，比传统C级电梯节能56%。建筑内用电器均采用1级能效电器。

3. 可再生能源利用技术

该项目采用地源热泵机组满足建筑冬季供热需求，使得建筑无须接入市政热力，降低了建筑碳排放。

项目通过太阳辐照模拟，充分利用建筑屋面及立面光照资源，采用建筑光伏一体化（BIPV）技术，在屋顶格栅和护栏，南、东立面非透光幕墙，南、东立面水平遮阳板等部位结合了晶硅光伏、薄膜光伏等多种光伏组件形式，实现太阳能资源最大化利用，光伏全年发电量约46.9万千瓦时，可满足建筑全年用能的34%。此外，该项目配合光伏系统，充分挖掘了电动车充电桩和储能电池的调节潜力，实现建筑柔性用电，光伏整体自消纳率达到100%。

（三）市场化机制实现碳中和

经建筑能耗模拟计算，该项目建筑本体节能率达到63%，建筑降碳率达到75%。在此基础上，项目充分探索零碳建筑市场化创新机制，通过绿色电力交易手段扣减了剩余25%的碳排放，最终实现了零碳建筑的目标。

四 结语

零碳建筑是建筑领域承担自身减排责任的最高形式，其规模化发展已成为全球共识，也是我国实现建筑领域碳达峰碳中和的重点任务和关键技术。我国在国际经验的基础上，按照分过程、分级、分类型、分气候区、全过程的原则，确立了零碳建筑的定义和碳排放计算与核算边界，明确了我国建筑的零碳目标。以能效优先、可再生能源充分利用和能源转型为基本原则，逐渐探索出了一条适合于我国建筑的零碳路径。

未来，随着技术水平的提升、相关产业的发展、设计施工的专业化及运维管理水平的提高，零碳建筑技术将能够得到更广泛的推广建设，助力我国建筑实现碳中和目标。

主要参考文献

International Energy Agency（IEA），*Tracking Buildings*，2023，https：//www.iea.org/energy-system/buildings.

International Energy Agency（IEA），*CO$_2$ Emissions in 2022*，2023，https：//www.iea.org/reports/co2-emissions-in-2022.

European Commission，*Energy Performance of Buildings Directive*（EPBD），2023.

ASHRAE，*ANSI/ASHRAE Standard 228：Standard Method of Evaluating Zero Net Energy and Zero Net Carbon Building Performance*，2023.

高伟俊、王坦、王贺：《日本建筑碳中和发展状况与对策》，《暖通空调》2022年第3期。

The Royal Institute of British Architects，*2030 Climate Challenge*，2023，https：//www.architecture.com/about/policy/climate-action/2030-climate-challenge.

城市更新的绿色引擎

——基于自然的解决方案改造滨河空间

刘 璇 马晶晶[*]

在全球气候变化的大背景下，极端天气事件频发、海平面上升、水资源短缺等问题日益严峻，对城镇的可持续发展构成了巨大挑战。城市更新是"十四五"时期我国城市发展的重要任务，基于自然的解决方案（NbS）为这一任务提供了有力的支持。通过尊重自然、保护自然和修复自然的生态修复策略，NbS不仅有助于解决城市面临的生态问题，更好地应对气候变化，还能推动城市的高质量可持续发展。本文将探讨如何利用基于自然的解决方案进行滨河空间改造，从而带动周边区域可持续更新，并结合亮马河国际风情水岸与法开署屏南长坋溪生态修复及沿岸公共空间提升两个具体案例进行分析。

一 滨河空间改造的意义与挑战

（一）滨河空间改造在城市更新中的独特地位与价值

城市与河流总是相伴而生的，河流既是城市的水源，也是城市发展的重要依托。滨河空间作为城市与河流之间的过渡地带，是城市生态系统的重要组成部分，承载着丰富的自然景观和人文价值。在城市更新的大潮中，滨河空间往往面临着巨大的生态环境压力和严重的空间利用问题，通

---

[*] 刘璇，瑞典皇家工学院（KTH）城市规划与设计硕士，主要研究方向为共生城市综合规划和生态景观规划设计；马晶晶，联合国气候变化框架公约下政府间气候变化合作IPCC方法学专家组成员，丹麦技术大学理学硕士，主要研究方向为零碳绿色建筑、IPCC方法学、"灰绿蓝+"多专业可持续规划设计方法学。

过科学合理的规划与设计，滨河空间可以成为城市与河流之间的绿色廊道，既提升城市生态环境质量，又增强城市的防洪排涝能力。

通过恢复和保护滨河空间的自然生态系统，改善水质，增加绿地面积，可以为城市居民提供更加优美、健康的生活环境。同时，滨河空间也是城市生物的重要栖息地，改造后的滨河空间将更加丰富多样，为城市生态安全提供有力保障。

此外，滨河空间改造还能够促进城市的经济发展和文化繁荣。改造后的滨河空间可以成为城市的新名片，吸引更多的游客和投资者，推动周边区域的产业升级和经济发展。同时，滨河空间也是城市文化传承和展示的重要场所，通过挖掘和保护历史文化资源，打造具有地域特色的文化景观，可以增强城市居民的文化认同感和自豪感。

（二）滨河空间改造面临的挑战

生态环境破坏与污染是滨河空间改造面对的首要难题。水体污染、生物多样性丧失等问题频发，严重破坏了滨河空间的生态平衡。这些污染不仅来源于工业生产、生活排放等直接污染源，还可能与城市扩张、土地利用变化等间接因素密切相关。

空间分割与低效利用是滨河空间改造的另一大挑战。由于历史原因或城市规划的局限，滨河空间往往被分割成多个独立区域，缺乏统一规划和有效整合。这不仅导致空间资源的浪费，还限制了滨河空间的整体功能和价值发挥。同时，部分滨河区域存在低效利用现象，如闲置土地、废弃设施等，这些都需要通过改造进行盘活和优化。

除此之外，滨河区域往往被机动车道占据，导致步行和骑行的慢行空间严重不足，阻碍了滨河公共空间的可达性和连续性，降低了滨河空间的整体吸引力和使用率。机动车道的存在还增加了噪声和空气污染，进一步削弱了滨河空间的生态环境质量。

二　基于自然的解决方案在滨河空间改造中的应用

（一）滨河空间改造的发展历程

我国城市滨河空间改造大致可划分为以下四个阶段。

20世纪50年代至70年代的早期开发与治理阶段。主要以河道拓宽、断面硬化为主，以促进水资源的开发利用，发展河道航运，提升防洪抗灾能力并改善灌溉条件。

20世纪八九十年代的工程治理阶段。全国各大城市广泛开展了大规模的河道整治工程，旨在增强河道的防洪排涝能力，对大量自然河道进行了裁弯取直、加宽挖深、修筑堤坝等渠化改造。

20世纪末的环境治理阶段。随着城市化进程不断加速，河道沿线污水直排现象屡见不鲜，我国开始积极开展水污染防治行动，对河道进行污水截流、水质处理、绿化美化等综合整治，但治理手法较为单一和人工化。

21世纪至今的生态治理阶段。我国开始意识到传统的水利工程对河流的水文条件、地形地貌特征等造成了显著影响，导致河流生态系统功能与生物多样性严重退化，逐渐开始广泛借鉴和吸收国外的先进理念和经验，逐步将河流生态保护与修复纳入滨河空间改造的重要议程之中。

（二）基于自然的解决方案的核心原则与理念

"基于自然的解决方案"（Nature-based Solutions，NbS）这一概念最早由世界银行于2008年提出。随后，世界自然保护联盟（IUCN）向《联合国气候变化框架公约》第15届缔约方大会（UNFCCC COP15）提交建议报告，强调NbS对于应对气候变化等一系列社会挑战的重要作用。2016年的世界保护大会上，IUCN通过了NbS的明确定义，即通过保护、可持续管理和修复自然或人工生态系统，从而有效和适应性地应对社会挑战，并为人类福祉和生物多样性带来益处的行动。在2019年9月的联合国气候行动峰会上，NbS被列入全球加速气候行动的九大领域之一。具体提出和发展进程见图1。

NbS是一种通过利用、恢复或保护自然生态系统及其服务来应对气候变化挑战的策略。它强调通过自然手段来减少温室气体排放、增强生态系统的韧性，以及提高人类社会的适应能力。NbS具有低成本、高效益、生态友好等特点，是实现可持续城镇更新的重要途径。

NbS不是一个全新的概念，而是在旧有理论上演化而来的一个具有包容性和广泛适用性的伞形概念。随着时间的推移，NbS逐渐发展为一个融合了多种相关概念和方法的综合框架，包括基于生态系统的适应（EbA）、基于生态系统的灾害风险减缓（Eco-DRR）、自然基础设施（NI）以及基于自然的气候变化解决方案（NCS）等。同时，在全世界范围内也有一些类似的概念，包括低影响设计（LID）、绿色基础设施（GI）和水敏感城市设计等。

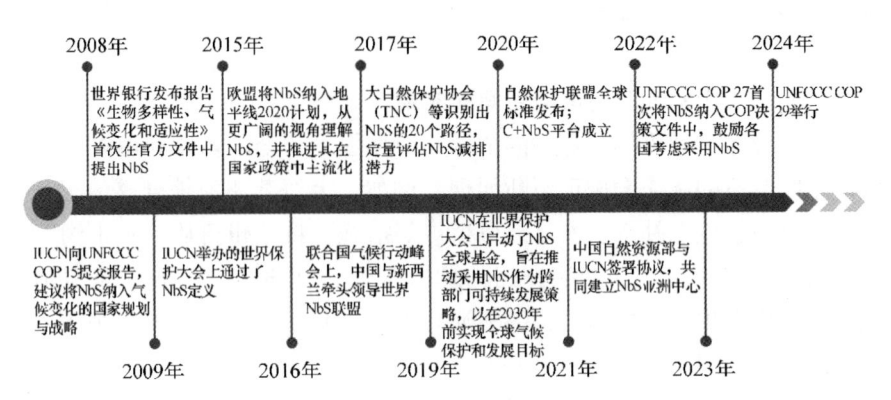

图 1　NbS 的提出与发展进程

2008年：世界银行发布报告《生物多样性、气候变化和适应性》首次在官方文件中提出NbS

2009年：IUCN向UNFCCC COP 15提交报告，建议将NbS纳入气候变化的国家规划与战略

2015年：欧盟将NbS纳入地平线2020计划，从更广阔的视角理解NbS，并推进其在国家政策中主流化

2016年：IUCN举办的世界保护大会上通过了NbS定义

2017年：大自然保护协会（TNC）等识别出NbS的20个路径，定量评估NbS减排潜力

2019年：联合国气候行动峰会上，中国与新西兰牵头领导世界NbS联盟

2020年：自然保护联盟全球标准发布；C+NbS平台成立

2021年：IUCN在世界保护大会上启动了NbS全球基金，旨在推动采用NbS作为跨部门可持续发展策略，以在2030年前实现全球气候保护和发展目标

2022年：UNFCCC COP 27首次将NbS纳入COP决策文件中，鼓励各国考虑采用NbS

2023年：中国自然资源部与IUCN签署协议，共同建立NbS亚洲中心

2024年：UNFCCC COP 29举行

资料来源：根据网络资料整理。

（三）NbS 在滨河空间改造中的具体策略

NbS 在滨河空间改造中强调模仿河流自然演化过程，以恢复其生态系统功能，提升城市韧性，具体包含以下常用策略：

（1）建设生态驳岸，恢复河岸自然空间，促进河岸生态平衡。

（2）自然化设计：在可能的情况下，拆除对河岸生态系统造成破坏的灰色基础设施，如大坝、沟渠等，避免过度的硬化和直线化设计，以模仿或恢复河岸的自然曲线和生态功能。

（3）生态工法：采用生态工程手段，如生态袋、生态石笼等，来增强驳岸的抗冲刷能力，同时促进植物的生长和生态系统的恢复。

（4）生态景观设计：在恢复河岸自然空间的同时，注重景观设计，打造具有地域特色的滨水景观带，提升城市形象和居民生活质量。

（5）营造生物栖息地，提升生物多样性。

（6）多样生境：在滨水区域种植多样化的本土植物，形成层次丰富的植被群落，为不同种类的生物提供栖息地和食物来源。

（7）生态岛与生态廊道：在滨水区域建设生态岛和生态廊道，以连接不同的生态系统，促进物种的迁徙。

（8）多途径实现河道生态治理。

（9）水资源管理：通过自然的方式，如湿地恢复、生态漫滩等，管理水资源，提高河道韧性，同时减少洪涝灾害的风险。

（10）水质改善：利用水生植物、微生物等自然元素来净化水质，减少污染物的排放，恢复水体的自净能力。

（四）利用 NbS 改造滨河空间的成果

在环境保护和可持续发展的全球共识加强下，全国各地利用 NbS 进行滨河空间改造的优秀案例正不断涌现。例如，上海苏州河综合整治工程通过截污治污、生态补水、恢复河岸植被等措施，将苏州河从"臭水沟"改造为城市生态廊道。深圳茅洲河治理工程通过建设人工湿地、恢复河漫滩、构建生态护岸等措施，将茅洲河打造成为集防洪、生态、景观于一体的城市滨水空间。成都锦江绿道通过恢复河道自然形态、建设生态驳岸、打造滨水景观等，构建市民休闲娱乐、亲近自然的绿色长廊。下面将结合笔者参与的两个实际案例，介绍 NbS 在滨河空间改造项目中的实际运用。

三 北京亮马河国际风情水岸更新经验借鉴

（一）亮马河历史与更新改造的必要性

亮马河的历史可追溯至明朝永乐年间，当时这里是皇家御马苑所在地，因马匹在此清洗、晾晒而得名"晾马河"，后因谐音演变为"亮马河"。数百年来，亮马河见证了北京的变迁与发展，从皇家御马苑到国际化都市的窗口，它的角色与功能不断地演变。

随着城市化进程的加速，亮马河面临着水体污染、岸上空间分割管理、低效利用等问题，昔日清澈自然的河流逐渐失去了往日的光彩。尽管连续多年进行治理，但污染问题并未得到根本解决。两岸企业背对河道经营，市民绕行河道，亮马河逐渐成为让人避而远之的消极空间。然而，亮马河地理位置极其优越，处于朝阳区核心地带，临近使馆区、外交公寓和众多国际机构，是北京国际化程度最高和外国人最密集的地区，亮马河沿岸是中外文化展示和交流的重要窗口。因此，更新改造亮马河，不仅是为了恢复其生态功能，更是为了提升区域的整体形象，促进社会经济的全面发展。

（二）结合区域发展要求，明确河道功能定位

亮马河的更新改造是在朝阳区整体城市更新的大背景下进行的。朝阳区作为北京面积最大的中心城区，拥有丰富的水系资源。朝阳区在更新改造中，明确提出了"亲水朝阳"的建设目标，旨在通过以亮马河为首的滨水空间更新改造，提升城市品质，促进区域经济发展。

亮马河虽作为护城河的分流之一，但流域主要的行洪功能实际由西坝河承担，亮马河被定位为城市景观河道，这为其进行生态景观化改造提供了有利条件。

亮马河作为首都国际交往功能的重要承载区，在其更新改造的过程中，政府充分考虑了区域的发展要求和周边主体的诉求，通过深入调研沿线相关主体、大数据客群分析，提出"集文化、旅游、商业、休闲于一体的综合性滨水空间"，"国际范""文艺味""烟火气"共融共生的水岸经济带，"首都旅游消费的金名片"等定位，不仅符合亮马河的历史文化背景，也符合区域发展的整体趋势。

（三）NbS 在亮马河更新中的应用

在亮马河的更新改造中，基于自然的解决方案得到了广泛应用，提出了恢复两岸滨水公共空间、解决气候适应挑战、缓解交通压力的综合方案。亮马河领航计划整合了灰（慢行系统）、绿（公共空间）、蓝（雨洪应对）三种生态策略，创新拓展河道空间复合功能，承载了历史文化、娱乐、生态等多种功能，同时融入科技智慧元素，打造现代化河道体系和智慧感知系统。

在慢行交通规划上，设计了多种类别的慢行步道，如自行车道、漫步道、跑步道以及水上观光航道，并在与三环交会处建立了下穿步行通道，全面贯通 18 千米滨水慢行系统，实现了从东直门至红领巾湖高品质滨水绿道"横向串联，纵向通达"，在极大方便市民出行的同时，保障了通行安全。

在公共空间设计上，对河岸两侧的微气候进行了科学性的分析，在北岸创造嬉戏与停留空间，在南岸建立充满活力的运动路径。亮马河国际风情水岸注重与自然环境的融合，结合河道不同段落功能风貌，分为"生活休闲水岸、国际交往水岸、商业活力水岸、自然生态水岸"四大主题区

段，为沿线的居民和企业带来了水绿相融的美景，综合水面与岸上立体空间，提高群众多方位体验；通过构建具有活力和文化特色的公共空间，将亮马河传统文化与国际文化的元素融入景观场景的表达当中，使人们切身感受到在地文化和历史的更迭。

在河道生态治理上，为了显著改善亮马河的水体污染状况，采取"五水联治"的综合策略：治污水——针对沿河的 24 个排水口进行污水溯源治理；禁地下水——禁止片区内绿化机井的使用，以杜绝地下水的非法抽取；用再生水——每日从外部向护城河调入 5 万立方米的再生水进行补充；蓄雨水——在两岸的绿地实施海绵城市措施，有效蓄积并利用雨水资源；抓节水——积极推动片区内近 50 家大型用水企业建立高标准的节水体系。在此基础上，对亮马河进行生态修复，通过种植水生植物、建设人工湿地、生态护岸等措施，提高河道的自净能力，构建多样化的生物群落。通过植物的过滤净化和朝阳公园下游污水处理厂的传统处理，亮马河已经实现区域污水零排放，透明度达 1 米以上，全线水质从 2016 年的Ⅴ类提升为Ⅲ类。

（四）成效与亮点

项目通过基于自然的解决方案，使生态环境得到了显著改善，同时把慢行系统、城市公共空间和水环境建设相结合，形成了"建筑物—绿地—水岸"的无缝衔接，以河道复兴带动城市更新，通过多专业融合的一体化设计，建成城市"新地标"。

亮马河国际风情水岸的更新改造为周边区域带来了显著的经济效益。通过打造国家级夜间文化和旅游消费集聚区，亮马河吸引了大量游客前来观光、购物、运动和休闲。同时，通过引入高端商业品牌、举办文化活动等方式，提升了区域的商业活力和文化氛围，为区域经济发展注入了新的活力。

四 法开署屏南长坋溪生态修复与沿岸公共空间提升

（一）项目背景

长坋溪流经福建屏南县中心城区，是当地至关重要的自然景观要素。

然而，长期以来，长坋溪面临诸多问题，包括河流功能退化、水质不佳、生态系统受损、与城市环境融合度差等。这些问题不仅影响了沿岸居民的生活质量，还制约了城市的可持续发展。为了改善这一状况，屏南县利用法开署贷款，开展了一系列生态修复与绿色网络构建项目，旨在通过基于自然的解决方案，构建以长坋溪为中心的公共空间生态网络，恢复河道的生态功能，提升沿岸公共空间品质，改善人居生态环境，增强城市的气候韧性和生物多样性。

（二）河流生态廊道恢复与堰坝改造

首先，项目通过修补长坋溪沿岸的污水收集系统，截留来自周边民居的生活污水。其次，对河道内的26座阻水堰坝提出了一整套改造思路：从是否影响行洪、河床冲淤是否会对环境和生物多样性造成不利影响、是否会阻断生态联通等维度去评估堰坝拆除改造以及景观提升的必要性，并建立河流的水动力模型进行模拟，判断洪水的影响和河流生态的健康程度，根据评估结果开发技术工具箱，量身定制改造堰坝策略。

该项目还借助了生态石梁、叠水石滩、砾间床、生态丁坝/导水板等生态工法，来帮助河流进行自然恢复。同时，还在长坋溪河道内结合景观建设了两座生态滤池，净化来自山体和道路的雨水。

（三）沿岸绿色公共空间塑造

利用长坋溪沿岸从河堤到建筑之间十分有限的空间进行改造是该项目的一大挑战。为解决沿岸道路交通混杂的问题，引入共享街道理念，通过消除行人、自行车和车辆之间的空间物理边界，创建更加一体化的街道空间，以平衡所有用户的需求，同时增强街道的安全性、美观性和整体体验。此外，还借鉴了国外的停泊公园（Parklet）的理念，将部分沿街停车位改造成可供休憩的微型公园，运用模式化的设计手法，在保证空间使用的多样性和灵活性的同时，引导滨河机动车停车有序退出。选择乡土物种进行绿化，并设置花境、生态草沟等，增加河岸的绿色空间，并在新建的种植池旁设置了生态雨水边沟，将其与生态滤池相连，实现路面的雨水的收集和净化，以提升屏南县城应对气候变化的韧性。

（四）生物多样性恢复

项目选择了低维护、具有食源性和净化能力的乡土植物，根据植物高度、适应水深和季相变化，通过将不同植物搭配与生态工法进行结合，打造兼具观赏性和屏南特色的植物群落；同时，还对屏南当地鸟类的习性进行了研究，根据它们捕食和筑巢的栖息地类型特点，营造河道近自然的生境，建立生态链。通过设置生态鱼道和鱼巢，项目为鱼类和其他水生生物提供了繁殖和栖息的场所，恢复了河流的生物多样性。另外，还设计了昆虫旅馆生物多样性景墙，为小昆虫和微生物的繁衍提供便利条件，在丰富生物多样性的同时，起到科普教育的作用。

五　未来滨河空间改造的发展趋势展望

（一）生态优先，绿色发展

未来滨河空间改造将更加注重基于自然的解决方案（NbS），通过恢复和保护滨河空间的自然生态系统，提高生物多样性，增强生态服务功能，实现人与自然的和谐共生。此外，在滨河空间改造过程中，将广泛采用全生命周期低碳材料。通过选用环保、可再生、可降解的材料，以及优化材料的使用方式，如循环利用、模块化设计等，实现滨河空间改造的绿色化和低碳化。

滨河空间作为城市中的线性空间，其改造不仅关乎其本身的修复与改善，更能带动两岸的城市更新。通过整合滨河空间与周边区域的资源，形成功能互补、空间协调的整体发展格局，提升城市的功能性和宜居性。同时，滨河空间改造还能激发周边片区的经济活力，促进产业升级和经济发展，为城市带来新的增长点。

（二）功能融合，多元发展

未来的滨河空间将成为集生态、文化、休闲、教育等多种功能于一体的多元复合空间。通过结合地方特色，设计具有地域文化特色的景观节点，如亲水平台、观景台、文化长廊等，保护和展示滨河区域的历史文化遗产，增强居民的文化认同感，促进文化传承。通过提供多功能的公共空间，如创意市集、露天剧场、运动场地等，丰富游憩活动类型，促进社区活动和居民交流，增强城市活力及社区凝聚力。

(三) 多方参与，共建共享

滨水空间改造涉及的区域往往较大，责权关系复杂，利益主体诉求纷繁多样。未来的滨河空间改造将更加注重多方协作，包括政府、企业、非政府组织、研究及设计机构和当地居民等，让他们共同参与到项目的规划、实施和管理的过程当中，确保解决改造方案的可行性和持久性。应当积极关注和尽量平衡各利益相关方的诉求，通过多方合作，实现资源共享、利益共赢，共同打造宜居、宜业、宜游的滨河空间。

(四) 科技赋能，智慧升级

科技将在未来的滨河空间改造中发挥重要作用，通过智能化和数字化手段，提升滨河空间的管理水平和服务质量，实现对滨河生态环境的实时监测与智能管理，及时发现和解决环境问题。提供智能导览、智能健身、智能照明等服务，提升居民的使用体验。通过智能交通引导系统，优化沿岸交通的可达性和连续性，减少交通拥堵和环境污染。利用虚拟现实（VR）和增强现实（AR）技术，提供沉浸式的文化体验和教育活动，增强居民的参与感和互动性。通过科技赋能，未来的滨河空间将变得更加智能、高效和便捷，为城市可持续发展提供强有力的技术支撑。

六 结 语

基于自然的解决方案（NbS）为城市滨河空间的改造提供了创新路径，亮马河国际风情水岸与法开署屏南长坋溪的成功案例，生动诠释了NbS在提升城市生态环境、促进经济发展和文化繁荣方面的巨大潜力。通过生态修复、空间优化与功能融合，滨河空间得以焕发新生，成为城市可持续更新的绿色引擎。未来，随着科技赋能与多方参与的深入，滨河空间将更加智能、高效，为居民提供更优质的生活体验，同时也为城市应对气候变化挑战、实现绿色转型提供坚实支撑。

主要参考文献

王利军：《浅谈北京的城市水系治理》，载《中国水土保持学会规划设计专业委员会2009年年会暨学术研讨会论文集》，2009年。

郭满：《基于自然解决方案（NbS）的滨水景观规划与设计——以捞刀河北岸107国道至竹山路段为例》，硕士学位论文，中南林业科技大学，2023年。

张天扬：《基于自然的解决方案在滨水规划建设中的发展》，《建设科技》2024年第14期。

高超、蒋飞阳、王崇烈：《亮马河国际风情水岸更新：滨水线性公共空间更新带动区域转型的实践探索》，《北京规划建设》2024年第3期。

徐爱霞、邓卓智：《基于自然解决方案在永定河生态修复中的应用简析》，《水利规划与设计》2019年第3期。

吴阿娜、车越、张宏伟等：《国内外城市河道整治的历史、现状及趋势》，《中国给水排水》2008年第4期。

绿色能源

中国核电行业对绿色经济发展的促进作用

卢秉祯　沈　阳[*]

随着全球气候变化问题日益严峻，在应对全球气候变化的紧迫挑战中，绿色经济的崛起已成为全球共识。作为绿色能源体系的关键支柱，核能在中国推动绿色经济转型中扮演着至关重要的角色。本文致力于深入探究中国核能产业对绿色经济发展的贡献，特别是在能源结构优化、温室气体减排以及环境保护等领域的作用，旨在为政策制定者和核能产业的可持续发展提供有价值的参考。

经过数十年的稳步发展，中国核能产业已取得显著成就，中国在核电建设和运营方面已成为全球领先国家之一。截至2024年8月30日，中国共有24座核电厂，57台运行机组，30台在建机组，18座在役民用研究堆。[①] 核电机组和研究堆运行安全与建造质量处于良好状态。运行核电机组安全运行时间达601堆年，没有发生国际核事件分级表（INES）2级及以上安全事件或事故，未发生危及公众和环境安全的放射性事件。技术上，中国不仅掌握了以"华龙一号"为代表的先进的第三代核能技术，也在积极研发更为安全、高效的第四代核能技术。中国政府通过"十三五"规划和"十四五"规划，明确提出了提升核能在能源结构中比重的目标，并强调了技术创新和国际合作的重要性。

核电发展仍然面临一些问题和挑战。核电安全问题是公众最为关心的问题之一。尽管中国核能企业已经建立了严格的安全管理体系，但任何潜在的核事故都可能带来严重的环境和社会影响。此外，核废料的处理和存

---

[*] 卢秉祯，中国能源研究会会员，中国社会科学院研究院博士研究生，研究方向为核电安全、国企党建；沈阳，中国社会科学院马克思主义研究院研究室主任、研究员，新疆中国特色社会主义理论体系研究中心研究员（挂职），研究方向为马克思主义中国化。

① 根据生态环境部（国家核安全局）公开数据整理。

储也是制约核能发展的关键问题。核能项目的建设周期长、投资巨大，需要政府和企业的大量资金和人力资源投入。

一　核电技术发展历程

核能，作为清洁能源的典范，其意义深远，不局限于一种能源形态，更象征着一种技术理念与社会责任的体现。核能的定义和运作原理，是利用核反应堆内的核裂变或核聚变过程，释放出巨大的热能，进而驱动涡轮机发电。自20世纪中叶以来，核能技术已在全球范围内得到了广泛应用和持续发展（见表1）。

表1　　　　　　　　全球核电技术发展历程

技术类别	起始时间	主要特点	主要堆型
第一代核电技术	20世纪50—60年代中期	多为早期原型机，使用天然铀燃料和石墨慢化剂。证明了核能发电的技术可行性，具有研究探索的试验原型堆性质。设计上比较粗糙，结构松散，尽管机组发电容量不大，一般在30万千瓦之内，但体积较大。且在设计中没有系统、规范、科学的安全标准作为指导和准则，存在许多安全隐患，发电成本也较高	美国希平港核电站、德累斯顿核电站，英国卡德霍尔生产发电两用的石墨气冷堆核电厂，苏联APS-1压力管式石墨水冷堆核电站，加拿大NPD天然铀重水堆核电站等
第二代核电技术	20世纪60—90年代	是较为成熟的商业化反应堆，使用浓缩铀燃料，以水作为冷却剂和慢化剂，其堆芯熔化概率和大规模释放放射性物质概率分别为10^{-4}和10^{-5}量级。反应堆寿命约40年。在第一代核技术的基础上，它实现了商业化、标准化等，单机组的功率水平在第一代核电技术基础上大幅提高到百万千瓦级。目前，全世界在运核电机组大多数使用第二代技术或其改进型	压水堆（PWR）、沸水堆（BWR）、加压重水堆（PHWR）、石墨气冷堆（GCR）及石墨水冷堆（LWGR）等

·128·

续表

技术类别	起始时间	主要特点	主要堆型
第三代核电技术	20世纪90年代至今	第三代核电技术指满足美国"先进轻水堆型用户要求"（URD）和"欧洲用户对轻水堆型核电站的要求"（EUR）的压水堆型技术核电机组，是具有更高安全性、更高功率的新一代先进核电站。其堆芯熔化概率和大规模释放放射性物质概率分别为 10^{-7} 和 10^{-8} 量级。反应堆寿命约为60年	先进沸水堆（ABWR）、非能动先进压水堆（AP600/AP1000）、欧洲压水堆（EPR）及"华龙一号"等
第四代核电技术	21世纪	目前尚处于可行性研究阶段，目标是满足安全、经济、可持续发展、极少的废物生成、燃料增值的风险低、防止核扩散等基本要求。预计将有封闭的核燃料产业链，提高核燃料使用效率，或将使用钶元素作为燃料，显著降低了核废料半衰期，提高核能使用的安全性	—

数据来源：前瞻产业研究院。

核能的技术优势主要表现在其高能量密度、长运行周期和低排放特性上。以法国的EPR核反应堆为例，单台机组的发电能力可达1600兆瓦，相当于数千台风力发电机的总和。此外，核能发电过程中不产生温室气体排放，对于应对全球气候变化具有重要价值。

然而，核能的环境影响同样不容忽视。核电站建设和运营可能会对周边生态环境产生一定影响，如冷却系统可能对水生态系统造成影响。同时，核废料的处理和存储也是核能发展中必须面对的关键问题。尽管存在挑战，核能作为一种清洁能源，在环境保护和可持续发展方面的优势依然显著。

核能的发展不仅依赖技术的创新和突破，更需政策的引导和支持。在中国，核能的发展受到国家的高度关注，政策支持力度持续增强。截至2024年9月初，我国持有运行许可证的核电机组共57台，居世界第二位；装机容量共计5959.6万千瓦，居世界第三位。截至2024年9月，我国大陆地区共有在建机组30台，装机容量共计3594.7万千瓦；核准待建机组15台，装机容量1760万千瓦。[①] 展望未来，中国核能发展前景广阔，技术

---

① 根据生态环境部（国家核安全局）公开数据整理。

进步和国际合作等方面均充满机遇和挑战。

表2　　　　　　　　　　核电厂的分类

分类	定义
压水堆核电站	使用轻水作为冷却剂和慢化剂的核电站
沸水堆核电站	轻水同时作为冷却剂和慢化剂，在反应堆内部分水会汽化沸腾
高温气冷堆核电站	以石墨作为慢化剂，惰性气体作为导热剂，通过热交换器产生蒸汽发电
重水堆核电站	使用重水作为慢化剂和导热剂，可以使用天然铀作为核燃料
压力管式石墨慢化沸水堆核电站	石墨作为慢化剂，轻水在压力管内沸腾作为冷却剂和工作流体的核电站
钠冷快堆	以钚-239为核燃料，钠作为导热剂的核电站

资料来源：根据深圳市生态环境局公开数据整理。

核能，作为一种清洁能源，其内涵丰富，技术特点突出，环境影响复杂（见表2）。在推动能源结构优化、减少温室气体排放、促进经济发展等方面，核能发挥着重要作用和价值。核能的发展同样面临一系列挑战和问题，这需要我们进一步深入研究和探索。

二　核电的社会作用、价值和意义

核电在优化能源结构中扮演着至关重要的角色。随着全球对清洁能源的需求不断增长，核电作为一种高效、基载的能源形式，能够为电网提供稳定的电力供应。据统计，核电在某些国家已经占到了电力生产的20%以上。更为重要的是，核电不会产生温室气体排放，是实现低碳经济的关键途径。以法国为例，核电在其能源结构中占据了80%的比例，成功地将温室气体排放量降至了较低水平。

核电在减少温室气体排放和应对气候变化中的作用不容忽视。随着全球气候变暖问题日益严重，各国政府都在寻求有效的减排措施。研究表明，一座典型的核电站每年可以减少数百万吨的温室气体排放。核电的发展还有助于推动其他低碳技术的研究和应用，如太阳能和风能。

经济效益是核电发展的另一个重要考量。核电厂在运行过程中，能够为当地经济带来显著的收益。除了直接的投资和就业机会，核电还通过降低电力成本，促进了整个社会的经济发展。以美国为例，核电为其节约了数十亿美元的能源成本。核电的发展还有助于提高国家的能源安全性。通过减少对进口燃料的依赖，核电能够降低能源风险，确保国家能源供应的稳定。

核电作为一种清洁、高效的能源形式，其在优化能源结构、减少温室气体排放以及促进经济发展方面具有巨大的潜力。我们也应认识到核电发展所面临的挑战，如核安全问题、核废料处理以及公众接受度等。未来，我们需要在确保安全的前提下，继续推进核电技术的发展和创新，充分发挥核电在绿色经济发展中的重要作用。

三 中国核电发展现状

自20世纪80年代以来，中国核电经历了从无到有、从小到大的跨越式发展。截至2024年，中国已成为全球第三大核电国家，仅次于美国和法国。中国核电的发展历程可分为三个阶段：第一阶段（1970—1994年）是以引进国外技术和设备为主，建设实验性和商业性核电站的探索阶段；第二阶段（1995—2011年）是以自主设计和建设为主，实现核电规模化发展的成长阶段；第三阶段（2012—至今）是以核电出海和核技术创新为特征，迈向核电强国的转型阶段。

近年来，国内核电建设进程加快。2019—2021年，中国分别核准核电机组4台、4台、5台。2022年和2023年，中国均核准了10台核电机组。2024年，中国史无前例地核准了11台核电机组。

中国核电的当前规模令人瞩目。2023年，中国全年新增商运核电机组2台，累计数量达到55台，额定装机容量5703万千瓦；新开工核电机组5台，核电工程建设投资完成额949亿元，创近五年来最高水平。中国核电的快速发展，不仅满足了国内日益增长的能源需求，还显著优化了能源结构，减少了对化石能源的依赖。

截至2024年6月30日，大亚湾核电基地6台机组已累计实现上网电量9597亿千瓦时，环保效益相当于种植近216万公顷森林，面积可覆盖11个深圳或20个香港，为推动粤港澳大湾区绿色低碳转型、生态文明建设贡献力量。其中，大亚湾核电站 2 台机组累计实现上网电量 4334.94 亿千瓦时，输送香港的电量累计达 3145 亿千瓦时，占香港总用电量的 1/4，为粤港澳大湾区注入了源源不断的清洁电力。此外，据大亚湾核电发布的全国核电行业首份生物多样性保护报告，大亚湾核电基地范围的陆地和周边海域的动植物种类超过了 200 种，其中包含国家二级保护的石珊瑚种类 15 种。

据统计，自 1991 年秦山核电站并网发电以来，中国核电累计发电量已超过 2 万亿千瓦时，相当于减少标准煤消耗 6 亿吨，减少二氧化碳排放 14 亿吨，为中国的绿色经济发展做出了重要贡献。

由于核电产业链涉及多个环节、技术性强，在核电技术方面中国取得了显著进步。从引进国外技术到实现自主知识产权，中国核电技术发生了质的飞跃。"华龙一号"和 CAP1400 等自主三代核电技术，已达到国际先进水平，具备了较强的国际竞争力。中国还积极开展核能技术创新，如小型模块化反应堆、第四代核电技术等研究，为未来核电发展奠定了坚实基础。

国家政策对核电发展给予了强有力的支持。自 2015 年以来，中国政府先后出台了一系列支持核电发展的政策，如《核电安全规划》《核电中长期发展规划》等。这些政策明确了中国核电的发展方向、目标和重点任务，为核电产业的持续健康发展提供了有力保障。

在政策支持下，中国核电产业得到了快速发展，但也面临一些挑战。如核电站建设成本上升、核废料处理和安全问题、公众对核电的担忧等。为应对这些挑战，中国需进一步加大技术创新力度，提高核电安全水平，加强公众沟通和核电知识普及，以提高公众对核电的接受度。

中国核电发展取得了举世瞩目的成就，已成为全球核电领域的重要参与者。展望未来，在中国政府的支持下，核电产业将继续保持健康发展态势，为全球绿色经济发展贡献中国力量。

四 发展核电存在的一些问题

安全问题：核电作为一种清洁能源，在发展过程中面临着诸多安全挑战。核电厂安全屏障与关键安全功能之间的关系见图 1。自 20 世纪 50 年

中国核电行业对绿色经济发展的促进作用

代以来，全球发生了多起重大核事故，如苏联切尔诺贝利核事故和日本福岛核事故，给人类社会带来了极大的灾难。这些事故使人们对核电安全产生了担忧，也对核电发展提出了更高的要求。

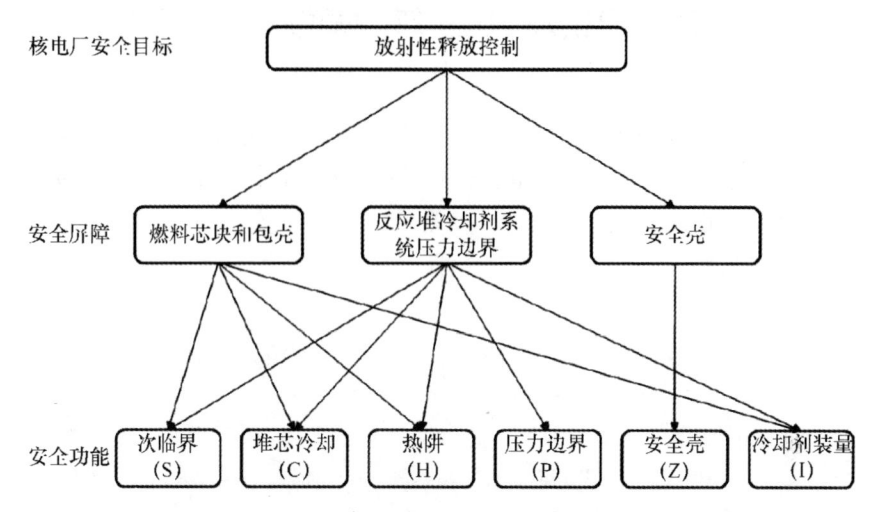

图1 核电厂安全屏障与关键安全功能之间的关系

资料来源：北极星电力网。

核废料处理：核废料处理和存储是核电发展过程中不可忽视的问题，核废料处理和存储问题也是核电发展的重要挑战。核废料具有高放射性和长期污染性，需要严格的安全措施和存储设施，若处理和存储不当，将对环境和人类健康造成严重威胁。目前，中国核废料处理和存储技术尚处于起步阶段，亟待加大研究和投入，以解决以下问题：

（1）核废料处理和存储设施数量不足，难以满足核电发展的需求。

（2）核废料处理和存储技术水平有待提高，与国际先进水平相比存在一定差距。

（3）核废料处理和存储设施的安全性有待加强，以应对潜在的自然灾害和人为因素影响。

公众接受度：核电站的设计和建造需要克服一系列技术难题。在核电站运行过程中，要确保核反应堆的稳定性和安全性，防止核泄漏和核辐射。核电站还需要应对自然灾害和人为因素带来的影响，如地震、洪水和恐怖袭击等。所以，核电发展面临的一个重要问题是如何提高公众对核电的接受度。福岛核事故后，全世界包括我国公众对核电安全的担忧情绪加剧，这对核电发展带来了一定的压力。

五　对策建议及2025年中国核电发展展望

2024年，为推动核安全主体责任严格落实，从总体国家安全观的高度、维护国家安全的角度看待核安全，坚持最高安全标准，有效运转核安全管理体系，切实加强经验反馈，实现高水平的核安全。我国制定了核电厂安全性能指标。

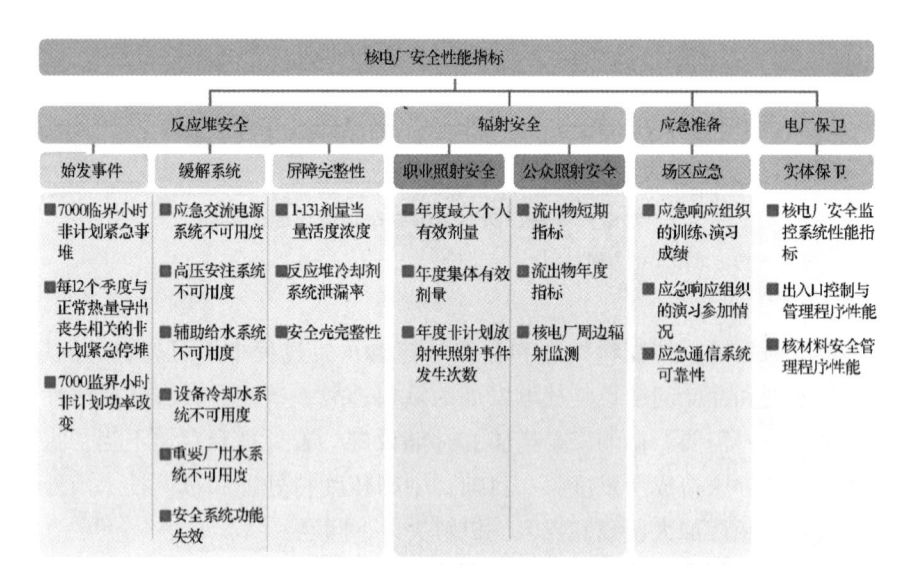

图2　核电厂安全性能指标

资料来源：北极星电力网。

针对核电安全方面，建议采取以下应对措施：

(1) 加强核电站设计和建造的安全性，采用国际先进技术和管理经验，提高核电站的安全水平。

(2) 建立健全核事故应急体系，提高应对核事故的能力。

(3) 加强核安全监管，严格执行核安全法规和标准，确保核电站的安全运行。

针对核废料处理方面,建议采取以下解决方案:

(1) 加大核废料处理和存储设施建设力度,确保核电发展的需求得到满足。

(2) 引进和消化国际先进核废料处理和存储技术,提高我国技术水平。

(3) 加强核废料处理和存储设施的安全性研究,提高应对潜在风险的能力。

针对提高公众对核电的接受度方面,建议采取以下策略:

(1) 加大核电科普宣传力度,让公众了解核电的真实情况,消除对核电的误解和恐惧。

(2) 加强核电信息公开透明化,让公众参与到核电监督过程中,提高公众对核电的信任度。

(3) 强化核电企业社会责任,积极回应公众关切,切实保障公众利益。

到2025年,中国核电发展将迈入一个全新的阶段。根据国家能源局的规划,到2025年,中国预计将新增核电机组40台,总装机容量将在1亿千瓦以上,这意味着中国核电占据全国电力总装机的比例将超过5%。这一发展目标不仅展现了中国核电的强劲发展势头,也体现了中国在全球清洁能源领域的重要地位。

技术创新是中国核电发展的核心驱动力。在过去的几十年中,中国核电技术经历了从引进消化再创新的过程,目前已经成为全球少数几个掌握第三代核电技术的国家之一。中国自主研发的"华龙一号"核电技术,已经在全球范围内获得认可,多个海外项目已经签约或在建。预计到2025年,"华龙一号"技术将在国内外实现装机容量1000万千瓦,这将是中国核电技术创新的一个重要里程碑。

国际合作方面,中国核电在全球舞台上扮演了越来越重要的角色。从参与国际原子能机构的核安全合作,到与俄罗斯、法国、美国等核电强国进行技术交流与合作,中国的核电企业正在逐步走向国际化。中核集团已经与俄罗斯原子能公司签署了合作协议,共同开发海外核电市场。中国还积极参与国际核电人才培养项目,如与国际能源署联合举办的核电培训课程,为全球核电发展提供人才支持。

展望未来，中国核电发展面临的挑战与机遇并存。在安全问题上，中国核电将坚持以人为本，强化核安全文化，不断提高核电站的安全性能。在核废料处理上，中国将推进核废料处理设施的建设，实现核废料的分类处理和长期安全储存。在公众接受度上，中国将通过加强核电知识的普及，提高公众对核电安全的认识，增强公众对核电的信任。

2025年，中国核电发展将充满希望和挑战。中国将继续致力于核电技术创新，推动核电产业国际化，为实现全球清洁能源发展和可持续发展目标做出更大的贡献。

六　结　语

在过去的几十年中，中国核电行业经历了迅猛的发展，其对绿色经济的贡献是显而易见的。核电作为一种高效、清洁的能源，不仅为中国提供了大量的电力，而且大大减少了对化石燃料的依赖，从而降低了温室气体的排放。

核电发展也面临着一系列挑战。核电安全问题始终是公众关注的焦点。虽然中国核电在安全方面取得了显著的成就，如江苏田湾核电站自2007年以来，安全运行超过5000天，深圳岭澳核电站安全运行超6500天，但任何安全事故都可能对公众对核电的接受度产生负面影响。核废料处理问题也是制约核电发展的一个重要因素。中国目前采用的深地层处置方法，虽然在国际上被认为是较为安全和环保的处理方式，但仍需时间和资源来确保其长期安全性。

中国核电发展的战略目标也是实现可持续发展。在这一过程中，我们必须注重核电技术创新，提高核电的经济性、安全性和环境友好性。中国自主研发的第三代核电技术"华龙一号"，不仅提高了安全性，还具有更高的发电效率，有望成为未来核电发展的一个重要方向。同时，中国也在积极推动核电国际合作，通过与其他国家的技术交流和合作，提高中国核电的国际竞争力。

尽管中国核电发展面临着诸多挑战，但核电作为一种清洁、高效的能源，其在推动中国能源转型和实现可持续发展目标中的作用是不可替代的。未来，随着技术的进步和公众对核电认识的提高，我们有理由相信，中国核电行业将会在绿色经济发展中发挥更大的作用。

主要参考文献

刘兴、龙宇洪、黎定军：《国内低碳经济研究热点与前沿趋势》，《合作经济与科技》2022 年第 6 期。

黄维和、韩景宽、王玉生等：《我国能源安全战略与对策探讨》，《中国工程科学》2021 年第 1 期。

王培鑫、吕长江：《环境保护与经济发展能否和谐共进——来自创新的经验证据》，《南开管理评论》2023 年第 1 期。

胡鞍钢：《中国绿色发展与"十二五"规划》，《农场经济管理》2011 年第 4 期。

能源变革下的城市级电池资产管理平台
——以安徽巡鹰新能源集团有限公司为例

褚 兵[*]

在新能源变革中，锂电池成为核心载体。电池资产化、循环化、标准化、数据化、可交易化成为未来发展趋势。安徽巡鹰新能源集团有限公司(以下简称巡鹰集团)，根据不同城市在能源变革中的梯队情况，打造城市级电池资产管理平台，通过"产业+市场+资本+数字化"的"3+1"模式，搭建能源变革的创新模式。

一 城市级电池资产管理平台概述

(一)城市级电池资产管理平台发展阶段

城市级电池资产管理平台，通过物联网、大数据和人工智能等先进技术，实现对城市中各类电池资产的实时监测和管理。从新能源汽车动力电池到储能电站电池，平台能够收集电池的运行数据，包括电压、电流、温度、充放电次数等，利用数据分析算法对这些数据进行深度挖掘和分析，从而准确评估电池健康状况和剩余寿命。

城市级电池资产管理平台也经历了不同发展阶段。第一阶段发展模式是从电池制造、运营再到退役的全生命周期信息记录，包括底层数据、升阶数据和运营管理数据。以换电为例，其底层数据是以基础信息、运营信息、退役信息为主要维度，基础信息包括记录电池的生产信息（电池厂家、生产日期、容量、内部结构）、上游供应商信息（从电芯到辅材）、碳

---

[*] 褚兵，安徽巡鹰新能源集团有限公司董事长，主要研究方向为能源科技、循环经济等。

排放等；运营信息包括动态检测电池的状态（电压、电流、容量、温度、SOC等）、充放电次数、换电记录、行驶里程、维修情况、收益情况等；退役信息包括记录电池退役后，梯次利用、再生利用的回收机构，以及金属材料返供给电芯厂的信息，从而完成全生命周期记录。

通过底层数据打通电池溯源、容量信息、安全预警、退役预测、残值评估等信息，即升阶数据；运营管理数据，即资产购入及转售、资产运营收益、成本、现金流、总资产价值等财务指标。

电池资产平台的证券化，是其第二阶段发展模式，主要通过金融手段进行赋能。在电池资产管理平台中，换电、储能初期的固定资产投入较大，如果仅靠企业自有资金去投资，现金流压力较大，难以将其规模做大，因此，将电池管理平台中的资产证券化成为一种很好的赋能手段。

通过将资产打包进行证券化发行给机构或公众，以电池资产运营带来的现金流收益，作为每期分红或付息保障。例如，新能源领域的中信建投国家电投新能源封闭式基础设施证券投资基金，以风电资产作为底层资产，将发电收益作为每期分红基础。

（二）城市级电池资产管理平台的搭建

电池资产管理平台属于重资产投入，产生回报是长周期过程，投资机构对项目投资会趋向谨慎，担心在长期过程中发生较大风险。巡鹰集团与志同道合的伙伴共同做示范项目，后续再将商业模式从区域城市复制输出到全国。这一过程需要借助金融力量，电池资产证券化就是一个良好方式，可以盘活固定资产，使得资产具备流动性，有利于减少重复产能。

当资金进入及退出通道打开时，会加速资本介入，持有电池资产份额，就等同于投资了新能源行业，从而助推新能源产业高质量发展。

二 城市级电池资产管理平台的优势分析

（一）电池全生命周期溯源管理，应对欧盟电池法案法规挑战

2023年8月17日，《欧盟电池和废电池法规》（以下简称《新电池法》）正式生效，规范了电池从设计、生产、使用到回收的整个生命周期。根据《新电池法》，自 2027 年起，动力电池出口到欧洲，必须持有符合要求的"电池护照"（见表 1）。这个数字身份证包含电池的制造商、材料成分、碳足迹、供应链等信息，其中，最先成为"拦路虎"的是产品碳足迹信息。动力电池企业最早需要从 2025 年 7 月公布产品全生命周期碳足迹数值，这些规定使电池企业管理成本增加。城市级电池资产管理平台未雨绸缪，恰好可解决这方面问题。

巡鹰集团城市级电池资产管理平台，一方面，导入新能源汽车国家监测与动力蓄电池回收利用溯源综合管理平台，记录电池资产全生命周期情况，推动电池溯源有迹可循，解决了电池退役阶段容易出现的流转信息脱节问题；另一方面，由于电池制造、使用、退役等溯源信息趋于完善，电池碳足迹核算变得更加简单，包括更为复杂的电池护照信息生成。

电池使用再生材料的比率限制，也是城市级电池资产管理平台优势之一。平台上退役的电池可由巡鹰集团进行梯次再生处理，再供给下游企业，助力电芯企业达到欧盟再生材料使用要求。

表 1 《新电池法》的生效时点

项目	2024 年	2025 年	2027 年	2030 年	2031 年	2036 年
碳足迹	7 月碳足迹声明	—	7 月碳足迹限制要求	—	—	—
废电池回收	—	锂电池 65%	—	锂电池 70%	—	—
材料回收率	—	—	锂 50%，钴、镍 90%	—	锂 80%，钴、镍 95%	—
材料回收利用率	—	—	—	—	钴 16%、锂 6%、镍 6%、铅 85%	钴 20%、锂 12%、镍 15%、铅 85%
电池护照	—	—	2 月实行	—	—	—
供应链尽职调查	—	8 月	—	—	—	—

资料来源：《欧盟电池和废电池法规》。

(二）底层资产多维度运营，扩大收益来源

对于换电运营而言，电池月租金是核心收益来源，对于储能运营而言，峰谷套利是其核心收益来源。除了以上核心收益来源，巡鹰集团也在积极发掘新的收益模式，虚拟电厂就是非常契合电池资产管理平台的一种方式。

2023年9月，国家发展和改革委员会、国家能源局联合印发《电力现货市场基本规则（试行）》，明确将虚拟电厂纳入电力现货市场主体，充分发挥灵活调节作用。通过智能化系统和互联网技术将不同能源资源联接在一起，以优化电力供应和需求匹配。基于对电池资产的精确评估，城市级电池资产管理平台能够实现电池资源的优化配置。

新能源汽车上的换电电池以及储能电池，作为负荷和响应电力调度机构的调峰、调频需求，以平滑电网运行，同时获得响应补贴收益。电池资产管理平台下的换电站，根据订单预测及负荷情况，实时向虚拟电厂申报调节能力，可以降低大量新能源车充电时的负荷压力。

此外，城市级电池资产管理平台能够促进电池回收利用。通过对电池健康状况评估，提前预测电池退役时间，及时安排回收处理。在回收过程中，平台对电池进行分类和拆解，实现电池材料回收再利用，降低电池环境影响，提高资源利用效率，充分实现电池生命周期价值最大化，从而降低成本，提高利润。

三 城市级电池资产管理平台的运营

（一）"3+1"体系化解决方案

巡鹰集团深耕电池后市场，从电池梯次利用、再生利用到产品应用端的动力电池、储能系统及换电运营，全面构建起电池后市场闭环生态圈。巡鹰集团通过电池移动能源载体，打造城市级电池资产管理平台，通过提供"3+1"体系化解决方案，即"产业+市场+资本+数字化"，构造新能源产业后市场生态圈。

通过多年积极探索，巡鹰集团依托后市场全产业链优势，根据不同城市在能源变革中的梯队建设情况，助力城市打造产业链或补齐产业链或强

化产业链，实现新能源产业链全生命周期闭环。

地方政府作为产业政策的设计者及支持者，助力新能源产业落地；巡鹰集团提供技术、产业链和运营支持；地方投资机构、能源集团及其他机构给资产平台提供资金支持。运营成熟后，从城市级电池资产管理平台内筛选出换电及储能电池等资产，并将其打包到一个特殊载体（SPV）中，进行资产证券化，引入资金活水（见图1）。

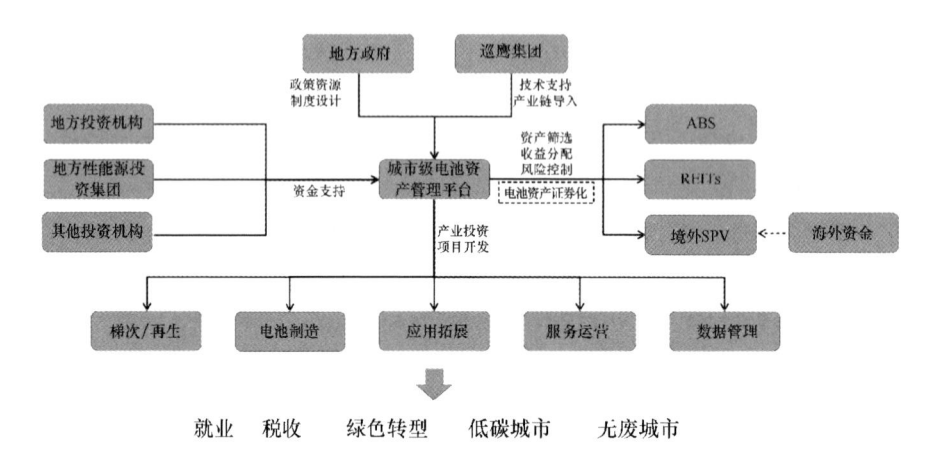

图 1　城市电池资产平台模式

资料来源：巡鹰集团。

（二）城市级电池资产管理平台分梯队发展

不同城市能源变革进展差异较大，巡鹰集团因地制宜分梯队打造城市级电池资产管理平台。第一梯队城市苏州、合肥等，其新能源产业链集群较为完整，处于进一步强化产业链过程中；第二梯队城市昆明、赣州等，在部分环节上取得一定优势，处于补齐产业链阶段；第三梯队城市长春、滦州等，在传统产业转型过程中相对滞后，新能源产业比较薄弱，处于打造产业链阶段（见图2）。

基于电池资产管理平台，巡鹰集团针对不同城市新能源发展情况，个性化、定制化开拓对应的应用场景，从电池制造、换电、储能运营到退役后的梯次及再生，形成新的产业集群或补链或强链作用，将新能源产业转变为长周期运营，通过电池载体助力城市完成新能源产业闭环，给城市创造就业税收，打造绿色低碳城市。

能源变革下的城市级电池资产管理平台

不同城市新能源产业发展不一致

	第三梯队	第二梯队	第一梯队	未来
	长春、滦州、防城港	昆明、赣州、唐山、榆林	苏州、合肥、重庆	
发展现状	在传统产业向新能源产业转型中相对滞后、基础相对薄弱、资源相对匮乏	得益于资源和区位优势，城市新能源产业发展中取得了环节上的成功，成为全国新能源产业链的一环（或在新能源转型上有资金和资源优势，但慢人一步）	在能源革命和新能源产业发展的过程中，引领城市新能源产业发展，形成了较为完整的新能源产业集群	• 由传统的项目开发和产业落地，转变为长周期运营 • 运用电池这个移动能源载体，完成新能源产业链闭环
发展方向	项目开发、部分产业落地、应用场景开发	产业上下游补充/集成、应用场景搭建、服务运营	利用城市矿山、应用场景拓展、产业链循环、服务运营	
发展目标	如何打造产业链	如何补齐产业链	如何强化产业链	

图 2　能源变革下不同梯队城市新能源发展情况

资料来源：巡鹰集团。

四　城市级电池资产管理平台发展问题及政策建议

（一）发展问题

1. 技术标准与兼容性方面

目前，电池资产管理行业缺乏统一的技术标准，不同企业的电池产品、管理系统、通信协议等存在差异，这给平台的建设和运营带来了困难。例如，不同品牌的电动汽车电池在接口、通信协议等方面可能不兼容，导致在电池的集中管理、充放电控制等方面存在问题。

2. 商业模式与盈利方面

城市级电池资产管理平台的商业模式还处于探索阶段，存在融资难、盈利难等问题。市场竞争格局分散，缺乏具有强大影响力的领军企业。

3. 产业链协同方面

城市级电池资产管理平台需要与电池生产企业、电动汽车企业、充换电设施企业等上下游企业进行紧密合作，但在实际操作中，各企业的利益诉求不同，可能会导致合作不紧密。例如，电池生产企业可能更关注电池的销售，而对电池的回收和再利用不够重视；电动汽车企业可能更关注车辆的销售，而对电池的管理和维护不够关注。

(二) 政策建议

1. 推动技术标准统一及创新

政府应组织相关企业、科研机构等共同制定电池资产管理的技术标准，包括电池的性能标准、管理系统的技术标准、通信协议的标准等。通过标准的统一，提高平台的兼容性和互操作性，降低企业的技术研发成本和运营成本。加大对电池资产管理技术创新的支持力度，鼓励企业、科研机构等开展相关的技术研发和应用。

2. 政策支持

政府可以出台相关的扶持政策，如税收优惠、财政补贴、贷款贴息等，支持城市级电池资产管理平台的建设和运营。鼓励平台企业探索多元化的盈利模式，如开展电池的定制化服务、能源管理服务、数据分析服务等，提高平台的盈利能力。

3. 加强产业链合作协同

政府应引导电池生产企业、电动汽车企业、充换电设施企业、回收利用等上下游企业加强合作，建立产业联盟或合作平台，共同推动电池资产管理行业的发展。鼓励企业之间开展技术合作、业务合作、股权合作等，实现资源共享、优势互补。

五 结 语

尽管城市级电池资产管理平台在发展过程中面临挑战，但是通过政府、企业、社会各界的共同努力，技术创新，完善市场体系及商业模式，制定和完善相关政策法规等，可以推动城市级电池资产管理平台的持续发展。

未来，随着能源变革不断深入和技术持续进步，城市级电池资产管理平台有望成为城市能源管理的重要基础设施。通过对电池资产的高效管理和优化利用，我们将能够更好地应对能源危机和环境挑战，实现城市可持续发展，为人类创造更加美好的未来。

主要参考文献

朱晋、李永坤:《绿色产业资产证券化融资方式及金融机构介入模式探析》,《现代管理科学》2017年第10期。

刘南、乔凡宸、师婉睿等:《欧盟新能源汽车动力电池回收利用的法律制度与启示——基于欧盟〈新电池法〉的分析》,《环境影响评价》2022年第6期。

王健、郑峻峰、黄际元等:《虚拟电厂关键技术综述与发展展望》,《供用电》2023年第12期。

中国碳市场 2.0 催化产业低碳高质量发展

郑喜鹏　叶梦阳[*]

一　中国碳市场的发展历程

（一）碳市场的内涵与发展碳市场的意义

碳排放权交易的理论起源于 20 世纪 60 年代，美国经济学家戴尔斯（Dales）提出排放权交易体系（ETS）。

1997 年，《京都议定书》为发达国家确定了温室气体强制减排目标并配套设计了市场履约机制，使碳排放权正式成为可交易的商品。2015 年，《巴黎协定》提出了"国家自主贡献"（NDC）的概念，为全球碳市场的进一步发展奠定了基础。

截至 2023 年，全球已有 28 个碳市场正在运行，还有 20 个司法管辖区正在建设或正在考虑建设碳市场。碳市场不仅为减排主体提供了可用于补偿减排成本的经济激励，也为政府机构开辟了为推进社会减排所需资金来源，是碳领域重要的政策工具。

当前世界各个碳市场的碳定价机制主要包括碳排放权交易体系、碳税、碳信用机制、基于结果的气候金融和内部碳定价五种形式。我国目前采用碳交易体系定价机制，即将企业配额量与产量挂钩，按以强度控制为思路的基准线法免费分配配额。

首先，碳市场作为一种具有成本效益的市场工具，可以用来控制高排

---

[*] 郑喜鹏，北京中创碳投科技有限公司总经理、执行董事，研究方向为热能工程、环境保护等；叶梦阳，北京中创碳投科技有限公司高级投资经理，研究方向为可再生能源、能碳数字化解决方案等。

放行业的碳排放量，并为推进减排技术发展提供切实的动力；其次，碳市场的建立将促进碳排放监测、报告和核查（MRV）方面的能力健全，对于国家衡量其气候目标进展、加强参与者和观察员对该体系有效性的信任至关重要；最后，在中国碳市场建立以前，中国的碳抵消市场依赖于向欧盟排放权交易体系（EU ETS）出售经认证的减排量，碳市场活力显著受到国际碳市场的大气候影响，建立中国自己的碳市场，不仅有助于增强碳排放权交易的独立性，也能更好配合"双碳"目标的落实。

（二）中国碳市场的建立

中国碳市场的发展经历了从地方试点到全国性市场的逐步推进过程。2011年，中国正式启动碳排放权交易试点工作，首批试点地区包括北京、天津、上海、重庆、广东、湖北和深圳七个省市。这些试点市场在探索适合中国国情的碳交易制度和规则方面发挥了重要作用。

自2017年起，我国着手构建全国性的碳排放权交易市场，经过四年筹备，该市场于2021年7月正式启动。这个阶段的中国碳市场可以被称作中国碳市场1.0。

截至2024年，中国碳市场顺利度过两轮履约周期。市场已纳入2257家重点排放单位，覆盖的二氧化碳排放量高达51亿吨，规模在全球碳市场中居首位。[①] 中国碳市场的基础设施和关键流程，包括排放量的核算、报告、核查、配额的分配、注册登记、交易、履约清缴等环节，均已通过了完整的闭环测试，证实了该碳排放交易体系不仅在地方试点阶段表现良好，而且在扩展至全国层面后依然能够顺利运作。

随着时间的推移，企业对碳交易体系定价机制的接受度逐渐提高，参与热情上升。在第二轮履约周期中，企业参与交易的比例显著增加，有82%的企业参与了交易，相比第一轮履约周期，参与率几乎翻了一番。同时，企业对碳资产管理的重视程度也在不断加强，许多企业，尤其是大型集团企业，通过成立专门的碳资产管理公司或部门、委托管理等多种方式，加强内部的碳资产管理，并积极探索相关的碳金融业务。

随着碳交易参与度和碳资产管理重视度的不断提升，市场各方对未来

[①] 中华人民共和国生态环境部：《全国碳市场发展报告（2024）》，2024年，https://www.mee.gov.cn/ywdt/xwfb/202407/t20240722_1082192.shtml。

碳价的预期也在逐渐上升。ICF 国际咨询公司在 2023 年 7 月发布的《2022 年中国碳价调查报告》中预测，全国碳市场的碳价将稳步增长，预计到 2030 年将达到 130 元/吨。虽然这一预期价格受到多种因素的影响，略低于 2021 年调查时的 139 元/吨，但仍然远高于 2020 年及以前的调查结果。随着近期碳价突破百元大关，市场对中国未来碳价的预期可能会进一步上调。

（三）中国碳市场 1.0 面临的主要问题与问题成因

尽管中国碳市场发展已持续稳定步入正轨，碳市场建设过程中也存在不足和需要改进的地方。

1. 碳排放数据的不真实问题已经引起了广泛关注，数据质量的监管成为碳市场管理的核心任务

企业碳排放数据的准确性是中国碳排放管理和碳市场健康运行的关键，也是碳市场的基石。尽管中国碳市场仍处于起步阶段，国家已经出台了多项法规和司法解释来监督碳排放数据的质量，但监管体系尚未完全建立，相关法规体系的建设也尚未完善，碳排放数据的质量问题一度成为突出问题。

一方面，企业碳排放数据的核算过程包括边界和排放源的确定、生产数据的获取、排放量的计算等多个复杂步骤，任何一个环节的失误都可能影响最终数据的准确性。另一方面，一些企业和咨询机构在利益的驱动下，开始在碳排放数据上进行不正当操作。

自 2021 年 7 月以来，中国碳市场碳排放数据造假问题开始逐渐暴露，引起了市场参与者和媒体的广泛关注，监管部门也加强了监督和执法力度，揭露了更多的数据造假案件。据环保组织对数百万条行政处罚数据的检索发现，仅在 2022—2023 年，因碳排放数据虚假报告、隐瞒、篡改等行为受到行政处罚的案例就有 57 起，其中煤样数据造假最为常见，占到了 58%。[1]

从处罚的严厉程度来看，这 57 起案例均依据《碳排放权交易管理办法（试行）》进行处理，其中 28 家企业被处以最高罚款 3 万元，总罚款

---

[1] 袁帅等：《碳市场 2.0》，《能源》2024 年第 5 期。

金额达到120.04万元,平均每起案件罚款约2.1万元。[①] 根据新的《碳排放权交易管理办法(试行)》,处罚将更为严厉:"没收违法所得,并处以违法所得5倍以上10倍以下的罚款;若无违法所得或违法所得不足50万元,处以50万元以上200万元以下的罚款;对直接负责的主管人员和其他直接责任人员处以5万元以上20万元以下的罚款;若拒不改正,按50%以上100%以下的比例减少其下一年度碳排放配额,并可责令停产整治。"

2. 尽管碳市场的交易量和价格呈现上升趋势,但市场流动性仍然不足,存在明显的惜售现象

自全国碳市场启动以来,整体运行保持稳定,交易量持续增长,价格逐年上升。截至2024年4月30日,碳市场已累计运行676个交易日,配额累计成交量达到4.46亿吨,累计成交额为262.03亿元。与首个履约周期相比,第二个履约周期的配额总成交量和总成交额分别增长了47%和125%。2024年4月24日,碳市场收盘价达到100.59元/吨,碳价突破百元大关,较市场启动时的价格翻了一番(见图1)。

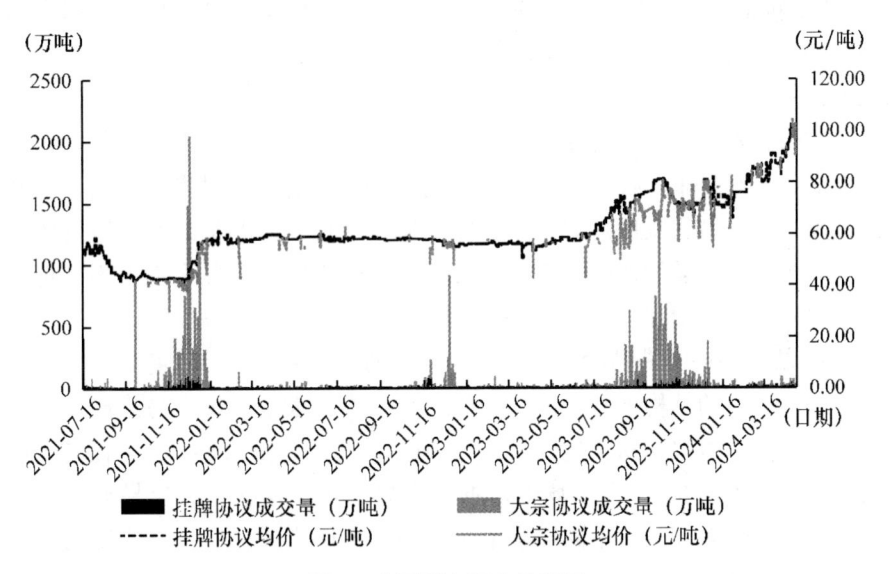

图1 中国碳市场交易情况

资料来源:上海环境能源交易所官方网站。

---

① 袁帅等:《碳市场2.0》,《能源》2024年第5期。

然而，从两个履约周期的交易数据来看，市场交易仍然呈现出明显的"潮汐效应"，即交易活动主要集中在履约截至日期之前。以第二个履约周期为例，2022年碳市场交易较为冷清，而到了2023年下半年，交易活跃度有所提高，交易量约为3500万吨，占2023年全年成交量的98%，占第二个履约周期总交易量的79%。与首个履约周期相比，第二个履约周期的配额交易集中期和清缴时间有所提前，市场的"潮汐效应"有所缓解，但履约驱动的交易特征依然显著。

同时，目前中国碳市场仅对2000多家发电行业的控排企业开放交易，交易主体、产品和交易方式较为单一。尽管交易量和价格有所提升，但碳市场的活跃度相对较低，流动性不足。自2021年市场启动以来，虽然每天都有交易，但有221个交易日的成交量低于1000吨（其中56天的成交量甚至不超过10吨），尤其在2022年和2023年上半年更为明显。与国内试点市场和欧盟碳市场相比，中国碳市场的交易活跃度较低，前两个履约周期的交易换手率在2%—3%，远低于欧盟碳市场同期约500%的换手率（即使不包括期货部分，欧盟碳市场的现货交易换手率也远高于全国碳市场），同时也低于许多碳交易试点的换手率。

这种微小的交易量与低换手率，仅能保持市场的持续运作，对碳价的指示作用有限，甚至可能被操纵，导致价格信号失真，给市场参与者在判断价格走势时带来干扰甚至误判。因此，部分企业由于对未来预期不明确等原因，选择惜售或保持观望。这导致那些真正需要购买配额以履行履约义务的企业，在履约期限临近时，要么难以购得配额，要么不得不支付高昂的中间成本，增加了市场交易的难度和成本。

3. 碳市场的交易结构尚待优化，隐含的交易成本相对较高

从交易量的结构来看，第二个履约周期中，大宗协议交易的比例进一步增加，大宗协议交易量达到2.22亿吨，占总交易量的84.3%，比首个履约周期增加了1.5%，在市场中占据了主导地位。这些大宗交易通常通过集团内部的配额调整、不同控排企业间的直接协商或通过中介协商的方式完成，交易过程不够透明，大宗协议的价格通常比挂牌协议低约5%。

值得注意的是，尽管中国碳市场目前不收取交易手续费，旨在降低市场参与者的交易成本，但这并不意味着交易成本真的为零。在挂牌交易量较低的情况下，许多大宗协议交易过程中往往需要支付较高的中介费用，这些隐性交易成本可能远超原本应收取但被免除的交易手续费。

4. 碳市场的信息透明度与市场参与者的期望之间存在一定差距

自2021年1月起,生态环境部多次发布文件,强调排放单位需定期公布相关数据,要求企业公布实际碳排放量、配额清缴状况等关键信息。

在首个履约周期结束后,据环保组织的统计,纳入中国碳市场的2000余家控排企业中,有1815家公布了碳排放数据,覆盖了2020年度约38亿吨的二氧化碳排放量(超过80%)。[①] 然而,进入第二个履约周期后,全国碳市场的信息公开平台从排污许可证管理信息平台转移到了中国碳市场信息网,公开内容包括重点排放单位信息、核查机构信息以及碳排放配额清缴和处理情况。但在第二个履约周期的重点排放单位信息公开中,与首个履约周期相比,一些可查的控排企业排放数据、关键参数的检测信息和重要数据已经无法获取。

碳排放相关数据的披露和公开,对于市场参与者的监督至关重要,是提高碳市场管理水平的关键。欧盟碳市场经过20年的发展,已经建立了一套完整的信息披露和监管体系。参与交易的企业需定期向所在国家的环境部门或监管机构提交碳排放报告,报告需包含碳排放量、减排措施、配额清缴情况等信息,并经过第三方核查。从2005年至今,欧盟1万多个排放设施的碳排放监测、报告和核查(MRV)数据,以及主管部门的政策规章和重要决策过程,都可以在欧盟碳市场官方网站上查询。这种高质量、大规模、持续性的信息披露,是欧盟碳市场在全球碳交易体系中治理水平领先的一个重要基础。表1展示了中国碳市场两个履约周期与欧盟碳市场在市场和排放企业基础信息披露和公开方面的对比情况。

表1 中国碳市场两个履约周期信息披露情况及其与欧盟碳市场对比

分类	相关信息	不同市场和阶段公开信息详情对比		
		中国碳市场第一履约期	中国碳市场第二履约期	欧盟碳市场
市场交易信息披露	配额发放总量	/	/	√
	交易价格	√	√	√
	交易量	√	√	√
	交易结构	√	√	√

① 根据中国碳市场信息网公开数据汇总。

续表

分类	相关信息	不同市场和阶段公开信息详情对比		
		中国碳市场第一履约期	中国碳市场第二履约期	欧盟碳市场
控排企业信息披露	控排企业名单	√	√	√
	企业碳排放量	√	/	√
	配额清缴情况	√	√	√
	碳排放设施信息	/	/	√

注："√"表示该信息已披露，"/"表示为该信息未披露。

二 中国碳市场向2.0版本升级

（一）中国碳市场2024年度的关键进展

2024年1月25日，国务院总理李强签署第775号国务院令，公布《碳排放权交易管理暂行条例》（以下简称《条例》），自2024年5月1日起施行。《条例》的正式生效实施，标志着中国碳市场即将升级成2.0版本。

从2014年国家发展和改革委员会发布并实施《碳排放权交易管理暂行办法》，到2020年生态环境部发布并实施《碳排放权交易管理办法（试行）》，再到2024年《条例》正式发布和实施，碳交易市场的法律条令终于从部门规章层级上升到国务院条例，中国碳市场自此有了名正言顺的"上位法"。

此外，2024年7月，国务院发布《加快构建碳排放双控制度体系工作方案》，明确了从"能耗双控"向"碳排放双控"转型的目标和任务，提出了短期、中期、长期三阶段的工作重点，进一步夯实了碳市场的数据核算核查基础，并推动将更多重点排放行业纳入碳市场。

（二）中国碳市场新阶段的变化和形态

在中国碳市场2.0时代，随着《条例》的实施，市场将迎来一系列新的变化和形态，主要体现在以下几个方面。

1. 行业多元化并存

中国碳市场将从主要覆盖发电行业扩展至包括电解铝、水泥、钢铁等在内的多个高排放行业。这一扩展遵循"先重点后一般，由易到难"的原则，逐步实现"成熟一个，纳入一个"。预计在"十四五"规划的最后两年，电解铝、水泥和钢铁行业将作为首批扩容行业参与中国碳市场，而石化、化工和造纸等行业将在"十五五"时期逐步被纳入（见图2）。这将增加市场的多样性，提升市场化程度，扩大资源配置范围，并增加市场流动性，从而更加有效地发挥价格发现功能。

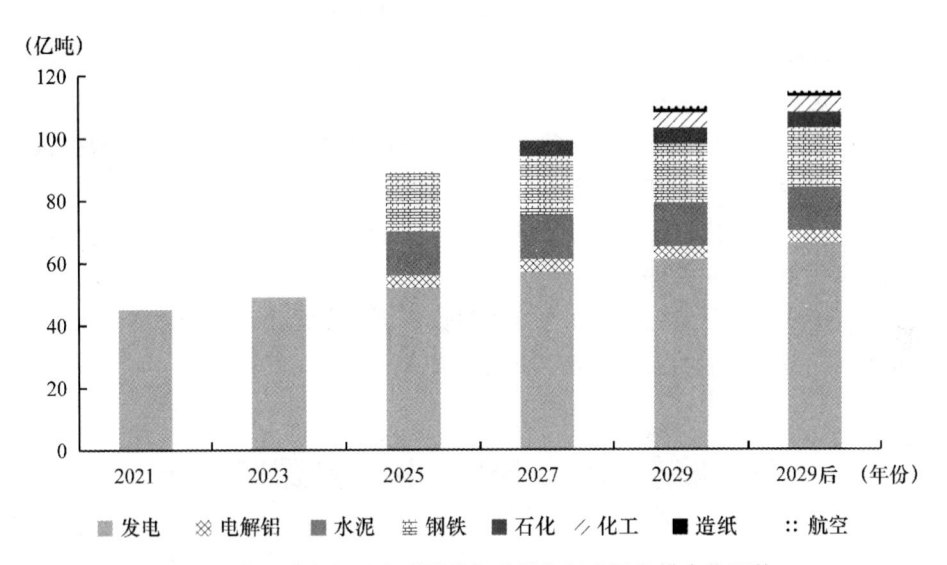

图2 全国碳市场重点碳排放行业纳入顺序及规模变化预估

资料来源：根据公开数据整理。

2. 配额与 CCER 并存

中国碳市场将包括强制性履约市场和自愿性减排市场，两者通过碳抵消机制互补衔接。强制性履约市场主要管控高耗能行业的碳排放，交易标的是全国碳排放配额（CEA），而自愿性减排市场则为可再生能源、林业碳汇等项目提供市场化的经济激励，交易标的是核证自愿减排量（CCER）。随着新的 CCER 签发量有望在 2024 年底前进入市场，碳配额与 CCER 将共同助力中国实现"双碳"目标，推动从"能耗双控"向"碳排放双控"的转变。

3. 控排企业与投资机构并存

目前，中国碳市场的交易主体主要是控排企业。随着市场化程度的提升和行业覆盖的增加，预计在"十四五"末期、"十五五"初期，符合条件的投资机构将被允许参与市场交易，形成控排企业和投资机构共存的混合交易主体形式。投资机构的参与将增加市场的资金流动性，完善风险管理机制，并提供更准确的市场信息和趋势判断，有助于控排企业把握市场机遇，制订合理的减排策略和投资计划。

4. 免费分配与有偿分配并存

目前，中国碳市场主要采用免费配额分配方式。随着市场的逐步完善，预计将引入有偿分配，形成免费分配和有偿分配共存的混合配额分配形式。这一变化将提高市场活跃度，强化碳价格信号引导，并为政府增加财政收入。《条例》提出了在免费分配的基础上引入有偿分配，并根据国家要求逐步推行免费和有偿相结合的分配方式，预计在"十四五"末期或"十五五"初期引入有偿拍卖，初期配额拍卖比例预计在3%左右，有望在2030年达到10%—20%。

这些变化预示着中国碳市场2.0时代将更加多元化、市场化和国际化，为实现"双碳"目标提供强有力的市场机制支持。

三 碳市场2.0带来的挑战及深远影响

（一）新阶段碳市场依然存在诸多挑战

在中国碳市场发展的新阶段，尽管取得了一定的进展，但仍面临不少挑战：

第一，碳市场相关法治建设仍需加强。《条例》的实施标志着碳排放权交易制度的法治化，对企业的责任和义务进行了明确，加大了对违规行为的处罚力度。然而，碳市场的法治化进程需要时间，必须建立有效的监管机制，确保市场公平和有效性，这是一个长期任务。

第二，碳市场流动性有待提升。目前，碳市场的交易品种和主体较为单一，缺乏长期稳定的政策预期，导致市场流动性不足。随着配额分配基准值的调整，配额盈余减少，重点排放单位可能更加珍惜配额，进一步影响市场流动性。CCER的重启虽然有望改善这一状况，但短期内难以满足市场需求。如何提升市场流动性，是碳市场发展面临的重要挑战。

第三，数据监管难度有所增加。《条例》要求重点排放单位公开年度排放报告，提高了数据质量要求。尽管建立了多层监管体系，但由于资源和人力限制，有效监管的难度依然较大。

第四，如何平稳地从碳强度控制向碳总量控制过渡。在"十四五"时期，国家"能耗双控"向"碳排放双控"的转变，要求碳市场从碳排放强度控制逐步转向碳排放总量控制。这需要建立更完善的配额分配和交易机制，并会对企业减少碳排放形成压力。能源结构的转型、清洁能源的使用比例增加，以及相关技术和设备的投入，都是实现碳总量控制的关键。这一转变涉及能源供应、基础设施建设、技术升级等多个方面，需要长期的努力和大量投入。

第五，如何妥善处理碳市场与经济发展的关系。随着碳市场覆盖范围的扩大，如何平衡碳排放管控与经济发展的关系成为一个重要问题。产业结构的转型需要时间和资源投入，短期内可能对经济增长产生影响。如何在纳入新行业的同时，避免对经济发展产生过大压力，需要综合考虑和规划。

(二) 新阶段碳市场将产生的深远影响

"排碳有成本，减碳有收益"的概念将更加深入人心，"双碳"工作将切实成为高排放企业开源节流的重要切入点。

中国政府已在相关政策文件中表明，"十五五"时期，中国将参考欧盟做法启动电力行业碳配额拍卖。虽然相关细节还未制定及公布，但可以预计的是，随着拍卖比例逐渐提升，碳成本的影响程度将随之显著增大。

目前，我国2000多家火电企业已完成了两轮全国碳市场的交易履约工作，碳价已经在火电厂中有了较为普遍的影响和认知。据统计，31家电力上市企业披露了2023年碳交易情况。其中，碳交易获利最大的国电电力净获利3亿元，亏损最大的粤电购碳净成本为2亿多元。[①] 仅在碳这一项指标上，两家上市公司的利润就拉开了5亿元的差距，影响非常显著。

CCER方法学的进一步扩容，将为需求侧行业细分领域创造更多降碳需求，从而带来更多投资机会。

随着CCER方法学的进一步扩容，需求侧行业将迎来更多细分领域的减碳机遇，进而催生广泛的投资机会。首批CCER方法学已为发展清洁能

---

① 根据各集团公司2023年年报数据整理。

源与改善生物多样性指明方向，第二批 CCER 方法学预计将加入煤矿低浓度瓦斯和风排瓦斯利用、公路隧道照明系统节能，为需求侧行业提供更为丰富的减排路径。这些路径不仅有助于企业实现碳中和目标，也创造了新的市场机会，推动更多资源向降碳和能源绿色化技术的研发、示范、推广方向配置。

四 结 语

随着中国碳市场升级至 2.0 版本，我们将迎来一系列深刻的变化。中国碳市场交易机制将进一步完善，市场参与主体将不断扩大，碳市场的活跃度将持续提升，碳价也将更准确地反映市场供需关系和碳减排的真实成本，从而真正促进全社会的低成本减排。

主要参考文献

袁帅等：《碳市场 2.0》，《能源》2024 年第 5 期。

中华人民共和国生态环境部：《全国碳市场发展报告（2024）》，2024 年，https://www.mee.gov.cn/ywdt/xwfb/202407/t20240722_1082192.shtml。

ICAP：《2023 年 ICAP 全球碳市场进展报告》，2023 年，https://icap-carbonaction.com/zh/publications/2023 - nian-icap-quanqiutanshichangjinzhan-baogao。

北京理工大学能源与环境政策研究中心：《中国碳市场建设成效与展望（2024）》，2024 年，https://ceep.bit.edu.cn/。

中日氢能合作，实现氢能产业优势互补

白益民[*]

新能源的研究、开发与利用能够有效助推"碳达峰""碳中和"工作，其中氢能被视为未来能否实现"碳中和"的关键技术之一。尽管当下中日两国在不少问题上仍存在一定摩擦，但在具体产业领域，两国都有深入合作的期望和动力，希望中日两国能够持续推进氢能等"碳中和"领域的务实合作。

一 氢能产业园，万亿市场"大蛋糕"

2020年，"双碳"目标提出后，氢能产业迎来了风口。根据中国氢能联盟发布的《中国氢能源及燃料电池产业白皮书》，到2025年，中国氢能产业产值将达到1万亿元，有望成为引领能源产业转型升级的新方向。目前，中国国内已有超过50个地级市先后公布了氢能产业规划，相关产业园区建设近80个，均在全力加码布局氢能源产业发展。

2020年7月，中日（上海）地方发展合作示范区在临港挂牌，成为目前中国国内唯一一个将氢能产业作为园区主导产业的国家级示范园区。上海临港示范区内重点布局了氢燃料电池核心零部件的研发、生产、检测，相关氢燃料电池八大核心零部件均已齐备。示范区内的"国际氢能谷"氢燃料电池产业规模已突破200亿元，成为华东地区氢能产业生态的新引擎和增长极。

---

[*] 白益民，中国社会科学院全国日本经济学会理事，中国生物多样性保护与绿色发展基金会绿色企业工作委员会首席产业经济顾问，中国投资协会新基建副会长，主要研究方向为产业组织、日本经济等。

作为中日（上海）地方发展合作示范区的核心企业，上海西爱西氢能源发展有限公司由留日氢能专家吴琼雄领衔的研发团队共同创建，整合了日本长州产业株式会社、日本丰田汽车公司、三木太古株式会社等7家日本相关领域头部企业的优势资源。如今，该公司已经形成了较为完备的氢能产业链条，致力打造全球领先的高科技氢能产业园。

2020年8月，北京中日国际合作产业园暨大兴国际氢能示范区发布会在京举行。北京市大兴区希望抓住中日国际合作产业园建设契机，利用日本全球领先的氢能产业优势和大兴区空间资源优势，以打造具有全球影响力的科技创新引领区为目标，推动建设大兴国际氢能示范区。计划建成集研发、测试、生产、生活等功能于一体的"氢之泉"主题科技园区。

资料显示，北京大兴国际示范区内落地重点项目有370多个，吸引外资企业80家，其中日资背景企业27家。具有代表性的企业有世界500强企业伊藤忠商事（综合商社）、中国首家纯日资基金管理公司软亚信创（日本软银）、日本绮罗星银行发起设立的中日合资企业信铭冠嘉、日本知名锂电池研发生产企业萨特鲁环保科技公司等。

2021年6月，"大连中日氢能产业交流对接会"在中日（大连）地方发展合作示范区成功举办。30多家日本氢能代表企业及有意开展氢能业务的日本大型综合商社及政府相关机构共同参会，其中包括了东芝能源系统、本田技研、双日、三菱商事、伊藤忠、三菱电机、日本航空等。近年来，大连聚焦"制、储、运、加、用、研"各环节，着力推动形成氢能全产业链发展格局。

其中的重点工程就是日本岩谷氢能项目入驻中日（辽宁大连）地方发展合作示范区。成立于1930年的日本岩谷集团，是日本国内唯一的液氢制造商，也是日本最大的氢气制造商。所属公司大连岩谷机具有限公司利用西中岛煤制氢气，并建设氢气提纯工厂，将氢气纯度提至99.999%以上，供给大连市氢能源汽车等氢能产业发展。

2024年5月，中日氢能源产业合作交流会在山东烟台黄渤海新区举行，包括三井物产、松下电器、双日株式会社、川崎重工在内的15家来自日本氢能领域的世界500强企业参会。目前，烟台市正依托大化工、大港口、新能源优势，积极实施绿氢化工、氢醇一体化、氢能分布式利用等氢能应用示范创新，全力打造绿氢产业发展新高地。

在集中签约环节，莱州市人民政府、国电投山东能源、裕光能源、中

中日氢能合作，实现氢能产业优势互补

国国际经济咨询、上海陕耀新能源签约代表共同签约中日绿色氢能供应链项目；烟台能源投资发展集团、万华化学、裕龙石化、烟台港集团、中集来福士、伊藤忠（中国）集团签约代表共同签约中日氢能源产业联合体项目。氢能源时代已经来临，万亿级蛋糕大市场持续发酵中。

2024年的中国政府工作报告中首次明确提及"氢能"，将氢能视作培育新兴产业的重要方向。而在同年的地方两会上，31个省级行政区中有22个将氢能写入政府工作报告。近年来，随着国家相关部门出台多项促进氢能产业发展的政策，中国氢能产业步入发展快车道。未来，中日两国在氢能领域的全面合作能否做到一拍即合，地方性产业园区的示范发展尤为重要（见表1）。

表1 中国部分地区具有代表性的氢能产业园区

序号	名称	地区	产业优势
1	东方氢能产业园	成都市郫都区	中国首座中欧合作氢能产业园，形成燃料电池及制氢、储氢、加氢、氢能综合利用企业集群
2	中能建松原氢能产业园	吉林省松原市	全球最大体量的绿色氢氨醇一体化项目；项目采用柔性合成氨技术方案，超轻度并网技术方案等多项全球领先技术
3	仙湖氢谷小镇	广东省丹灶镇	规划面积达48平方千米，规模在国内氢能产业园中居首位；重点发展氢能源汽车智造产业链条
4	中国氢谷	山东省济南市	充分发挥地域优势，把制氢、储氢、运氢、用氢融为一体，实现就地和就近消纳，从而解决氢能长途运输带来的高成本问题
5	中国北方氢谷	吉林省白城市	项目实施水电解制氢、弃风弃光电能整合及微电网交易、氢燃料电池等，旨在建成中国最大的水电解制氢产业基地
6	常熟氢燃料电池汽车产业园	江苏省常熟市	以丰田技术助力和突出的制氢能力为特色，集聚了氢燃料电池汽车产业链相关项目40个
7	美锦晋中氢能产业园	晋中市榆次区	将焦炭产能副产焦炉煤气提取的氢气作为汽车燃料，完善"煤—焦—气—化"一体化发展产业链
8	北京中关村（房山）氢能产业园	北京市房山区	依托燕山石化丰富的工业副产氢资源和相关企业在制氢、储氢、运氢方面的技术实力、运输能力和安全管理经验

续表

序号	名称	地区	产业优势
9	本源醇氢氢能装备产业园	湖北省天门市	生产全流程零碳甲醇制氢加氢装备,具有甲醇制氢低成本、制氢设备小型化、制氢加氢一体化等优势
10	西部氢谷	重庆九龙坡区	打造"产业智库—科技研发—检验检测—产业合作"的创新生态系统,主攻燃料电池发动机、配套零部件及动力系统总成、商用车

二 核心产业聚焦：汽车氢燃料电池

汽车氢燃料电池是氢能利用的一种重要形式,具有充氢速度快、排放无污染等特点。作为汽车动力,氢燃料电池的能量转化效率超过60%,远高于传统燃油汽车的30%,和纯电动汽车几乎持平。2023年,中国以年增长率超55%的速度成为全球氢燃料电池汽车最大市场。预计到2030年左右,中国的氢燃料电池汽车产业将实现真正的商业化落地。

与中国相比,因受氢燃料基础设施不足、燃料成本上升等问题困扰,2023年全球氢燃料电池汽车销量同比下降29.2%,因此,中国毫无疑问已经成了全球氢燃料电池汽车产业版图中最具发展前景的市场。2024年5月,中国首个年度氢车示范奖励资金预算出炉,更进一步激发了氢能行业的活力。在氢燃料电池这一领域技术独步全球的丰田汽车,显然不会忽视潜力巨大的中国市场。

早在2019年4月,丰田汽车就宣布与北汽集团、北京亿华通达成合作协议,向北汽集团旗下的北汽福田提供氢燃料电池技术和零部件,计划生产搭载丰田氢燃料电池系统的氢动力大巴。最终,北京冬奥会使用搭载了丰田氢燃料电池系统的北汽福田氢燃料电池巴士500余辆,这是丰田汽车与北汽集团、北京亿华通的合作成果。

2021年6月,北京亿华通和丰田汽车各出资50%成立华丰燃料电池有限公司,为北汽福田的新能源客车提供燃料电池及零配件。北汽福田是中国品种最全、规模最大的商用车企业,连续多年保持中国商用车销量领先。北京亿华通的前身则是北京清能华通科技发展有限公司,依托清华大学技术研究团队建立,主要业务聚焦于氢燃料电池发动机研发与产业化。

实际上,丰田汽车在中国氢燃料汽车领域合纵连横的布局远不止一家北汽福田。2020年6月，丰田汽车联合一汽、东风、广汽、北汽、北京亿华通6家公司在北京签署合营合同，成立"联合燃料电池系统研发（北京）有限公司"。主要业务是商用车燃料电池系统研发工作，落户北京亦庄经济技术开发区。其中，丰田汽车持股65%，北京亿华通持股15%，另外4家车企持股比例均为5%。

不难发现，在这6家的合资公司股东里，一汽、广汽、北汽等中国车企都是丰田汽车氢燃料技术的潜在客户。丰田汽车一开始就与中国大型国有车企形成联盟关系，其目的在于把丰田在氢燃料电池方面包括电堆、储氢等的技术积累，尽可能地在更大范围内得到应用，未来在推广氢燃料电池汽车方面占得先机，更有利于其提前占领中国市场，绑定客户。

2023年3月，日本丰田汽车与中国海马汽车在海口市签署战略合作协议，双方在氢燃料电池汽车研发与产业化领域开展合作，推动氢燃料电池乘用车快速普及和产业化。中日双方计划把海南岛整体作为一个大型体验测试场，在海马汽车第三代氢燃料电池汽车上搭载运用包括日本丰田第二代Mirai电堆在内的成熟部件及系统，完成整车适应性开发。

2024年5月，海马汽车向海口网约车市场投放25辆新研发的氢燃料电池汽车。此次示范运营投放的海马7X-H是海马汽车与丰田汽车合作打造的首款氢燃料电池汽车产品，搭载丰田电堆系统和70MPa高压储氢罐。资料显示，搭载丰田配置的海马7X-H一次加满氢气仅需3—5分钟，续航里程可达800千米，可在零下30℃高寒环境中正常使用，相关技术指标处于国际领先水平。

2024年7月，在工信部发布的第385批新车公示中，广汽日野申报了2款4×2燃料电池载货车产品，都搭载了氢燃料专用超充动力电池，具有高稳定性和高充放倍率特性。广汽日野成立于2007年，由广州汽车集团与日野自动车株式会社（以下简称日野）各50%出资共同设立。实际上，丰田汽车是日野的第一大股东，丰田旗下的大巴车和卡车就由日野负责生产。

虽然纯电动力电池汽车依然是目前中国市场的主流，并已经基本构建起了完善的上下游产业链体系。但是，中国政府与相关企业其实也都意识到了，氢燃料电池汽车在环保与便捷性等方面有着巨大的优势和潜力。因此，从更长远来看，未来随着技术、成本、产业配套等问题的逐步解决，氢燃料电池汽车成为未来主流产品的可能性也是存在的。

三 中日"氢对结"双方优势及进展

在碳中和的大背景下,中日双方可在氢能燃料电池、节能、CCUS 碳循环技术、电池回收利用等领域开展合作。日本拥有世界领先的制氢、制氨技术,但受到条件限制,缺乏太阳能和风能等自然资源,难以利用源自可再生能源的电力大量制造环保的"绿氢"。中国不仅拥有广阔的市场,同时还具有丰富的可再生能源资源,这些都为中日企业的"氢对结"奠定了良好的基础。

2019 年 12 月,在第十三届中日节能环保综合论坛上,日本丸红株式会社与中国巨化集团正式签约氢能项目"巨化中日氢能示范工程"。示范工程包括低碳工厂、氢能源在工厂、学校的示范应用,以及大功率固定式氢燃料电池发电、氢油混合燃烧发电等技术。丸红是日本五大综合商社之一,在全球范围内从事氢能开发相关项目。

巨化集团是中国较早从事氢能产业的企业,近年来将氢能产业作为集团战略发展重点产业。作为大型化工联合企业,巨化集团拥有丰富的工业副产氢能,具备氢能源关键材料生产和装备制造能力,具有良好的氢能源示范应用条件。未来,巨化集团还计划引进日本先进技术,开展利用副产氢能实现工厂低碳化的氢能热电联产系统实证研究,建立自产自销型商业模式。

2021 年 2 月,日本东芝与鸿达兴业签署战略合作协议,双方将共同探讨在包括氢能在内的新能源领域的合作模式。早在 20 世纪 60 年代初,东芝就已开始着手氢能产品的研究开发工作。本次合作将进一步推动公司氢能产业化发展,做大做强实体产业,助力推动新能源汽车、电子冶金工业等战略性产业的发展。

鸿达兴业创立于 1991 年,总部设在中国广州。鸿达兴业是氯碱制氢世界性的龙头企业,氯碱制氢与中石油、中石化的天然气制氢方式不同,氯碱制氢的成本低,纯度高,产量大。鸿达兴业积极布局氢能产业,先后建成液氢工厂、固定式加氢站、移动式加氢站,可为公交车、物流车、重卡等提供综合加氢服务。

2021 年 4 月,第八届中国(上海)国际技术进出口交易会上,来自日本大阪的岩谷产业、日立造船、日东新材料等一批头部企业携先进的制氢储氢技术、检测技术和密封材料技术亮相。作为日本仅有的液氢制造商和氢能领域的先锋，岩谷产业正在加速布局中国市场，除前文中提到的在大连建有氢气制造工厂外，也在浙江嘉兴建有氢气工厂。

嘉兴岩谷气体由日本岩谷产业独资兴建，是嘉兴港区第一家专业生产工业气体的企业，一直为区内企业就近提供氮气、氧气、二氧化碳等各种工业气体。2021年6月，嘉兴岩谷气体的氢气项目正式获批，开展氢气业务。嘉兴岩谷气体所在的嘉兴港区如今已成为嘉兴市的氢能产业示范区，港区副产氢气达到3.2万吨/年，未来预计将达到10万吨/年。

2023年2月，松下冷热电三联供氢能示范项目（以下简称松下氢能项目）在江苏无锡的松下能源（无锡）有限公司启动，这既是松下集团全球首个纯氢燃料电池项目，也是日本松下在中国的首个氢能燃料电池综合能源利用项目。松下为建筑物提供电力和热能的固定式氢能燃料电池应用已有多年，1999年开始研发，2009年实现量产，相关产品在东京奥运会的奥运村投入使用。

很长一段时间里，中国氢能的目光大都集中于汽车领域，松下氢能项目重点则是固定式氢能燃料电池的应用。无锡拥有较为完备的产业链基础，共有氢能领域规模以上企业16家，覆盖氢气制取、储运、加注、燃料电池关键材料和零部件、标准测试等全环节。计划到2030年，无锡的氢能和储能产业规模达到500亿元。

事实上，中国提速发展氢能，对日本企业乃至日本总体经济的未来都是难得的良机（见表2）。不难发现，不同于丰田集团将精力聚焦在氢燃料电池汽车这个最为吸引眼球的项目上。以东芝、松下为代表的日本企业其实更关注氢能相关产业中更为重要、更为迫切、更具潜力的氢能制造与运输储存方面，因为这些才是整个氢能产业能够健康稳步发展的前提与基础。

表2　　　　　　　　　　中国氢能产业分布情况

省份	氢产能（万吨/年）	绿氢项目（个）	加氢站（个）	氢能企业（家）
山东	509	3	42	189
内蒙古	458	10	32	74

续表

省份	氢产能（万吨/年）	绿氢项目（个）	加氢站（个）	氢能企业（家）
陕西	427	4	9	101
宁夏	383	6	7	19
山西	287	2	22	90
新疆	270	5	7	37
河南	213	3	43	51
河北	199	7	44	112
辽宁	182	1	9	55
安徽	170	2	12	61
江苏	159	1	32	181
北京	110	7	18	173
湖北	105	1	25	86

四 发挥产业组织者作用，积极推进第三方市场合作

2020年1月，三井物产到武汉氢阳能源有限公司（以下简称武汉氢阳能源）参观访问。双方就液态储氢技术的应用前景展开交流讨论，并一起参观了氢阳能源的生产车间。武汉氢阳能源创建于2014年，专注于常温常压液态有机储氢技术的研发和商业化应用，为氢燃料电池、氢内燃机、化工过程加氢等用氢企业提供安全、稳定和高质量的氢源供应。

2020年7月，三井物产与深圳凯豪达氢能源有限公司（以下简称凯豪达氢能源）达成战略合作。双方计划在光电制氢、氢储运、加氢站建设及运营等领域开展合作。成立于2015年的凯豪达氢能源，是一家以氢能源技术研发、氢能项目投资和氢能源项目合作开发为主营业务的综合型高科技企业，专注于氢燃料电池汽车专用制氢加氢一体站、制氢基地建设及运营业务。

2021年11月，三井物产与上海德迩实业集团有限公司（以下简称上海德迩）、加地科技株式会社（以下简称加地科技），就氢气压缩机技术在中国的市场开拓和应用达成战略合作。加地科技是日本氢气压缩机的顶级

厂商，在氢气的制造、储运、发电、车辆加注等供应链领域有着研发、生产及销售的规模优势。上海德迩则是将从燃料电池系统的开发、生产、销售到全固态电池研发等新能源相关产品定位为核心发展事业。

2022年8月，三井物产到访中国辽宁大连，并与当地相关领导进行会谈交流。大连市的氢能产业发展基础良好，一直在统筹推进氢能"制储输用"全链条的发展，具备国内领先的技术研发优势。三井物产十分重视与大连在绿色产业的合作，未来计划到访重点园区进行实地考察和洽谈，加速氢能、可再生能源发电等相关项目的落地实施。

事实上，以三井物产为代表的日本综合商社从来都不是氢能源的直接利用者。即便如此，三井物产在中国氢能源市场探索的步伐却依旧非常积极，这是因为作为日本特殊形态的贸易公司，综合商社集贸易、情报、投资、物流、金融等功能于一身，不仅肩负着日本国内外贸易的重大使命，同时还是日本资源战略的优秀执行者。

不难发现，三井物产在中国氢能市场的参与并不局限于某一具体技术或领域，从制氢储氢、物流运输到发电应用都有所涉猎，这其实就是一种产业链式的投资布局，体现的正是产业组织者的角色作用。当三井物产等综合商社完成了上游开发、中游储运与下游应用的全面布局后，财团体系中的制造企业和金融机构就可以迅速介入，省去了许多前期成本。

2023年11月发布的《日本经济蓝皮书：日本经济与中日经贸关系研究报告（2023）》指出，中日两国在氢能产业的互补性强，两国同为全球氢能产业发展领先国家，应以氢能等领域为突破口，发挥各自比较优势，释放新兴市场潜力，共同积极推进第三方市场合作。

中国政策支持力度大，具备产能优势，资金实力雄厚，但在技术方面存在不足；日本海外经验丰富，技术在全球领先，但市场规模狭小，难以实现规模经济。在具体合作项目上，中国建材与日本三菱签署协议共同开发第三国基础设施建设及清洁能源综合利用项目，日本引能仕（ENEOS）株式会社与中石化在第三方市场共同建设的氢燃料加气站等项目都已顺利推进。

虽然中日双方在第三国的氢能投资合作前景巨大，但同时面临的挑战也会越多。例如，对合作项目所在地的政治政策和经济形势了解的缺乏，以及对可能的风险应对不足等问题。与此同时，产业链、物流链的搭建和金融服务是否及时跟上也都是影响相关项目成功与否的关键。在这一过程中，应该积极学习日本三井物产等产业组织者的行为逻辑，实现"1+1+1>3"的效果。

因此，在第三方市场的氢能产业项目及氢能产业示范推广等领域，中日两国需要发挥各自优势，开展具有深度与广度的互补性合作，把经贸合作提升到新水平，共同探索符合两国利益的国际氢能商业模式。同时，中国更应该借鉴日本的经验模式，培育起属于自己的海外战略产业组织者，统筹规划国际合作路线，提高中国在国际氢能供应链中的参与度。世界各国氢能产业项目见表3。

表3　　　　　　　世界各国氢能产业项目

序号	项目	地点	预期投入	未来氢产能
1	太阳神绿色燃料项目	沙特阿拉伯	50亿美元	24万吨/年
2	太平洋太阳能氢项目	澳大利亚昆士兰	10亿澳元	20万吨/年
3	Murchison可再生能源制氢项目	澳大利亚	120亿欧元	—
4	HyEx项目	智利安迪法加	—	12.4万吨/年
5	H2Sines项目	葡萄牙塞内斯	15亿欧元	—
6	H2-HubGladstone项目	澳大利亚	16亿美元	—
7	AquaVentus项目	德国黑格兰岛	—	100万吨/年
8	NortH2项目	荷兰埃姆斯哈文	28亿欧元	80万吨/年
9	沃旭能源（Ørsted）项目	丹麦多格滩	26亿欧元	100万吨/年

五　存在的问题及政策建议

（一）产业园区合作的透明度问题

自2017年以来，中国基本构建起了氢能"制—储—运—加—用"的完整产业链，更是已经成为世界上最大的制氢国。但是，中国各类氢能产业园及示范区的代表性和产业推广助力并不强，普遍存在同质性现象；与此同时，和大量氢能产业园的快速立项建设相比，各地方政府的氢能产业规划及政策尚未完全落地，氢能行业标准的制定仍然存在较大的滞后性。

事实上，中日氢能合作上的不匹配度问题亟待解决，未来如何搭建一套透明、有效、适配的地方氢能产业发展模式是合作共赢的关键。

（二）政策性向商业性转化的问题

虽然京津冀、长三角、珠三角、成渝、山东及环武汉等地区集聚效应已初步显现，汇集了氢能领域全产业链规模以上工业企业超过300家，但实际上中国目前仍处于氢能发展的初期阶段，"氢—电—气—热"的耦合与协同尚未形成，各领域的商业化推广进展仍比较缓慢，这在一定程度上也限制了中日两国企业间进一步开展合作的热情。

如果仅仅依靠政策驱动力，耗费大力气去研发氢能技术、建设氢能项目，可能会导致资源浪费，因此可以积极尝试通过技术与市场的结合，激发商业力量。

（三）缺乏能够实现统筹兼顾的合作组织（机构）

日本新能源产业技术综合开发机构（NEDO）的资料显示，NEDO已为中国企业与日本企业就氢能合作进行多次"牵线搭桥"，这些项目主要分布在中国的陕西省、山西省、辽宁省、浙江省等，涉及氢能运输、氢能储运、氢能与柴油混合发电等。此外，三井物产、丸红等日本综合商社也在为中日两国间的氢能合作不断创造着各类机会。

相比之下，中国似乎缺少这类能够统筹兼顾的合作机构，往往是通过各地政府或相关产业协会举办的展览会和研讨会进行行业交流与合作沟通，如"北京国际氢能技术装备展览会""中国（西部）氢能大会"等。诚然此类展览会、研讨会具备其一定优势，如高端性、权威性、前瞻性等，但却缺乏了相关合作项目落地的实用性和建立未来长期联系的稳定性。

六　结　论

从目前的全球氢能产业供应链布局来看，日本在合作伙伴的选择上更倾向于欧美、中东以及东盟地区国家。虽然近年来已有部分日企开始规划和探索中日间的相关合作，但在方向上往往仍多集中于氢能应用的角度，显然其看重的是中国市场的巨大潜能，而并非为合力共促发展。因此，中国在加速自身氢能产业的同时，也应在求同存异的基础上构建中日良性的竞合关系。

主要参考文献

张杰：《中日氢燃料电池汽车产业发展分析与展望》，《现代日本经济》2023 年第 5 期。

刘天思：《北京中日国际氢能示范区将在大兴区打造》，《新能源科技》2020 年第 9 期。

刘叶琳：《中日氢能产业与第三方市场合作前景广》，《国际商报》2023 年 11 月 13 日。

白益民：《三井商道在丰田：揭开日本财团的产经密码》，东方出版社 2024 年版。

季晓莉、崔立勇：《中日经贸下个 50 年：在更多领域务实合作》，《中国经济导报》2022 年 10 月 11 日第 9 版。

史谐：《打造中国氢能源产业临港样板中日（上海）地方发展合作示范区成功落地新片区》，《上海节能》2020 年第 7 期。

绿色供应链金融

地方财政及专项债对绿色经济发展的支持

柏文喜[*]

在全球气候变化和生态环境恶化的背景下，绿色经济发展已成为各国关注的焦点。地方财政作为地方政府推动经济发展的重要工具，通过财政支出结构优化和环保专项资金的支持，为绿色经济的推进提供了良好的基础。同时，专项债作为一种新的融资方式，逐渐在各地绿色项目建设中发挥了积极作用。本文梳理地方财政和专项债对绿色经济的支持路径，包括财政支持的主要方式、专项债的运作模式以及如何促进绿色产业的发展。通过对相关数据的分析，揭示了地方财政支出在环保领域的投入情况及其效果，分析了专项债在绿色项目中的实际应用，如生态修复、节能减排和清洁能源项目等。地方财政和专项债在推动绿色经济发展方面具有显著的支持作用，但也存在一些问题，如资金使用效率不高、绿色项目收益难以保证等。最后，本文提出了相应的政策建议，包括加强地方财政的监管和透明度、优化专项债的审批流程以及提升绿色项目的绩效评价机制，以进一步提高地方财政及专项债在绿色经济发展中的支持力度。

一 绿色经济发展的理论基础

（一）绿色经济的概念与内涵

绿色经济是一种在全球范围内逐渐兴起的经济发展模式，其核心在于通过经济活动和环境保护的高度结合，实现可持续发展。绿色经济的概念

---

[*] 柏文喜，中国企业资本联盟副理事长、中国区首席经济学家，研究方向为产业经济、公司金融、资本市场等。

起源于 20 世纪 70 年代，当时学界和政界开始关注传统经济增长模式对环境的破坏，并试图探索既能促进经济发展又能保护环境的新型发展路径。

绿色经济的内涵可以从以下几个方面理解。首先，绿色经济强调资源的高效利用和环境保护。与传统经济模式主要依赖化石能源不同，绿色经济提倡使用可再生能源，如太阳能、风能和水能，减少对不可再生资源的依赖。同时，绿色经济鼓励循环利用，减少废弃物的产生，通过技术创新和制度设计，实现资源的可持续利用。

其次，绿色经济注重社会公平与包容。在绿色经济框架下，社会经济发展不仅要考虑经济效益，还要兼顾社会公平，确保资源和发展成果的公平分配。通过创造绿色就业机会，特别是在可再生能源、环保技术和生态农业等领域，绿色经济有助于减少贫困，促进社会和谐发展。

再次，绿色经济还强调系统性和协调性发展。它要求在制定经济政策和发展战略时，综合考虑环境、经济和社会三方面的因素，避免片面追求经济增长而忽视环境保护和社会福祉。绿色经济提倡综合治理和多方合作，通过政府、企业、社会组织和公众的共同努力，推动可持续发展目标的实现。

最后，绿色经济重视创新驱动和技术进步。绿色技术创新是绿色经济发展的重要支撑，通过研发和推广先进的环保技术和清洁生产工艺，提高资源利用效率，减少污染排放，推动经济结构转型升级。政府在这一过程中扮演着重要角色，通过政策引导和资金支持，激励企业和科研机构加大绿色技术研发投入，促进绿色产业的快速发展。

综上所述，绿色经济的概念与内涵不仅涉及经济活动与环境保护的协调发展，还包括社会公平、系统协调、创新驱动等多个维度。绿色经济为全球经济的可持续发展提供了新的路径和模式，其理念和实践正逐步深入各国的经济政策和发展战略中。

（二）绿色经济的发展路径与模式

绿色经济的发展路径与模式主要包括技术创新、产业升级、政策引导以及社会参与等多个方面。

首先，技术创新是绿色经济发展的核心驱动力。通过研发和推广可再生能源技术、节能减排技术以及环保技术，可以显著降低资源消耗和环境污染。例如，太阳能和风能技术的进步使清洁能源的利用率大幅提高，为能源结构的优化提供了重要支持。

其次,产业升级是绿色经济发展的重要路径。传统高污染、高能耗产业需要通过技术改造和工艺革新实现绿色转型。制造业可以通过引入先进的环保设备和技术,减少生产过程中的污染排放。农业领域可以通过推广生态农业模式,减少化肥和农药的使用,保护生态环境。此外,新兴绿色产业如新能源、环保产业和绿色服务业的发展也为经济增长注入了新的活力。

再次,政策引导在绿色经济发展中起到关键作用。各级政府可以通过制定和实施一系列政策措施,如绿色税收优惠、财政补贴、环保标准和法规等,推动企业和社会各界积极参与绿色经济建设。政府还可以通过建立绿色金融体系,鼓励金融机构加大对绿色项目的投融资支持力度。例如,中国政府推出的碳排放交易机制和绿色债券市场,为企业提供了更多的绿色融资渠道。

最后,社会参与是绿色经济发展的重要保障。公众的环保意识和绿色消费观念的提升,可以促进绿色产品和服务的市场需求。企业在生产经营过程中需积极承担社会责任,推动绿色生产和绿色管理。此外,非政府组织和社会团体也可以通过宣传教育、监督评价和公益活动等方式,促进绿色经济的发展。

综上所述,绿色经济的发展路径与模式是多层次、多维度的。通过技术创新、产业升级、政策引导和社会参与等综合措施,可以有效推动经济发展方式的绿色转型,实现经济与环境的协调发展。

(三) 绿色经济与可持续发展的关系

绿色经济与可持续发展的关系密不可分。绿色经济作为一种新兴的经济模式,旨在平衡经济增长与环境保护之间的矛盾,最终推动经济、社会和环境的协调发展。可持续发展理念则强调资源的合理利用,以确保未来世代能够拥有满足自身需求的资源基础。二者的关系主要体现在以下几个方面:

首先,绿色经济是实现可持续发展的有效路径。绿色经济通过低碳化、循环化、节约化的生产和消费模式,减少对自然资源的过度依赖,降低污染物的排放。这种经济发展方式能够有效减轻对生态环境的压力,保障自然资源的可持续利用。同时,绿色经济还提倡绿色技术的创新与应用，如可再生能源的开发、污染治理技术的改进等，这些都能提升资源的使用效率，为可持续发展提供技术支撑。

其次，绿色经济的发展目标与可持续发展的核心理念高度一致。可持续发展追求经济的持续增长、社会的公平进步和生态环境的保护，而绿色经济则通过调整经济结构、创新生产模式，推动经济增长与生态环境保护的和谐统一。在绿色经济模式下，企业、政府和社会各界都注重减少对环境的破坏，减少温室气体排放，逐步形成以生态友好为导向的生产和生活方式。绿色经济在实现经济增长的同时，也致力于为社会提供绿色就业机会，促进社会包容性发展，这与可持续发展中的社会公平目标相符合。

最后，绿色经济与可持续发展在政策实践中相辅相成。各国政府通过政策调控，推动绿色经济实践和可持续发展目标的实现。例如，许多国家通过财政激励、税收优惠、绿色投资等手段，促进清洁能源、节能环保产业的发展。这些政策不仅加速了绿色经济的发展，也为可持续发展提供了制度保障。此外，联合国可持续发展目标（SDGs）中多项具体目标（如气候行动、清洁能源、负责任的生产和消费等）均与绿色经济的发展密切相关，进一步推动了全球绿色经济的实施。

总的来说，绿色经济是实现可持续发展不可或缺的途径。绿色经济的发展不仅能够缓解资源与环境的压力，还能够带动经济和社会的全面进步。在全球环境问题日益严重的今天，绿色经济和可持续发展的结合已成为各国应对气候变化、解决环境问题、提升经济包容性发展的共同选择。

二　财政政策支持绿色经济发展的机制与实践

（一）财政政策在绿色经济发展中的作用

财政政策在绿色经济发展中的作用体现在促进资源优化配置、推动环境治理、引导绿色投资、增强绿色技术创新以及提升公众环保意识等多个方面。财政政策通过税收优惠、财政补贴、专项资金等手段，能够有效引导资源流向绿色经济领域，进而实现环境与经济的协同发展。

第一，财政政策在促进资源优化配置方面发挥了重要作用。通过环境税、排污费等手段，政府可以有效地对高污染、高耗能的企业进行约束，鼓励企业优化生产流程，减少污染物排放，推进清洁生产。比如，中国在碳税、资源税等领域的探索，体现了财政政策引导资源合理配置的努力，有效推动了企业向绿色、低碳方向转型。

第二，财政政策能够直接推动环境治理。政府通过设立专项环境治理资金，为污染防治、生态修复等项目提供资金支持。例如，为治理水污染问题，各地政府通过设立专项治理资金，支持流域治理、污水处理等工程，从而改善区域水质环境。这种直接的财政支持有助于提升环境治理的效果，为绿色经济的发展创造良好的生态环境。

第三，财政政策在引导绿色投资方面具有重要作用。政府通过财政补贴、贷款贴息等手段，鼓励企业和个人加大对绿色经济领域的投资。以可再生能源行业为例，许多国家通过给予风能、太阳能等项目财政补贴，极大地降低了企业的投资成本，促进了可再生能源产业的快速发展。在中国，财政政策支持下的光伏产业发展迅速，不仅减少了对化石能源的依赖，也带动了绿色技术的创新。

第四，财政政策能够促进绿色技术创新。创新是绿色经济发展的核心驱动力，而财政政策可以通过设立科技创新基金、研发费用加计扣除等措施来支持绿色技术的研发投入。例如，中国政府实施的"绿色技术创新专项资金"政策，鼓励企业在环保材料、节能设备等方面进行研发投入，从而推动了绿色技术的进步。这种财政政策的支持不仅促进了企业的创新动力，也加速了绿色技术成果的市场转化。

第五，财政政策在提升公众环保意识方面同样重要。通过对环保行为的补贴或激励措施，政府可以引导公众参与绿色行动，如低碳出行、绿色消费等。例如，许多地方政府对使用公共交通、购买新能源汽车的个人给予财政补贴，促使更多人选择环保的出行方式，增强了全社会的环保意识，为绿色经济的发展营造了良好的社会氛围。

综上所述，财政政策在推动绿色经济发展中扮演着不可或缺的角色，通过对资源配置、环境治理、绿色投资、技术创新和公众意识的全面支持，实现经济增长与环境保护的有机统一，为绿色经济的可持续发展奠定了坚实基础。

（二）地方政府财政政策支持绿色经济发展的现状与挑战

近年来，地方政府在推动绿色经济发展中扮演着关键角色，其财政策的支持对区域绿色转型起到了重要的引导作用。地方财政政策的支持形式多样，包括直接的财政补贴、税收优惠、绿色基础设施建设投入、生态补偿资金等，以促进地方产业结构调整、节能减排技术的应用以及生态环境的改善。然而，尽管地方财政政策在推动绿色经济发展中发挥了积极作用，但其在执行过程中仍面临多重挑战，影响了绿色经济发展目标的实现和政策效果的最大化。

首先，地方政府财政政策的资金来源和配置面临约束。一方面，由于经济发展水平的差异，不同地区地方政府的财政收入和财力状况不一，各地在绿色经济发展方面的资金投入能力存在显著差异。经济欠发达地区由于财政收入有限，难以提供足够的资金用于绿色项目，尤其是高投入的绿色基础设施建设与环保治理项目。此外，一些地区对绿色财政支持的资金来源过度依赖中央转移支付或专项债，使得地方政府在政策的可持续性方面存在不确定性，一旦中央资金支持减少或专项债规模受限，绿色经济发展的资金保障将面临风险。

其次，地方政府财政政策在绿色经济支持方面的效果评价与考核机制不完善。当前，许多地方政府主要通过增加绿色项目的财政投入来推动绿色发展，但缺乏科学的绩效评估体系来衡量资金使用效果和绿色发展实际成效。由于缺乏系统的评估机制，一些绿色项目可能在实施过程中未能达到预期的环境改善效果或经济效益，导致财政资源浪费。同时，由于政绩考核指标多侧重于短期经济增长，地方官员在政策执行中容易倾向于选择那些能够在短期内带来经济效益的项目，而忽视长远的绿色发展目标，从而削弱了财政政策的绿色导向作用。

再次，地方财政政策的执行过程中存在部门协调不力的问题。绿色经济发展涉及多个部门的协同合作，如环保、能源、农业、交通等，然而实际操作中，不同部门之间的政策目标和利益诉求可能不完全一致，导致政策执行过程中的协调难度增加。例如，在绿色项目的审批和资源配置上，不同部门之间缺乏有效的沟通与协调，可能导致重复建设或资源浪费。此外，由于部门之间的信息共享不足，政策执行效果难以有效追踪，部分绿色项目的进展情况和环境效益难以全面掌握，削弱了财政政策支持绿色经济发展的整体效应。

最后，地方财政政策支持绿色经济发展的过程中还面临社会公众参与度低的问题。尽管绿色经济发展能够带来广泛的生态效益和社会效益，但公众对地方财政政策的参与和监督较为有限。许多绿色项目在规划和实施过程中未能充分征求公众意见，导致政策的透明度和公众接受度不高。同时，由于公众对绿色经济和环保政策的了解不够深入，一些项目在执行过程中遭遇了社会阻力，影响了政策效果的发挥。如何加强公众的环保意识和参与度，使其理解和支持绿色财政政策，也是地方政府需要解决的重要问题。

综合来看，地方政府财政政策在支持绿色经济发展中既展现出重要的推动作用，同时也面临资金约束、效果评价不足、部门协调不力和公众参与度低等多方面的挑战。解决这些问题需要从完善资金保障机制、建立科学的绩效评估体系、加强部门协同和提高公众参与等方面入手，以提高财政政策支持绿色经济发展的有效性。

（三）典型案例分析：成功经验与失败教训

近年来，世界各国纷纷将绿色经济作为经济发展的重要战略方向，地方政府也在探索通过财政政策和专项债等工具支持绿色经济的发展。在这一过程中，一些地方政府积累了成功的经验，也有一些地方政府遇到了挑战和失败的教训。本文通过分析典型案例，探讨地方财政及专项债在绿色经济发展中的成败经验。

1. 成功经验

浙江省杭州市是地方财政政策支持绿色经济发展的典型成功案例。杭州市政府通过绿色金融和绿色债券等手段，推动了城市绿色基础设施建设和绿色产业的发展。具体措施包括设立绿色发展专项资金，用于支持绿色建筑、清洁能源和环保产业项目；发行绿色债券，筹集资金建设地铁、风电场和太阳能发电站等绿色项目。通过这些措施，杭州市不仅提升了城市环境质量，还促进了经济结构的调整和升级，取得了显著的经济效益和环境效益。

广东省深圳市在利用专项债支持绿色经济发展方面也取得了成功。深圳市政府积极发行绿色专项债，筹集资金用于支持新能源汽车、绿色建筑和生态修复等项目。在新能源汽车领域，深圳市通过专项债筹资建设了大规模的充电桩网络，推动了新能源汽车的普及和应用，减少了城市交通污染。在绿色建筑方面，深圳市利用专项债资金建设了一批符合绿色建筑标准的公共建筑和住宅，提升了建筑能效，降低了碳排放。

2. 失败教训

并非所有地方政府在推动绿色经济发展时都能取得成功。某些地方政府在财政政策和专项债的使用上面临诸多挑战，导致项目未能达到预期效果。某市政府曾经尝试通过专项债筹集资金建设大型太阳能发电站项目，但由于项目规划不够科学，市场调研不足，项目建设过程中出现了资金短缺、技术问题和市场需求不足等问题，最终项目未能如期完成，造成了财政资金的浪费和负面影响。

此外，某些地方政府在推动绿色经济发展时，忽视了政策的科学性和系统性，导致政策实施效果不佳。某地政府曾经推出一系列绿色补贴政策，试图通过财政激励促进绿色产业发展，但由于缺乏系统的政策设计和有效的监督机制，部分企业利用政策漏洞骗取补贴资金，绿色产业发展效果不明显，财政资金使用效率低下。

通过对上述成功经验和失败教训的分析可以看出，地方财政及专项债在支持绿色经济发展中起到了重要作用，但其成效取决于政策设计的科学性、实施过程的规范性和监督管理的有效性。地方政府在制定和实施绿色经济政策时，需注重科学规划，合理利用财政资金，加强政策监督，确保政策的有效性和可持续性。

三 专项债支持绿色经济发展的专题研究

（一）专项债的概念与特点

专项债券，简称专项债，是指由地方政府发行并以特定项目收益作为还款来源的债券。其概念起源于政府为特定项目筹集资金的需求，旨在通过市场化手段解决公共项目建设中的资金短缺问题。专项债的发行通常需要明确的项目审批程序和严格的资金使用管理，以确保资金投向符合绿色、可持续发展的目标。

专项债的特点主要体现在以下几个方面：

首先，专项债具有特定用途。发行专项债所筹集的资金必须用于特定的项目，这些项目通常涉及基础设施建设、环境保护、公共服务等领域。资金使用的透明性和专款专用的原则确保了专项债资金能够有效地促进绿色经济的发展。

其次，专项债具有特定的还款来源。相较于一般债券，专项债的还款来源并非来自地方政府的综合财力，而是依赖项目本身的收益或政府指定的其他特定收入。例如，某些专项债可能通过项目运营中的收费收入、节能减排带来的效益等进行偿还。这种还款模式减轻了地方政府的整体财政压力，同时也增加了投资者对专项债项目收益的关注。

再次，专项债具有较高的透明度和严格的管理要求。专项债的发行和使用过程需要经过严格的审核和监管，以确保资金真正用于项目建设，并且项目的经济效益和社会效益能够达成预期目标。政府在专项债的使用过程中需要定期披露资金使用情况和项目进展，接受社会监督和审计部门的检查。

最后，专项债具有较低的融资成本。由于专项债通常具有政府信用背书，风险相对较低，因而融资成本较低。这使专项债成为地方政府筹集长期低成本资金的重要工具，有助于推动绿色经济项目的实施。

综上所述，专项债作为一种重要的融资工具，其特定用途、特定还款来源、较高的透明度和严格的管理要求，以及较低的融资成本，使其在支持绿色经济发展中发挥着关键作用。在未来的发展中，专项债有望在更多领域发挥其优势，推动绿色经济的持续健康发展。

（二）专项债在绿色经济发展中的应用

专项债在绿色经济发展中的应用在近年来得到了广泛关注和深入研究。专项债作为一种重要的财政工具，具备定向融资、专款专用的特点，非常适合于支持绿色经济的发展。

在绿色基础设施建设方面，专项债的应用显著提升了项目的融资能力和实施速度。例如，在可再生能源项目中，专项债能够为风能、太阳能等项目提供稳定的资金来源，保障项目的连续性和可持续性。此外，专项债还被广泛用于节能环保、污水处理等绿色项目，提升了城市的环境质量和居民生活水平。

专项债在绿色交通领域的应用也取得了显著成效。许多地方政府通过发行专项债，筹集资金用于建设地铁、轻轨和新能源汽车充电桩等基础设施。这不仅缓解了交通拥堵和环境污染问题，还推动了绿色交通的发展，促进了经济和环境的"双赢"。

在生态修复和环境保护方面，专项债的作用也不可忽视。许多地方政府通过专项债融资，开展了大规模的生态修复工程，如河流治理、森林恢复和湿地保护等。这些项目不仅改善了生态环境，还为当地居民提供了更多的就业机会，促进了社会经济的可持续发展。

专项债还在绿色农业和农村可持续发展中发挥了重要作用。通过专项债融资，地方政府可以支持现代农业和生态农业项目的发展，推动农业结构调整和绿色技术应用，提升农业的绿色化水平，同时促进农村经济的可持续发展。

在促进绿色科技创新方面，专项债也有重要的应用。通过专项债的支持，许多地方政府能够为绿色技术研发和创新项目提供资金保障，推动绿色技术的研发和应用，提升绿色经济的发展水平。

尽管专项债在绿色经济发展中具有重要作用，但其应用也面临一些挑战。例如，专项债的融资成本较高，可能增加地方政府的财政负担。此外，专项债的使用需严格遵循专款专用原则，确保资金使用的透明性和有效性，以防止资金滥用和项目风险。

综上所述，专项债在绿色经济发展中的应用具有广泛的前景和重要的意义。地方政府应充分利用专项债这一财政工具，科学规划、合理使用，推动绿色经济的持续健康发展。

（三）专项债支持绿色经济发展的政策建议

为了更好地发挥专项债在支持绿色经济发展中的作用，从政策层面提供以下建议：

第一，应合理规划专项债的使用方向，将其优先用于符合绿色发展理念的项目。例如，可重点支持新能源产业、节能减排技术、生态保护修复工程和绿色交通基础设施等领域。这样不仅能够确保专项债资金的使用符合绿色经济发展的核心需求，还能避免资金流向传统高污染、高能耗的项目，从而提升专项债的环境效益。

第二，建立专项债项目的绿色评估和认证机制，确保项目符合绿色发展标准。可以参考国际绿色金融市场中的标准，如《绿色债券原则》和《气候债券标准》，建立一套适用于国内的专项债绿色评估框架。在项目立项、审核和实施过程中引入第三方评估机构，对专项债项目的环境影响进行严格评估，确保资金真正用于促进生态环境改善和可持续发展。

第三，强化专项债资金使用的监督管理，防止资金的滥用和挪用。应建立专项债使用情况的实时监控系统,定期公布项目进展和资金使用情况,接受社会和媒体的监督。财政部门可以通过定期审计、项目评估等方式,对专项债资金的使用效率和绿色效益进行检查,确保每一笔资金都能产生预期的环境效果。

第四,应加强专项债的风险防控,确保其长期可持续性。绿色经济项目通常投资周期较长,短期内难以实现较高的经济回报,这就要求在专项债发行时,充分考虑其还款来源和风险控制措施。可以通过政府与社会资本合作(PPP)模式,引入更多社会资本,共同承担绿色项目的风险与收益。这样不仅能够缓解地方财政压力,还能提高专项债项目的执行效率。

第五,鼓励创新专项债的融资模式,丰富专项债的产品类型。可以探索发行绿色专项债、碳减排专项债等新型债券产品,将专项债与碳市场、环境权益等挂钩,进一步拓展专项债的融资渠道。同时,推广"收益导向型"债券,使债券的偿还与项目产生的环境效益挂钩,以激励债券资金在绿色项目中的高效利用。

通过以上政策建议,专项债在绿色经济发展中的支持作用将得到进一步提升,不仅为地方经济的绿色转型提供了充足的资金保障,还能有效推动我国实现"碳达峰"和"碳中和"目标,助力建设生态文明和可持续发展的经济体系。

四 结 语

绿色经济作为一种新的经济发展模式,已逐渐成为全球共识,并成为实现可持续发展的重要途径。在全球资源环境压力增大、气候变化问题愈加严峻的背景下,传统经济发展模式对自然资源的高消耗、高排放和环境的高污染,已严重制约经济社会的可持续发展,亟须转型为低碳、环保、高效的绿色经济发展模式。绿色经济不仅着眼于经济增长,更强调环境保护、资源节约和生态平衡,符合经济、社会和环境三方面的可持续发展要求。

在这一背景下,财政政策作为政府调控经济的重要工具,发挥了不可或缺的支持作用。通过财政政策引导绿色投资、扶持绿色产业、促进技术创新,有助于推动绿色经济的发展。地方财政,作为财政政策的基层执行者，其资金投向和政策支持对区域绿色经济发展产生直接影响。地方政府在推动绿色经济过程中承担着重要责任，特别是在生态环境改善、产业结构转型和绿色技术创新等方面，地方财政支持能够直接作用于绿色经济的关键环节。

与此同时，为应对地方财政资金的不足，专项债作为一种重要的融资工具为地方政府可以提供必要的资金支持，以推动基础设施建设和特定领域的发展。近年来，专项债的投向逐渐向绿色领域倾斜，包括绿色能源、环保设施、生态保护和可持续城市建设等。专项债的应用不仅有助于解决绿色项目的资金"瓶颈"问题，同时能够进一步推动绿色产业的发展，助力经济结构的绿色转型。随着未来专项债发行审核权下放至省级政府，绿色专项债发行程序将得到大大简化，绿色专项债的发行规模和实施范围都有望得到较大扩展。

地方财政及专项债对绿色经济发展的支持作用具有重要意义。本文对地方财政对绿色经济发展具体支持路径的研究，可以帮助优化政府的财政政策，确保绿色发展目标的有效实现。专项债在绿色经济发展中的恰当应用，能够补充地方财政的资源不足。本文为未来绿色专项债的投放提供了政策依据和实践参考，有助于更好地推动绿色经济发展，实现环境与经济的"双赢"。

主要参考文献

杜涛：《袁海霞：缓解地方财政流动性压力要从三方面入手》，《经济观察报》2024年9月30日第4版。

李娜、梁文明、查梓琰：《地方财政支出与区域经济高质量发展——基于直接效应和空间溢出效应的双重视角》，《宏观经济研究》2024年第9期。

常晓素、张雨：《减税激励、地方财政可持续性与经济高质量发展》，《宜宾学院学报》2025年第1期。

梁爽：《地方财政收入可持续发展的路径研究》，《中国集体经济》2024年第23期。

张巍：《地方财政部门内部控制管理体系的构建探讨》，《商讯》2024

年第 16 期。

林静：《数字政府背景下中国地方财政预算治理效率评价研究——基于 DEA-Malmquist 模型》，《哈尔滨工业大学学报》（社会科学版）2024 年第 4 期。

高蕾：《加强预算绩效管理助推地方财政高质量发展》，《活力》2024 年第 12 期。

梁丽娟、刘朵丽、靳小翠：《地方财政治理能力、地方财政收支差距与县域经济高质量发展》，《河南理工大学学报》（社会科学版）2024 年第 4 期。

绿色供应链金融数智化转型：
科技驱动，价值共生

罗润华　古新添　李晓哲[*]

　　在全球气候变化和资源环境约束日益严峻的背景下，绿色供应链金融作为一种创新的金融模式，正逐步成为推动经济绿色转型和可持续发展的重要力量。绿色供应链金融不仅融合了绿色金融的环保理念和供应链金融的融资优势，还通过优化资源配置、提高资源利用效率，促进了供应链上下游企业的绿色转型和可持续发展。

　　近年来，随着大数据、云计算、人工智能等数字化和智能化技术的快速发展，绿色供应链金融迎来了数智化转型的新机遇。数智化转型不仅有助于提升绿色供应链金融的效率和透明度，还能通过数据分析和智能决策，降低融资成本和风险，为绿色供应链金融的可持续发展注入新的动力。

　　绿色供应链金融数智化转型也面临着诸多挑战。如何有效整合数字化和智能化技术与绿色供应链金融的业务流程，如何确保数据的安全性和隐私性，如何构建适应数智化转型的监管体系等问题，都需要我们深入研究和探讨。

　　本文旨在全面分析绿色供应链金融数智化转型的现状、挑战和机遇，参照一些案例，提出针对性的发展策略和建议，期望能够为绿色供应链金融的数智化转型提供有益的参考和借鉴，推动绿色供应链金融可持续发展，为实现全球气候目标和可持续发展目标贡献力量。

---

[*] 罗润华，深圳市骐骥前海科技产业研究院研究员，主要研究方向为数字经济、现代物流、供应链金融；古新添，深圳市骐骥前海科技产业研究院助理研究员，主要研究方向为数字经济、绿色供应链；李晓哲，深圳市骐骥前海科技产业研究院特约研究员，主要研究方向为企业数智化转型。

一 绿色供应链金融的概念内涵和历史沿革

（一）概念内涵

绿色供应链金融是供应链金融、绿色金融和绿色供应链的融合创新，主要表现为核心企业主导的"供应链金融+绿色金融"。它依托于核心企业的自身实力以及供应链上的真实交易开展，强调对资金绿色投向的重视。通过优化资源配置、提高资源利用效率、降低能耗和减少排放，推动供应链上下游企业实现绿色转型。

（二）历史沿革

绿色供应链金融的概念萌芽于20世纪70年代的美国，最初出现在物流管理行业中，以在供应链中增加对环境因素的考量为基本特征。20世纪90年代，西方开始出现针对绿色供应链的专项研究，绿色供应链管理逐渐兴起。随着绿色金融的快速发展，绿色供应链金融逐渐成为绿色金融的重要组成部分。近年来，随着数字化和智能化技术的广泛应用，绿色供应链金融数智化转型成为行业发展的新趋势。

绿色供应链金融的发展历程可以大致分为以下三个阶段：

（1）初步探索阶段：20世纪70年代至90年代，绿色供应链的概念开始萌芽，并逐渐在物流管理行业中得到应用。

（2）快速发展阶段：21世纪前20年，随着绿色金融的快速发展，绿色供应链金融逐渐成为绿色金融的重要组成部分，并逐渐在全球范围内得到推广和应用。

（3）数智化转型阶段：近年来，随着数字化和智能化技术的广泛应用，绿色供应链金融开始进入数智化转型阶段，通过数字化和智能化技术推动行业变革。

二 绿色供应链金融进行数智化转型的社会价值

（一）绿色供应链金融对制造业升级与可持续发展具有重要作用

2024年，绿色供应链金融对制造业升级和可持续发展起到了至关重要的作用。随着全球对环境保护和企业社会责任的关注度不断提升,绿色供应链金融作为一种支持环保、低碳、可持续发展项目的融资方式,正逐渐成为金融市场的主流。它不仅能够促进制造业企业向低碳、环保、可持续方向转型,降低环境风险,还能提升企业在市场上的竞争力。通过绿色供应链金融,企业可以获得资金支持,投资于低碳技术和绿色供应链管理,从而推动技术创新和产业升级。

(二) 当前绿色供应链金融需要实现数智化转型

面对日益复杂的市场环境和不断变化的客户需求,绿色供应链金融需要实现数智化转型,以适应新的发展趋势。数智化转型意味着利用大数据、云计算、人工智能等先进技术,对绿色供应链金融进行数字化、智能化改造,以提升服务效率和质量。通过数智化转型,绿色供应链金融可以更加精准地识别客户需求,优化资源配置,降低运营成本,提高风险防控能力。

(三) 绿色供应链金融数智化转型的现实意义

1. 优化资源配置

数智化转型使得绿色供应链金融能够更加精准地识别和分析项目风险与收益,从而优化资源配置,提高供应链的灵活性和适应性,以实现生产过程的优化和效率的提升。金融机构可以根据项目的环保效益、技术可行性、市场前景等因素,进行综合评估,为符合绿色标准的项目提供资金支持。同时,通过数智化手段,金融机构还可以实时监测项目的运营情况,确保资金的安全和有效使用。

2. 提高透明度,降低风险

数智化转型提高了绿色供应链金融的透明度,降低了风险。通过数字化技术,金融机构可以实时获取供应链上的物流、信息流、资金流等数据,实现对供应链全过程的监控和管理。这有助于金融机构及时发现潜在风险,并采取相应的防控措施。同时,数智化转型还可以提高供应链上各参与方的协同效率,减少信息不对称和道德风险。

3. 提高效率和效益

数智化转型显著提高了绿色供应链金融的服务效率和服务质量。通过自动化、智能化的处理流程,金融机构可以更快地响应客户需求,精准决策，提高管理效率，缩短审批时间，提高放款速度，提升企业的竞争力和应变能力。此外，数智化转型还可以降低运营成本，提高金融机构的盈利能力。例如，利用大数据和人工智能技术，金融机构可以实现对客户的精准营销和个性化服务，提高客户满意度和忠诚度。

三 2024年绿色供应链金融数智化转型发展情况

2024年，绿色供应链金融的数智化转型取得了显著进展，成为推动经济社会绿色化、低碳化转型的重要力量。

（一）政策推动上：顶层设计不断完善

2024年，我国政府在绿色金融领域的顶层设计不断完善，为绿色供应链金融的数智化转型奠定了坚实的政策基础。中央金融工作会议明确提出，要做好绿色金融等"五篇大文章"，为绿色金融的发展注入了强大动力。随后，一系列相关政策文件相继出台，如《中共中央 国务院关于全面推进美丽中国建设的意见》《关于进一步强化金融支持绿色低碳发展的指导意见》等，不仅明确了绿色金融发展方向，也为绿色供应链金融数智化转型提供了具体指导和支持。

特别是七部委联合发布的《关于进一步强化金融支持绿色低碳发展的指导意见》，提出了构建绿色金融标准体系、信息披露、激励约束体系、产品和市场体系以及国际合作五大支柱，为绿色金融的长远发展奠定了坚实基础。

（二）市场实践上：绿色金融产品与服务日益丰富

在市场实践方面，绿色供应链金融的数智化转型体现在绿色信贷、绿色债券等主导产品的规模化发展，以及多元化绿色金融产品与服务的不断涌现。截至2024年第三季度末，我国绿色贷款余额已达到35.75万亿元，同比增长25.1%，增速远高于各项贷款的平均增速。绿色债券的累计发行规模也达到了新的高度，为绿色项目的融资提供了有力支持。

此外，转型金融政策与市场发展加速推进，转型类债券的累计发行规模超过1800亿元，创新信贷产品如可持续发展挂钩贷款、公正转型贷款等也开始出现。这些金融产品的创新，不仅丰富了绿色供应链金融的市场供给，也提高了金融服务的针对性和有效性。

（三）技术创新上：数字技术赋能绿色供应链金融

技术创新是推动绿色供应链金融数智化转型的关键。2024年，数字技术如大数据、云计算、人工智能等在绿色供应链金融中的应用日益广泛，为金融服务的智能化、高效化提供了有力支撑。

例如，一些金融机构通过与全国及区域碳市场、绿色交易所等机构的对接交流，促进了清算、交易、咨询等方面的合作，以碳足迹、碳配额、碳信用等涉碳权益为基础开展了创新实践。同时，金融机构还加强了与实体企业和服务机构的合作，共同探索绿色供应链金融的新模式，如建设银行的供应链控制塔项目，通过数智化建设实现了供应链的可视化、智能化和网络化，提升了运营效率和风险应对能力。

此外，一些地区还推出了绿色金融数字化转型计划，如人民银行重庆市分行发布的《重庆市推动绿色金融数字化转型提升三年行动计划（2024—2026）》，旨在以数字技术推动绿色金融服务更优、覆盖更广、体验更佳，打造绿色金融数字化发展示范样板。

（四）国际合作上：积极参与全球绿色金融治理

在国际合作方面，我国积极参与全球绿色金融治理，为推动全球绿色金融发展贡献了中国智慧和中国方案。例如，中国人民银行先后担任二十国集团（G20）绿色金融研究小组和可持续金融工作组共同主席，大力推动国际绿色金融和转型金融相关研究和工作。同时，我国还倡议和发起了一系列绿色金融国际合作机制，如G20可持续金融工作组、可持续金融共同分类目录（CGT）工作组等，这些机制在形成可持续金融全球共识、提高绿色金融标准的兼容性等方面发挥了重要作用。

四 绿色供应链金融数智化转型发展趋势分析

随着科技的飞速发展和全球对可持续发展的日益重视，数智化、智能化在绿色供应链金融中的应用将呈现出更加广泛和深入的趋势。

（一）人工智能、大数据、区块链等前沿技术助力绿色供应链金融迈向数智化

2025年，人工智能、大数据、区块链等先进技术将在绿色供应链金融领域得到更加成熟的应用，推动该领域实现数智化转型。这些技术将协同作用于供应链的各个环节，提高数据处理和分析能力，增强供应链的透明度和可追溯性。

（1）人工智能：通过机器学习、自然语言处理等技术，人工智能可以对供应链数据进行智能分析和预测，为金融机构提供更加精准的决策支持。

（2）大数据：大数据技术可以收集和分析海量的供应链数据集，揭示数据背后的规律和趋势，为金融机构提供全面的风险评估和信贷决策依据。

（3）区块链：区块链技术凭借其去中心化、不可篡改的特性，可以确保供应链数据的真实性和完整性，从而降低信息不对称和道德风险。

（二）实现供应链金融精准决策与风险管理

随着数据挖掘、分析与预测技术的持续发展，金融机构将更加精准地掌握供应链金融的风险和机遇。通过对供应链数据的深度挖掘和分析，金融机构可以识别潜在的风险点和盈利点，从而为决策提供有力的支持。此外，这些先进技术还可以助力金融机构实时监测供应链的运营状况，及时发现并应对潜在风险。

（三）快速响应市场需求，优化资源配置

随着数字化的发展，绿色供应链金融将能够更敏捷地响应市场需求，高效地优化资源配置。通过智能化的处理流程和数据分析技术，金融机构可以更加灵活地调整信贷政策和资金投向，确保资金能够准确地流向那些符合绿色标准、具备发展潜力的企业和项目。这一举措，将提高资金的使用效率，并推动供应链的可持续发展。

（四）实现环境效益、社会效益、经济效益多赢

绿色供应链金融的数智化转型将带来环境效益、社会效益和经济效益

的多重提升。

（1）环境效益：通过支持绿色项目和环保企业，绿色供应链金融将推动经济向低碳、环保方向转型，有效减少环境污染和生态破坏。

（2）社会效益：数智化转型将提升供应链的透明度和可追溯性，增强消费者对绿色产品的信任和认可，进而推动绿色消费和可持续发展理念的普及。

（3）经济效益：通过数智化转型优化资源配置和降低运营成本，绿色供应链金融将提高金融机构和企业的盈利能力，从而实现经济效益的增长。

五　绿色供应链金融数智化转型成功案例分析

以下是三个关于绿色供应链金融数智化转型的成功案例。

（一）网商银行"绿色采购贷"

网商银行推出的"绿色采购贷"项目，基于绿色品牌企业与下游经销商之间的真实交易关系，整合信息流、资金流，对品牌企业的绿色表现进行综合评估，为小微经销商向绿色品牌供应商采购提供操作便捷、无抵押、免担保的信用贷款。截至2021年底，网商银行已与家电、食品等行业超过140家绿色品牌企业达成合作，累计提供超203亿元贷款支持。这一项目不仅缓解了小微经销商的融资难题，还通过关注供应链中的环境问题，提升了银行的抗环境风险能力，促进了供应链的绿色化转型。

（二）国联股份数智化供应链

国联股份作为工业互联网的领先企业，在绿色供应链金融数智化转型方面取得了显著成效。国联股份通过构建全产业链内外协同的运作新体系，建设数字经济创新生态，实现了供应链的深度协同和高效运营。其多多电商平台和PTDCloud工业互联网平台，服务于交易、物流、仓储、金融、生产等多个环节，实现了万物互联、产业间信息数据共享，促进了产业链的高效协同。国联股份还大力实施"千家数字云工厂"战略，赋能工业企业数字化转型，提升效率，降低成本，缓解资金压力。这些举措不仅推动了绿色供应链金融的发展，还带动了上下游企业协同发展，为推进数字产业化和产业数字化贡献力量。

(三) 民生银行绿色金融实践

民生银行在绿色金融领域也取得了显著成果，积极探索创新环境权益抵质押融资的相关制度与实践，制定了碳排放权质押及排污权抵质押担保管理办法，拓宽了与企业的融资合作方式。在此基础上，民生银行实现了多笔创新业务落地，如湖北省首单跨履约周期碳排放权担保贷款、行内首单排污权抵押+保证组合贷款等。这些创新业务不仅帮助企业拓宽了低碳减排融资渠道，还在市场上形成了较好的示范效应。同时，民生银行还搭建了全行法人客户ESG评级模型，将ESG评级结果作为客户信用风险评价的重要补充和参考，进一步提升了绿色金融的风险防控能力。

这些实践不仅推动了绿色供应链金融的发展，还为其他行业和企业提供了有益的借鉴和启示。

六 绿色供应链金融数智化转型面临的挑战与政策建议

(一) 面临的挑战

绿色供应链金融的数智化转型对于推动绿色金融发展和产业升级具有深远的意义。然而，在实际操作过程中，这一转型也面临着多重挑战。

1. 缺乏专项的绿色金融激励机制

尽管我国已有政策和激励措施支持金融机构开展绿色金融业务，但绿色金融的整合发展仍处于初级阶段，缺乏专项激励措施来推动金融机构创新相关产品。

同时，针对小微企业绿色低碳转型的激励机制也不足，目前绿色低碳转型政策主要针对大型企业和特定行业，缺乏专门针对小微企业等普惠对象的激励措施。

2. 数据标准化与信息共享难题

当前，绿色金融数据在统计口径、数据规范等方面存在显著差异，这不仅提高了相关部门收集与分析数据的成本，还影响了绿色金融的运营效率。不同部门和不同机构间的"信息孤岛"现象严重，难以实现数据互联互通和共享，限制了绿色金融在供应链中进行精准识别的能力。

3. 信用体系不健全

在绿色供应链金融领域，传统的信用体系逐渐不能适应发展，而新的信用体系尚未完全建立。这导致金融机构在评估绿色供应链项目时面临重大挑战。由于供应链金融中涉及众多主体，信用评估的复杂性和不确定性增加，进而影响了绿色供应链金融的可持续发展。

4. 技术与人才短缺

数字技术在绿色金融中的应用需要大量高素质的专业人才，但目前这类人才相对稀缺，限制了绿色供应链金融数智化转型的进程。同时，技术的快速更新迭代也对金融机构的技术研发和应用能力提出了更高的要求。

5. 政策与法规滞后

尽管绿色金融得到了国家政策的大力支持，但在实际操作中，相关的法规和政策体系尚未完善，给绿色金融的实际操作带来了诸多困难。特别是在绿色供应链金融领域，缺乏针对性的法规和政策指导，使得金融机构在推动绿色供应链金融时缺乏明确的法律保障。

6. 风险控制与监管挑战

绿色供应链金融涉及众多环节和主体，使得风险控制的难度加大。特别是在数字化转型过程中，网络安全和数据隐私等问题日益凸显。监管机构在推动绿色金融发展的同时，也需要加强对绿色供应链金融的监管，以确保金融市场的稳定和健康发展。

（二）政策建议

1. 制定绿色金融的指引、政策及激励机制

制定指导方针、激励措施和标准，促进绿色金融的发展。关注绿色金融政策对小微企业的覆盖，并提供倾斜支持以促进这些企业的绿色低碳转型。加强供应链金融基础设施建设，研究制定针对绿色企业的专项货币政策，逐步完善绿色金融的标准体系，并鼓励金融机构通过创新产品服务支持绿色供应链的综合发展。

2. 加强数据标准化与信息共享

推动绿色金融数据的标准化建设，建立统一的数据标准和统计口径，提高数据的可比性和可用性。构建绿色金融信息共享平台，促进不同部门、机构间数据的互联互通和共享，提高绿色金融在供应链中的精确识别能力。

3. 完善信用体系建设

建立和完善绿色供应链金融信用评估体系，加强对供应链中各主体的信用评估和管理。推动信用信息共享及互认机制，降低金融机构在评估绿色供应链项目时所面临的风险与不确定性。

4. 加大技术与人才培养力度

加大对绿色金融技术的研发投入，促进数字技术在金融领域的广泛应用。强化绿色金融专业人才的培育与引进，提升金融机构在绿色供应链金融领域的业务能力和技术水平。

5. 完善法规与政策体系

制定并完善绿色供应链金融相关的法规与政策体系，为绿色金融提供坚实的法律支撑。推进绿色金融标准的国际化进程，加强与国际金融机构的合作与交流，提升我国绿色金融在国际上的影响力。

6. 加强风险控制与监管

建立健全绿色供应链金融风险控制机制，加强对绿色供应链金融项目的风险评估和管理。加强网络安全与数据隐私保护。确保数据传输与存储的安全性，保障金融活动的可靠性与稳定性。监管机构应强化对绿色供应链金融的监管力度，保障金融市场的稳定与健康发展。

七　结　语

绿色供应链金融数智化转型，是推动绿色金融和可持续发展的重要途径。通过整合供应链资源，运用先进的数据分析和风险管理技术，以及数字化和智能化技术，绿色供应链金融能够实现业务流程的优化、融资效率和透明度的提升，以及风险和成本的降低，为供应链上下游企业的绿色转型和可持续发展提供强有力的金融支持，引导资金流向绿色和低碳领域，助力实现经济、社会、环境的和谐发展。

然而，转型之路并非坦途，面临着数据标准化缺失、信用体系不健全、技术与人才短缺、政策与法规支撑不足以及风险控制难度高等多重挑战。只有政府、金融机构、企业以及社会各界共同努力，携手合作，加强创新，才能推动绿色供应链金融的数智化转型持续向前发展。

展望未来，随着技术的持续进步和政策的逐步完善，绿色供应链金融数智化转型将迎来更加广阔的发展前景。我们期待看到更多的创新实践和技术突破,为绿色供应链金融的可持续发展注入新的活力。

主要参考文献

丁洁、童元松、王光伟:《区块链赋能绿色供应链金融发展的机制与路径研究》,《西南金融》2023年第10期。

孔祥忠:《数字新质生产力对产业链绿色转型的影响》,《中国流通经济》2024年第10期。

张鹏伟:《新质生产力赋能制造业绿色转型探析》,《财会月刊》2024年第20期。

徐政、张姣玉、李宗尧:《新质生产力赋能碳达峰碳中和:内在逻辑与实践方略》,《青海社会科学》2023年第6期。

张芳、章璐、冷奥旗:《供应链金融支持绿色普惠融合发展创新与政策建议研究》,《西南金融》2024年第7期。

新能源上市公司外汇风险管控

刘　江[*]

过去20年，中国新能源行业成功打造了中国出口"新三样"的名片：新能源电池、新能源车和光伏产品。根据海关总署数据，仅2023年，"新三样"产品合计出口人民币1.06万亿元。而考虑到2023年美元兑人民币经历了最低6.7、最高7.3的波动，这万亿元出口的背后就面临着千亿元的外汇波动风险。以隆基股份、比亚迪或者宁德时代为代表的行业龙头企业，月利润表中"汇兑损益"这单一科目可能就会面临数亿元的盈亏起伏，更不用说汇率对现金流量表的影响。所以，中国人民银行以及国家外汇管理局也在不断地呼吁以新能源行业为代表的中国企业，要对外汇风险进行以"风险中性"为目标的管理，避免汇率波动对企业报表产生消极的影响。但是在这个实践过程中，企业还是会遇到各种各样的问题，包括人才储备、业财融合、衍生品交易，尤其是"什么时候交易""交易多少""交易多久"这三个核心问题成为每个企业面临的难点。而行业是否存在最佳实践，是否应该向外资企业（比如"四大"会计师事务所等专业机构）学习都成为摆在企业面前的现实问题。

一　新能源上市公司的特点和外汇风险

（一）新能源上市公司的基本情况

新能源上市公司致力于开发、生产和利用可再生能源，推动全球能源转型和低碳发展。随着国际社会对可持续发展的关注不断增加，新能源行

[*] 刘江，CFA，酷滴科技有限责任公司COO、合伙人，外汇风险管理资深专家。

业迅速崛起，成为资本市场的重要领域。中国证券网数据显示，截至2024年12月，中国新能源板块共有209家上市公司，占A股上市公司的3.88%。这些公司涵盖光伏、风能、储能、氢能及新能源汽车等领域，代表企业包括隆基股份、宁德时代、比亚迪、金风科技等。然而，这些企业在快速发展的同时，也面临技术更新慢、政策依赖和市场竞争激烈的多重挑战。

（二）新能源上市公司的特点

1. 市场特点

新能源上市公司高度依赖国际市场，体现出市场全球化和受国际政策影响大的特点。新能源企业的产品和服务主要销往欧洲、北美和东南亚等区域，并通过出口、海外投资和跨国并购加速全球布局。例如，中国光伏企业在国外建设光伏电站以贴近终端市场需求。同时，市场需求与政策密切相关，如欧洲"绿色新政"和美国税收优惠政策直接推动本国新能源行业发展。政策的不确定性也为企业带来挑战，如补贴政策的调整可能直接影响市场需求。

2. 资金流动巨大

资金流动巨大是新能源上市公司的核心特征之一。新能源项目的前期投资规模巨大，如光伏电站、风电场的建设需要数亿元甚至更多资金，这些企业通常通过股权融资、债券发行和海外资本市场筹集资金。此外，新能源企业在全球范围内开展业务，包括原材料采购、设备进口以及海外投资，这要求企业具有高效的跨境资金管理能力，以减少汇率波动的影响。企业还需持续投入巨额资金用于新技术的研发和市场推广，如储能技术的突破和氢能项目的开发，这对企业的资金流动性提出更高要求。

（三）新能源上市公司的外汇风险

1. 国际市场依赖度高

新能源上市公司高度依赖国际市场，外汇风险主要表现为汇率波动对公司经营利润的影响。新能源产品出口通常以美元或欧元定价，而企业的生产成本大多以人民币计价。汇率波动可能导致收入和成本的波动，进而影响企业的利润。例如，人民币升值可能削弱出口企业的价格优势。同时，国际市场上的政策变化，如贸易壁垒和补贴政策调整，也会加剧外汇风险,可能影响企业在当地的市场份额。

2. 技术研发与国际合作密切

新能源技术的开发并非局限于国内市场,而是高度依赖国际合作。光伏、储能、氢能等领域的技术进步,往往需要与国际先进技术团队开展深度交流与协作。在这一过程中,外汇风险的表现之一是企业的软实力很大程度上受到跨国交流的影响。国际合作的有效推进是技术研发的关键,不仅关系到技术的引进与应用,也对企业在全球新能源市场中的地位和竞争力产生深远影响。而相关的跨文化沟通能力可能对合作效率、项目执行以及国际合作关系的稳定性产生影响。

二 新能源上市公司外汇风险管理的目标和原则

(一) 目标

1. 保护股东利益

新能源行业是长期回报行业,而外汇风险对企业财务稳定性和市场信心具有深远影响,外汇风险管理能力反映了公司应对挑战的能力,也关系到未来发展前景,有效的外汇管理可降低财务波动,提升投资者信心,稳定股价。

2. 确保财务稳定

新能源公司在全球市场开展业务时,会面临大量的外汇交易和资金流动,如进口原材料、出口产品、跨境投资等。汇率波动可能导致公司收入、成本和利润的不确定性增加,进而影响公司的财务稳定性和盈利能力。通过有效的外汇风险管理,可以减少汇率波动对公司财务状况的负面影响,确保公司财务的稳健运行,为业务的持续发展奠定坚实的财务基础。

3. 维护新能源业务稳定发展

新能源行业竞争激烈,产品价格是影响企业竞争力的重要因素之一。汇率波动可能导致企业出口产品的价格竞争力下降,或者进口原材料的成本上升,从而影响企业的市场份额和盈利能力。通过外汇风险管理,企业可以更好地规划国际业务,避免因汇率波动导致的价格竞争力下降,保持在国际市场上的竞争优势,促进业务的稳定发展。

（二）原则

1. 风险评估

风险评估是进行外汇风险管理的前提和基础。"外管局指引"（国家外汇管理局在2024年8月发布的"企业汇率风险管理指引"）中将狭义的外汇风险分为经济风险、交易风险和折算风险。其中，经济风险是指汇率波动对企业的产品竞争力、盈利能力、偿债能力、跨境并购战略决策等造成的中长期影响。例如，人民币升值时，出口企业的产品竞争力有下滑风险；相反，当人民币贬值时，进口成本会上升。由于美国加息，全球资本都流向了美国。这是否会影响公司的主营业务，导致经营风险上升？企业该如何调整外汇管理策略进行对冲？

而在广义上，结算风险、信用风险、投资风险、利率风险等，都和外汇有着千丝万缕的联系。面对这些问题，新能源上市公司要充分评估风险，并采取相应的措施。

2. 成本效益平衡

在进行外汇风险管理时，成本效益平衡是重要的原则。

在选择外汇对冲工具时，需要权衡其成本和收益。例如，相较于外汇期权，外汇远期合约的对冲成本较低，但外汇期权灵活性较好，可以保留一定的市场机会。公司应根据自身的风险偏好和业务需求，选择最合适的对冲工具。

在进行外汇套期保值时，应严格控制对冲成本，避免因过度对冲导致的成本增加。可以通过优化对冲策略、提高对冲效率、选择合适的交易时机等方式，降低对冲成本。

三　现行外汇风险管控工具和技术

（一）金融衍生工具

市场上用于套期保值的金融衍生工具主要包括在国内商业银行柜台（OTC＝Over The Counter）市场发售的即期（Spot）、远期结/售汇（Forward）、外汇期权（Option）和期权组合，以及在海外特定国家的期货市场发行的外汇期货（Future）等，帮助企业应对汇率波动风险，锁定未来汇率或获取灵活的汇率保护。

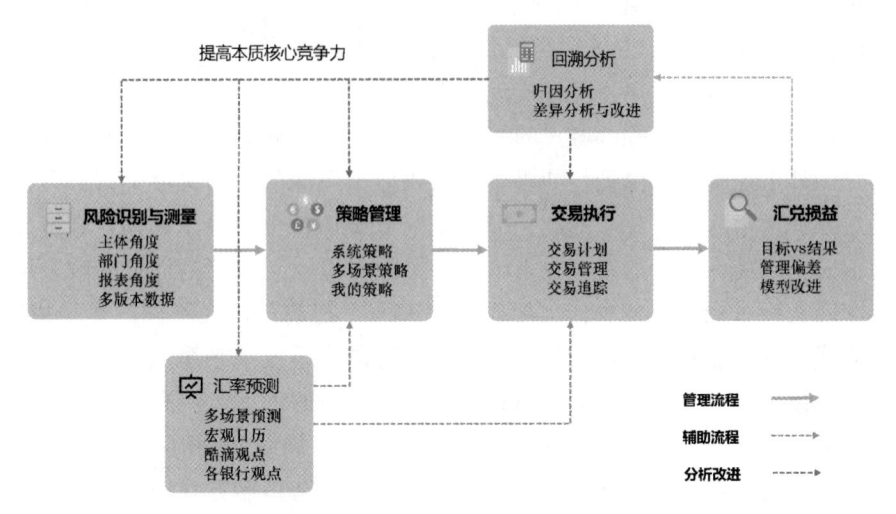

(二) 建立完善的外汇风险管控系统

外汇风险管控系统包括六个方面（见图1）：

图1 外汇风险管控系统

（1）风险识别与测量：根据客户的业务形态，判断客户持有的订单敞口、报表敞口、海外投资敞口等的存续金额和存续时间。

（2）汇率预测：根据外部金融机构的宏观分析和企业内部对产业链的观察，判断汇率走势对自己公司风险分布的影响和持续时间。

（3）策略管理：根据董事会制定的风险策略，制定特定的套保策略，聚焦三大核心问题：什么时候"锁"、"锁"多少和"锁"多久。

（4）交易执行：联系主办银行达成具体交易，并完成相应的文本工作，并及时进行对账。

（5）汇兑损益：每个报告期结账形成汇兑结果，力求敞口损益和衍生品损益方向相反，金额接近，形成抵消关系，平抑利润表和现金流量表的波动。

（6）回溯分析：比较预测和实际结账结果，分析差异的成因。如果是敞口预测不准，则加强内部管理，提升预测质量；如果是汇率预测不准或者套保策略不佳，则复盘提升决策质量。

（三）多元化经营策略

中国新能源企业业务遍布全球，事实上都有在主动选择不同的报价策略来体现公司的战略和满足尽可能多客户的需求。市场上，有两大流派：一种是不管在全球哪里展业，优先考虑用美元结算。这既体现了企业对美元的信心，尤其是在过去3年美元持续高利率的背景下，又减少了多币种管理的难度，也通过增持美元实现了很好的财务回报。另一种则是主动利用多币种销售策略来提高客户的采购意愿。这种策略可使没有美元收入的客户的外汇风险大幅降低。如果企业收入篮子里面的货币足够丰富，可以通过强势货币、弱势货币的此消彼长来降低整体外汇风险。例如，当美元升值时，以美元计价的销售收入增加，但同时以欧元或英镑计价的收入可能会因其相对贬值而减少，反之亦然。这种"把鸡蛋放在不同的篮子里"的方式使得企业不依赖单一货币，能通过不同货币波动平衡汇率风险。比如，在过去5年，欧元兑人民币和美元兑人民币的汇率走势有较明显的对冲效果，欧元和人民币事实上对美元几乎"同涨同跌"，相应出口欧洲的企业可通过改变结算货币、调整套保策略、扩大营销等方式增加欧元收入或者增加欧元的套保比例，从而有效大幅地降低外汇风险。

四 新能源上市公司外汇风险管控实际案例

（一）新能源上市公司A：兼顾利率风险、主动出击的外汇管理经验分析

酷滴科技于2022年1月开始服务新能源上市公司A（以下简称A公司），针对A公司的管理需求，对其提供如下解决方案：

（1）全球布局快速发展下，A公司由于出口、采购、投资需求等业务需要进行多主体管理与多币种管理。酷滴全覆盖企业从业务报价到回款全流程的外汇风险管理，全面改善外汇风险对毛利润、净利润、海外投融资等经营指标的影响，实现业财融合。

（2）套保制度及套保纪律建设。帮助企业从合作前对外汇管理缺乏系统认识，结汇随行就市，衍生品操作有限，进阶至制定全流程套保制度；定期、即时提供基于外汇市场主流观点的整合与酷滴独家观点的定制化动态套保方案，灵活使用各类衍生品优化套保效果。

(3) 银行关系分散化向集中化和标准化管理。帮助企业在银行的外汇交易管理与银行关系建设上，实现全球金融资源整合与资金集中化管理能力。

(4) 兼顾流动性风险管理与利率风险管理。统筹汇率、利率、流动性等金融风险管理，抓住所有套期保值机会，支撑企业全球化布局。

管理周期内，A公司实现2022年年报中合并外汇损益占主营业务收入的8.59%；2023年盈利占主营业务收入的6.26%（含外币利息收入）。

表1　　　　　　　　　　A公司外汇管理案例

项目	合作前（2020—2021年）	合作后（2022年）	2023年
外汇损益 （含外币财务报表折算差额）	亏损占两年主营业务收入比重为-1.53% （美元兑人民币汇率从6.9涨到7.2后跌到6.37，波动率为11.6%）	盈利占主营业务收入比重为8.59% （美元兑人民币汇率从6.37上升到6.96，升值9.2%）	2023年盈利占主营业务收入6.26%（含利息收入） （美元兑人民币汇率从6.96上升到7.08，升值1.7%；利息收入较2022年增加2.8倍）
银行关系	银行关系分散，不能支持资金集中化管理	合作银行升级到总行服务，全球布局可以展开集中化和标准化管理	
团队能力建设	客户对外汇管理缺乏系统认识，结汇随行就市，衍生品操作非常有限	各级财务经理对宏观经济和套保策略的理解逐渐深入，多种衍生品均已经熟练掌握	套保策略兼顾利差与汇差
全球布局	初步在德国布局	增加东南亚、美国、加拿大、日本、阿联酋等布局，银行服务质量持续提升，风险管理范畴向利率风险扩展	

资料来源：A公司年度报告。

（二）新能源上市公司B：管理目标"言行不一"、多币种管理能力欠缺的教训分析

新能源上市公司B（以下简称B公司）业务涵盖美国、欧洲、沙特阿拉伯、越南、马来西亚等30多个国家及地区，结算货币涉及美元、欧元、港币、澳元、韩元、越南盾等十余个币种。

2015—2023年，B公司合并外汇损益[①]累计亏损约4600万元，且其中

[①] 合并外汇损益=汇兑损益+外汇衍生品相关投资收益+外汇衍生品相关公允价值变动损益。

7个报告年度的外汇损益对集团净利润贡献为负。据公开年报分析，B公司存在以下外汇管理痛点，造成外汇管理不当：

（1）B公司年报披露，公司以最大限度降低面临的外汇风险为外汇管理目标，但外汇损益与报表敞口、汇率走势均不相符。分析认为，B公司在交易方向、时机等方面判断有一定失误，甚至有押注方向的嫌疑。

（2）管理策略没有一以贯之。一方面，年报显示，B公司将合理安排外汇资产与负债，以保证实施外汇衍生品业务时与公司实际外汇收支相匹配，促进财务中性；另一方面，外币货币性项目显示，B公司面临应收及应付账期的不匹配性，B公司难以实现天然对冲。B公司外汇敞口形态在2015—2019年、2020—2022年、2023年三个时段中出现明显转变，推测B公司缺乏灵活调整策略的能力。

（3）非美元币种管理能力不足。B公司年报中仅提及对于美元汇率的管理，但2022年依然产生较大外汇亏损。在全年美元相对于人民币大幅升值的背景下，推测B公司受损于非美元币种，无法实现各币种精细化管理。

五　新能源上市公司优化外汇风险管理的建议

（一）加强流程管理与内部控制

新能源上市公司应制定外汇风险管理政策，包括风险管理的目标、策略、流程和责任分配，并编制详细的外汇风险管理操作程序和手册，确保所有相关人员都能遵循一致的标准和流程，同时公司的外汇风险应有独立的汇报线。公司外汇风险管理委员会应定期收到风险管理框架有效性的报告，通常由内部审计或者第三方提供，及时对外汇管理活动进行监控，并不断优化调整外汇风险管理框架。

（二）绩效明分工，业财巧融合

将外汇风险管理培训嵌入对应的个人发展计划中，并建立包含业务和财务指标的绩效评估体系，确保各部门配合达成公司的整体目标。

业务部门负责及时提供准确的销售/采购订单明细及相对可靠的预测和外汇需求、未来展业等，并在设定销售价格和合同条款时，充分考虑外汇波动的影响,这是制定有效外汇策略的基础。财务部门负责制定和执行外汇策略,包括套期保值工具的选择和执行时机,监控外汇市场变动,评估潜在风险,共享给业务团队,并制定相应的风险管理措施;同时确保外汇交易和策略的合规性,以及相关财务报告的准确性和及时性。

(三)解决"量、时、点"的核心问题

外汇风险管理体系致力于搭建银企间的有效桥梁,打通新能源公司复杂的外汇管理需求与银行标准化产品之间的"最后一公里";作为外部智囊,为公司提供"一站式"的外汇解决方案,通过外汇诊断,贴合实情地帮助公司进行需求排序与项目落地,制定外汇管理目标与配套基础设施,并站在公司角度,作为"产品的买方",甄别合适的套保产品,解决"量(做多少)、时(做多久)、点(何时做)"核心问题(见图2)。

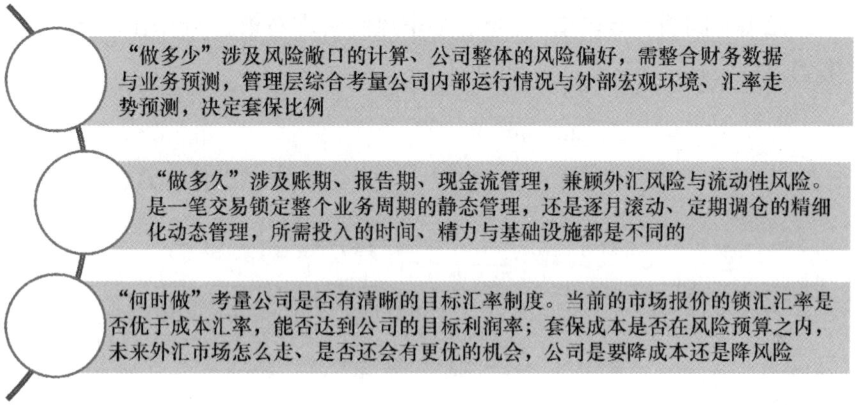

"做多少"涉及风险敞口的计算、公司整体的风险偏好,需整合财务数据与业务预测,管理层综合考量公司内部运行情况与外部宏观环境、汇率走势预测,决定套保比例

"做多久"涉及账期、报告期、现金流管理,兼顾外汇风险与流动性风险。是一笔交易锁定整个业务周期的静态管理,还是逐月滚动、定期调仓的精细化动态管理,所需投入的时间、精力与基础设施都是不同的

"何时做"考量公司是否有清晰的目标汇率制度。当前的市场报价的锁汇汇率是否优于成本汇率,能否达到公司的目标利润率;套保成本是否在风险预算之内,未来外汇市场怎么走、是否还会有更优的机会,公司是要降成本还是降风险

图2 解决"量、时、点"核心问题

六 结 语

过去20年,中国新能源行业凭借持续的技术创新、产品迭代、品牌传播和全球销售网络的建构,成功打造了中国出口"新三样"的名片,其产品远销全球,改善了全球的能源结构。即使行业经历了多次起起落落,中国企业仍实现了"弯道超车",体现了中国企业极强的韧性和创造力。企

业已经积累了丰富的"货物贸易"经验,未来可在外汇风险的管理中持续提升自己,"两手抓、两手都要硬"。如果再将汇率风险持续控制在可以接受的范围之内,将金融思维或期货思维(关注未来会发生什么)持续补强于产业思维或现货思维(关注现在发生什么),将自己多年征战全球市场积累的信用、数据和信息变成资产和能力,持续改进公司内部管理,维持行业的领先位置,则无惧市场波动。

主要参考文献

Betty J. Simkins, John R. S. Fraser, Kristina Narvaez, *Implement Enterprise Risk Management—Case Study and Best Practice*, Wiley: John Wiley & Sons P&T, 2015.

孙亚杰、闫明、方瑜仁:《企业汇率风险管理对策》,《中国金融》2021年第21期。

ESG 投资助力能源行业绿色低碳化发展

周一帆　黄筱曌[*]

一　ESG 投资的内涵及在中国的发展

（一）ESG 投资的定义

绿色投资旨在提升企业的环境表现，推动绿色产业的发展，并降低环境风险。ESG 投资，是绿色投资的一种常见形式。这种投资方式在传统的财务分析基础上，融入了 ESG 原则，通过评估企业在环境（E）、社会（S）和治理（G）三个维度的表现，来识别那些既能提升股东价值又能贡献社会价值，具有长期发展潜力的投资机会。

将企业的 ESG 表现纳入考量，能够帮助投资者更全面地理解企业，评估其可持续发展的能力，避免因环境、社会责任或公司治理问题而引发的意外风险，从而克服传统财务评估方法的不足，降低投资风险。研究显示，ESG 投资能够在考虑环境、社会和治理因素的同时，为投资者带来显著的回报。截至 2023 年底，已有超过 5370 家机构加入了 PRI[①]，显示出 ESG 投资已成为全球金融市场的主导趋势，并在投资者中获得了广泛的认可。截至 2024 年，可持续投资方式管理的资产总额逾 35 万亿美元，约占资产管理总规模的 35%。[②]

---

[*] 周一帆，南网碳资产管理（广州）有限公司高级经理，高级会计师、注册会计师、公司律师，主要研究方向为绿色金融、ESG 等；黄筱曌，南网私募基金管理有限公司总经理助理，高级经济师，研究方向为私募基金、风险合规管理。

[①] PRI 指联合国支持的负责任投资原则组织，PRI 将负责任投资定义为将环境、社会和治理（ESG）因素纳入投资决策和积极所有权的投资策略和实践。

[②] 社会价值投资联盟（深圳）、华夏基金管理有限公司：《2023 中国 ESG 投资发展创新白皮书》，2023 年。

（二）ESG 投资在中国的发展

中国作为世界上碳排放量最高的国家之一，面临经济绿色低碳转型及可持续发展压力。2024 年 7 月 31 日，中共中央、国务院联合发布了《关于加速经济社会发展全面绿色转型的指导意见》提出，要积极培育绿色低碳产业，稳步实施能源领域的绿色低碳转型，加速发展新兴产业，并构建现代化的电力系统。同时，提倡发展包括绿色股权融资、绿色融资租赁、绿色信托在内的多元化金融工具，并激励社会资本通过市场化机制建立绿色低碳产业投资基金。

中国的 ESG 投资大约从 2015 年开始兴起，直到 2019 年，仅有不到 1%的资管公司将 ESG 作为投资中的分析因子，但该比例在 2020 年已上升至 16%。在"双碳"目标的推动下，中国的 ESG 投资正迅速发展，可持续投资基金的数量、份额和规模都在持续增长。据 Wind 数据，2019—2023 年，我国纯 ESG 基金数量由 16 只增长至 135 只；银行及理财子公司发行纯 ESG 主题银行理财产品的数量从 9 只上升至 357 只；ESG 股票指数也由 66 只上升至 370 只。企业通过提高能效、采用清洁能源、减少废物排放等方式响应 ESG 投资的要求。金融机构则通过开发绿色金融产品、提供绿色信贷和投资绿色债券等方式，积极参与到能源行业的绿色转型中。如今，中国已成为全球绿色投融资市场最活跃、最具潜力的国家之一，预示着未来巨大的发展空间。

二 ESG 投资对能源行业绿色转型的重要影响

能源产业是支撑各行各业发展的根本，其绿色转型的成败对整个社会的可持续发展具有决定性影响。根据彭博新能源财经（BNEF）的报告，2023 年全球能源转型投资总额同比增长 17%，其中电气化运输、可再生能源和电网是能源转型领域的三大投资重点。特别是电气化运输行业，2023 年投资额同比增长 36%，达到 6340 亿美元，预计到 2026 年，电动汽车将占全球汽车销量的近 1/3。可再生能源行业的投资支出在 2023 年同比增长 8%，达到 6230 亿美元，涉及太阳能、风电、生物燃料等领域。电网作为能源转型的关键领域，2023年投资总额达到3100亿美元，预计到2030年每年投资额需要达到6000亿美元。①

目前，中国正在"双碳"目标的指引下，构建现代化的电力系统和先进的能源体系，这需要在核心技术的研发、重大项目的示范推广、产业的发展以及新技术的普及等方面获得资金的扶持。ESG投资原则推动投资者规避高碳行业，倒逼企业转型。从长远来看，ESG中更为严格的环境标准、更高的环境得分、更低的碳排放和自愿的环境信息披露等会为企业带来更大收益，并与企业开展低碳建设形成联动效应，因此推动能源产业向更加环保和低碳的方向发展，ESG投融资扮演着至关重要的角色。

三 ESG投资在能源行业的实践

目前，我国ESG实践正进入快速发展期，然而能源行业缺乏ESG评价结果的应用方法。指标体系是ESG的重要内容，是衡量ESG表现的关键，建立科学、规范、完善的ESG指标体系是推动ESG理念落地的必要工具和有效途径。

在能源行业，尽管ESG指标研究已经较为丰富，但在投资应用上未能进行关联，尚不能有效地指导投资决策。针对上述问题，南网私募基金管理有限公司、南网建鑫基金管理有限公司、南网碳资产管理（广州）有限公司（以下简称基金公司）基于能源行业ESG投资的实际需要，联合开展了电力央企ESG投资体系建设与实践。

（一）构建紧密联系实际的ESG投资评估指标体系

与侧重于风险和收益的传统投资模式不同，ESG投资策略要求投资者在评估企业时，不仅要考虑财务表现，还要衡量其在可持续发展和社会责任方面的表现，并将这些非财务因素通过量化指标来体现其对投资价值的影响。基金公司在制定ESG投资策略时，不仅参考现有的ESG政策和行业标准，也考虑到南方电网公司能源绿色低碳转型要求，深入分析可持续投

---

① BNEF: *Energy Transition Investment Trends 2024*, 2024。

资标的中与环境、社会、治理相关的业务、服务或投入要素,并从可用指标的重要性、数据有效性、相关性三个维度(见图1)出发,构建了ESG投资标的企业评价指标体系(见表1)。

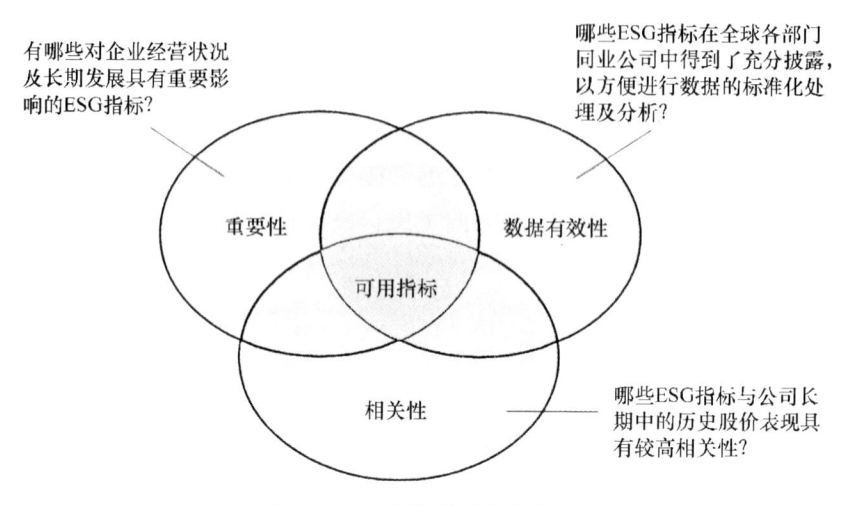

图1 ESG指标体系构建方法

基于上述方法论,构建ESG投资标的企业评价指标体系。第一层为目标层,包括投资必要性(N)、环境(E)、社会(S)和治理(G)四项。其中,投资必要性主要对属于国家、南方电网公司能源中长期战略的项目予以更高的评分。第二层为准则层,对除投资必要性外的ESG目标采用PSR[①]模型对指标进行细化,其中压力指标表征人类的经济和社会活动对外界的作用,状态指标表征特定时间阶段内外界的变化情况,响应指标指社会和个人如何行动来减轻、阻止、恢复和预防人类活动对外界的负面影响,以及对已经发生的不利情况进行补救的措施。

指标层是准则层根据上述方法论的细化,含有44项指标,分为两种类型,即评价类及评分类,其中评价类指标包括投资必要性、政策符合性、环境管理制度、外部认证等10个指标。

---

① PSR(Pressure-State-Response),即压力、状态、响应。该模型是由加拿大统计学家David J. Rapport 和 Tony Friend(1979)提出,后由经济合作与发展组织(OECD)和联合国环境规划署(UNEP)于20世纪八九十年代共同发展起来的用于研究环境问题的框架体系。

表 1 　　　　　ESG 投资标的企业评价指标体系

目标层	准则层	指标层	单位	类型	方向
必要性 N	必要性响应 NR	投资必要性	—	评价	—
		政策符合性	—	评价	—
环境 E	环境压力 EP	温室气体减排量占比	%	评分	负向
		企业对区域生态系统和环境的重大有利或不良影响事件（环境负面影响）	次	评分	负向
		单位产值废水排放量	吨/元	评分	负向
		单位产值废气排放量	立方米/元	评分	负向
		单位产值固废排放量	吨/元	评分	负向
	环境状态 ES	单位产值温室气体排放量	吨/元	评分	负向
		环境管理目标、企业环保体系制度建设、环保部门或岗位设置、环保设施投资及运转情况（环境目标管理与制度）	—	评价	—
		单位产值用水	吨/元	评分	负向
		单位产值用能	吨标准煤/元	评分	负向
	环境响应 ER	节能环保类支出投入力度	%	评分	正向
		绿色/可再生/清洁能源生产/使用强度	%	评分	正向
		再生水或其他替代水源用水量占总用水量比重	%	评分	正向
		环境管理制度	—	评价	—
		外部认证	—	评价	—
社会 S	社会压力 SP	重大安全事故次数	起	评分	负向
		一般安全事故次数	起	评分	负向
		负面舆情次数	起	评分	负向
	社会状态 SS	员工薪酬优势	—	评分	正向
		人均带薪休假天数	天	评分	正向
		员工流失率	%	评分	负向
	社会响应 SR	员工社保覆盖率	%	评分	正向
		员工培训覆盖率	%	评分	正向
		员工体检覆盖率	%	评分	正向
		员工职业发展规划机制	—	评价	—
		员工沟通与反馈机制	—	评价	—

续表

目标层	准则层	指标层	单位	类型	方向
社会 S	社会响应 SR	产品质量保障机制	—	评价	—
		研发（R&D）费用占比	%	评分	正向
		环保/安全生产投入占比	%	评分	正向
治理 G	治理状态 GS	董事会会议召开次数	次	评分	正向
		公司架构	—	评价	—
		信息披露机制	—	评价	—
		高管及股东违法违规事件	起	评分	负向
	治理响应 GR	净资产收益率	%	评分	正向
		总资产报酬率	%	评分	正向
		EBITDA 利润率	%	评分	正向
		成本费用占营业收入比重	%	评分	负向
		资产现金回收率	%	评分	正向
		应收账款周转率	%	评分	正向
		资产负债率	%	评分	负向
		利息偿还倍数	/	评分	正向
		营业增长率	%	评分	正向
		资本积累率	%	评分	正向

（二）ESG 投资评价

通过对指标进行量化核算，提前评估企业可持续发展的能力和潜力，在直接关联项目投资收益的同时，揭示企业可持续发展所面临的风险，为基金公司投融资决策和实践提供参考和依据。

计算得到标的企业综合评分，对应的评价等级及投资策略如表2所示。BBB级及以上视为"值得投资"及"优先投资"企业，BB级及以下视为"谨慎投资"企业。

在对投资标的进行系统性评价的基础上，基金公司基于战略与投资定位，初步筛选符合国家、行业绿色发展的潜在投资项目库。基金公司根据量化评分结果及投资策略对库内优势企业开展投资。

表2　　　　ESG投资标的企业评价等级及投资策略

序号	分数	等级	投资策略
1	96分以上	AAA	优先投资
2	91—95分	AA	
3	86—90分	A	
4	81—85分	BBB	值得投资
5	76—80分	BB	
6	71—75分	B	谨慎投资
7	60—70分	C	
8	60分以下或材料标书无法提取足够有效信息	D	

（三）ESG投资投后风险管控

基金公司结合具体ESG指标，科学地设定与风险管理紧密相连且能够反映投资企业可持续发展状况的监测指标，并针对不同风险等级和类别制定相应的管控措施。基金公司搭建数字化风险监控平台，以实现对投资企业的动态监测，根据ESG指标相关词条关键信息匹配的方式及时识别风险预警信号，结合历史类似案例分析风险变化趋势，并制定风险控制措施。此外，基金公司还通过定期的投后管理会议，跟踪投后事项及风险管控措施的执行情况，以确保各项措施的落实。为深化与被投资企业的合作，基金公司在投后管理中采取多种措施，针对投资决策时发现的潜在经营问题，给予被投资企业必要的支持，确保风险处于可控范围内，推动被投资企业的可持续发展。

（四）ESG投资退出

基金公司在决定是否退出投资及选择退出时机时，会综合评估市场变化、政策趋势、企业的盈利与增长潜力、竞争力，以及潜在的环境和社会风险。公司会设计合法合规的退出路径，并密切关注法规更新。同时，通过日常管理和财务监控，把握退出时机，一旦发现企业财务状况恶化，将迅速启动应急措施，包括减持、并购、股权转让或S基金转让等方式，以在控制风险的同时实现最大化收益。

四　未来能源行业 ESG 投资发展趋势预测

（一）投资策略的演进

随着 ESG 投资的不断成熟，投资策略也在不断演进。未来，预计 ESG 投资将更加注重精细化和系统化的投资策略。具体来说，投资策略将从单一的负面筛选和正面筛选，向更为复杂的 ESG 整合和尽责管理策略转变。根据全球可持续投资联盟（GSIA）的报告，ESG 整合策略在 2016—2020 年快速增长，并在 2022 年成为主导策略。这一趋势反映了投资者对于综合考量环境、社会和治理因素的重视，以及对于通过投资推动可持续发展的意愿。

此外，随着技术的进步，大数据和人工智能等技术在 ESG 投资中的应用将更加广泛，使得投资决策更加依赖数据驱动，实现精准决策。投资者将能够更有效地识别和管理 ESG 相关风险，同时挖掘与可持续发展相关的投资机会。

（二）技术创新与产业升级

技术创新是推动能源行业绿色转型的关键动力。预计未来几年，技术创新将在能源行业发挥更加重要的作用。例如，可再生能源技术（如太阳能光伏和风能）的成本持续下降，使得这些能源形式更具竞争力。同时，能源存储技术的进步，尤其是电池技术的发展，将为解决可再生能源的间歇性问题提供解决方案。

在产业升级方面，ESG 投资将促进传统能源产业向清洁能源产业的转型。资金将流向那些能够提供清洁能源解决方案的企业，推动能源产业的结构调整和升级。这一过程中，数字化和智能化技术的应用也将加速能源行业的现代化进程。

（三）国际合作与政策协调

面对全球性的气候变化挑战，国际合作在推动 ESG 投资方面至关重要。未来，国际合作将进一步加强，特别是在绿色金融标准和分类体系的统一、气候风险的信息披露以及跨境绿色投资的促进等方面。例如，中欧绿色分类标准的趋同工作正在推进，旨在避免绿色金融市场的碎片化，促进绿色金融市场的互联互通。

政策协调方面，各国政府和国际组织将加强合作，共同制定和实施有利于 ESG 投资的政策。这包括提供税收优惠、补贴和其他激励措施，以吸引更多的私人资本投入绿色项目中。同时，监管机构也将加强合作，确保全球金融体系能够有效应对气候变化带来的风险。

五 ESG 投资市场面临的挑战与对策

（一）市场动能不足与数据缺失问题

当前，ESG 投资市场面临动能不足的问题，部分原因归结于宏观经济波动和市场对 ESG 投资认知的不足。此外，ESG 数据的缺失和不一致性也是制约市场发展的重要因素。据国际能源署（IEA）报告，全球可再生能源投资中仅有 15% 流向新兴经济体。这表明，资本成本高昂和数据获取难度大是阻碍新项目开发的主要因素。

为应对此问题，需要加强全球合作，降低绿色资本成本，特别是对新兴经济体的投资支持。此外，建立和完善 ESG 数据收集、验证和报告体系，提高数据的透明度和可比性。这可以通过建立统一的 ESG 信息披露标准和推动第三方数据服务发展来实现。

（二）监管框架与信息披露标准完善

在监管框架方面，我国尚未形成统一、具体的 ESG 信息披露监管规定，导致披露内容和格式缺乏标准化。为了提高市场的规范性和透明度，监管机构应加快制定和实施 ESG 信息披露的强制性要求，包括环境、社会和治理三个方面的具体指标和披露频率。

监管机构应参考国际标准如 ISSB 准则，结合国内实际情况，制定适合我国的 ESG 信息披露规则。同时，推动上市公司和金融机构加强 ESG 信息披露，包括温室气体排放量、社会责任实践和公司治理结构等关键指标。

（三）增强投资者教育与市场透明度

投资者教育是提高市场透明度和投资者对 ESG 投资认知的重要途径。

目前，我国在投资者教育方面还存在不足，特别是在边远地区和其他资本市场发展相对滞后的地区。

监管机构应推动将投资者教育全面纳入国民教育体系，提高公众对ESG投资的认识和理解。同时，利用大数据、人工智能等科技手段，制作易于理解、记忆和传播的投资者教育产品，提升投资者的金融理财素养和风险识别能力。此外，加强与新闻媒体的合作，通过公益广告、专栏等形式普及ESG投资知识，提高整个社会的ESG意识。

六 结 语

随着全球对可持续发展和绿色低碳转型的重视程度不断提升，ESG投资已成为推动能源行业绿色发展的重要力量。展望未来，ESG投资将继续演进，更加注重精细化和系统化的投资策略，同时技术创新和产业升级将进一步推动能源行业的绿色转型。国际合作与政策协调将在应对全球气候变化挑战中发挥关键作用，促进绿色金融市场的互联互通和健康发展。

随着相关政策的逐步完善和市场机制的不断成熟，我们有理由相信，ESG投资将为实现全球可持续发展目标做出更大的贡献，并为投资者带来长期稳定的回报。

主要参考文献

GSIA：《ESG全新启航：中国责任投资15年报告》，2023年，https://www.gsi-alliance.org/global-sustainable-investment-review-finds-us30-trillion-invested-in-sustainable-assets/。

ROBECO：《量化投资：未来行业趋势的十大假设》，2024年，https://www.robeco.com/zh-cn/insights/2024/09/what-the-future-holds-for-quant-investing-ten-hypotheses。

Sorensen E., Chen M., Mussalli G., "The Quantitative Approach for Sustainable Investing", The Journalof Portfolio Management, Vol. 47, No. 8, 2021.

殷格非等：《企业可持续数据披露与价值量化进入新阶段》，《中国改革报》2023 年 8 月 28 日第 8 版。

钱丽、严润玥、肖仁桥：《企业 ESG 表现对绿色创新质量的影响及作用机制》，《科技进步与对策》，网络首发时间：2025 年 1 月 7 日，http：//kns. cnki. net/kcms/detail/42. 1224. g3. 20250106. 1621. 012. html。

王梓瀚、李岩：《上市公司的 ESG 量化舆情表现对企业碳减排的影响》，《可持续发展经济导刊》2024 年第 Z2 期。

推行绿色生产方式

区块链技术赋能光伏产业碳链建设
——以协鑫集成科技股份有限公司为例

郭玲玲 邓 智 张 舸[*]

一 我国光伏行业现状与挑战

在能源格局历经沧桑巨变的当下,"阳光力量"——光伏从广袤无垠的沙漠到鳞次栉比的屋顶,宛如现代"魔法匣",用那些看似寻常的晶硅板,默默施展着将阳光转化为电能的神奇"戏法",开启一场清洁能源的变革之旅。

(一)行业发展现状

中国的光伏产业从早期的野蛮生长阶段发展至今(见图1),在国家大力支持和各方共同努力下,取得了举世瞩目的成就,成为新能源领域的主力军。

据中国光伏行业协会统计:2023年,我国光伏产业规模持续扩大,多晶硅、硅片、电池、组件等主要制造环节产量同比增长均超过64%,行业总产值超过1.75万亿元;光伏新增装机规模达216.88吉瓦,同比增长148.1%;光伏产品出口方面,硅片、电池及组件三大主材同比增长93.6%、65.5%和37.9%。[①] 根据国家能源局《中国的能源转型》白皮书

---

[*] 郭玲玲,大连理工大学经济管理学院副教授,大连理工大学生态规划与发展研究所副所长,大连理工大学辽宁高质量发展研究院副院长,主要研究方向为产业绿色转型、绿色供应链管理、ESG管理等领域;邓智,协鑫集成科技股份有限公司运营与数字化中心总经理;张舸,协鑫集成科技股份有限公司运营与数字化中心高级总监。

[①] 《去年光伏产业总值超1.75万亿元 主要制造环节产量同比增长均超64%》,《人民日报》,2024年3月15日,http://fcnance.people.com.cn/n1/2024/0315/c1004_40195982.html。

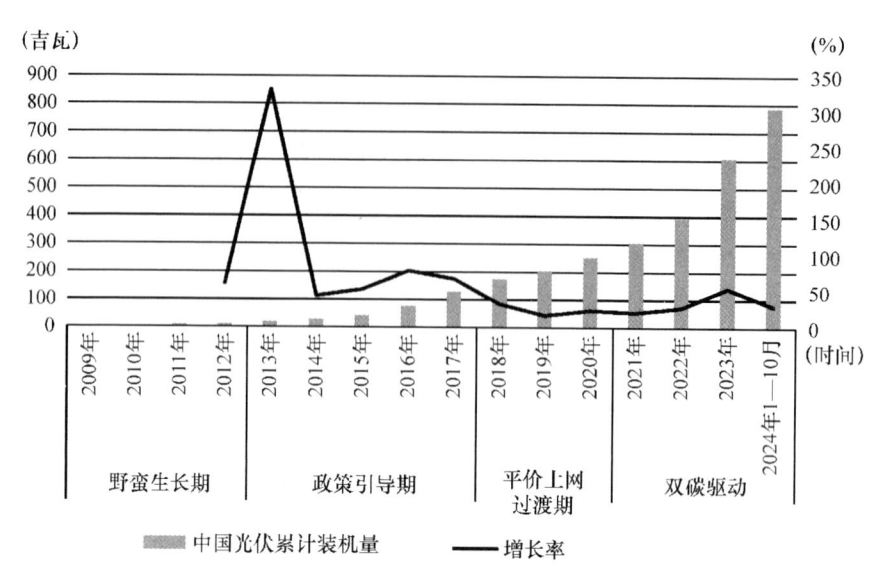

图 1 中国光伏行业发展趋势

资料来源：根据国家能源局公开数据整理。

公布的数据，截至 2023 年底，中国光伏发电累计装机容量达 6.09 亿千瓦，较 10 年前增长了 30 倍不止。《2023 中国与全球光伏发展白皮书》预测，按我国光伏产业目前的发展速度，到 2030 年，完全能够实现国家制定的风光发电在 1200 吉瓦以上的任务，且在"以上"这个期望上做得更好，实现更好的发展。

这些成绩得益于我国光伏产业在技术创新上取得的不断突破。中研普华研究院《2024—2029 年中国光伏发电行业市场全景调研与发展前景预测报告》显示，截至 2023 年底，我国光伏产业专利申请总量累计为 16.8 万件，其中有效专利量为 7.3 万件，占 43.5%，有效发明专利量为 2.2 万件，占 13.1%，均居全球首位。在我国光伏技术领域的创新能力不断提升的同时，配套产业化应用也相当迅速。以大硅片技术和 N 型技术为例，182 毫米以上大硅片占比从 2021 年的 45% 提升到 2023 年的 98%，N 型电池片占比从 2021 年的 3% 提升到 2023 年的 52%。这些技术的推广应用，不仅提高了光伏产品的转换效率，还降低了生产成本。科技成果创新与科技成果转化应用的"组合拳"正是中国光伏行业快速发展的"制胜法宝"，也为全球光伏技术进步贡献了"中国力量"。

（二） 市场竞争分析

目前，全球光伏市场巨头主要包括晶科、隆基、天合光能、晶澳、通威股份、协鑫、阿特斯等公司，其中中国光伏已发展成为全球最具竞争力的产业之一，多晶硅、硅片、电池和组件占全球产量的80%以上。中国光伏市场上游的多晶硅部分主要由协鑫、通威等企业主导。经过持续工艺创新和技术研发，2021年，协鑫科技颗粒硅率先实现万吨级规模化量产。一粒粒绿豆大小的颗粒硅、一张张微米级的薄硅片，大大降低了单晶碳足迹排放，提升了产品的竞争力；太阳能电池的生产和光伏组件的封装构成了中游部分技术变革的主战场。科技的持续进步推动了太阳能电池转换效率的提高和稳定性的增强，行业内大部分企业集中在这部分，包括通威、隆基、阿特斯等龙头企业，部分公司起步时间较早，在全球范围内拥有广泛的销售渠道和品牌影响力，对市场趋势有着更深入的了解和掌握，具有强大的竞争力；产业链下游涉及光伏电站的建设、系统集成和运营，这一环节直接受到终端市场需求的驱动。目前，我国光伏下游主要有国家电力、国家能源集团、华能、华电、三峡新能源、北京能源国际等企业，受国家直接管理居多。

但需要注意的是，在中国光伏产能飞速增长的同时，伴随而来的是全产业链的供需关系失衡，以及由此导致的光伏产业链价格持续下跌。根据普华永道《能源新纪元系列：光伏行业趋势洞察篇》数据，2024年全球新增装机容量预计约400吉瓦，而我国产业链产能已远超此需求，根据中国光伏行业协会公布的数据，仅2024年1—10月我国光伏装机量就达到181.3吉瓦，供大于求的局面将持续很长一段时间。同样根据光伏行业协会的数据，2024年上半年，国内多晶硅料、硅片价格下滑超40%，电池片、组件价格下滑超15%，以至于10月18日中国光伏行业协会发布通告表示，光伏组件以低于0.68元/瓦的最低成本价投标中标涉嫌违法。国内光伏巨头晶科能源分析认为，一方面是光伏发电的不稳定性对电网构成挑战，而大部分发展中国家的电网和储能基础设施尚未完善，限制了对光伏电力的消纳能力；另一方面是在经历了2021年的爆发式增长后，国内光伏企业普遍过于乐观，扩产速度过快。在行业极致内卷模式中，出海成为新发展格局下国内光伏企业实现产业突围的必然选项。然而，尽管中国光伏产品在全球市场上具有较高的竞争力，受到全球经济形势、贸易壁垒政策等多种因素的影响，光伏产品的出口环境也不容乐观，《2024—2029年中国光伏发电行业市场全景调研与发展前景预测报告》指出，2024年上半年，光伏电池片出口金额为1253亿元，同比下滑超30%，出口金额和增速均创历史新低。预计全年光伏产品出口下滑将超过20%。这一背景促使光伏行业拥有充足的动力去思考如何加快落后产能出清以及克服贸易政策阻碍，打开出口市场。

（三）政策挑战与机遇

在这一背景下，中国光伏行业需要直面国内外政策挑战。

国内层面，在供需关系失衡下，加快国内落后产能出清。2024年7月9日，工业和信息化部就《光伏制造行业规范条件（2024年本）》公开征求意见，提出：引导光伏企业减少单纯扩大产能的光伏制造项目，加强技术创新、提高产品质量、降低生产成本。其中特别提及，新建和改扩建光伏制造项目，最低资本金比例由20%提升至30%。11月15日，财政部、国家税务总局下发《关于调整出口退税政策的公告》，自2024年12月1日起，将包含光伏（电池、组件）在内的部分产品出口退税率由13%下调至9%。可以发现，2024年以来相关政策已开始规范行业行为，初步抑制"野蛮生长"，减缓"内卷式"恶性竞争。

国际层面，贸易政策壁垒也是我国光伏行业面临的重要挑战。为保护其本国光伏企业，美国、欧洲、印度、巴西、南非等全球头部光伏市场纷纷出台贸易壁垒政策，限制我国产品直接出口。美国通过《通货膨胀削减法案》，一方面加强供应链的本地化，另一方面对中国光伏产品开展反倾销和反补贴调查，俗称"双反"，以推动其"友岸""近岸"市场。2023年前11个月，印度向美国出口了价值近20亿美元的电池板，比2022年全年增长了5倍。而在我国光伏传统出口市场欧洲，欧盟先后出台了《净零工业法案》《关键原材料法案》《新电池法》等法案，其中欧盟《净零工业法案》旨在加强欧盟本土的净零工业生产能力，防止欧盟在关键清洁技术设备上过度依赖其他国家，为此专门把太阳能光伏技术、电池技术等列为"战略净零技术"。整体而言，这些法案对中国光伏产品提出了更高的产品溯源能力、真实性需求以及更高的降碳技术和环保要求。2023年，我国光伏产品对欧盟国家出口额为192.4亿美元，占总出口额的39.2%。其中，组件出口额为190.1亿美元，同比下降15.5%；电池片出口额为1.7亿美元，同比下降42.9%；硅片出口额为0.6亿美元，同比下降23.9%。[①]

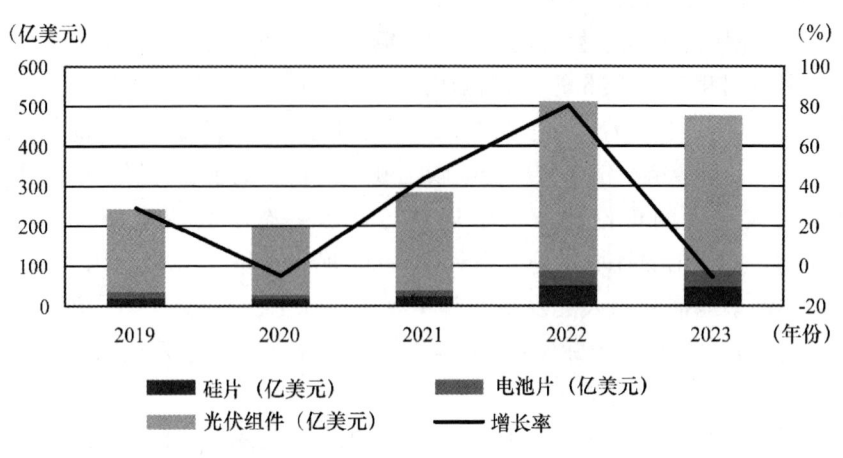

图2 2019—2023年主要光伏产品出口情况

资料来源：根据公开资料整理。

虽然挑战似荆棘横亘在前，然而，困境中也蕴藏无限机遇。对于中国光伏产业而言，这既是"最坏的时代"，也是"最好的时代"。在行业极致"内卷"以及供需关系失衡的当下，为求生存，光伏出海正在从1.0时代的产品出口，大步迈向2.0时代的产能、技术、服务全面出海。大浪淘沙之下，真正具有生命力的企业自然会化政策挑战为机遇，加速技术创新、加快降本增效，最终加速产能整合出清，让光伏产业逐步回到良性健康发展轨道之中。因此，光伏减碳不仅是企业社会责任价值的实现途径，更是突出重围的必然选择。

二 碳足迹与供应链减碳

（一）碳足迹

随着全球气候变暖等环境问题日益凸显，提高资源利用效率，改善生

[①] 《2023年我国光伏产业对外贸易形势分析及对策建议》，2024年3月30日，https://www.cocme.org.cn/model5-1/news/deiails.aspx?id=F505990E0457F444CD4E C929843D1&A1&dassid=7685F2FA1E54A7F5&xgid=F86893。

态环境，促进绿色发展逐渐成为全社会的共同愿景。在国际气候政策持续推出以及跨国公司逐渐把产品碳足迹纳入供应链管理准则的大背景之下，碳足迹管理已然成为国际贸易领域中崭露头角且极为关键的构成要素。在2024年6月生态环境部等15部门印发的《关于建立碳足迹管理体系的实施方案》中就明确指出，建立碳足迹管理体系，摸清生产端"碳家底"，有助于推动供应链全链条碳减排。碳足迹的概念发端于20世纪90年代初加拿大大不列颠哥伦比亚大学规划与资源生态学教授里斯（William E. Rees）所提出的环境足迹（Environmental Footprint）。该概念以"足迹"的表述形象地描绘当人类发展的脚步踩在地球上，其每一步所留下的痕迹，这一概念恰如一把标尺，精准地度量出环境受人类直接或间接活动所波及影响的范围与面积。

根据政府间气候变化专门委员会（IPCC）在第六次评估报告第三工作组报告中对"碳足迹"的定义，"碳足迹"既包括某项活动直接或间接引起的二氧化碳或其他温室气体排放总量，也包括产品生命周期的各个阶段累积的温室气体排放总量，因此碳足迹的核算难度和范围要大于碳排放，其核算结果也包含着碳排放的信息。

从碳足迹所衡量的范围来说，通常将围绕企业展开的碳足迹核算分为组织碳足迹（Organizational Carbon Footprint）和产品碳足迹（Production Carbon Footprint）两类。组织碳足迹对组织内所有活动的温室气体排放进行测量核算，包括建筑物中使用的能源、工业流程和公司车辆使用的能源，更关注企业/组织自身的碳排放；产品碳足迹则对企业所生产的产品（商品或服务）整个生命周期中的温室气体排放的测量核算，其测量核算的范围从原材料的提取和制造一直到使用、最终再利用，再到回收或处理，更关注产品全生命周期的碳排放。其中，产品碳足迹作为碳足迹范畴内应用最为广泛的概念，近年来受到国家层面的高度关注与重视。2023年11月，国家发展和改革委员会等五部门针对产品碳足迹印发《关于加快建立产品碳足迹管理体系的意见》，计划从制定相关核算规则标准、加强数据库建设、建立标识认证制度、丰富产品碳足迹应用场景及推动碳足迹国际衔接与互认等方面逐步建立产品碳足迹管理体系；2024年11月，工业和信息化部办公厅关于印发《重点工业产品碳足迹核算规则标准编制指南》，提出逐步完善重点工业产品碳足迹核算方法规则和标准体系，推动建立符合国情实际的产品碳足迹管理体系，促进工业绿色低碳转型，助力经济高质量发展。根据上述标准,"产品碳足迹"通常以二氧化碳当量(CO_{2e})来表示,这个指标考虑了不同温室气体对全球变暖的潜在影响。

(二)供应链减碳

具体实践中,企业参照《温室气体核算体系》(GHG Protocol)将碳排放分为三个范围,分别是企业运营产生的直接排放(范围1)、企业外购能源产生的间接排放(范围2),以及来自企业价值链上下游的其他间接排放(范围3)。因为《温室气体核算体系》认为,每个公司产品的生命周期排放总和(产品碳足迹)加上如员工通勤、商务旅行和投资等其他的范围3类别排放(组织碳足迹)就大致等于公司全价值链温室气体排放量。

在全球范围内,对于范围1和范围2的排放范围及测定,现有的研究和实践比较清晰,因为企业可以轻松获取相关活动数据,所以目前宣布实现碳中和的企业,大部分都是在范围1和范围2中实现了碳中和。但平均而言,范围3排放在产业碳排放中占据了最大的份额(见图2)。全球环境信息研究中心的测算显示,企业供应链生态所产生的碳排放往往是其企业运营范围碳排放的5.5倍。伴随着全社会减碳行动的深入推进,范围3碳排放数据成为各界关切的重点,以苹果为代表的许多大型跨国企业,都将实现全价值链碳中和作为减碳目标,为实现这一目标它们需要在范围3也实现碳中和,即实现供应链范围的减碳。

虽然供应链减碳能够帮助企业填补范围3的空缺,实现全价值链的碳中和,以满足其客户越来越严格的碳管理要求,但要真正实现卓有成效的供应链减碳,对于企业来说是无法仅靠自身实现的。这是因为范围3排放主要由第三方(如供应链成员)产生,企业对此类排放的了解或控制有限,因此相较于范围1和范围2更难计算和控制。事实上,在传统的数据库机制中,供应链上不同的当事方各自持有不同的分类账本,所有这些不同的分类账本并不同步,相关各方之间的数据也没有任何透明度,因此对于供应链上任何一个企业而言,在这样的供应链网络之中想要收集有效的数据非常困难。

不过,随着科技的发展,区块链技术提供了一种可以从根本上改变这一过程的方案,使互不相识,甚至可能有利益冲突的各方能够高效、真实地进行交易。如果所有这些当事方都采用相同的区块链应用程序,那么数据就会根据区块链的业务逻辑和权限在不同当事方之间共享。区块链系统

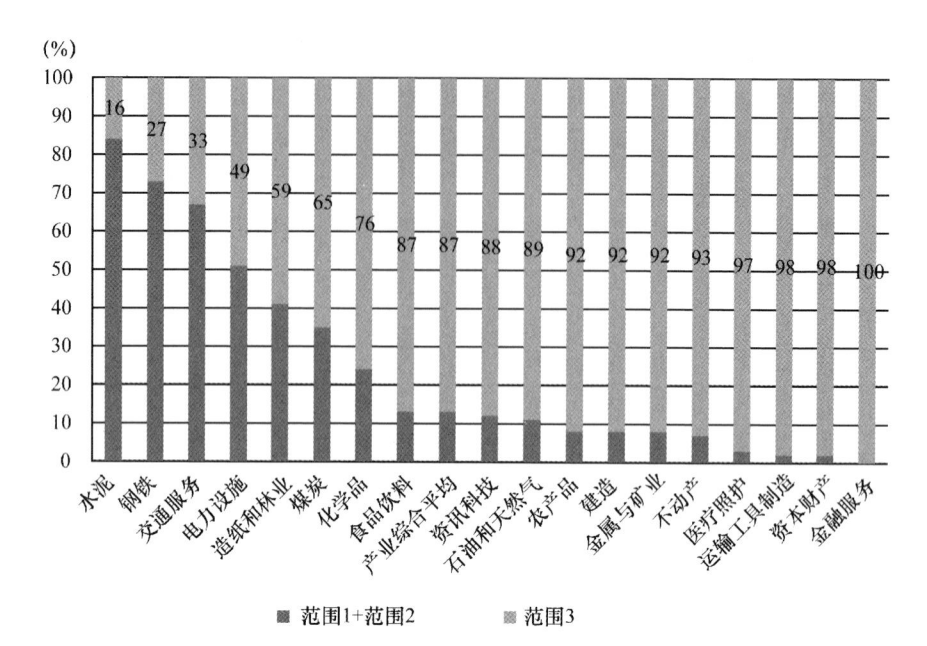

图3 不同产业的范围3碳排放占比

资料来源：RECCESSARY。

通过把相关的数据放在链上，每个成员都可以得到一个副本并获取所有的数据，这样的系统给区块链带来了透明度，也是区块链技术闻名的原因。下面，我们将通过协鑫碳链建设案例来探讨区块链技术如何赋能光伏行业供应链减碳的实现。

三 协鑫碳链的建设之路

（一）企业简介

协鑫（集团）控股有限公司（以下简称协鑫），成立于1990年，是一家在碳达峰、碳中和目标引领下的绿色低碳科技企业，致力于推动能源产业的创新与发展。经过多年的发展，协鑫已经形成了涵盖电力、光伏、储能、新材料等多个领域的综合能源产业布局，成为全球领先的新能源和清洁能源解决方案提供商。截至目前，协鑫资产规模超2000亿元，年度营业收入近2000亿元，旗下拥有4家上市公司和超过40000名员工，在全球新能源企业500强中排名前列。集团业务不仅覆盖中国，还扩展至全球多个国家和地区，为全球能源结构的优化和气候变化的应对作出了积极贡献。

集团的发展历程可以概括为以下五个重要时期，如图4所示。

创立与电力产业扩张期
最初以火力发电为主营业务

光伏产业链完善期
从硅料、硅片、电池、组件，乃至最下游的电站环节，形成光伏垂直一体化产业链

高质量发展新征程
致力于能源科技创新与能源数字化、智能化、绿色化发展

1990—2005年　2006—2010年　2011—2015年　2016—2019年　2020年至今

光伏产业转型期
开始向光伏新能源的重要战略转型

战略调整与科技创新期
加速科技创新和产业升级
积极实行绿色发展理念

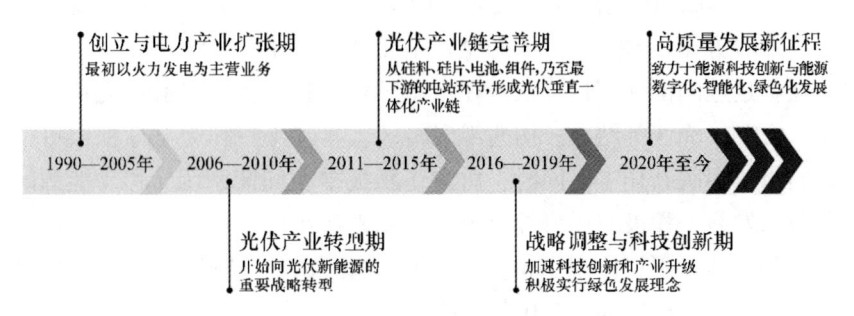

图4　协鑫的发展历程

创立与电力产业扩张期（1990—2005年）：协鑫从太仓新海康协鑫热电有限公司起步，最初以火力发电为主营业务。在电力产业的摊子成功铺开后，协鑫在建立了20多家电厂，逐步打造成中国领先的民营电力企业。这一时期，协鑫主要聚焦于电力产业的扩张和技术创新，还建立了较为完善的电力供应链。

光伏产业转型期（2006—2010年）：2006年，协鑫开始向光伏新能源的重要战略转型，投资70亿元建设多晶硅生产线，2007年正式投产。6年间，协鑫迅速崛起，成为全球最大的多晶硅生产企业之一，成功打破了欧美在多晶硅领域长达半个世纪的技术垄断。

光伏产业链完善期（2011—2015年）：协鑫继续扩大光伏产业的版图，从硅料、硅片、电池、组件，乃至最下游的电站环节，形成光伏垂直一体化产业链。2011年，协鑫开始零星开展光伏电站开发业务；2013年，成立协鑫新能源控股有限公司。2014—2016年三年间，协鑫新能源完成了光伏电站装机616兆瓦、1.6吉瓦和3.5吉瓦的三级跳，增速居全国之首，规模居行业前两位。

战略调整与科技创新期（2016—2019年）：协鑫加速科技创新和产业升级，积极实行绿色发展理念，落实"中国制造2025"的战略部署。这一时期，协鑫通过材料、装备、工艺、系统等各个环节的自主创新，提升生产效率，降低制造成本。

高质量发展新征程（2020年至今）：协鑫进入新的发展阶段，聚焦"双碳"目标，围绕硅材料、锂材料、碳材料和集成电路核心材料，致力于能源科技创新与能源数字化、智能化、绿色化发展。2023年12月，协鑫在第28届联合国气候变化大会（COP28）发布"全球光伏产业链最低碳足迹发展方案与倡议"，强调全产业链项目评价和全链降碳的重要性，并加强碳足迹的国际衔接互认。在生态环境保护方面，协鑫将光伏电站与沙漠、农业、渔业等结合，构建零碳园区、零碳工厂，为全球提供可持续发展的绿色零碳新样本。同时，协鑫还积极推动储能系统、移动能源转型等业务的发展，积极布局海外市场，推动光伏组件和电池等产品的出口业务。这些行动，不仅体现了协鑫在绿色发展和节能减排方面的引领作用，也展示了其在全球气候行动中的积极作用和对可持续发展的承诺。

（二）碳链建设的基本思路

协鑫本着响应国家"双碳"政策和应对国际贸易规则、推动能源产业绿色转型的初心，利用区块链技术的去中心化、不可篡改特性，构建了一个全新的光伏产业碳管理平台，即碳链（见图5）。协鑫碳链的建设，体现了协鑫致力于成为全球领先的新能源和清洁能源解决方案提供商的愿景，彰显着其"把绿色能源带进生活"的发展理念。

（三）协鑫碳链的建设过程

面对光伏行业供需失衡导致的产业链价格下降、国际贸易中的绿色壁垒等挑战，协鑫深刻认识到，通过供应链减碳可以提高资源利用效率、改善生态环境、促进绿色发展，同时满足消费者和利益相关者对环境责任的要求。此外，随着政府和国际组织对碳排放的监管日益严格，供应链减碳也成为企业应对政策挑战、开拓市场的必然选择。

然而，供应链减碳过程中的数据准确性和完整性是关键。传统的管理模式中，供应链上不同的当事方各自持有不同的分类账本，数据不同步且缺乏透明度，导致数据收集困难，碳足迹核算难以准确进行。为了确保碳足迹的可追溯性、可信度及可量化，协鑫决定利用区块链技术，结合自身在光伏全产业链的优势，构建一个全新的碳管理平台。区块链技术的去中心化、不可篡改和透明性特点，使其成为解决供应链中数据可信问题的理想工具。

区块链技术赋能光伏产业碳链建设

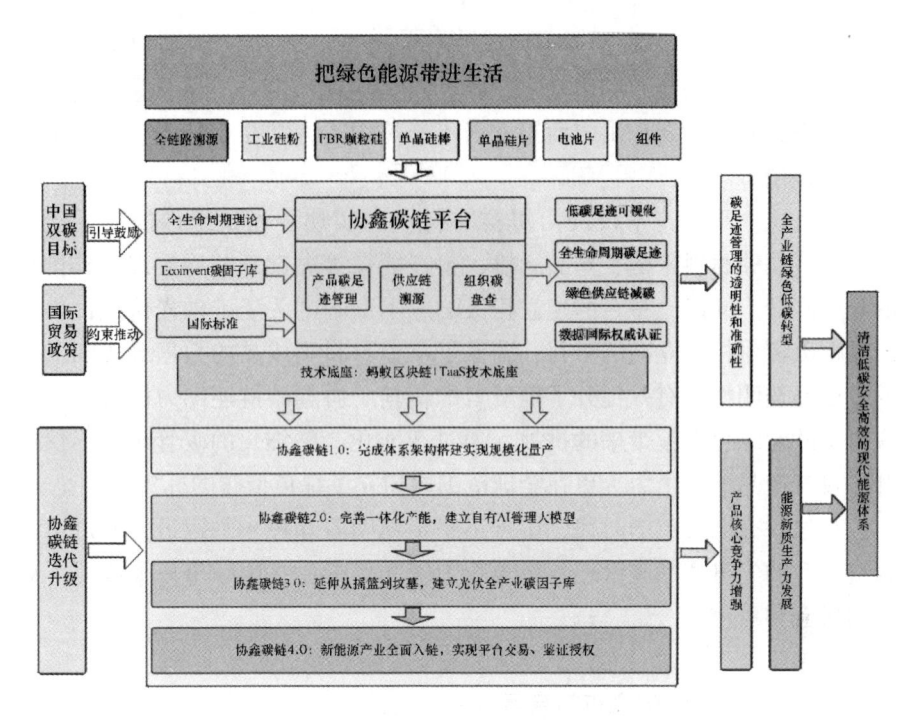

图5　协鑫碳链建设的基本思路

2024年6月12日，协鑫的核心子公司协鑫集成联合蚂蚁区块链推出了"协鑫碳链"平台，这是全球首条光伏碳链。这一创新平台依托区块链技术，采用生命周期分析理论、国际标准和Ecoinvent碳因子库，提供了精准的产品碳足迹核算和全面的碳管理服务，实现了供应链溯源、碳足迹管理和企业碳管理的高度融合，保证了链上产品碳足迹的可追溯性、可信度及可量化，为全球客户提供全链条的碳足迹管理解决方案，特别是响应欧盟的碳边境调节机制。从用户体验上来说，用户通过扫描产品上的二维码，即可轻松获取产品的溯源信息、碳足迹值及第三方鉴证报告等信息，增强了产品的透明度和市场认可度，助力企业树立行业绿色发展的新标杆。

协鑫碳链专注于产品层面的直接排放（范围1）和间接排放（范围2和范围3），并依据国际标准和行业指南，为产品提供碳足迹标签、溯源标签、在线认证证书等功能，促进了多方可信数据的合作。在推进产品降碳路径上，协鑫不断优化产品能耗、运输方式和生产流程，完善产品碳排放核算方法，并致力于建立与国际接轨的因子库，以解决产品碳排放高估问题。协鑫还在提高能源利用效率、降低产品电耗、提升产品质量、优化产品运输方式和孵化绿色供应商等方面不断努力，力求在全球光伏产业中保持引领地位。

通过这一平台，不仅助力协鑫在行业内实现了光伏组件的最低碳排放，而且在原材料采购、产品运输、生产能耗等关键环节均实现了碳排放的显著降低。同时，平台的建立积极响应了商务部关于推动光伏组件出口产品低碳评价标准立项的号召，确保了从原材料到成品的数据采集和上传的全链路透明性，有效提升了消费者的信任。协鑫碳链还助力协鑫很好地应对了欧盟绿色政策带来的挑战，通过智能化、精细化的碳管理，不仅提升了自身产品的竞争力，更在全球范围内树立了绿色低碳的标杆。

在这一充满变革的时代，协鑫正坚定地朝着绿色未来迈进，通过协鑫碳链平台的先进产品碳管理，带领着中国光伏行业在国际市场上赢得了更多的机会和尊重。

（四）碳链建设的亮点与启示

协鑫依托区块链和隐私计算等先进技术，构建了全球首个光伏产业碳链管理平台，实现了碳足迹的精准核算和科学降碳，同时确保了数据的真实性和平台的技术领先，显著提升了协鑫的竞争力。碳链平台的建设展现了多项亮点与启示，其创新实践不仅引领了光伏产业的绿色转型，也为全球可持续发展提供了宝贵经验。

1. 低碳足迹的可视化与量化

通过"一物一码"技术，实现组件碳值的动态追溯和全产业链六个核心环节的深度溯源，让每一件产品可追、可查、可信、不可篡改。同时，采用数字化管理手段，构建了涵盖组织碳排查、产品碳足迹、碳减排、碳交易等多个模块的集成管理系统，实现了数据实时共享与高效流通，有效解决了传统管理模式中的信息滞后问题，还进一步推动了绿色供应链的透明化与高效化，促进碳足迹的精准管理。同时，协鑫碳链记录了产品端到端的全生命周期碳足迹，追溯并管理产品在生产、运输、销售和使用全链路的碳排放量，实现了产品全生命周期的碳足迹可视化。相比 Ecoinvent 3.9.1 默认标准值，协鑫集成的综合碳值动态降低了 20%—35%。

2. 低碳技术的差异化优势

协鑫碳链利用自主研发的 FBR 颗粒硅，以其低能耗和低碳足迹的天然属性，有效解决了光伏产品原材料高耗能和高碳足迹的行业痛点，创造了国内外硅材料最低碳足迹记录，带动全产业链大幅降碳，带来了低碳足迹的差异化竞争优势。目前，协鑫颗粒硅名义产能已达 42 万吨，有效产能达 34 万吨，相较于传统改良西门子法棒状硅而言，每年可节省 180 亿余度电，同时可减少 1000 万吨以上二氧化碳排放，从源头上全面赋能协鑫碳足迹管理平台。

3. 绿色供应链的控碳减碳

协鑫碳链不仅关注单一产品的低碳足迹，还着眼于整个供应链的控碳减碳效应。协鑫碳链通过精准核算组织层及价值链温室气体排放量，并以此为基准，参照科学碳目标倡议（SBTi）方法学设立减碳目标。协鑫计划至 2030 年范围 1 与范围 2 绝对排放量较 2023 年减少 42%，产品单位产能的生产性原材料碳排放较 2023 年下降 51.6%，显示了其在全产业链碳足迹管理上的雄心和决心。通过精准督促上游供应商减排降碳，并将颗粒硅的低碳足迹价值赋能下游供应商，协鑫碳链推动了全供应链的共同降碳。

4. 政策响应与可持续发展战略

协鑫碳链积极响应国家"双碳"政策和国际碳关税政策，通过全生命周期的碳管理，助力构建绿色低碳循环经济体系。这一战略满足了欧盟碳边境调节机制（CBAM）和《净零工业法案》（NZIA）的高标准要求，有助于减少贸易壁垒，稳固海外市场份额。还与生态环境部等 15 部门联合印发的《关于建立碳足迹管理体系的实施方案》高度契合，体现协鑫的战略远见和前瞻性布局，为实现国家"双碳"目标和推动行业的碳中和进程做出了积极贡献。同时，协鑫碳链的成功实践也为其他光伏企业提供了宝贵的经验和启示，推动了整个行业的可持续发展。

5. 国际认证与合作

协鑫碳链的产品通过了德国 TÜV 莱茵安全认证和 ISO14067 碳足迹权威认证，不仅提升了产品的国际竞争力，也有助于推动产品碳足迹核算规则、因子数据库与碳标识认证制度逐步与国际接轨。同时，协鑫联合华为等 8 大行业国内头部企业和 Global Solar Council 等国际组织，共同构建协鑫碳链生态圈，通过跨界资源整合，共促光伏行业革新，为全球绿色能源事业注入新的活力。

四 研究建议与未来展望

(一) 研究建议

协鑫碳链在光伏行业的应用逐步深入，虽然取得了一定的成果，但仍面临诸多挑战。为进一步提升协鑫碳链的实际效果，应针对现存问题提出相应的改进措施，并明确未来的发展方向。

第一，在数据准确性与完整性方面，协鑫碳链需要加大在数据采集、传输和分析技术上的投入，通过部署更先进的传感器和物联网设备，实现供应链实时数据采集与自动化上传。同时，为了确保数据的真实性与可靠性，建立严格的数据审核机制，对采集的数据进行交叉验证，并实施第三方审核，以此提升整个供应链碳足迹核算的精度和可信度。此外，还应加强数据安全管理，采用加密技术、访问控制和审计跟踪等手段，防止数据泄露和未授权访问，确保企业和用户隐私得到妥善保护，从而增强平台的安全性和用户的信任度。

第二，针对行业标准尚未统一的问题，协鑫应积极参与国内外碳足迹核算及碳管理标准的制定工作，推动国内行业标准的完善，并与国际标准接轨。通过与国际可再生能源机构（IRENA）、联合国环境规划署（UNEP）等国际组织的合作，加强与国际企业和组织的交流，共同探讨和推动全球统一的光伏行业碳足迹标准。同时，推动中国光伏行业与欧盟等主要国际市场的技术对接，通过合作研发、共享最佳实践和案例研究，促进技术交流和标准统一，为全球光伏行业的可持续发展贡献中国智慧和中国方案。

第三，面对碳链技术可能引发新的碳排放问题，协鑫可以采取一系列综合性措施，以打造产品的全生命周期管理。首先，在关键设备上部署光伏太阳能板和储能设备等，利用太阳能满足平台的能源需求，减少碳链运行过程中的碳排放。其次，协鑫碳链对产品从原材料采集到最终报废的每个环节进行追踪，确保符合低碳排放标准。此外，建立系统化的回收体系，设定具体的回收目标，并纳入企业责任制，对废旧光伏组件进行有效管理和资源循环利用，通过专业设备分离和再生有价值的材料，提高资源利用效率。

第四，为了应对光伏行业日益增长的碳足迹核算需求和提升企业低碳决策的准确性，协鑫碳链需持续优化其核心算法和模型。引入更先进的机器学习算法和 AI 大数据分析技术，以提高碳足迹预测的准确性和实时监控的能力。从历史数据中学习并预测碳排放模式，自动识别影响碳排放的关键因素，为企业提供定制化的减排方案。同时，大数据分析技术可以处理来自供应链各环节的海量数据，实时监控碳排放情况，快速识别异常排放源，发现潜在的减排机会。这些人工智能技术的集成应用将使协鑫碳链能够提供更精细化和个性化的碳足迹服务，帮助企业更准确地掌握自身的碳排放状况并做出低碳决策。

面对全球气候变化和能源转型的双重挑战，协鑫碳链的建设和应用不仅为光伏行业提供了一个全新的绿色发展模式，也为全球可持续发展贡献了中国智慧和中国方案。通过区块链技术的深度融合和创新应用，协鑫碳链实现了供应链碳足迹的精准核算和管理，推动了全产业链的绿色转型，提升了企业的国际竞争力，并积极响应了国家"双碳"政策和国际碳关税政策。

（二）未来展望

协鑫碳链的建设与应用，不仅是光伏行业在碳足迹管理领域的一次深刻变革，更是能源新质生产力的重要体现，利用数字化智能化技术，为能源产业的转型升级树立了典范。碳链通过区块链、大数据、人工智能等前沿技术，有效提升了能源产业的资源配置效率，降低了能源消耗和碳排放，实现了对传统能源产业链的重构与升级，显著提升了光伏产品的绿色价值，并为全球能源产业的数字化转型提供了全新的思路和解决方案，实现了经济效益与环境效益的双重提升。

在数字化、智能化技术的推动下，能源产业正经历着前所未有的变革，能源新质生产力的发展已成为推动新型能源体系建设的重要力量。协鑫碳链的成功实践，正是这一趋势的生动写照。我们坚信，随着数字化、智能化技术的不断进步和应用，更多的能源新质生产力将在推动能源产业高质量发展、构建清洁低碳安全高效的现代能源体系中发挥更加重要的作用。

主要参考文献

施懿宸：《ESG 管理对供应链减碳的影响》，《可持续发展经济导刊》2023 年第 7 期。

普华永道：《能源新纪元系列：光伏行业趋势洞察篇》，2024 年 6 月 30 日，https://www.pwccn.com/zh/services/issues-based/esg/photovoltaic-industry-trend-insight-report-jun2024.html。

中研普华研究院：《2024—2029 年中国光伏发电行业市场全景调研与发展前景预测报告》，2024 年 9 月 14 日，https://www.chinairn.com/hyzx/20240914/154831553.shtml。

金杜律师事务所：《"产品碳足迹"：覆盖产品全生命周期的碳排放管理》，2024 年 2 月 1 日，https://www.kwm.com/cn/zh/insights/latest-thinking/product-carbon-footprint-carbon-emission-management-covering-the-whole-life-cycle-of-products.html。

中央财经大学绿色金融国际研究院：《浅析国内外绿色发展中的碳足迹体系建设》，2024 年 3 月 12 日，https://iigf.cufe.edu.cn/info/1012/8505.htm。

绿色经济发展的人才培养：现状、模式分析与展望

严 飞 彭 莎[*]

推动绿色发展、实现"双碳"目标是我国着力解决资源环境约束突出问题、实现中华民族永续发展的必然选择。当前，我国经济正由高速增长阶段向高质量发展阶段转变，既蕴含着巨大的发展机遇和潜力，同时也将倒逼经济社会体系全面转型升级，进而推动形成绿色低碳产业结构、生产方式、生活方式、空间格局等。但是随着发展进程的不断推进，企业、行业、产业中绿色人才短缺的现象日益明显，绿色人才的培养和培训无法满足经济绿色转型升级的需要，我国绿色人才的培养具有很大的发展空间。因此，构建并完善与绿色低碳发展相适应的人才培养体系刻不容缓。

一 绿色经济发展需要绿色人才支撑

（一）绿色经济是可持续发展的呈现方式

随着全球环境问题和气候变化的日益严重，绿色经济的发展成为全球共识和发展趋势。党的十八大以来，中国坚持"绿水青山就是金山银山"的理念，坚定不移走生态优先、绿色发展之路，建设人与自然和谐共生的现代化，与世界各国团结合作，共同推动可持续发展。绿色经济以资源节约、环境友好为重要特征，以经济绿色化和绿色产业化为内涵，旨在实现

---

[*] 严飞，教授，碳排放权交易省部共建协同创新中心常务副主任，湖北经济学院低碳经济学院院长，"湖北名师工作室"主持人，主要研究领域为发展经济学、能源经济学等。彭莎，副教授，碳排放权交易省部共建协同创新中心研究员，主要研究方向为消费端碳减排、环境教育等。

经济增长与环境保护的"双赢",是我国推动可持续发展、促进经济转型的有效途径。①

首先,绿色经济发展是人类应对环境挑战的必然选择。气候变化、资源枯竭、生态退化等环境问题已经成为可持续发展的"瓶颈"。传统的以资源消耗和环境破坏为代价的发展模式已经难以为继,必须转变发展方式,选择资源消耗低、环境污染少、产品附加值高、生产方式集约的绿色模式。其次,绿色经济发展是推动社会经济转型的重要动力。绿色经济是"稳增长"与"调结构"的引擎,不仅促进绿色产业、环保技术的迅猛发展,形成新的经济增长点,还不断推动传统产业向高质量、高效益、低污染的方向转型升级。最后,绿色经济发展是提升人民福祉的重要途径。随着人们生活水平的提高,对美好生活的向往也更加迫切,绿色经济发展能够提供更多优质的绿色产品,满足人民日益增长的美好生活需要。总之,绿色经济发展能够更好地维护人类生存环境、合理保护资源与能源、有益于人体健康,提升人民的生活质量和幸福感。

(二)绿色经济发展需要大量高素质的专门人才

绿色经济发展是中国实现高质量发展的必然要求,是实现人与自然和谐共生的重大战略决策,将带来以绿色产业、环保技术、低碳生活等为代表的新一轮产业和科技革新,需要大量高素质的专门人才支撑。

2022年,人力资源和社会保障部向社会公布了新修订的《中华人民共和国职业分类大典》,与2015年相比绿色职业种类增加至134个,约占职业总数的8%,反映了我国绿色经济快速发展的步伐不断加快,为我国经济社会发展、科学技术进步和产业结构转型升级提供重要的推动力量。

以"双碳"人才需求为例,《财经十一人》综合多方信息了解到,双碳相关从业者在初始阶段,即"双碳"目标提出之前,人数相对较少,大约在1万人,随着"双碳"目标的明确提出和政策的逐步推进,双碳从业人员数量也随之快速增长,到2023年底双碳相关从业人员已经增长至10万人左右,预计到2025年相关从业人员数量会增长至50万—100万人,释放出百万级的就业新空间。据BOSS直聘发布的《2021应届生就业趋势报告》,新能源、环保领域对高学历青年人才需求量大幅增加,同期增长

---

① 姜言秀:《绿色消费:循环经济在消费领域的实现形式》,《理论学刊》2010年第12期。

率为 225.4%，远高于其他传统行业[①]。

在绿色经济发展快速推进之时，政策与市场的双重促进，为传统产业的绿色转型升级以及新能源、环保咨询、再生资源回收等绿色产业带来了广阔的发展空间。因此，亟须构建和优化绿色人才培养模式，为国家绿色经济发展提供更强大的人才支持。

(三) 绿色人才培养模式的优化具有重要的社会经济价值

绿色人才培养模式的优化能够推动绿色经济发展，助力中国生态文明建设。高校作为人才培养和人才聚集的高地，应承担起培养绿色人才的重任。培养绿色人才是高校落实立德树人根本任务和推动绿色科技创新的内在要求，高校应将人才培养和科学研究两大基本职能有机地统一起来。通过构建和优化绿色人才培养，推动绿色教育和绿色科技发展，为绿色经济发展提供智力支撑。

企业作为绿色经济发展的实施主体和重要力量，需要不断创新环保技术，完成绿色低碳升级。绿色人才培养模式的优化有助于提升人才规模和质量，在企业实现技术升级、绿色循环、低碳创新中发挥着不可忽视的作用，推动企业向高质量、高附加值、高效率的方向发展，能够不断提升企业的生态效益和经济效益。

此外，绿色人才培养模式的优化还能够促进教育、科技和人才的良性循环，通过积极发挥教育、科技、人才集成优势，进一步放大教育、科技对经济社会发展的推动作用，具有重要的社会价值和经济价值。

二 绿色人才培养的发展现状

(一) 需求激增

我国面临绿色人才短缺、绿色人才技能相对薄弱、绿色人才岗位供应不足等问题。

从人才需求侧看，绿色人才需求激增，相关岗位需求逆势增长。数据

[①] 郭茹、刘佳、黄翔峰：《加快培养高质量"双碳"专业人才，支撑经济社会绿色低碳转型》，2022 年 7 月 7 日，http://www.gmw.cn/xueshu/2022-07/content_35868224.htm。

表明,"十四五"时期我国绿色人才需求量在55万—100万人,而我国相关从业者只有10万人左右,技术性人才和政策管理方面人才缺口较大;我国仅有少数高校设立了绿色技能培训中心,市场化的培训机构仍未涉足该领域,绿色职业技能培训不足,技能认定考核方式不完善。《2022年全球绿色技能报告》指出,绿色和绿色化职位仅占招聘岗位总数的10%;《2022环保行业薪酬报告》指出,38.3%的绿色岗位相关从业者对自己当前的薪酬情况表示不满意。由此可见,实现我国经济和社会实现绿色转型对绿色职业人才的从业人数、专业技能、岗位优化都有很高要求。

从人才供给侧来看,绿色人才的数量与质量均有待提升。近年来,有越来越多的高校以资源、环境和能源相关专业为依托,整合优势教学资源,加大绿色人才培养力度,但由于人才培养需要一定周期,与爆发式的绿色人才需求相比,数量上存在较大的人才缺口,且短期内还存在供需矛盾较大的状况。

此外,绿色人才培养体系尚未健全,在师资储备、课程体系、实验实训等多个方面需要完善,人才培养质量有待提升。社会机构的各种绿色职业培训层出不穷,良莠不齐,质量堪忧。可以预见,绿色从业者不仅数量上将增加,专业素养也将逐渐提高。

(二) 政策支持

随着国家绿色发展的不断推进,推动实现碳达峰碳中和的相关政策体系逐步构建,教育部也相应地提出了绿色低碳人才培养体系构建的宏观方案。2021年7月,教育部印发《高等学校碳中和科技创新行动计划》,要求充分发挥高校基础研究深厚和学科交叉融合的优势,加快构建高校碳中和科技创新体系和人才培养体系,着力提升科技创新能力和创新人才培养水平。2022年,教育部又先后出台了《加强碳达峰碳中和高等教育人才培养体系建设工作方案》和《绿色低碳发展国民教育体系建设实施方案》,共同构建起绿色低碳发展的人才培养政策体系,明确要求加强绿色低碳教育、打造高水平科研科技攻关平台、加快紧缺人才培养等。

多个省市的相关政府部门也已经陆续发布了关于科技支撑绿色低碳发展的实施方案,其中"提升绿色低碳人才培养能力"成为各地方案中都提到的一项内容。例如,天津市科学技术局等六部门发布《天津市科技支撑碳达峰碳中和实施方案(2022—2030年)》,提出加强绿色低碳领域人才选拔培养，加大对绿色低碳领域科技人才的支持力度。浙江省发展和改革委员会、省委组织部等五部门联合印发《浙江省碳达峰碳中和专业人才培养实施方案》，力争打造一个高水平人才库。

基于国家绿色发展的根本要求，结合不同区域、不同行业、不同阶段的具体发展现状和规划，从顶层设计、育人资源、保障制度三个方面入手，加快绿色低碳人才培养体系的建设和优化。

（三）教育培训体系逐步完善

我国已经初步构建起绿色人才教育培训体系的框架，政府、高校、企业等不同主体的参与度和积极性均较高，也相继设立了一批绿色低碳综合研究与人才培养平台，但仍需在人才培养模式、路径设计和优化提升等方面继续探索。

一方面，高校积极优化绿色人才教育体系。强化对传统专业的改革，绿色人才的培养涉及自然科学与社会科学的众多领域，需要积极探索绿色经济发展对不同领域人才培养的目标需求，加强对原有的管、经、文、法、工、理相关学科和专业的改革，以适应现实需求。丰富专业形式，通过打造绿色低碳微专业、暑期学校等形式，构建多样化的绿色人才培养模式，依托绿色低碳领域人才培养体系改革，引领学科发展前沿，推动相关学科的发展与学科影响力的持续提升。

另一方面，积极开展面向企业层面的绿色人才培训体系的建设和优化。在传统产业转型升级中，出现绿色职业技能培训不足、技能认定考核方式不规范等现象。要加强教育、科技和产业统筹推进、融合发展，解决人才和技能在供需上的不平衡，既要加快职业能力认定，健全技能人才评价标准体系，也要为从业者提供技能培训渠道，引导劳动力向绿色就业流动。

三 绿色经济发展的人才培养模式分析

（一）校企合作

通过校企共建师资队伍、共建实习基地、共建科研平台等措施，实现资源共享、优势互补、共同发展。企业为学生提供实践平台，学校根据企业需求调整课程设置，助力绿色人才的协同培养。

高校在专业设置上以产业需求和市场为导向，主动调整、优化和重新布局专业结构，优化资源配置，使专业结构更加合理，精准对接企业绿色发展需求，服务地方绿色经济发展。一是利用企业资源优势改造传统专业，积极申报和建设新专业，在人才培养、课程资源建设、教学条件提供、学生就业等方面开展合作；二是以产业需求为导向，对接产业链，主动调整专业结构，着力打造特色优势专业，新增与绿色产业密切相关、能与新兴产业对接的专业和专业门类；三是校企联合，以"微专业"和"订单班"的形式开展校企、校政合作。整合多种课程，在短时间内完成某一领域人才的培养。

实践实习是高校教学的重要环节，校企合作共建实习基地是高校实现人才培养目标的重要保障。校外实践基地是提高学生职业素质，巩固专业理论知识，锻炼实践应用能力，加强团队合作与协调能力的重要途径。通过搭建数字化产业人才培养基地和打造技术技能创新服务平台等形式，助力学生提高技能水平和研发应用能力。

（二）"产学研"结合

生产、教育和科研统筹推进、融合发展，加强高校与行业、企业、科研院所的协同创新，以"产学研"融合机制促进组织协同、平台互动、要素流通，形成"产学研用"多要素融合、多主体协同的育人机制。

强化科研育人。鼓励高校实施绿色低碳的人才培养专项计划，大力支持跨界组建科研和人才培养团队，建立"双师"制度，邀请产业界的专业人士作为学生的导师，指导学生完成绿色低碳相关的科研实践项目，推动科研成果的转化和应用。

鼓励校企合作联合培养。支持相关高校与大中型企业和专精特新企业深化产学合作，针对企业绿色人才需求，联合制订培养方案，探索各具特色的本专科生、研究生和非学历教育等不同层次人才培养模式。

加大政府支持力度。政府与教育部应针对绿色低碳领域的创新人才培养成立专家团队，指导各地高校进行绿色低碳相关专业、学科建设，组织统筹校企合作，提供政策和保障，从而培养出更高质量的符合实际需求的绿色人才。

绿色经济发展的人才培养：现状、模式分析与展望

（三）绿色职业培训与认证

教育部发布的新版《职业教育专业简介》，强调前瞻布局，培养学生掌握数字技能、绿色技能等未来职业能力。绿色职业培训，正在成为职业教育的"新风口"。我国正逐步建立以政府为主导、以企业为主体、各类社会组织和培训机构广泛参与的绿色低碳职业培训体系和运行机制，但是现阶段绿色职业人才培养在职业标准、培训认证、人才评价等方面仍有待完善。

高校采取多样化的形式加强绿色低碳领域的社会服务，围绕我国绿色经济发展开展绿色职业培训和认证服务。一是为政府、企业和金融机构等提供绿色低碳领域的专业技术技能培训服务，将绿色人才培养服务从学校延伸至政府管理一线、企业生产一线和金融服务一线，整体提升相关人员的绿色职业技能；二是通过"产学研"合作，聚焦绿色低碳重点领域，大力推进技能人才队伍建设，为企业绿色升级提供科学的咨询服务以及业务培训服务；三是开展绿色职业培训认证工作，充分发挥人力资源管理部门、行业协会、企事业单位等多方联动协同作用，统一职业认证与人才考核标准，对绿色职业培训资质及培训质量严格把关，为广大在校学生和社会人员提供绿色职业认证服务。

四 湖北经济学院绿色人才培训实例

（一）重视绿色经济人才培养

湖北经济学院紧跟国家绿色低碳发展战略，2012年，主动对接区域发展需求，牵头10家单位组建了全国第一个以碳排放权交易为主题的省级协同创新中心：碳排放权交易湖北省协同创新中心；2014年，举办首届"市场导向的绿色低碳发展国际研讨会"；2015年，开设湖北省第一个资源与环境经济学本科专业，开始本科人才培养；2016年，创办环境经济研究领域学术期刊《环境经济研究》；2018年，设立全国第一家低碳经济学院，开始低碳经济与管理方向本科人才培养；2022年，获教育部批准升级为碳排放权交易省部共建协同创新中心（以下简称协同创新中心）。至此，学校"一院一中心一刊一会"的立体式育人平台正式搭建完成。

学校充分利用协同创新中心的平台和机制，有效整合"政府—高校—企业"三方资源，围绕校内协同、高层次人才引进、协同单位高级人才互聘、绩效考核创新等方式进行体制机制创新，从而实现分层分类汇聚"双碳"人才，培养绿色经济"领军"人物，建立起一支高水平"双碳"师资队伍。当前中心现有专职教师26名，校内外兼职人员87名，其中国家级人才3人、湖北省人才17人，湖北省名师工作室主持人1人，围绕5个研究方向汇聚人才团队，为绿色人才培养奠定了坚实的师资基础。

（二）加强绿色经济技能培训

湖北经济学院面向国家和区域绿色经济发展的迫切需求，将人才培养的前端供给与末端需求有机结合，注重人才培养的交叉性与实践性，加强绿色低碳实践基地和社会人才培训基地的建设，切实为绿色低碳领域输送一大批高质量专业人才。

一方面，致力于构建以绿色发展为导向的实践教学体系，通过与产业界的深度合作，创建"产教"融合的教学环境，让学生在实操中积累绿色产业的知识技能。低碳经济学院专业实践环节占总学分比例达到25%，强化行业企业对"双碳"人才培养的参与度，充分利用湖北省全国首批碳市场试点、中碳登和国家气候投融资试点三重平台优势，以及湖北省大力推动绿色低碳发展的契机，与湖北碳排放权交易中心、北京中创碳投科技有限公司等"双碳"产业链上的企业共建教学实训基地，定期组织开展模拟交易、低碳能源体系设计、现场核查等"沉浸式"实习实训。打造"双碳讲堂"品牌活动，定期邀请实务部门"双碳"专家进课堂，锻炼解决实际问题的能力，培养实践实干实用性人才。

另一方面，推进"产学研"深度融合，采取多样化的形式加强绿色经济技能培训服务。充分利用学校在"双碳"领域的先行优势，建立系统性的碳排放权交易培训方案，针对湖北省县级以上政府、碳市场纳入企业、投资机构等相关人员累计开展了专题培训班31期，参训人数累计4100余人，有效提升了各类市场主体参与湖北碳交易试点的主动性和专业能力。中心已形成多层次、多形式的"双碳"非学历继续教育培训体系，面向社会各界，开展绿色干部培训和绿色职业培训等多样化项目。

（三）多方协同培养

学校创新"双碳"人才培养需要整合各方面的资源协同育人，充分利用中心的平台和机制，在校内外协同、校内协同、院内协同三个层次有效整合资源，搭建培养绿色人才的"政产学研用"协同创新体。

第一，构建校内外"政府主导—高校支撑—企业应用"协同育人模式。首先，通过协同单位之间人员互聘，推动师资交流、资源共享、共同发展，通过共建专业、共建课程、共建教材、共建师资队伍、共建实习基地、共建科研平台等措施，促进学科、专业建设内涵提升，实现多方协同育人。

第二，构建校内科研平台协同体。由协同创新中心牵头，联合湖北经济学院7个与"双碳"相关的省级和校级科研平台构建校内科研平台协同体，通过省优势学科（群）、创新团队、PI团队等不同形式的组织形式，实现人才共享、专业互通、学科融合、协同育人。

第三，打造"一院一中心一刊一会"协同育人平台。融通低碳经济学院学科引领和人才培养职能、协同创新中心科学研究和高端智库职能、学术期刊与国际会议学术阵地和学术交流职能，通过实践教学前沿化、社会实践多样化、创新创业教育特色化，达到具有资源、环境与经济学的交叉视野的"跨学科、复合型"的绿色低碳人才培养目标。

五 绿色经济人才培养展望与建议

（一）完善绿色职业分类与标准建设

2015年版《中华人民共和国职业分类大典》（以下简称《大典》）在充分考虑我国社会转型期社会分工特点，借鉴国际先进经验的基础上，将社会认知度较高、具有"环保、低碳、循环"等特征的职业认定为绿色职业（标识为L）。2022年版《大典》结合社会职业发展实际状况，对绿色职业进一步丰富和完善，绿色职业中节能环保领域有17个，清洁生产领域有6个，清洁能源领域有12个，生态环境领域有29个，基础设施绿色升级领域有25个，绿色服务领域有45个。

我国绿色职业分类不断细化和扩充，涉及能源、制造、建材、交通、航空、气象等领域，基本覆盖了绿色生产生活与生态环境可持续发展各个方面。这对绿色职业人才的专业性、创新性和实践性都有很高要求，需要包括政府、高校、企业在内的多方的积极参与。然而，相较于传统职业，绿色职业的职业标准和评价规范还有待进一步健全。

为了进一步促进绿色职业健康发展，一方面应加强标准制定与专业培训，尽快形成较为完善的绿色职业从业者教育、培养和实践体系；另一方面还需强化职业指导和就业服务，完善监管体制机制，确保从业者权益保障到位。

绿色职业体系的构建与完善，反映了我国绿色发展政策实践向纵深推进，对于增强绿色职业从业人员的社会认同度、促进就业创业、引领职业教育培训改革、推动经济高质量发展等，具有重要意义。

（二）加强国际交流与合作

在全球可持续发展的大背景下，绿色职业发展和绿色人才培养是绿色经济发展的关键要素，也必将是未来国际竞争力的重要标志。因此，培养具有全球视野、了解国际绿色标准和前沿技术的绿色经济人才，不仅是我国绿色低碳高质量发展的需要，也是我国作为制造业大国"走出去"战略的重大需要。

国内的高校和企事业单位要积极"走出去"和"引进来"。按照国际规则与世界一流大学和学术机构合作开展绿色科技的国际合作，通过建设绿色低碳领域的国际科技合作创新平台，吸引汇聚海外高层次人才参与我国绿色低碳领域科学研究，促进成熟绿色技术在其他国家转化和应用。

支持组建绿色低碳领域的"产教"融合发展联盟。鼓励高校联合企业，根据行业产业特色，加强分工合作、优势互补，组建一批区域或者行业高校和企业联盟，适时联合相关国家组建跨国联盟，推动标准共用、技术共享、人员互通。

开展绿色人才国际联合培养项目。鼓励高校与世界一流大学和学术机构开展绿色低碳领域人才的联合培养、海外实习、科技创新和智库咨询等合作项目，深化双边、多边绿色创新合作，提高绿色职业人才的国际化素养和实践能力。

（三）推动绿色人才培养模式创新

绿色人才的培养是一项系统性工程，要坚持系统观念和整体观念，多管齐下，构建符合人才成长规律、教育教学规律、科技创新规律的绿色教育体系，不断创新和完善绿色人才培养模式，推动绿色人才培养成为绿色文化的引领者、绿色教育的提供者、绿色科技的推行者。

坚持党建引领"大思政",探索"党建+思政"人才培养新模式。把习近平生态文明思想全面融入思想政治工作和全面教育体系,推进专业课程思政建设,推动绿色低碳发展理念进思政、进课堂、进头脑,激发学生对可持续发展的责任感与使命感。紧紧围绕学生全面发展,依托社会实践、零碳校园建设等第二课堂载体,以党建带团建,让学生在实践中厚植绿色发展理念,践行绿色消费、低碳生活新方式,推动终身学习。

进一步搭建立体式育人平台,推动协同育人新模式。以需求为引领、以平台为载体、以协同为路径、以创新为动力、以科研为支撑,前瞻布局,促学科、开专业、开课程、建教材、重实践、强协同,致力于解决社会对绿色低碳人才培养提出的迫切需求,将人才培养的前端供给与末端需求有机结合,推动融"专业人才培养主阵地、社会人才培训基地和绿色低碳实践基地"于一体的人才培养新模式,提升绿色人才的培养深度和适应度。

(四) 构建绿色人才发展平台

推动绿色经济发展必须统筹推进教育、人才、科技和产业支撑体系建设,共建绿色人才发展平台,通过有机联动、协同合作促进绿色人才的交流互动,为绿色人才提供良好的发展空间和成长机会,增强其对绿色职业的认同感和归属感。

推动绿色低碳领域创新平台建设,为绿色人才提供丰富的成长机会。绿色创新平台是整合创新资源、推进科技研发的重要载体,也是绿色人才汇聚和发展的主战场。聚焦绿色低碳领域创新前沿,坚持"政府支持、企业参与、市场运作"方式,鼓励高校、科研院所和企业协同创建国家级、省级绿色创新平台,推动绿色资源的共建共享与低碳科研项目协同,为绿色人才的成长提供良好发展环境和平台支撑。

构建"产学研"融合共同体,为绿色人才提供广阔的发展空间。加强企业、高校、科研院所的协同创新,以"产学研"融合机制促进组织协同、平台互动、要素流通,探索绿色职业人才合理流动与用才高效配置范式。同时,建立和优化绿色职业人才用人机制,制定符合绿色发展战略的职业发展规划,提供明确的职业晋升路径,激励从业人员投身绿色技术和产业创新,为绿色职业人才拓展发展空间。

六　结　语

结合国家绿色发展的现实需求，本文全面认识了绿色经济发展的人才培养现状，深入分析了我国绿色经济发展的人才培养模式，系统梳理了我国绿色人才培养的理论与实践，以期为绿色人才培养的规模和质量提升提供有益参考，助力我国绿色低碳发展。

主要参考文献

姜言秀：《绿色消费：循环经济在消费领域的实现形式》，《理论学刊》2010年第12期。

李力、王帅、邱瑞：《中国"双碳"人才发展现状与培养路径研究》，《发展研究》2023年第3期。

方洁、刘习平：《湖北经济学院：服务"双碳"战略培养应用型创新人才》，《光明日报》2023年8月16日第4版。

余吉安、张友生、彭茜：《树立绿色素养理念培育高校绿色人才》，《中国高等教育》2017年第23期。

孙欢：《新时代高校绿色人才培养模式探析》，《大学》2020年第7期。

使用生物降解地膜与黄腐酸肥料促进农业绿色低碳发展

张雨桐　刘家磊*

以农作物秸秆为原料生产秸秆混合糖技术的产业化突破，标志着中国已经具备了秸秆替代粮食生产聚乳酸的能力。发展非粮生物基新材料聚乳酸产业，实现非粮可再生资源的利用与转化，可以变石油、煤炭的"黑金经济"为生物质加工的"绿金经济"，以工业的方式推动农业发展，替代石油和煤炭化石资源，改善大气环境，保障国家能源和粮食安全，实现可持续发展。同时，原材料的非粮化也使其有望成为推动中国生物经济产业实现"换道超车"的下一个战略性新兴产业。

一　影响农业绿色低碳发展的障碍因子

随着全球工业化和城市化水平的不断提高，我们正经历着百年未有之大变局。土壤健康和可持续发展对于保障粮食安全、维持生态平衡和应对气候变化至关重要。现阶段土壤健康面临的挑战主要以土壤污染为主，如残膜、化肥、农药残留污染等。

（一）"重使用，轻回收"的农膜应用模式导致土壤白色污染加剧

2010—2021年，中国地膜使用量从118.4万吨增加到132.03万吨，

---

* 刘家磊，中国农业科学院农业环境与可持续发展研究所研究员、博士生导师、农科英才，现担任中国循环经济协会以竹代塑团体标准工作组专家委员、CSTM 高分子材料标准专委会委员、北京市科学技术协会战略咨询专家团队首席科学家，研究方向为生物可降解地膜；张雨桐，河南师范大学环境学院硕士研究生，研究方向为环境工程。

使用量在2016年达到巅峰，约为147.01万吨，此后略有下降（见图1），这可能与国家相关文件和政策陆续出台有关。2017年，根据《第二次全国污染源调查》，经过多年累积，地膜残留量达到118.48万吨。废旧农膜的回收和处理成本较高，缺乏有效的回收和分类系统，许多废旧农膜最终被焚烧或填埋，对环境造成了二次污染。

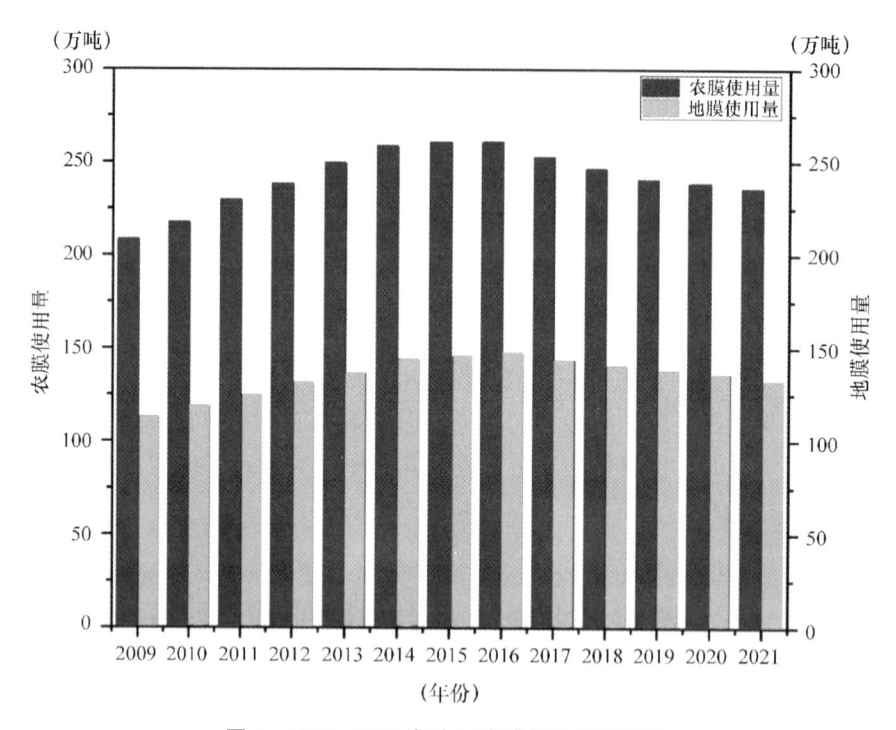

图1 2009—2021年中国农膜与地膜使用量

资料来源：中国农业年鉴编辑委员会编：《中国农业年鉴（2022）》，中国农业出版社2023年版。

（二）施肥量逐年增加，化肥利用效率逐年降低

根据《中国农业年鉴（2022）》，1990—2022年，中国化肥用量增加很快，化肥量由2590.3万吨（折纯）到5079.2万吨（见图2），其增加了2488.9万吨，2022年化肥使用量已经接近1990年的两倍。但是，粮食产量由44624.8万吨增加到68652.8万吨，其增加了24028万吨，其增长率远远低于施肥量增长率。除政策因素外，不合理的施肥无疑是重要的原因，并且随着人口增加和耕地面积减少，农业生产面临挑战，导致化肥过

量使用,化肥利用效率逐年降低。

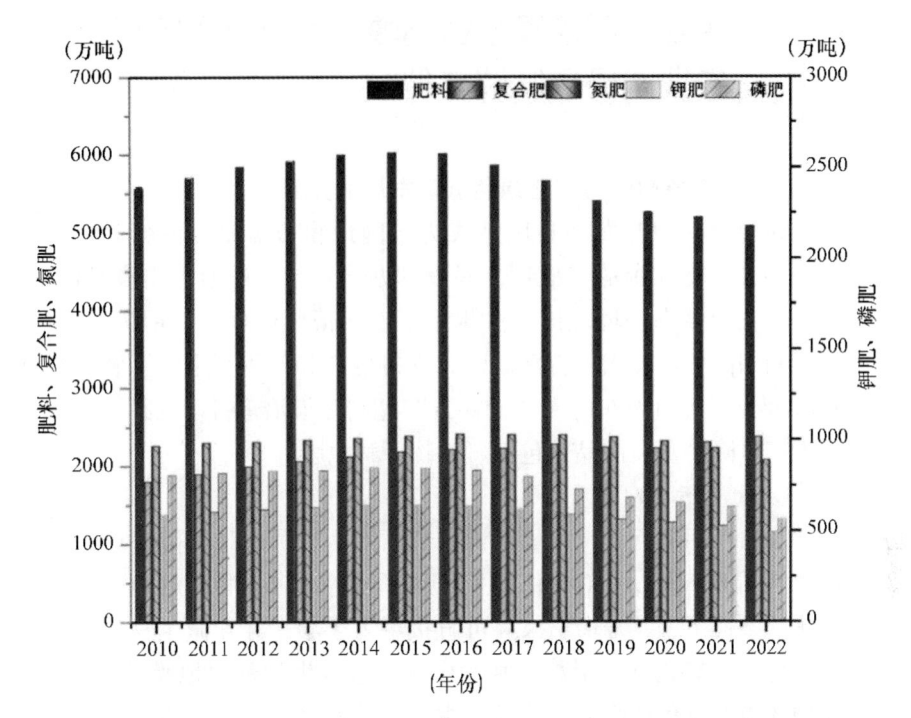

图2 2010—2022年中国肥料总使用量以及氮肥、钾肥、磷肥、复合肥使用量

资料来源:中国农业年鉴编辑委员会编:《中国农业年鉴(2022)》,中国农业出版社2023年版。

(三)农药大量使用导致农产品中农药残留不断增加

1990—2020年,全国农药使用量由73.3万吨增长到139.2万吨,其中1990—2014年逐年递增,最高为180.7万吨,增加量为107.4万吨。2015年以来,我国已经实施了农药使用量零增长行动,取得了显著成效,农药使用量连年下降。为了减少农药残留,中国已经制定了《食品安全国家标准 食品中农药最大残留限量》(GB 2763—2021),规定了564种农药在376种(类)食品中10092项最大残留限量。但是,农药残留问题依然存在,农药残留主要来源于农业生产中不合理的施用方法、农药本身的毒性以及人类因素,如安全间隔期不够、未按标签说明施用农药等。

二 生物降解地膜与黄腐酸的有机融合实现农业向绿色低碳转型

（一）生物降解地膜对农业绿色低碳发展的贡献

新型薄膜材料的开发和利用已成为我国地膜覆盖研究的新趋势。自2020年9月1日起实施的《农用薄膜管理办法》旨在防治农用薄膜污染，保护和改善农业生态环境。该办法规定了农用薄膜的生产、销售、使用、回收和再利用的监管要求，特别鼓励和支持生产和使用全生物降解农用薄膜。2021年9月8日发布的《"十四五"塑料污染治理行动方案》强调科学稳妥推广可降解塑料制品，包括可生物降解地膜。

1. 解决白色污染问题

为解决白色污染问题，大量学者展开了对生物降解地膜降解原理的研究、地膜产品的研发以及对农作物生长的影响等。可生物降解地膜是指在无人干扰的条件下，其寿命结束后可直接融入土壤，并在微生物作用下能够降解转化为二氧化碳、甲烷、水和生物质，可生物降解地膜替代PE地膜是新型环境友好型地膜替代技术的主体，从而减少对土壤生态环境的负面影响。在典型的合成可生物降解聚酯中，聚乳酸（PLA）是以小麦、木薯、玉米等农作物为原料，经过微生物发酵变成乳酸，最后经过化学合成制得的热塑性降解塑料。它具有低碳、环保、无毒、可降解的特性，兼具经济效益和生态效益，被认为是未来最有希望撼动石油基塑料和石油基化纤传统地位的生物新材料。

2. 解决除草剂的过度使用问题

杂草是农业生产中面临的一个重要问题，中国常年受杂草危害的土地面积超过0.73亿公顷（hm^2），在农业生产仍高度依赖化学除草剂。为减少除草剂过度使用，在现有的物理除草方法中，覆盖除草法是较为成功的。传统地膜覆盖目前还存在一些残膜污染问题，在农作物种植中已经开始积极推广运用生物降解膜技术。研究发现，在水稻种植中，生物降解地膜可以增加积温，实现跨积温带栽培，同时抑制杂草生长，减少除草剂使用，实现水稻的高产、高效和绿色生产目标。

3. 减少甲烷、氮氧化合物、二氧化碳等温室气体排放的问题

中国的农业温室气体（GHGs）排放量占全国总排放量的17%，预计到2050年农业GHGs排放量将会增加30%。南京农业大学农业资源与生态环境研究所的数据显示，农膜的碳排放系数高达5.18千克/千克（kg/kg），长期使用普通地膜会导致碳排放的持续增加。中国农业科学院的研究表明，覆盖生物降解地膜的旱地滴灌种植水稻，能够降低成本而不影响产量，同时减少甲烷排放。因此，在确保粮食安全的前提下，制定有效的农田管理措施可以有效地减少农田土壤温室气体的排放，使用生物降解地膜可以减少甲烷、氮氧化合物、二氧化碳等温室气体的排放。

（二）黄腐酸对农业绿色低碳发展的贡献

黄腐酸被广泛应用于工业、农业、畜牧水产养殖业，以及医疗、保健美容等。价廉物美、无毒无臭、无副作用和不污染环境是黄腐酸的特点。随着生物技术的发展，黄腐酸的生产逐渐从传统的矿物提取转向了利用农业废弃物如秸秆、泥炭等进行生物转化。这一转变不仅提高了黄腐酸的生产效率，还降低了环境污染和成本。

1. 提高肥料利用效率，减少肥料施用量

在实际应用中，黄腐酸肥料可以与化肥配合使用，提高肥料利用效率并减少化肥施用量。例如，在水稻种植中，使用黄腐酸肥料可以在减少13.3%的追肥量的基础上提高产量。在辣椒的种植中，低施黄腐酸肥料并减施15%的化肥，可以显著提高辣椒的产量和品质，增加干物质量积累。

2. 提高作物光合作用，增强作物固碳能力

黄腐酸能够促进植物对其中微量元素的吸收和运转，使叶片中的叶绿素含量显著增加。黄腐酸可以提高保护酶的活性，减轻活性氧对叶绿素的破坏，这些都有利于维护和提高叶绿素含量，从而提高光合效率。研究发现，不同浓度FA处理均显著提高了干旱胁迫下黄瓜幼苗的叶片相对含水量和叶面积，显著增加了幼苗干旱胁迫下黄瓜幼苗的叶绿素含量。

3. 提升作物抗逆能力，促进作物品质提升

研究发现，使用黄腐酸抗旱剂能够有效地缓解和推迟干旱对花生正常生长发育所造成的危害，其增产作用是显著的，其增产幅度为8.45%—16.07%，平均增产12.39%。在高原高寒气候下，西藏青稞作物经黄腐酸处理后提高了其产量、品质、肥料利用率、土壤养分，可增产29.89%。

黄腐酸能加强酶对糖分、淀粉、蛋白质、脂肪及各种维生素的合成运转，提高果实甜度，改善作物品质。研究发现，适量的黄腐酸基肥和追肥可提高番茄果实的产量和营养品质，番茄的产量和果实数量分别提高35.0%和44.4%。

三 可生物降解地膜和黄腐酸发展现状

（一）可生物降解地膜发展现状

2024年，可生物降解地膜的发展情况呈现出积极的趋势。随着全球对环境保护意识的增强以及相关技术的进步，可生物降解地膜作为传统聚乙烯地膜的环保替代品，其市场需求正在稳步增长。可生物降解地膜的研发正在不断进展中，包括材料配方、生产工艺的改进，以及应用技术的优化。这些研究包括对PLA、PBAT、PHA等生物降解材料的深入研究，旨在提高地膜的降解效率和使用性能，同时降低成本。

中国政府积极推动可生物降解地膜的使用，并为此出台了一系列政策和提供补贴，以鼓励农民使用这种环保型地膜。这些措施旨在减少农田中的"白色污染"，改善土壤环境，同时促进农业的可持续发展。比如《农用薄膜管理办法》和《关于加快构建废弃物循环利用体系的意见》等，明确了农膜的生产、销售、使用和回收等方面的规定和标准。这些政策旨在构建一个全链条的监督管理体系，覆盖从生产到回收的各个环节。补贴措施方面，不同地区根据当地实际情况，实施了不同的补贴政策。例如，武汉市农业农村局就实施了生物可降解地膜示范应用，并提供了资金支持，包括农膜回收站点建设补助和生物可降解地膜示范补助。福建省也出台了《福建省2023年农用地膜科学使用回收项目实施方案》，明确了补贴方式和标准。

此外，为了提高农民使用可生物降解地膜的积极性，政府还提供了技术指导和服务，帮助农民掌握正确的使用方法，并探索建立高效的回收机制。通过这些政策和补贴措施，中国政府希望可以有效提高农用地膜的回收率，减少对环境的影响，同时也为农民提供了新的增收途径。

可生物降解地膜的应用领域正在扩大，不仅限于蔬菜、水果的种植，还扩展到了谷物、园艺等更广泛的农作物种植中。这种地膜能够有效地提高作物产量和品质，同时减少对环境的影响。2023 年上半年，可生物降解地膜示范推广面积已超过 10 万公顷，示范的作物包括马铃薯、玉米、水稻、花生、向日葵、棉花、蔬菜等多种作物。其中，内蒙古地区应用面积最大，且在中短生长周期农作物上应用可生物降解地膜较 PE 地膜普遍增产。

综上所述，2024 年可生物降解地膜的发展情况显示出积极的增长趋势，技术进步、政策支持和市场需求的增长都为其进一步的推广应用奠定了良好的基础。

（二）黄腐酸发展现状

2024 年，秸秆源黄腐酸产业的发展基本情况显示出积极的趋势和多方面的进展。在技术创新层面，秸秆制糖联产黄腐酸技术已经达到国际先进水平，其中木质纤维素复合酶生产技术、两步法综纤维素酶解糖化技术达到国际领先水平，酶解总还原糖得率可在 90%以上；创新性地研发农作物秸秆制糖关键技术，开发秸秆揉搓—稀碱联合预处理技术，显著提高了木质素脱除率和碱液回收效率，降低污染风险。安徽丰原集团等企业发明了秸秆糖渣生产黄腐酸肥料技术，研发秸秆制糖联产黄腐酸工艺和装备，建成并运行年产 6000 吨混合糖、9000 吨黄腐酸有机肥生产线，成果在安徽、广东等地区推广应用，具有较好的生态效益、经济效益和社会效益。

中国政府高度重视农业废弃物的综合利用，出台了一系列政策支持秸秆源黄腐酸产业的发展，这些政策包括但不限于税收优惠、资金补贴、科技创新支持等措施，旨在推动秸秆等农业废弃物的资源化利用，减少环境污染，促进农业可持续发展。政府为鼓励秸秆综合利用，对相关企业实施了增值税和企业所得税的优惠政策，以降低企业运营成本，增强秸秆源黄腐酸产品的市场竞争力。通过提供资金补贴，政府支持秸秆收储运体系建设和秸秆综合利用项目建设，包括秸秆肥料化、饲料化、能源化等利用方式，以及秸秆制糖联产黄腐酸技术的研发和应用。政府鼓励科技创新，支持企业与高校、科研院所合作，开发秸秆源黄腐酸的新技术、新工艺和新产品，提高秸秆综合利用的技术水平和附加值。政府推动产业集聚区发展，支持建设大宗固体废弃物综合利用示范基地和工业资源综合利用基地，促进秸秆源黄腐酸产业集群的形成。政府支持建立秸秆综合利用市场体系，包括秸秆交易市场和信息服务平台，提高秸秆资源配置效率。这些政策措施的实施，有助于推动秸秆源黄腐酸产业的发展，实现农业废弃物的高效利用，促进农业绿色发展和生态文明建设。

秸秆源黄腐酸作为一种新兴的农业投入品，其生产成本相对较低，市场售价也较为适中，使得它在农业生产中具有较好的经济效益。联产黄腐酸的生产成本在2500—3000元/吨，而市场售价则在3000—5000元/吨。这种成本优势使得秸秆源黄腐酸能够为农民提供一个新的增收途径。秸秆源黄腐酸的生产不仅能有效利用农业废弃物，减少环境污染，还能通过其在农业上的使用，提高作物产量和品质，从而间接增加农民的收入。此外，秸秆源黄腐酸的推广应用还有助于推动农业的可持续发展，因为它可以减少化肥的使用量，提高土壤的肥力和质量。秸秆源黄腐酸的生产和应用不仅具有环保效益和农业效益，还为农民提供了新的经济增长点，有助于推动农业可持续发展和农民的持续增收。

总体来看，秸秆源黄腐酸产业在2024年呈现出技术进步、产能扩张、市场需求增长、政策支持加强、环境效益和经济效益显著等特点，未来发展潜力巨大。

四 可生物降解地膜和秸秆源黄腐酸发展趋势预测

（一）可生物降解地膜发展趋势预测

可生物降解地膜市场持续增长。根据QYResearch的报告，2024年中国可生物降解地膜市场规模预计将达到数十亿元，并预计在2030年将增长更多。这反映了全球市场对可生物降解材料的需求增长，以及中国在推动农业可持续发展方面的政策支持。

此外，全球可生物降解地膜市场预计在2024—2032年显著增长，受技术进步、需求增加和政府城市化投资的推动。市场以多样化的制造商、产品类型和应用为特征，满足不同消费者的需求和偏好。

在企业方面，BASF、Novamont、Organix Solutions、BioBag、Plastiroll、RKW Group、Sunplac、Iris Polymers、金发科技、百利基生物材料等是可生物降解地膜市场的主要企业。这些企业在中国及全球市场上占有重要的市场份额，并在技术创新和市场扩展方面发挥着关键作用。

技术进步、可持续性和绿色技术、定制化和个性化、数字化转型等市场趋势正在塑造可生物降解地膜市场的增长和发展。尽管市场面临着如监管合规、高初期投资成本和经济不确定性等挑战，但整体前景是乐观的。

(二) 秸秆源黄腐酸发展趋势预测

秸秆源黄腐酸产业在全球绿色发展的背景下，正受到国际社会的广泛关注。中国在秸秆源黄腐酸的生产和应用方面的技术进步，不仅提升了中国在全球绿色发展中的影响力，也为国际交流与合作提供了新机遇。

秸秆源黄腐酸的生产和应用对减少农业废弃物的焚烧和排放、降低温室气体排放具有积极作用，因为它通过秸秆的高值化利用，减少了对化肥的依赖，并有助于土壤碳的封存。这有助于实现农业可持续发展和中国的"双碳"目标。

预计到2030年，黄腐酸行业将继续保持增长趋势，市场前景广阔。随着对可持续性和生态平衡的重视，黄腐酸在生态农业和绿色农业中的应用将更加广泛。此外，合成生物学的发展有望通过微生物发酵生产黄腐酸，为可持续生产开辟新途径。

中国政府对秸秆源黄腐酸产业的支持，包括政策和资金上的扶持，将促进该产业的发展。中国腐植酸工业协会发布的2024年15项重点工作中，提到了保障国家粮食安全、开创"双碳农业"新局面，全力推动腐植酸环境友好产业，特别是腐植酸肥料产业高质量发展。

五 可生物降解地膜和秸秆源黄腐酸面临的挑战和建议

(一) 可生物降解地膜现存问题

(1) 降解可控性问题：目前许多可生物降解地膜的破裂和降解可控性存在问题，大量试验结果显示，现有的可生物降解地膜产品破裂和降解过早，覆盖时间远低于作物地膜覆盖安全期，导致其功能无法发挥。

(2) 生产成本：可生物降解地膜的高成本是大规模推广应用的另一个限制因素。一般情况下，可生物降解地膜销售价格是普通PE地膜3倍左右，这是由地膜原材料属性、厚度等多因素决定的。

(3) 后端处理问题：可生物降解材料的后端处理问题将阻碍其未来大

范围推广，使得全生命周期循环效率低甚至无法实现。我国可降解材料处于起步阶段，堆肥厂等后端处理设施未普及，处理方式仍以填埋和焚烧为主，未实现有效循环。

（4）环境条件限制：多数可降解塑料的降解基于工业堆肥集中处理或特定的温度、湿度、菌类等条件，而实际在使用后，能否有效地收集可降解塑料并满足降解的环境条件还有待验证。

（二）可生物降解地膜问题解决对策与建议

（1）加强技术研发：需要持续进行可生物降解地膜材料的研发，以提高其物理性能、力学性能和降解可控性。优化生产工艺，提高地膜的均匀性和耐用性，确保其在不同环境条件下的稳定性和有效性。可以通过改性生物降解材料或开发新型生物降解材料来实现。

（2）降低成本：通过技术进步和规模化生产降低可生物降解地膜的生产成本，使其更具有市场竞争力。政府可以通过补贴、税收优惠等方式来鼓励生产和使用可生物降解地膜。

（3）提高环保意识：通过教育和培训，提高农民对可生物降解地膜的认识，鼓励他们采用这种环保型的农业投入品。鼓励材料科学、农业科学、环境科学等不同领域的专家进行合作，共同解决可生物降解地膜面临的问题。通过宣传和推广活动，提高消费者对可生物降解地膜的认识，扩大其市场接受度。

（三）秸秆源黄腐酸现存问题及展望

（1）技术成熟度及标准化、规范化：秸秆源黄腐酸的生产技术仍在不断发展和完善中，需要进一步的研究和创新来提高生产效率和产品质量。并且，其生产和应用对环境的影响需要进一步评估，以确保其符合可持续发展的要求。秸秆源黄腐酸的产品质量标准和应用技术规范还不够完善，需要加强相关标准的制定和推广。

（2）成本与市场认知度问题：尽管秸秆源黄腐酸的生产成本相对较低，但与市场上的传统肥料相比，其价格可能仍然偏高，这可能影响农民的使用意愿。农民和消费者对秸秆源黄腐酸的认识可能不足，其应用效果需要更多的田间试验和长期研究来验证，以确保其在不同作物和土壤条件下的效果，需要通过实践效果来提高其市场接受度。可在秸秆资源丰富的地区建立试点项目，验证和积累秸秆制糖联产黄腐酸工艺和产能的成功经验，为整个产业提供可复制、可推广的模式和做法。

第六章 结 语

可生物降解地膜和秸秆源黄腐酸作为农业可持续发展的创新产品，能够有效减少农田塑料污染，改善土壤质量和生态环境。随着全球对环保和绿色农业产品的需求不断增长，预计生物降解地膜和秸秆源黄腐酸的市场规模将进一步扩大。尽管前景广阔，但降解可控性、成本问题、后端处理和环境条件限制等挑战仍然存在，需要通过技术创新和政策引导来解决。

煤矿超低浓度瓦斯资源化利用及碳减排潜力分析

薛春瑜　刘广青　关宇轩[*]

随着全球碳中和目标的推进以及中国在国际上承诺甲烷减排，我国在甲烷排放控制方面的力度也在不断加大，相关目标与政策密集出台，为超低浓度瓦斯资源化利用创造了良好的发展空间。2023年，多部委联合发布了《甲烷排放控制行动方案》，明确将瓦斯回收利用列为能源行业甲烷控排的关键行动之一。2024年7月，生态环境部发布了《温室气体自愿减排项目方法学煤矿低浓度瓦斯和通风瓦斯利用（征求意见稿）》。这一系列政策为瓦斯回收利用市场注入了新活力，同时也为那些经济性不足、技术成熟度不高、市场接受度较低的超低浓度瓦斯资源化利用提供了新的发展机遇。

因此，研究煤矿超低浓度瓦斯的资源化利用及其碳减排潜力，不仅具有重要的理论意义，也对推动煤矿行业的可持续发展和实现"双碳"目标具有重要的实践价值。

一　煤矿超低浓度瓦斯的排放与资源化利用现状

普遍意义上的低浓度瓦斯主要分为两类：一类是浓度在8%以下的抽采瓦斯；另一类是浓度低于0.75%的乏风瓦斯，又称煤矿风排瓦斯，后者

---

[*] 薛春瑜，北京化工大学副教授，硕士生导师，主要研究领域为生物质能源利用与低碳技术；刘广青，北京化工大学教授，博士生导师，"一带一路"全球合作研究院院长，中国农村能源行业协会民用清洁炉具专业委员会主任，主要研究领域为生物质能源转化与废弃物循环利用；关宇轩，北京中创碳投科技有限公司战略发展部低碳行业及碳资产专家，主要研究方向为碳资产开发交易业务以及低碳行业市场分析。

煤矿超低浓度瓦斯资源化利用及碳减排潜力分析

主要来源于矿井通风系统，也称为超低浓度瓦斯。

超低浓度瓦斯的排放具有低浓度、高流量、高湿度、粉尘量大、波动性强以及分布广泛等特点，其利用难度较大且经济性较差，长期以来主要以直接排放为主。由于矿井通风系统通常设计为高风量以保障煤矿开采安全，这类通风瓦斯的浓度极低，利用难度更大。国际上对通风瓦斯的利用尝试已经接近30年，曾经在清洁发展机制（CDM）登记簿上有过注册项目。国际清洁发展机制（CDM）登记簿的注册项目是根据《京都议定书》所规定的清洁发展机制，在发展中国家实施的温室气体减排项目。但其主要的模式依赖碳减排指标的价格，后期由于碳减排指标价格降低，较少有新的项目出现。

我国由于煤炭禀赋优势，具备丰富的落地煤矿瓦斯利用项目的客观条件，并且政策层面一直以鼓励和补贴的方式支持煤矿采取瓦斯利用措施，也组织落地了示范项目，图1总结展示了我国煤矿大省——山西省的瓦斯利用情况。其他典型项目如潞安高河煤矿，于2015年竣工，是当时世界上最大的低浓度瓦斯利用项目，可以利用低浓度抽采瓦斯和超低浓度瓦斯，投资3.8亿元。通过无焰氧化设备处理瓦斯，余热进行发电，该项目每年为煤矿提供2.25亿度电和25万吨热水，年温室气体减排约140万吨。由于超低浓度瓦斯处理要求较高，大多项目仍采用结合低浓度抽采瓦斯进行综合利用的方式。

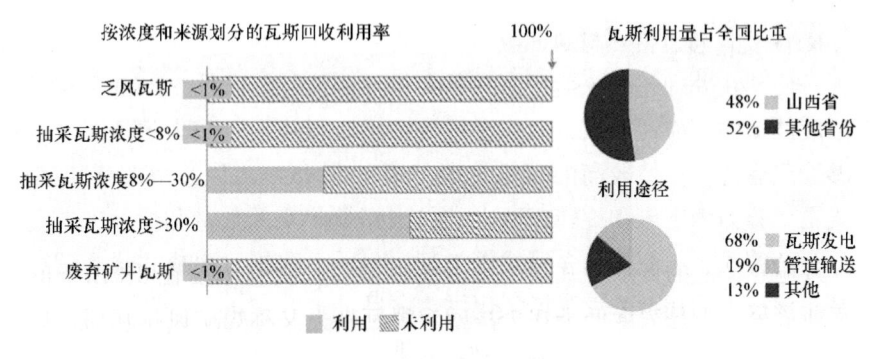

图1 山西省瓦斯利用情况

资料来源：落基山研究所：《瓦斯回收利用技术发展展望》，2024年。

目前，我国超低浓度瓦斯的利用率不足1%。然而，随着技术创新和政策支持的不断推进，可以预见到未来的几年，通过进一步成熟的技术手段（如浓缩等），通风瓦斯的资源化利用潜力有望得到挖掘，成为我国瓦斯利用新的重要增长点。

二 煤矿超低浓度瓦斯资源化利用技术及经济性分析

（一）主流资源化利用技术

国内外对超低浓度瓦斯的利用方式主要分为包括热氧化技术和催化氧化技术，即蓄热式氧化技术（Regenerative Thermal Oxidation，RTO）和蓄热式催化氧化技术（Regenerative Catalytic Oxidation，RCO）。两者的核心原理均是将瓦斯中的甲烷氧化转化为二氧化碳（CO_2）和水（H_2O），同时释放热能，利用蓄热材料回收热能并积蓄，用于维持氧化温度，形成甲烷氧化的自循环模式。蓄热式催化氧化相比于蓄热式氧化增加了催化剂作为反应的辅助单元，可以降低反应温度以及最低反应浓度要求。

RTO常被用于工业VOC处理，通过高温将有机物无火焰氧化，由于其装置简单、运行稳定、处理效率高，在VOC处理行业已经广泛应用。RTO通过900℃的高温，可以将甲烷无火焰氧化，目前已经成为处理超低浓度瓦斯的重要技术之一。

RTO装置通过蓄热材料回收氧化过程中产生的热量，大幅降低了运行能耗，使其在处理超低浓度瓦斯时具备较低的能耗。此外，RTO系统对瓦斯浓度波动的适应性较强，即使在甲烷浓度较低或波动较大的情况下，仍能够稳定运行，保持较高的氧化效率（通常在95%以上）。RTO根据结构形式主要分为固定床和旋转床两大类；根据蓄热室的数量和运行方式，又可分为两箱式、三箱式和多箱式等类型。目前，我国已建成并投入运行多个基于该技术的超低浓度瓦斯氧化供热项目。

RCO同样广泛应用于工业VOC处理，相比RTO，是一种更加节能的低浓度甲烷处理技术，其核心原理在于通过催化剂的作用，在较低温度（通常为300—500℃）下促进甲烷的氧化反应。与热氧化技术相比，催化氧化技术能够将通风瓦斯的自燃温度从900℃降低至约350℃，还可减少高温条件下氮氧化物（NOx）的生成，因此被认为是碳中和目标下煤矿瓦斯利用技术发展的未来主流方向（见表1）。近年来，通风瓦斯催化氧化技术的研发取得了显著进展，然而，由于矿井通风环境复杂且含有多种杂质，现有催化剂在高温、高湿、高硫环境下容易失效，催化剂的高效再生技术仍面临重要"瓶颈"，有待进一步突破。

表1　　　　　　　工业上 RTO 和 RCO 技术关键指标对比

技术指标	技术类型	
	RTO	RCO
操作温度	900℃以上	350℃以上
操作浓度	≤1.2%	≤0.7%
销毁效率	≥95%	≥95%
基础消耗	0.3%（用于维持温度）	运行温度较低，整体能耗通常低于RTO30%—50%（用于维持温度）
优势	系统运行稳定，适应性强	无爆炸风险，更高的供热效率；通风瓦斯适用性高。
劣势	运行温度高，存在安全隐患风险、通风瓦斯效益低	催化剂寿命3—4年，更换增加运营成本；稀释要求较高

此外，通过把低于8%体积分数的低浓度瓦斯和通风瓦斯混合使用，可以降低技术难度，使通风瓦斯在氧化时的甲烷更加稳定且浓度更高，同时也让煤矿瓦斯的使用效率得到提升，提高经济收益。

（二）经济性分析

以通风瓦斯浓度0.3%，风量10000标准立方米/分钟（Nm^3/min）为例。年利用8000小时，年摧毁瓦斯甲烷纯量约为1440万立方米。项目实施后，项目计入期10年，按自愿碳市场交易价80—100元/吨计算，可以获得1440万—1800万元/年的收益。

通风瓦斯处理项目需投入建设6套100000立方米/小时的瓦斯利用装置，总投资约6000万元；运行成本主要为电费，按照600万元/年计算，折旧费600万元，其他运维成本50万元/年，合计1250万元。项目需15—20年可收回投资成本。

三 瓦斯资源化利用的碳减排潜力分析

(一) 碳减排机制

根据 IPCC 第六次评估报告,化石来源甲烷在 100 年尺度下的全球增温潜势是二氧化碳的 29.8 倍,瓦斯回收利用通过将甲烷氧化为二氧化碳,从而缓解对气候变化的影响。

在 CDM 和 VCS 框架下,中国的煤矿瓦斯减排项目取得了显著的减排效益。CDM 项目在《京都议定书》第一承诺期内占据主导地位,煤矿瓦斯减排项目是中国 CDM 项目的重要组成部分,占全球同类项目的绝大多数,项目主要集中在中国的煤炭主产区,如山西、内蒙古、贵州、陕西等地。但随着国际碳市场的萎缩,项目大部分逐步转向 VCS 市场。

在 VCS 体系中,原有的煤矿甲烷减排方法学(如 VMR0002 和 VMR0004)已经停用,目前没有直接替代的、专门针对煤矿甲烷或通风瓦斯的独立方法学。但 VCS 允许项目开发者在其体系下使用清洁发展机制(CDM)的方法学 ACM0008 作为参考进行开发,截至 2024 年 12 月,已注册项目共计 38 个。2024 年 7 月,生态环境部发布了《温室气体自愿减排项目方法学煤矿低浓度瓦斯和通风瓦斯利用(征求意见稿)》,适用于通风瓦斯和浓度不超过 8%的煤矿瓦斯无焰氧化。未来,随着全球碳中和目标的推进和中国 CCER 的快速发展,煤矿瓦斯减排项目在 CCER 框架下有望迎来新的增长机遇,同时也将为中国的温室气体减排和资源综合利用做出更大贡献。

(二) 碳减排潜力

根据中国煤矿瓦斯排放数据,每年煤矿通风瓦斯排放约为 3 亿吨二氧化碳当量。这部分瓦斯如果能够被有效利用,将显著减少温室气体排放。假设通过技术手段实现 50%的超低浓度瓦斯利用率,每年可减少约 1.5 亿吨二氧化碳当量的排放,相当于中国年度碳排放总量的 1%以上,具有重要的减排意义。

对于单体煤矿超低浓度瓦斯利用项目,其碳减排潜力体现于两个方面。一方面,通过将超低浓度瓦斯进行利用、氧化、销毁,将本来排放到大气中的甲烷变为二氧化碳，这两者的温室效应潜势具有约 25 倍的差距，因此，甲烷销毁是单体项目最主要的碳减排途径。另一方面，通过无焰氧化对超低浓度瓦斯进行氧化的过程中将会产生大量余热，这部分余热是在蓄热体吸收足够的热量后排出的高温尾气，通过余热利用，为煤矿提供热力或者电力是此类项目的普遍做法，通过替代原有的以传统化石能源为主的供能方案，将甲烷销毁和综合能源工程相结合是单体甲烷利用项目的补充碳减排途径。

（三）煤矿超低浓度瓦斯资源化利用项目的预先准备

其包括以下几个方面：

（1）煤矿记录清楚超低浓度瓦斯数据，尽可能长时间跟踪浓度数据，以简化利用项目的初步投入。

（2）煤矿在通风瓦斯扩散井周围有预留的项目位置，以供利用项目设备安装和配套设施建设。

（3）持续跟踪无焰氧化最新技术进展，以更合适的技术路线处理自身煤矿的超低浓度瓦斯排放场景。

（4）沟通减排项目开发企业和超低浓度瓦斯利用设备商，关注供应商的煤矿项目经验以及其他类型项目经验。

四 当前面临的主要挑战

（一）现有技术在经济性和效率上需进一步突破

现有的煤矿通风瓦斯利用技术在经济性和效率上仍需进一步突破。现有的 RTO 技术虽然成熟，但设备基础能耗高、运行成本贵。此外，矿井通风瓦斯的成分复杂，含有高粉尘、高水分和其他杂质，这对设备的稳定运行和催化剂的寿命提出了更高要求。特别是在通风瓦斯氧化过程中，低温催化剂的研发和再生技术仍是一个重要"瓶颈"，现有催化剂在高温、高湿环境下容易失效，高效低浓度浓缩技术还处于开发初期。因此，突破技术"瓶颈"、降低设备能耗和提高系统稳定性是实现煤矿通风瓦斯高效利用的关键。

（二）初始设备投资和运行维护成本偏高

首先，煤矿通风瓦斯利用项目的初始设备投资巨大，包括通风瓦斯氧化装置、浓度提升设备以及相关的监测和控制系统，这对中小型煤矿企业来说是一笔沉重的负担。其次，运行和维护成本同样不容忽视，特别是通风瓦斯氧化技术需要持续的能源输入和设备维护，而催化剂的更换和再生也需要额外的资金投入。最后，由于超低浓度瓦斯利用项目的经济效益较低，回报周期较长，企业在缺乏足够政策激励和市场支持的情况下，往往缺乏投资动力。因此，如何降低设备成本、优化运行效率以及提供更多的资金支持，是推动煤矿通风瓦斯利用的关键。

（三）在碳减排机制下对煤矿超低浓度瓦斯资源化利用政策支持仍显不足

尽管煤矿瓦斯减排已被纳入碳减排机制，但针对超低浓度瓦斯的政策支持仍显不足。目前，碳市场对超低浓度瓦斯利用项目的激励力度有限，价格较低，难以覆盖项目的高额成本。企业在实施过程中面临较大的经济压力。因此，完善政策体系、提高碳市场价格以及提供专项补贴，将是推动超低浓度瓦斯利用的重要手段。

五 政策建议

煤矿超低浓度瓦斯资源化利用在甲烷排放控制方面具有重要意义。可以显著减少甲烷温室气体的排放，从而有效缓解气候变化问题；同时可以将通风瓦斯转化为可用能源（如发电、供热等），不仅提升了能源利用效率，还减少了对传统化石能源的依赖。这种资源化利用模式既符合碳中和目标的要求，又为煤矿行业的绿色转型提供了重要支撑。

然而，目前在技术、经济性和政策支持等方面仍存在诸多"瓶颈"。超低浓度瓦斯的利用难度较大。为推动煤矿超低浓度瓦斯资源化利用的进一步发展，建议从以下四个方面入手：

（1）技术研发与改进：加强对通风瓦斯氧化、瓦斯浓缩及催化剂等关键技术的研发投入，推动技术突破，降低设备能耗和运行成本，提升系统运行效率和稳定性。

（2）政策支持与激励：完善政策体系，通过碳市场激励、专项补贴和税收优惠等手段，提升企业参与的积极性。鼓励政府出台针对超低浓度瓦斯利用的专项补贴政策，降低企业初期投资压力，同时加强监管与激励措施，确保政策落地实施。

（3）经济模式创新：引入社会资本，推动瓦斯资源化利用项目的市场化运作，提升项目的盈利能力，探索多元化的商业模式。

（4）国际合作与经验借鉴：借鉴国际先进经验，推动全球瓦斯治理技术的交流与共享，提升国内技术水平。加强与国际组织的合作，争取更多技术支持和资金投入，推动瓦斯资源化利用项目的规模化发展。

六 结 语

随着全球碳中和目标的推进和中国CCER的快速发展，煤矿瓦斯减排项目将迎来新的发展机遇。通过技术创新、政策引导、经济模式优化和公众认知提升的多方协同，煤矿通风瓦斯资源化利用将为煤炭行业的绿色低碳转型提供重要支撑，并为实现"双碳"目标作出积极贡献。

主要参考文献

International Energy Agency, *Global Methane Tracker 2024*, March, 2024.

刘文革、徐鑫、韩甲业等：《碳中和目标下煤矿甲烷减排趋势模型及关键技术》，《煤炭学报》2022年第1期。

International Energy Agency, *Methane Emissions from Oil and Gas Production and Methane Intensity for Selected Producers*, March, 2024, https://www.iea.org/data-and-statistics/charts/methane-emissions-from-oil-and-gas-production-and-methane-intensity-for-selected-producers-2023.

落基山研究所：《瓦斯回收利用技术发展展望》，2024年，https://rmi.org.cn/insights/coal-mine-methane-recovery-and-utilization-technologies-development-trends-and-outlook/。

United Nations Framework Convention on Climate Change-Executive Board, *ACM0008：Abatement of Methane from Coal Mines*, February 2014, https://cdm.unfccc.int/methodologies/db/ysd3fq5wr3vpc9q64cdtlxhlfvkkku.

绿色经济循环智能创新发展

可再生能源产业链平台建设与发展研究

张大林　樊广东[*]

《联合国气候变化框架公约》第 28 次缔约方大会，呼吁全球到 2030 年将可再生能源发电装机容量增长至 2022 年水平的 3 倍。全球可再生能源发电能力预计将在 2023—2028 年增长至 7300 吉瓦，而中国将占这部分增长的 56%。中国可再生能源发电装机已领跑全球。[①]

可再生能源包括光伏发电、风力发电、生物质能等能源形式。我国可再生能源产业资源丰富，截至 2024 年 8 月 14 日，我国可再生能源装机突破 16 亿千瓦[②]，历史性超过煤电。但可再生能源全产业链存在资源配置不合理以及资金缺位、平台缺位等诸多问题，这些因素严重制约了我国可再生能源产业的进一步发展。

产业链平台是产业发展在全产业链层次实现要素配置效率最大化的崭新发展阶段，也是产业组织形式的高级形态。中国可再生能源产业迫切需要产业链平台的支撑来实现高质量发展。

一　可再生能源产业链平台的概念内涵和历史沿革

（一）可再生能源产业链平台的概念内涵

1. 产业链平台的定义

平台经济（Platform Economy）是指以互联网平台为主要载体，以数据

---

[*] 张大林，广东丰乐集团有限公司董事长，主要研究方向为能源经济、循环经济、投资管理等；樊广东，广东丰乐工商管理研究院研究员，主要研究方向为能源产业链。

[①] 《"全球可再生能源增长 25 年来最快，中国是主要驱动力"》，2024 年 1 月 11 日，https://www.toutiao.com/article/7322857689493602835/?channel=&source=search_tab。

[②] 《总装机超 16 亿千瓦！我国可再生能源发展新突破＋1＋1＋1》，2024 年 8 月 14 日，https://www.toutiao.com/article/7402872185502695974/?channel=&source=search_tab。

为关键生产要素,以信息技术为核心驱动力、以网络信息基础设施为重要支撑的新型经济形态。

平台经济是生产要素在更宽的范围、更大的规模进行高效率配置的生产组织高级形态。

与传统企业重视和依赖内部资产不同,平台企业的价值依赖于外部的连接性及其网络效应。平台企业所连接的外部用户、企业、资源越多,其承载功能越强,所带来的交易机会越大,同时带给用户或者产品的价值也越来越大,这就是网络效应。

平台经济及平台企业,成为提高全社会资源配置效率、贯通国民经济循环各环节,进而提高国家治理体系和治理能力现代化水平的重要推动力量。

2. 可再生能源产业链平台

可再生能源产业链平台,是指连接可再生能源产业链条上各类企业、组织、个人及资源的平台组织。它服务于可再生能源产业的原料、设备、产品、科技、资金、人才等各类要素的高效率配置,并通过高度连接性带来网络效应。

(二) 可再生能源产业链平台的历史沿革

可再生能源产业链平台,其本质是产业供应链的组织形态。世界范围内,供应链组织形态从最初的供应链2.0,持续升级迭代,目前已经进化到供应链4.0。

传统的供应链管理可以定义为供应链2.0,而网络信息化代表着供应链3.0,数字平台化代表着供应链4.0,万物互联智能化是下一代发展的趋势。

供应链体系的每一次迭代升级,都在服务、成本、资金周转及响应敏捷度等领域促进了营运指标的显著提升(见表1)。

表1　　　　　产业链平台技术升级带来的营运提升

	供应链3.0	供应链4.0	未来趋势
服务提升	订单损失降低50%	订单损失降低65%左右	订单损失降低70%以上
供应链管理成本	降低5%—10%	降低50%—80%	降低75%—90%

续表

	供应链 3.0	供应链 4.0	未来趋势
库房及运输成本	降低 10%—15%	降低 15%—30%	降低 30%—50%
存货周转	提升 20%—50%	提升 35%—75%	提升 50%—80%

资料来源：麦肯锡官网，https://www.mckinsey.com/capabilities/operations/our-insights/supply-chain-40-the-next-generation-digital-supply-chain。

二 可再生能源产业链平台发展现状

（一）中国可再生能源产业发展现状

1. 中国是全球第一大能源消费国和碳排放国

作为全球最大的能源消费国，我国经济持续回升向好，能源消费需求保持刚性增长，2023 年我国一次能源消费同比增长 6.5%，一次能源消费为 170.74 艾焦，全球占比达到 28%，远超排名第二的美国（15%）。[①]

表 2　2023 年全球一次能源消费国和碳排放国排行榜前 5 名

序号	全球一次能源消费		全球碳排放总量	
	国别	消费量（艾焦）	国别	排放量（亿吨）
1	中国	170.74	中国	110
2	美国	94.28	美国	50
3	印度	39.02	印度	33
4	俄罗斯	31.29	俄罗斯	20
5	日本	17.4	印度尼西亚	20

资料来源：根据 Statista 及 Sigma Earth 数据库 2023 年相关数据整理。

为实现"双碳"目标，2024 年我国一次能源需求大约为 57.3 亿吨标准煤，比上年增长 2.4%。新能源已成为能源系统增量主体，2024 年可再生能源继续保持高质量发展态势，装机规模、发电量均持续扩大。1—8

---

① GCNR：《〈2024 年世界能源统计年鉴〉要点：（三）全球主要国家和地区的能源产能和消费状况》，2024 年，https://www.toutiao.com/article/7399544402823283235/?channel=&source=search_tab。

月，全国可再生能源新增装机 1.82 亿千瓦，占全国新增发电装机的 86.5%，同比增长 20.1%；全国可再生能源发电量 2.2 万亿千瓦时，在总发电量中占 35.7%，同比增长 22.2%。①

2. 中国可再生能源资源丰富

我国自然资源呈现富煤、缺油、少气，但太阳能、风能、生物质能等可再生资源丰富的特点（见表3），加上从业企业和用户企业数量众多，因此，建设可再生能源产业链平台的意义重大。

表 3　　　　　　　　　我国可再生能源储备量

可再生能源类型	储量（亿吨标准煤）
太阳能	17000
风能	>6
水能	3.24
生物质能	4.6
地热能	33

资料来源：王志峰：《太阳能光热发电》，《格致论道》（第 83 期），2022 年 6 月 25 日。

3. 中国可再生能源产能领先

根据国际能源署的统计资料，预计到 2028 年，全球新增可再生能源装机容量中中国将占约 60%。在实现 2030 年可再生能源装机容量比 2022 年提高 3 倍的全球目标方面，中国发挥着关键作用，预计到 2030 年，中国的可再生能源装机容量将占全球新增装机容量的一半以上。② 截至 2024 年 9 月底，全国可再生能源装机达到 17.3 亿千瓦，同比增长 25%，约占我国总装机的 54.7%。其中，水电装机 4.3 亿千瓦，风电装机 4.8 亿千瓦，太阳能发电装机 7.7 亿千瓦，生物质发电装机 0.46 亿千瓦。③

---

① 《国家能源局组织召开 2024 年 9 月全国可再生能源开发建设调度会》，2024 年 10 月 9 日，http://www.nea.gov.cn/2024-10/09/c_1310786347.htm。
② IEA, *Renewables 2023: Analysis and Forecast to 2028*, 2024, https://www.iea.org/reports/renewables-2023/executive-summary。
③ 《可再生能源装机规模实现新突破》，2024 年 11 月 20 日，https://www.gov.cn/yaowen/liebiao/202411/content_6988406.htm。

(吉瓦)

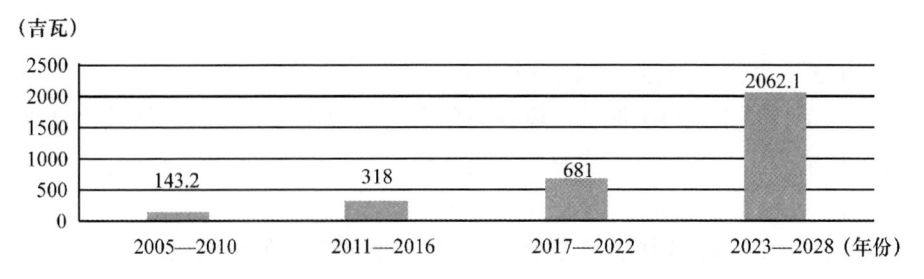

年份	装机总量
2005—2010	143.2
2011—2016	318
2017—2022	681
2023—2028	2062.1

图 1　2005—2028 年中国可再生能源发电装机总量

资料来源：IEA, *Renewables 2023*: *Analysis and Forecast to 2028*, 2024, https://www.iea.org/reports/renewables-2023/executive-summary.

（二）中国可再生能源产业的"瓶颈"与挑战

1. 可再生能源产业要素配置效率低下

我国可再生能源产业资源储备量雄厚，但资源配置效率低下，用能大户、污染大户、绿色园区等可再生能源用户，与可再生能源资源丰富的地区、可再生能源供应商、可再生能源科技开发者、资金提供方等利益相关方之间，信息、资金、科技等要素流动不通畅，进而影响了产业竞争力和社会整体效益的提升。

2. 资金缺位

国内大量生物质锅炉厂家、生物质秸秆资源丰富的县和村镇、畜禽粪便资源丰富的养殖场以及蘑菇种植场、木材厂等单位，普遍资金短缺，无力购置价格数十万元甚至数百万元、数千万元级别的可再生能源发电设备。

3. 产业链平台亟待建设

数字经济时代，数据资产是发展新质生产力的核心要素之一。而服务于全产业链的平台所提供的公共数据作为数据资源的重要组成部分，蕴藏着巨大的经济价值和社会价值。

2023 年 2 月，中共中央、国务院印发的《数字中国建设整体布局规划》提到，要推动公共数据汇聚利用，畅通数据资源大循环。

当前我国公共数据、平台数据等数据资源体量大、价值高、覆盖广，激活公共数据、平台数据是实现数据要素价值转化的核心途径。可再生能源产业迫切需要产业链平台的建设来打破产业规模小、资源分散、外部不经济的发展"瓶颈"。

（三）可再生能源产业链平台现状

当前，基于可再生能源产业各类要素的高效率配置与协同增效，世界范围内涌现了众多可再生能源产业链平台。

1. 国际可再生能源交易平台

目前，欧洲、美国各有 1 个以可再生能源产业为服务对象的交易平台。美国沃尔玛积极利用在北美的门店优势，进军可再生能源充电站市场，并进一步升级成为全产业链生态平台。

（1）欧洲 Baltpool

Baltpool 成立于 2012 年，是欧洲第一家生物质交易所。如今已经发展成为各种能源的运营商。它拥有 500 多家注册会员单位，累计促成可再生能源交易超过 37801 宗。

Baltpool 的主营业务是进行标准化生物质产品的交易拍卖，总部位于立陶宛。Baltpool 还组织木材和热能拍卖，并协助电力部门的公共服务项目进行融资服务。公司的愿景是成为欧洲可持续生物质贸易的第一选择。

（2）美国中西部生物质交易网

美国的生物质燃料交易平台也叫中西部生物质交易网（Midwest Biomass Exchange）。它是一个提供免费服务的互动交易服务平台，旨在将用于燃料和其他更高价值产品的木质和农业生物质原料的买家和卖家聚集在一起，从而促进生物质在热能和能源方面的使用。它拥有 800 多个行业、政府、非营利组织、大学和部落组织会员，致力于提高中西部地区对生物质供暖的认识，开展教育和推广活动。它的盈利模式包括捐助、广告费收入等。

（3）沃尔玛可再生能源生态平台

沃尔玛在北美拥有数千个超级市场和山姆会员店等门店体系。从原来的社区加油站积极转型，向上游进军可再生能源发电和水力发电、太阳能发电等能源领域，向下游积极拓展社区充电站、社区供暖、电力供应服务、生物质燃料线上销售等领域，并逐渐向可再生能源生态型平台转型。

2. 国内可再生能源产业链平台

（1）碳排放交易网

该平台成立于 2012 年，是中国碳排放交易行业的垂直型门户网站，注册地址在北京市。是我国以碳排放和碳交易为服务内容的平台，主要以碳排放权拍卖交易、碳排放税金融产品创新等为商业模式和盈利来源。

（2）全国碳排放权交易平台

全国碳排放权交易市场（China Carbon Emission Trade Exchange），注册地址在上海市，于 2021 年 7 月 16 日正式开市，是我国可再生能源产业链层面的服务平台。

2024 年 1 月 22 日，全国温室气体自愿减排交易市场启动，截至 2024 年 7 月 29 日，注册登记系统和交易系统累计开户 4582 家。

（3）可再生能源网等

可再生能源网成立于 2005 年，是中国最大的生物能源交易与门户型网站之一。该网站为可再生能源产业相关企业提供电子商务应用和行业信息服务，也提供基于互联网的商务推广、网络广告等服务。目前，客户超过 500 多家。

全球生物质能源网，是能源通旗下网站，注册地址在湖南省长沙市。业务内容与可再生能源网大致相同，已经拥有数百家业内客户。

三　可再生能源产业链平台的营运模式

从某种意义上看，全球数字经济的竞争也是平台的竞争，超大规模平台已经成为各国在数字经济领域竞争与合作的关键因素。因此，支持平台企业做大做强，以平台为重心做强数字经济产业体系，将是可再生能源产业的重要工作。

（一）可再生能源产业链平台价值创造的途径

1. 动态规划优化整体盈利表现

未来的供应链规划将在很大程度上借助大数据和高级分析，以及自动化等手段提升生产力。这样的新技术有助于优化整体盈利表现。

2. 提升物流效率

物流将通过更好的连接、高级分析、增材制造和高级自动化等现代技术，改变仓储和库存管理战略。同时，光学识别系统、智能分拣系统和外骨骼系统的采用，也极大地提升了可再生能源物流系统的效率和人员安全。

3. 降低管理成本

借助机器人、人工智能的智能化异常处理能力，可使管理的人工成本大大降低。如处理订单的客户服务人员实现机器智能化，可以24小时全天候响应来自全球各时区的客户订单需求，在提高工作效率的同时也降低了人工成本。

4. 实现跨界协同

以太阳能光伏产业链平台为例，可再生能源供应链云平台促成了供应链中更高层次的协作（见图2）。供应链云是客户、公司和供应商之间的联合供应链平台，提供共享物流基础设施甚至联合规划解决方案。它把资金、设备、技术、原料、产品等各种要素的供应方和需求方高效率链接起来，实现跨界协同，最大限度地提升了资源配置效率。

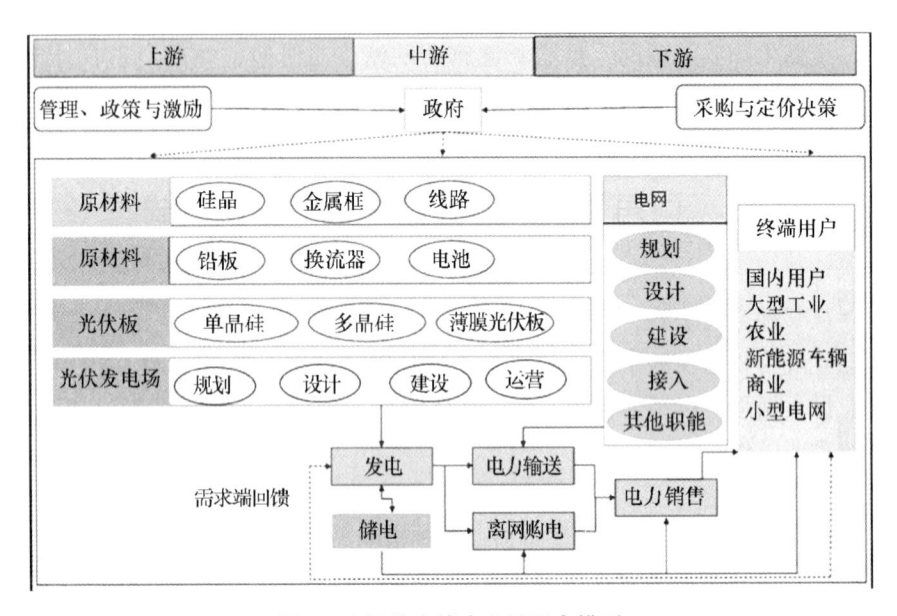

图 2　太阳能光伏产业链平台模型

资料来源：https://www.researchgate.net/figure/Solar-industry-value-chain-model_fig5_371597648.

（二）可再生能源产业链平台的盈利模式

可再生能源产业链平台的盈利模式一般包括以下几个方面：

第一，商品销售。平台通过提供可再生能源类原料、成品、设备等商品，赚取商品销售差价收益。或者提供销售信息中介服务，赚取商品销售的佣金收益。

第二，拼团模式。平台设计用户拼团，从而实现以更低的价格拼团购买优质商品。平台通过发起和促成拼团交易，赚取服务佣金，如拼多多平台的生物质燃料拼团服务。

第三，信息服务。国内可再生能源平台，大多数借助发布供求信息收取服务费来维持生存。信息发布服务既促进了市场交易的达成，也促进了交易成本的降低。

第四，广告收入。平台借助发布广告，帮助商家客户销售产品，获取广告收入。

第五，增值服务。可再生能源产业链平台，可以提供物流服务、融资金融服务等，为业内用户提供更全面的增值服务，并从中获取额外的收入。

第六，大数据分析。可再生能源产业链平台，可以利用先进的大数据分析技术，深入挖掘用户需求，为制造商提供精准的市场信息，使其能够更有效地调整生产策略，实现供需平衡。

四 中国可再生能源产业链平台存在四大缺陷

可再生能源产业链平台存在诸多缺陷，对平台的建设和发展造成了不利的影响。

（一）起点低

我国几个可再生能源产业链平台，目前大多局限于网页信息服务的低级阶段。不仅业务内容单一，而且交易活动不活跃，技术实力和增值服务也尚未构建完成。

（二）资金短缺

除碳排放交易市场拥有众多的注册客户和交易基础之外，国内其他多个可再生能源产业链服务平台普遍资金实力薄弱，无力组织营销和会员拓展，也没有实力组织基于产业链服务的各类会员活动。

(三) 缺乏清晰的商业模式

上述两家生物质产业链平台，缺乏清晰的商业模式设计，也没有围绕价值定位、目标客户积极地拓展客户。

(四) 不具备全产业链资源协同实力

基于资金短缺、客户基础薄弱、团队人才短缺等先天不足，上述平台大多不具备全产业链资源协同的资源配置能力，也无法创造协同效应，充分激活全产业链的各类闲置资源。

五 可再生能源产业链平台未来展望

(一) 2025年可再生能源产业链的市场分析

1. 可再生能源产业链的全球性平台需求增长

2025年，中国对节能降碳的政策性实施力度进一步加大，财政预算和社会资金投入将进一步增长，将带动可再生能源全球性产业链平台的建设运营。中国的可再生能源产业链平台的全球性需求将会快速增长。

2. 碳税交易平台持续繁荣

我国投入试点的碳税交易市场，随着前期几年的市场经验积累和人才培养储备等有利条件的推动，更多的碳配额资源进入平台，交易规模将在2024年181.1亿元的基础上进一步增长到2025年200亿元上下。2024年全国碳市场总成交量超1.8亿吨。[①]

3. 可再生能源产业链平台扮演帮扶角色

随着科技帮扶、产业帮扶、平台帮扶的市场机制日益完善，可再生能源产业链平台将把原料采集加工、供能储能、农户增收、碳税交易、金融资源对接等各环节无缝衔接起来，帮助数十万户山区农户增收。

4. 可再生能源产业链平台推动绿色工厂建设

截至2024年10月24日，我国已有国家级绿色工厂5095家，产值占

[①]《2024年全国碳市场总成交1.8亿吨总成交额181.1亿元》，2024年12月31日，http//www.toutiao.com/article/7454569095392952868/? channel=&source-tab。

制造业总产值比重已超过 18%，2025 年我国环保装备制造业总产值将达到万亿元水平。到 2030 年，我国的绿色工厂产值占制造业总产值比重将超过 40%。

可再生能源产业链平台为绿色工厂提供设备、技术、资金、原料等各类服务的市场持续扩大。

(二) 可再生能源产业链平台未来展望

1. 碳排放权交易将会成为可再生能源产业交易最活跃的板块

植物生长过程中吸收的二氧化碳远远大于植物秸秆废弃物燃烧发电产生的碳排放，因此生物质秸秆资源发电，具有负碳排放的特性，成为碳排放权交易市场的优质资源。具有规模性的生物质秸秆发电企业、林业企业等，可以利用这一优势借助产业平台拍卖碳排放权，获得收益。

2. 与制造业全球品牌战略合作是历史的必然

可再生能源产业链平台，与海尔、比亚迪等全球性制造业品牌的全球生产制造基地能源绿色化工程合作，是不可忽视的战略方向。

沃尔玛凭借全球社区网点优势，建立了充电桩体系以及 600 多个可再生能源设施，可以向全世界数亿级甚至数十亿级别的用户销售绿色电力，同时也在 10 多个国家积极建设绿色可再生能源发电供应链系统，强势崛起成为可再生能源发电产业链平台霸主。

今后的可再生能源产业链平台发展，必须克服缺乏大客户、缺乏全球性服务网络体系的先天不足，与可再生能源的需求大户如海尔、比亚迪等制造业全球品牌进行战略合作。这是必由之路。

3. 以基金模式布局更具优势

我国社会存量资金资源雄厚，同时国家鼓励平台经济和可再生能源产业发展。成立可再生能源产业链平台发展基金，筹措雄厚资金之后，整合各地的光伏和风力发电资源、可再生能源社区用户资源、生物质秸秆和林业废弃物等原料资源，统筹规划，更容易获得成功。这种模式也将催生多个可再生能源产业链平台。

六 结 语

中国可再生能源市场资源规模、需求规模、用户规模、从业人员规模,都非常庞大,可以产生更大的正外部溢出效应。可再生能源产业链平台的建设和运营,将会在全产业链平台范围内创造更大的要素协同效应,加大资金、技术、资源、人才、数据等各类要素的配置效率和配置规模。中国迫切需要战略目光远大、技术人才雄厚、商业模式成熟的可再生能源全产业链平台。

我国新培育国家绿色数据中心50家,可再生能源利用率平均值超过50%。新接绿色船舶订单的全球市场份额占比达75.9%。工业固废综合利用量约17亿吨,2024年全年规模以上工业用水重复利用率超过94%,光、水、热、电、废弃物一体化绿色统筹的呼声日益高涨。未来,将会有更多国内技术企业积极开展可再生能源产业链平台建设。随着开放力度的进一步扩大,美国、德国、日本等国的绿色供应链领导品牌也将积极进军中国市场。

为绿色产品、绿色企业、绿色品牌、绿色技术提供平台认证的需求也将更为普遍,将为可再生能源产业链平台提供更多的业务需求基础。跨国绿色认证机构和国内绿色认证机构对这一市场的竞争也必然推动中国可再生能源产业链平台更趋完善。

建设可再生能源产业链平台,意义重大,也将产生积极的商业回报。这个行业,呼唤产业组织者,呼唤商业领袖来积极填补这一市场空白。

主要参考文献

麦肯锡:《麦肯锡2023年科技趋势展望》,2023年。

王晓红:《以平台为重心做强数字经济产业体系》,《经济研究信息》2022年第1期。

自动驾驶末端物流的作用和发展趋势

李家鑫[*]

一 末端物流行业的内涵及历史沿革

（一）末端物流行业的内涵及特点

1. 末端物流行业的内涵

末端物流，作为物流供应链体系中的重要一环，通常被业界形象地称为"最后一公里配送"。它指的是将商品从物流中心或配送站点安全、高效地送达最终消费者的过程。这一过程不仅直接关系到消费者的购物体验，也是衡量物流服务质量和效率的重要指标。

在电商蓬勃发展的当下，末端物流的作用越发凸显。随着消费者购物习惯的改变，线上购物已成为主流消费方式之一，末端物流的需求急剧增长。与此同时，消费者对配送速度、服务质量和环保标准的要求也日益提高，给末端物流行业带来了新的挑战和机遇。

2. 末端物流的主要特点

（1）直接面向消费者：作为物流链条的终端环节，末端物流直接决定了消费者能否顺利、及时地收到商品，对消费者满意度有着至关重要的影响。

（2）场景复杂多变：从城市街道到乡村小路，从高楼大厦到居民小区，末端物流需要应对各种复杂的配送环境，这对物流企业的灵活性和应

---

[*] 李家鑫，中国低速无人驾驶产业联盟理事，哥德堡大学软件工程与管理专业硕士，软件工程师，主要研究方向为软件工程、低速自动驾驶。

变能力提出了很高的要求。

（3）配送频率高、批量小：由于电商订单以单件或小批量为主，末端物流需要处理大量的高频次配送任务，这要求物流企业具备高效的分拣、打包和配送能力。

（4）服务要求高：消费者对配送时间、服务态度、商品完好率等方面都有较高的期望，物流企业需要不断提升服务质量以满足消费者需求。

（二）末端物流的历史沿革

末端物流的发展历程可以追溯到早期的邮政递送和货运服务。然而，随着电子商务的兴起和互联网技术的飞速发展，末端物流行业经历了深刻的变革和升级。

1. 传统末端物流阶段（20世纪以前）

在这一时期，末端物流主要依靠人工进行配送，配送效率低、成本高、服务质量难以保证。邮政系统和一些大型商业企业是末端物流的主要服务提供者。

2. 现代化转型阶段（20世纪初至20世纪末）

随着工业化、城市化的推进和交通运输业的发展，末端物流开始逐步向机械化、自动化转型。物流中心、配送站点等基础设施不断完善，配送效率和服务质量有了显著提升。

3. 信息化、网络化阶段（21世纪初至今）

进入21世纪后，随着信息技术的广泛应用和互联网的普及，末端物流行业迎来了信息化、网络化的革命。物流企业通过引入先进的信息系统和管理软件，实现了订单处理、库存控制、配送路径优化等环节的数字化管理。同时，电商平台的兴起进一步推动了末端物流的快速发展。

随着人工智能、大数据、物联网等先进技术的不断发展，末端物流行业正逐步向智能化、自动化迈进。无人配送车、智能快递柜等新型配送方式的出现，不仅提高了配送效率和服务质量，还有效降低了碳排放和运营成本。

（三）自动驾驶末端物流的优势

随着自动驾驶技术的不断成熟和物流行业的智能化升级，自动驾驶末端物流有望成为未来的发展趋势。

自动驾驶末端物流将结合先进的传感器、人工智能算法和通信技术，实现车辆的自主导航、避障和决策等功能，从而提高配送效率、降低运营成本并减少碳排放。自动驾驶末端物流的优势主要体现在以下几个方面：

（1）提高配送效率：自动驾驶车辆不需要人工驾驶即可完成配送任务，可以 24 小时不间断运行，大幅提高配送效率。同时，通过优化配送路径和调度算法，可以进一步缩短配送时间、降低空驶率。

（2）降低运营成本：自动驾驶车辆不需要驾驶员即可运行，可以节省大量人力成本。此外，自动驾驶技术还可以通过精准控制车速、减少急加速和急刹车等方式降低能耗和车辆磨损成本。

（3）减少碳排放：自动驾驶末端物流可以通过优化配送路径、提高车辆利用率等方式，减少无效行驶里程和等待时间，从而降低碳排放。同时，随着电动汽车和氢能源等清洁能源车辆的普及应用，自动驾驶末端物流的环保性能将进一步得到提升。

二 自动驾驶末端物流在社会经济中的作用

自动驾驶末端物流作为现代物流与智能交通技术融合的前沿领域，其在社会经济中所起的作用日益凸显。从提升物流效率、促进产业升级、改善城市环境到增强社会福祉等多个维度，自动驾驶末端物流正逐步成为推动社会经济高质量发展的重要力量。

（一）提升物流效率，降低运营成本

自动驾驶末端物流通过集成先进的自动驾驶技术、物联网技术和大数据分析技术，实现了物流作业的自动化。相比传统的人工配送方式，极大地提高了配送效率。同时，自动驾驶系统通过精准的路径规划和避障能力，能够有效减少空驶率和行驶时间，降低燃油消耗和人力成本，从而降低整体运营成本。

（二）促进产业升级，推动科技创新

自动驾驶末端物流的发展，促进了物流行业的科技创新和产业升级。一方面，自动驾驶技术的研发和应用，需要融合人工智能、计算机视觉、

传感器技术等多个领域的先进技术，推动了相关技术的不断进步和成熟。另一方面，自动驾驶末端物流的发展也催生了一系列新兴业态和创新模式，如无人便利店、无人快递柜等新型零售和服务模式，为消费者提供了更加便捷、高效的购物体验。这些新兴业态和模式的出现，不仅丰富了市场供给，也促进了相关产业链的延伸和拓展，推动了物流行业与其他产业的深度融合和协同发展。

（三）改善城市环境，促进绿色低碳

自动驾驶末端物流多采用电动车辆，相较于传统燃油车具有更低的排放和更环保的特点。这些车辆在行驶过程中不会产生尾气排放或产生的排放量极低，有助于改善城市空气质量，减少环境污染。同时，自动驾驶技术通过精准控制车速和制动，减少了不必要的加速和减速操作，进一步降低了能源消耗。此外，通过优化配送路线和减少空驶率，自动驾驶末端物流还能进一步降低能源消耗和环境污染。

这种绿色低碳的配送方式，不仅符合全球环保趋势和可持续发展的要求，也有助于提升城市的整体形象和居民的生活质量，符合我国生态文明建设的要求。

（四）增强社会福祉，提升公众满意度

自动驾驶末端物流的发展，对于提升社会福祉和公众满意度也具有重要意义。一方面，自动驾驶技术的应用减少了人力配送的劳动强度和安全风险，提高了配送人员的工作条件和安全保障。另一方面，自动驾驶末端物流的高效、准确配送服务，能够满足消费者对快递和外卖等即时配送服务的高品质需求，提升消费者的购物体验和满意度。这种以消费者为中心的服务理念和实践，有助于增强社会的和谐稳定和民众的幸福感。

三 自动驾驶末端物流的发展

近年来，自动驾驶末端物流行业展现出了前所未有的活力与潜力，不仅在技术创新上屡创佳绩，更是在商业化应用和绿色低碳方面取得了显著成就。以下四个具体案例，展现自动驾驶末端物流在科技亮点与低碳工作

上的双重突破。

(一) 京东物流的无人配送体系

京东物流作为国内领先的物流服务商,在自动驾驶末端物流领域走在了前列。2024年,京东物流进一步扩大了其自动驾驶无人配送车的运营规模,实现了数百台无人配送车在全国多个城市的常态化运营。这些自动驾驶无人配送车具备L4级自动驾驶能力,能够自主规划路径、避开障碍物,并在必要时与控制中心进行通信,显著提高了配送效率和准确性。

在绿色低碳工作方面,京东物流的自动驾驶无人配送车均采用电力驱动,相比传统燃油车,大幅减少了碳排放。此外,京东物流还通过优化配送路线和减少空驶率,进一步降低了能源消耗。据统计,每辆自动驾驶无人配送车每天可减少数十千克的二氧化碳排放,为城市环境贡献了一份力量。

更值得一提的是,京东物流的自动驾驶无人配送车不仅服务于电商包裹配送,还积极参与到抗疫保供等社会公益活动中。在疫情防控期间,这些无人配送车成为保障民生的重要力量,为隔离区的居民送去了急需的生活物资,展现了自动驾驶技术在应对突发事件中的独特优势。

(二) 新石器无人车的全场景应用

新石器作为一家专注于末端配送的初创企业,凭借其自主研发的L4级自动驾驶无人车,在全球40多个城市成功落地应用。新石器无人车不仅行驶在开放道路上,还深入公园、社区等复杂场景,为快递、零售等领域提供高效配送服务。

在绿色低碳方面,新石器无人车同样表现出色。其车辆采用电力驱动,并配备了高效的能源管理系统,实现了低能耗、长续航的目标。此外,新石器还积极推广绿色包装和循环利用材料,减少了一次性塑料的使用量。通过这一系列措施,新石器无人车不仅提高了配送效率,还有效降低了碳排放和对环境的影响。

新石器无人车的广泛应用不仅提升了物流配送的无人化水平,还促进了物流行业的绿色转型。许多企业开始意识到自动驾驶技术在低碳方面的潜力,并纷纷加入这一行列中。

（三）九识智能的低成本解决方案

九识智能作为自动驾驶物流领域的头部企业，凭借其低成本、高性能的无人车解决方案迅速占领市场。2024 年，九识智能推出了 4 款针对不同应用场景的 L4 级自动驾驶无人车，覆盖了从封闭园区到城市配送的多样化需求。

尤为引人注目的是，九识智能的无人车在保证高性能的同时，实现了成本的大幅降低。这使得更多中小企业也能够承担得起自动驾驶配送服务的费用，从而推动了自动驾驶末端物流的普及化进程。

在绿色低碳工作方面，九识智能的无人车同样采用电力驱动，并通过优化算法和减少不必要的能耗来降低碳排放。

九识智能的成功案例表明，自动驾驶技术在降低成本和提高效率方面具有巨大潜力。随着技术的不断成熟和成本的进一步降低，自动驾驶末端物流有望在更广泛的领域内得到应用和推广。

（四）智华（广东）智能网联研究院的裹蒸无人零售车

智华（广东）智能网联研究院的裹蒸无人零售车，在功能定位上实现了多元化融合。它既是移动的新零售平台，如同穿梭在城市中的外卖骑手，随时满足消费者的即时购买需求；同时，它也是高效的末端配送工具，扮演着快递小哥的角色，将各类商品精准送达消费者手中。这种双重身份的设计，不仅丰富了车辆的应用场景，也极大地提升了其服务效率和商业价值。

在零售方面，裹蒸无人零售车以其独特的移动性和便捷性，使得消费者可以随时随地享受到美味的裹蒸粽和其他多元化商品，无须受限于固定的店铺位置和时间。这种即买即走的购物方式，不仅满足了现代消费者快节奏生活的需求，也提升了购物体验的便捷性和趣味性。

裹蒸无人零售车以其独特的设计理念和创新的应用场景，在新零售与末端物流领域实现了科技与低碳的双重突破。它既是移动的新零售平台，又是高效的末端配送工具，通过自动化的技术手段，为消费者带来了便捷、高效的购物体验，同时也为城市的绿色低碳事业贡献了一份力量。

2024 年，自动驾驶末端物流行业在科技和低碳工作上均取得了显著成就。这些成功案例不仅验证了自动驾驶技术的可行性和市场潜力，还为物流行业的绿色转型和可持续发展提供了有力支持。随着技术的不断进步和市场的日益成熟，自动驾驶末端物流必将在未来发挥更加重要的作用。

四 2025年自动驾驶末端物流的发展蓝图

2025年，自动驾驶末端物流行业将步入全新发展阶段，以绿色低碳为核心理念，依托技术创新与商业化应用的双重驱动，展现出前所未有的活力与潜力。行业将见证自动驾驶技术、商业模式、政策环境等多方面的深刻变革，共同塑造物流行业绿色、科技、高效的新生态。

技术创新将持续加速，深度学习、计算机视觉等AI技术将大幅提升自动驾驶系统的感知与决策能力，使车辆能更自如地应对复杂城市交通。同时，高精度地图、智能调度与协同系统、能源管理系统的不断完善，将进一步优化配送流程，提高物流效率，降低碳排放。

商业化应用将全面落地，自动驾驶末端物流车辆将在城市配送、快递、生鲜等多个领域发挥关键作用，形成完善的商业模式与运营体系。通过与上下游企业的紧密合作，实现物流链条的无缝对接，提升客户满意度与运营效率。市场竞争格局将加剧，领先企业将巩固优势，新兴企业将寻求突破，共同推动行业快速进步。此外，跨界融合将成为新趋势，自动驾驶末端物流将与智慧城市、物联网、人工智能等领域紧密结合，为人们提供更加便捷、高效、科技的物流配送服务。

绿色低碳将成为行业发展的显著趋势。自动驾驶电动车辆将逐渐普及，通过优化配送路线、提升车辆利用效率、促进新能源车辆应用等方式，显著降低碳排放与空气污染，为城市环境贡献重要力量。

政策层面，政府将加大支持力度，出台更多有利于自动驾驶领域发展的政策措施，同时加强安全监管与标准制定，确保行业健康、有序发展。

五 政策建议

随着自动驾驶末端物流的兴起，尽管技术创新在一定程度上提升了配送的智能化水平，但当前末端配送仍不可避免地面临快递员紧缺、效率

"瓶颈"、成本高企、服务要求提升及环保压力加剧等严峻挑战。快递员数量与业务量的不匹配、复杂配送网络中的效率难题、高昂的末端配送成本、新法规下的服务标准升级，以及配送活动对环境的负面影响，共同构成了自动驾驶末端物流发展道路上的障碍。

（一）构建严谨的低碳排放法规与标准化体系

针对自动驾驶末端物流车辆领域，需要构建一套全面而严谨的低碳排放法规与标准化体系。

确立刚性排放标准：依据车辆类型、运营场景及技术发展趋势，科学设定二氧化碳及其他温室气体的具体排放限值。此举旨在规范车辆制造商的研发与生产流程，同时引导物流企业在车辆选型时优先考虑低碳环保性能，从而促进行业整体的绿色化进程。

激励低碳技术创新与应用：通过政策导向与财政激励机制，如设立专项研发基金、提供技术革新补贴及税收优惠政策，积极鼓励低碳技术的研发与应用，同时，建立低碳产品认证制度，对达标车辆给予市场准入便利及消费者认可标识，加速低碳物流车辆的市场渗透率。

构建健全的碳排放监管机制：建立健全碳排放监测、报告、核查及公开披露机制，确保自动驾驶末端物流车辆的碳排放数据真实、透明、可追溯。对违规排放行为实施严厉处罚，并通过公众平台公布相关信息，利用社会监督力量促进企业自律，形成良性循环的低碳发展生态。

（二）深化绿色低碳技术在自动驾驶末端物流的应用

在自动驾驶末端物流领域，深化绿色低碳技术的广泛应用是实现碳中和目标的关键路径。具体措施包括：

加速新能源车辆普及：强化政策引导与市场激励，推动物流企业与车辆制造商加大新能源车辆（尤其是纯电动车、氢能源车）的采购与应用力度。通过购车补贴、充电基础设施建设、运营成本补贴等措施，降低新能源车辆的使用门槛与成本，提升其市场竞争力。

优化能源管理与利用：广泛采用智能调度、能源管理系统等先进技术手段，实现车辆运营的高效节能。同时，鼓励使用太阳能、风能等可再生能源为车辆充电，减少对化石能源的依赖，降低碳排放强度。

推进循环经济与减量化实践：建立健全包装材料与车辆零部件的回收

再利用体系，促进资源循环利用。倡导轻量化设计理念，采用新型环保材料制造车辆，减轻车辆自重，降低能耗与排放，实现全生命周期的绿色管理。

（三）强化行业协同与政策支撑体系

低碳发展是一项复杂的系统工程，需要政府、企业及社会各界的协同努力。在自动驾驶末端物流领域，行业协同与政策支撑尤为关键。具体措施涵盖以下方面：

构建行业合作平台：政府应发挥主导作用，推动建立自动驾驶末端物流行业合作联盟，促进跨领域、跨行业的信息共享与资源整合。通过联盟平台，共同研究低碳发展策略，共享技术成果，加速行业低碳转型步伐。

加大政策扶持与引导力度：政府应制定更加全面、具体的支持政策，涵盖财政补贴、税收优惠、融资支持等多个方面，为自动驾驶末端物流低碳发展提供坚实的政策保障。同时，加强与国际组织及先进国家的交流合作，引入国际先进经验与技术，提升我国在该领域的国际竞争力。

提升公众低碳意识与参与度：通过广泛深入的宣传教育活动，提升公众对低碳发展的认识与重视程度。鼓励消费者选择低碳环保的物流服务，支持低碳物流企业的发展。同时，加强媒体宣传与舆论监督，形成良好的社会氛围，共同推动自动驾驶末端物流行业的低碳转型与可持续发展。

自动驾驶末端物流在社会经济中所起的作用是多方面的、深远的。它不仅提升了物流效率、降低了运营成本、促进了产业升级和科技创新，还改善了城市环境、促进了绿色低碳发展。同时，增强了社会福祉，提升了公众满意度。随着技术的不断进步和政策的持续支持，自动驾驶末端物流有望在未来发挥更加重要的作用，为社会经济的高质量发展注入新的动力。

主要参考文献

中国物流与采购联合会组织编写、彭新良主编、马天琦副主编：《中国供应链发展报告（2023—2024）》，中国财富出版社有限公司2024年版。

京东集团:《2022年环境、社会及治理报告》,2022年。

国家发展和改革委员会经济贸易司、南开大学现代物流研究中心:《中国现代物流发展报告2024》,中国社会科学出版社2024年版。

通渠有道:《末端无人配送行业研究报告》,2024年。

基于卫星遥感技术的 CO_2 浓度监测技术与应用

薛超玉　汤玉杰　权嘉乐[*]

精准的碳排放监测是推动经济结构低碳转型、实现"双碳"目标的先决条件。二氧化碳（CO_2）是温室气体的主要组成部分，通过持续的 CO_2 浓度监测，可以帮助获取碳排放数据。传统地面环境观测手段，难以准确了解大范围的 CO_2 浓度变化特征，卫星遥感可以持续监测大尺度 CO_2 浓度信息，正在成为新一代国际认可的全球碳盘点方法。国外在温室气体卫星探测方面起步较早，相继发射了具备大气 CO_2 浓度观测能力的 GOSAT、OCO、Sentinel 等系列卫星。中国温室气体卫星遥感探测技术发展迅速，自 2016 年以来，相继发射了中国碳卫星（TanSat）、高分五号（GF-5）、大气环境监测卫星（DQ-1）等，构建了中国第一代温室气体遥感卫星探测网络，初步建成了国产卫星在大气温室气体浓度、人为碳源排放等方面的监测能力，为全球碳盘点和中国"双碳"目标的实现提供了自主的数据保障。

一　大气 CO_2 浓度监测背景

近年来，化石燃料的广泛使用导致大气中 CO_2 温室气体浓度持续增加，直接引发全球气候变暖。为应对这一危机，全球合力应对，通过历次

---

[*] 薛超玉，航天科工海鹰集团有限公司空间数据工程事业部系统工程师，研究方向为遥感卫星技术研究与应用；汤玉杰，航天科工海鹰集团有限公司空间数据工程事业部系统工程师，研究方向为遥感卫星系统设计；权嘉乐，航天科工海鹰集团有限公司空间数据工程事业部系统工程师，研究方向为遥感解译、摄影测量应用。

气候大会形成了阶段性的减排原则和减排目标，各国也相继作出减排的承诺。2020年9月22日，习近平主席在第七十五届联合国大会一般性辩时提出"双碳"目标，彰显了中国作为负责任大国的使命与担当。CO_2是《京都议定书》规定的6种温室气体之一，是造成"温室效应"的主要气体，对于气候发展趋势、大气环境影响的研究非常重要。

根据国际能源署（IEA）的数据，2023年全球CO_2排放量创下历史新高，达到374亿吨。其中，中国CO_2排放量达126亿吨，为全球碳排放增幅最大国家，且全球占比常年超30%。我国面临着温室气体减排的巨大压力，为了更好地促进碳减排，抑制全球气候变暖，我国已经启动碳排放权交易，而碳排放权的核算是交易的前提。因此，准确监测固定污染源排放废气中CO_2浓度及来源，能够为CO_2的减排控制和碳排放权交易提供重要的依据。

2021年1月，生态环境部印发的《关于统筹和加强应对气候变化与生态环境保护相关工作的指导意见》提出，要"加强温室气体监测，逐步纳入生态环境监测体系筹实施"，对我国温室气体排放监测工作指引了方向。《2030年前碳达峰行动方案》强调"建立统一规范的碳排放统计核算体系""推进碳排放实测技术发展"。2022年4月，国务院印发的《气象高质量发展纲要（2022—2035年）》也明确提出"加强温室气体浓度监测与动态跟踪研究"。2023年11月，《关于加快建立产品碳足迹管理体系的意见》和《国家碳达峰试点建设方案》提出，要"提升我国重点产品碳足迹管理水平"，并在15个省（自治区）开展碳达峰试点建设。2024年8月，《关于进一步强化碳达峰碳中和标准计量体系建设行动方案（2024—2025年）的通知》，提出要"加强碳计量基础能力建设，加强计量对碳排放核算的支撑保障"。2024年10月，《加快构建碳排放双控制度体系工作方案》标志着我国"能耗双控"向"碳排放双控"全面转型取得重大进展。可见，随着温室气体监测技术的发展，碳排放核算的相关制度正在逐步完善，从而推动碳排放权交易市场的蓬勃发展。在此背景下，掌握CO_2气体监测领域技术应用的发展态势，对了解环境问题的严重程度和变化趋势，并为实现人与自然和谐发展提供科学支撑。

二　大气 CO_2 浓度监测技术

（一）CO_2 浓度监测研究现状

CO_2 监测技术的发展历程可以追溯到 20 世纪 50 年代，科学家首次在夏威夷的莫纳罗亚观测站开始了长期的 CO_2 浓度观测。随着环境科学和气候变化研究的深入，碳监测逐渐成为全球关注的热点。20 世纪 80 年代，随着遥感技术的发展，卫星遥感开始被应用于碳监测领域，使得科学家能够从更大的空间尺度上观测全球的碳循环。同时，地面观测网络也在不断完善，为碳监测提供了更加密集和精确的数据。进入 21 世纪，碳监测的重要性进一步提升。2005 年，联合国通过了《京都议定书》，要求各国减少温室气体排放，进一步推动了碳监测技术和行业的发展。随后，各种新的监测技术不断涌现，如大气传输模型、激光雷达、光学生化传感器等，这些技术提高了碳监测的精度和效率。

主流的 CO_2 监测技术种类繁多，如非分散红外光谱法通过测量气体样本在特定红外波长下的特定吸收峰来确定 CO_2 的含量；通过气相色谱法将气体样品通过色谱柱进行分离，并监测各组分浓度；通过电化学法利用 CO_2 与电解质溶液发生反应来监测其浓度等。在监测形式上，利用实验室仪器、野外地基设备或便携设备对点源温室气体浓度进行检测；利用飞机、无人机或气球搭载测量仪器开展机载探测，以及在全球尺度上开展大面积、长时间的星载探测方法等。

（二）卫星遥感 CO_2 浓度监测优势

传统的地基设备具有较高的精度，但受限于设备部署能力，在人口活动区域空间分布不均，对于海洋、沙漠等人迹罕至区域缺乏足够的观测信息，整体分辨率不足。如采用航空手段进行补充，受限于航空平台工作原理，很难做到时间和空间上的连续观测。作为全球范围获取空间覆盖的 CO_2 气体柱浓度分布（XCO_2）的唯一观测手段，卫星遥感已成为破解传统地面探测技术空间不连续、运维高成本等"瓶颈"问题，实现高精度、高时空分辨率碳排放获取的常规监测手段。

2016 年《新德里宣言》强调，卫星大气碳监测可作为估算"国家自主贡献方案"（Intended Nationally Determined Contributions，INDC）的补充系统，国际卫星对地观测委员会明确提出在2025年形成星座业务化运行，支撑2028年全球碳盘点。将基于卫星遥感的碳监测应用于MRV（Monitoring、Reporting、Verfication）、MVS（Monitoring、Verification、Support）的理论、方法、技术成为各国解决碳排放量化与数据质量保证的重要手段。为此，世界上多个航天大国发射了温室气体监测卫星，包括日本的GOSAT和GOSAT-2、美国的OCO-2和OCO-3、中国的TanSat等。此外，欧洲的ENVISAT、Sentinel-5p，中国的GF-5和GF-5（02）、FY-3D、DQ-1等大气综合探测卫星也搭载了温室气体传感器，具备获取CO_2分布信息的能力。[1]卫星遥感已为碳排放量化检测和溯源、全球生态保护、气候研究以及温室气体减排提供重要的科学依据。

三 卫星遥感CO_2浓度监测技术原理

卫星遥感监测CO_2浓度的理论基础为CO_2分子的光谱特性。CO_2分子的振动和旋转能级跃迁导致对特定波长的红外辐射的吸收，形成特征吸收光谱。如图1所示，在CO_2弱吸收带1.61μm和CO_2强吸收带2.06μm附近，CO_2分子能级的跃迁导致红外辐射强度变化，卫星通过测量这些特定谱段的辐射强度反演CO_2浓度。

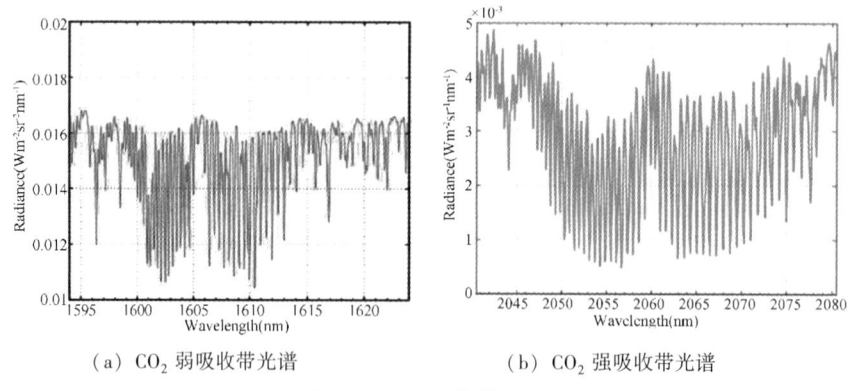

（a）CO_2弱吸收带光谱　　　　　（b）CO_2强吸收带光谱

图1　CO_2吸收带光谱

资料来源：国家卫星气象中心。

---

[1] 李正强等：《大气环境卫星温室气体和气溶胶协同观测综述》，《遥感学报》2022年第5期。

按照是否主动发射电磁波的分类依据，卫星遥感监测可分为被动观测和主动观测。GOSAT-2、OCO-2 和 TanSat 等遥感卫星不主动发射电磁波，而是搭载光谱仪等传感器载荷，接收地表反射的太阳辐射或地表发射的红外辐射，分析经过大气层传输后的太阳辐射光谱，通过反演算法估算 CO_2 的浓度。反演算法一般由前向模型和反演方法组成。前向模型用于产生模拟光谱，模拟太阳光谱、温室气体吸收、地表反射率、云层和气溶胶的散射和吸收。模型的输入包括气象条件、表面特性和仪器特性等。反演方法一般为最优估计方法，通过最小化观测和模拟光谱之间的差异来获取 XCO_2。[①] 此外，卫星遥感数据需要经过严格的筛选、验证和校正，包括云筛选和后处理过滤器，以排除数据中的异常值和误差，减少云层、气溶胶和其他大气成分对 CO_2 浓度测量的影响。此类监测主要依赖地表对太阳辐射的反射作用，是一种相对被动的观测 CO_2 的技术手段。

星载大气激光雷达，特别是差分吸收激光雷达（DIAL），是近年来 CO_2 浓度监测的热门研究和重点发展方向，是实现主动观测 CO_2 浓度的可行途径。DIAL 发射波长分别对应 CO_2 强吸收线（on 波长）和弱吸收线（off 波长）的两束激光，分析激光发射时的能量比和通过一定积分路径后的回波信号能量比，实现路径上的 CO_2 分子数浓度反演。该技术不依赖太阳光，能够在夜间和高纬度地区进行探测，提供更高精度的 CO_2 浓度数据。

总体而言，卫星遥感技术为全球 CO_2 浓度监测提供了强有力的工具。被动遥感技术相对成熟，具备覆盖范围较广、数据连续性强等优点；而主动遥感技术提供了高空间分辨率探测和大气垂直结构探测能力。随着理论和技术的不断进步，两者共同为精确监测大气中 CO_2 浓度提供了技术保障，并在碳监测和碳机制理解中发挥越来越重要的作用。

四 卫星遥感 CO_2 浓度监测应用典型案例

（一）开展全国 CO_2 浓度遥感监测，支撑中国陆地生态系统碳监测

中国科学院大气物理研究所（以下简称大气所）承担了中国碳卫星

---

① 梁艾琳：《星载遥感二氧化碳的验证、反演及应用》，博士学位论文，武汉大学，2018 年。

CO_2 浓度反演算法研发、卫星数据应用等相关研究工作。① 大气所杨东旭博士研发了卫星遥感反演算法（Institute of Atmospheric Physics Carbon Dioxide Retrieval Algorithm for Satellite Observation，IAPCAS），利用该反演算法解析了中国碳卫星观测数据，获得了首幅全球 CO_2 分布情况。

大气所刘毅研究员团队自主研发了碳反演数据分析系统，获取了中国 TanSat 卫星全球大气 CO_2 柱浓度（XCO_2）数据，精度达到 1.47ppm，实现与 OCO-2、GOSAT 等国际同类卫星同等产品精度，数据集被欧洲航天局（ESA）作为第三方卫星观测数据进行全球共享，推动了中国科技部与 ESA 在温室气体卫星遥感领域的深度合作。② 中国科学技术大学工程科学学院研发了适用于多种观测模式和地表的大气 CO_2 反演技术，首次实现了海洋大气 CO_2 高精度探测。③ 全国 CO_2 的卫星遥感观测为有力应对全球气候变化，实现"双碳"目标提供重要的数据支撑，也为政府制定减排政策、评估政策效果提供重要依据。

（二）聚焦重点行业 CO_2 排放监测，助力中国碳减排效力评估

2022 年以来，为掌握温室气体典型碳源的排放情况，构建重点行业温室气体排放监测技术标准与技术体系，国家聚焦火电、钢铁、石油天然气开采、煤炭开采、废弃物处理五类重点行业部署开展了碳监测研究与试点评估。中国科学院空天信息创新研究院遥感卫星应用国家工程研究中心石玉胜研究团队融合轨道碳观测者号等多源碳卫星遥感数据，利用优化后的高斯羽流模型反演了长时间序列的燃煤电厂 CO_2 排放量，识别了超大型（≥5000 兆瓦）、特大型（4000—5000 兆瓦）、大型（≥3000 兆瓦）等不同装机容量电厂的 CO_2 排放量。武汉大学龚威团队基于星载激光雷达碳卫星遥感数据，利用高斯色散模型首次实现了在夜间对电厂 CO_2 排放进行定量监测，对现有碳监测卫星体系形成了重要补充。通过开展重点行业的碳监测评估，支撑企业 CO_2 排放量计算的科学性和可行性，将助力重点行业的碳排放量核算与碳减排效力评估。

---

① 《大气所获取中国碳卫星首幅全球二氧化碳分布图》，2018 年 1 月 31 日，http://iap.cas.cn/gb/xwdt/zhxw/201801/t20180131_5566556.html。
② 张连翀等：《我国温室气体观测卫星建设及典型数据应用》，《卫星应用》2023 年第 7 期。
③ 《中国科大在我国碳卫星 CO_2 反演研究中取得重要进展》，2024 年 2 月 25 日，https://ses.ustc.edu.cn/_t1596/2024/0225/c12780a630486/pagem.htm。

（三）建立天地一体"双碳"监测平台，推进碳排放智能化管理

中国科学院空天信息创新研究院国家遥感应用工程技术研究中心协同中国国际科技促进会碳中和工作委员会等30多家单位，利用卫星、无人机等技术搭建了空天地一体化碳源碳汇综合监测管理治理平台"绿色大脑"。2022年7月30日，"绿色大脑"平台在中国科学院空天信息研究院召开的数字双碳高峰论坛上公开发布。[①] 平台集成了卫星遥感监测系统、飞艇遥感监测系统、无人机监测系统和地面综合能碳应用管理平台及相关数字化智能化治理系统体系，同时将城市工业、能源、建筑、交通、农业及居民等碳排放主体全面接入地面综合能碳应用管理平台，将提供碳排放及碳汇的核算、核查、核证、生态环境评估及修复核查，碳双控管理、能源分项计量、碳排放测算、碳减排测算、能耗预测、能效评估、优化控制、相关治理、故障预警等专业服务，实现城市管理者对各类碳排放主体的全方位实时监测和管理，有效解决碳排放数据的精准监测、管理、治理问题，为各地开展"双碳"领域的政策制定、实施、监督、考核奠定坚实的数据支撑。

2022年，航天科工海鹰集团有限公司以时空大数据平台和卫星资源共享服务平台为依托，融合卫星遥感、气象数据、地面监测站网、"双碳"相关的业务数据，搭建了天地一体化的"双碳"监测服务系统，初步研究建立了区域碳排放与碳汇监测评估技术体系，提供地区碳排放动态监测、重点碳源区管理、碳汇量监测、碳汇经济价值测算、碳排放评估和碳汇潜力评估综合展示，能够提供多源数据叠加展示、监测数据统计分析、遥感数据存档查询及卫星轨道预测、"双碳"模型应用等服务，实现了基于时空大数据和新一代数字地球技术的碳数据可视化，为政府和企业级用户的节能减排、环境治理、达峰路径制定等提供重要保障。

五 卫星遥感 CO_2 浓度监测发展趋势

（一）在轨卫星呈现多要素、高精度、大规模的趋势

为服务于全球和重点区域碳监测和高精度反演需求，搭载具备宽视

[①] 《业界：以数字技术精准化推动实现"双碳"目标》，2022年8月1日，http://finance.people.com.cn/n1/2022/0801/c1004-32491347.html。

场、高分辨率、高精度的 CO_2 监测载荷，并搭配气溶胶、NO_2 监测等其他多种载荷是下一代碳卫星的发展方向。另外，由于轨道、天气等诸多因素严重制约单颗卫星探测效能的提升，因此单独一颗卫星无法满足温室气体的全球观测需求，需要利用低轨、中轨和高轨轨道优势，并实现主动和被动等不同探测手段相配合，以满足全球温室气体清单校核对多要素、多尺度、高时效、高精度监测数据的需求，最终获取质量统一、序列连续的温室气体观测数据集，提供全方位、多时段的温室气体浓度变化特征。

（二）遥感反演方法向精确化、规模化发展

尽管目前国内外遥感反演算法取得很大的进步，但为了获得精度、覆盖率、可靠性和计算速度均满足要求的高质量 CO_2 观测数据，遥感反演算法以及所用的正演辐射传输模型仍需要进一步的改进。[1] 另外，面向在轨观测数据的规模化、批量化生产需求，高精度反演方法也向高效率方向发展，以提升计算效率来处理未来温室气体监测星座的海量数据。

（三）天地协同观测构建一体化监测网络体系

在天地协同观测方面，仅凭遥感卫星难以获取精确数据，必须结合地基监测、航空监测等多源数据，构建天地协同的观测网络，验证从排放点源到国家范围的碳排放清单，才能实现排放点源、城市、国家尺度的温室气体排放的准确估算。

（四）重要点源碳排放卫星监测

融合大气环境监测数据，高分辨率的 CO_2、CH_4 等温室气体卫星监测产品，地面监测站点数据等，突破重要点源目标碳排放综合监测与模拟的技术难关，构建重要点源目标的碳排放监测技术能力，实现高精度的点源碳排放监测评估。

---

[1] 刘毅等：《温室气体的卫星遥感——进展与趋势》，《遥感学报》2021年第1期。

六　成果、存在问题及改进建议

（一）已取得成果

1. 基本成熟的被动卫星实现了 XCO_2 全球观测

第一代碳监测卫星（GOSAT-2、OCO-2、TanSAT 等）主要搭载光谱仪等载荷，突破了观测反演全球 XCO_2 数据的相关技术，能够相对连续和稳定地提供全球大部分区域的大气 CO_2 浓度数据，为海洋、沙漠等缺乏地面监测站点的地区碳监测提供了重要的数据支撑。同时，碳监测卫星可以按照预设的轨道对特定地区进行长期连续观测，提供一致的 XCO_2 时间序列数据，极大地推进了对 XCO_2 时空分布及其影响因素的探索和研究。

2. 星载激光雷达实现了 XCO_2 高精度、全天时观测

相较于受限于太阳光、云和气溶胶的被动遥感监测手段，星载激光雷达具备受云和气溶胶干扰小、探测精度高、三维探测等优势，有助于理解大气中 CO_2 的细微变化和垂直分布结构。2022 年 4 月 16 日，搭载了大气探测激光雷达 ACDL 的 DQ-1 卫星于太原发射，现已在轨运行两年多，实现了覆盖南北极的昼夜连续观测，并且有效数据月平均覆盖率大于 80%，相当于 8—10 颗被动卫星覆盖率。[①] ACDL 是国际首个星载 CO_2 探测激光雷达和国际首个高光谱气溶胶探测激光雷达，数据空间分辨率为 1°×1°网格，精度优于 1ppm，成为全球温室气体和气溶胶的精准探测和科学应用的先进手段。

（二）问题及改进建议

1. 覆盖区域不足，时序连续性差，空间分辨率低，需谋划发展新一代碳卫星星座

卫星载荷的设计和研制是卫星遥感 CO_2 浓度监测能力建设的核心环节。由于空间分辨率、光谱分辨率、信噪比和幅宽等相互制约，第一代碳卫星在分辨率、覆盖范围、重访周期等方面未能满足全球和重点区域长时序 CO_2 浓度监测的需求。下一代碳卫星需充分平衡载荷能力和分辨率，形成轨道涵盖高轨、中轨、低轨和载荷包含高分辨率光谱仪、激光雷达的碳

---

① 陈卫标等：《大气环境监测卫星激光雷达技术》，《上海航天（中英文）》2023 年第 3 期。

卫星星座，逐步构建全球覆盖、多尺度、连续动态监测CO_2浓度的能力体系。

2. 反演精度高度依赖输入数据，需增强地面观测网络服务数据校准和验证

CO_2在大气中的传输是一个极其复杂的物理过程，其浓度反演需要模型模拟温度、云、气溶胶、地表反射率和载荷本身的观测误差等因素对二氧化碳传输的影响。算法需要采取不同的策略构建物理模型，提升对关键影响因素的模拟精确性。另外，反演算法的精度高度依赖输入卫星数据的精度，而全球碳柱总量观测网TCCON（Total Carbon Column Observing Network）等高精度地面观测站点分布稀疏，难以服务于卫星数据和反演结果的校准和验证。因此，需要建立更多高精度地面观测站点、获取更精确的CO_2浓度参照值，为反演算法优化和验证提供重要支撑。

3. XCO_2应用有限，需融合多源数据支撑碳排放监测

由于碳排放信号自身特性与卫星观测的局限性，目前卫星遥感手段无法作为完全独立的碳排放核算方法，卫星观测反演得到的XCO_2需要模式和模型转换才能得到CO_2排放的信息。为充分发挥XCO_2数据的应用潜力，亟须综合分析卫星观测、地面观测、航空监测、风场和碳排放清单等数据，研究更科学的模型从XCO_2中分离出背景CO_2浓度和自然扰动成分，服务碳排放源识别和归因。

七　结　语

经过不断探索与发展，中国已经建成了第一代温室气体卫星遥感观测技术体系，为高效开展大尺度范围的CO_2排放监测提供了重要保障。利用卫星遥感技术开展的城市、重点行业等CO_2浓度排放监测应用，为科学评估CO_2排放量提供数据支撑，也将助力碳减排效力的评估。然而，第一代碳卫星主要用于观测大气温室气体浓度，为开展全球碳盘点的清单校核，实现碳盘点精准监测和碳减排效力有效评估的目标，需要开展高分辨率、高精度的新一代碳卫星的研制，突破新一代碳卫星应用的关键技术难关。此外，受卫星遥感观测技术的局限性，无法将卫星观测作为完全独立的碳排核算方法，需要融合环境观测、碳排统计、碳同化、大数据等多源技术建立全球、国

家和重点区域温室气体排放的可监测、可核查、可支撑的技术体系。[①]

主要参考文献

李正强等：《大气环境卫星温室气体和气溶胶协同观测综述》，《遥感学报》2022 年第 5 期。

梁艾琳：《星载遥感二氧化碳的验证、反演及应用》，博士学位论文，武汉大学，2018 年。

刘毅等：《温室气体的卫星遥感——进展与趋势》，《遥感学报》2021 年第 1 期。

陈卫标等：《大气环境监测卫星激光雷达技术》，《上海航天（中英文）》2023 年第 3 期。

刘良云等：《全球碳盘点卫星遥感监测方法、进展与挑战》，《遥感学报》2022 年第 2 期。

[①] 刘良云等：《全球碳盘点卫星遥感监测方法、进展与挑战》，《遥感学报》2022 年第 2 期第 26 卷。

大规模设备更新助推塑料装备制造业绿色低碳发展

黄卫扬　秦志红　何考华[*]

推动大规模设备更新和高端化、智能化、绿色化发展是当前国家大力促进经济高质量发展和打造新质生产力的重要举措。塑料装备制造业作为装备制造业的细分领域之一，属于智能装备制造产业，是国家重点扶持的战略性新兴产业。在相关政策的大力支持下，塑料装备制造业迎来高质量发展的良好机遇，通过大规模设备更新实现产品技术升级、绿色低碳发展，大力助推下游塑料加工制造业积极更新设备来提高产品质量、提升生产效率和实现绿色低碳制造。

一　大规模设备更新的政策背景和发展机遇

（一）产业政策

2023年12月，中央经济工作会议提出"要以提高技术、能耗、排放等标准为牵引，推动大规模设备更新和消费品以旧换新"。此外，国务院及相关部门近几年陆续发布关于推动大规模设备更新、制造业绿色化发展的相关政策，从国家层面给予高度重视和引导支持。

1. 大规模设备更新

国务院于2024年3月13日出台《推动大规模设备更新和消费品以旧

---

[*] 黄卫扬，广东仕诚塑料机械有限公司总工艺师，高级工程师，主要研究方向为薄膜成型技术、绿色制造等；秦志红，广东仕诚塑料机械有限公司总经理，主要研究方向为产业升级、技术创新管理、全球服务平台建设等；何考华，广东仕诚书院常务副院长，主要研究方向为技术创新人才培养、精益管理等。

换新行动方案》，工业和信息化部等七部门于 2024 年 3 月 27 日联合印发《推动工业领域设备更新实施方案》，提出工业领域以大规模设备更新为抓手，实施制造业技术改造升级工程，以数字化转型和绿色化升级为重点，推动制造业高端化、智能化、绿色化发展，推广应用智能制造装备，重点推动装备制造业更新面向特定场景的智能成套生产线。2027 年，工业领域设备投资规模较 2023 年增长 25%以上，规模以上工业企业数字化研发设计工具普及率、关键工序数控化率分别超过 90%、75%，工业大省大市和重点园区规模以上工业企业数字化改造全覆盖，重点行业能效基准水平以下产能基本退出、主要用能设备能效基本达到节能水平，本质安全水平明显提升，创新产品加快推广应用，先进产能比重持续提高。

通过大规模设备更新政策的实施，传统产业技术改造升级步伐加快，制造业技改投资持续两位数增长，装备制造业支撑制造业发展新动能不断培育壮大。国家统计局公开数据显示，2023 年，我国设备工器具购置投资比 2022 年增长 6.6%，创近 8 年新高；我国装备制造业增加值增长 6.8%，增速比规模以上工业快 2.2 个百分点，另外装备制造业销售收入占制造业销售收入的比重为 44.8%，比 2022 年提高 1.2 个百分点。2024 年 1—9 月，我国设备工器具购置投资同比增长 16.4%，增速比全部投资高 13.0 个百分点，对全部投资增长的贡献率为 61.16%；我国装备制造业、高技术制造业增加值分别同比增长 7.5%和 9.1%，分别快于全部规模以上工业增加值 1.7 个和 3.3 个百分点，其中装备制造业增加值占全部规模以上工业的比重达 33.8%，已连续 19 个月保持在 30%以上，预计 2025 年我国装备制造业投资增速有望延续较高水平。

2. 绿色低碳制造

工业和信息化部等部门于 2022 年 7 月联合印发《工业领域碳达峰实施方案》，指出引导绿色工厂进一步提标改造，对标国际先进水平，建设一批"超级能效"和零碳工厂。零碳工厂是指通过技术性节能减排措施，实现生产过程中的碳排放综合表现为零的工厂。

工业和信息化部等七部门于 2024 年 2 月 5 日联合印发《关于加快推动制造业绿色化发展的指导意见》，提出加快传统产业绿色低碳技术改造，支持大型企业围绕产品设计、制造、物流、使用、回收利用等全生命周期绿色低碳转型需求，实施全流程系统化改造升级，推动产业结构高端化、能源消费低碳化、资源利用循环化、生产过程清洁化、制造流程数字化、

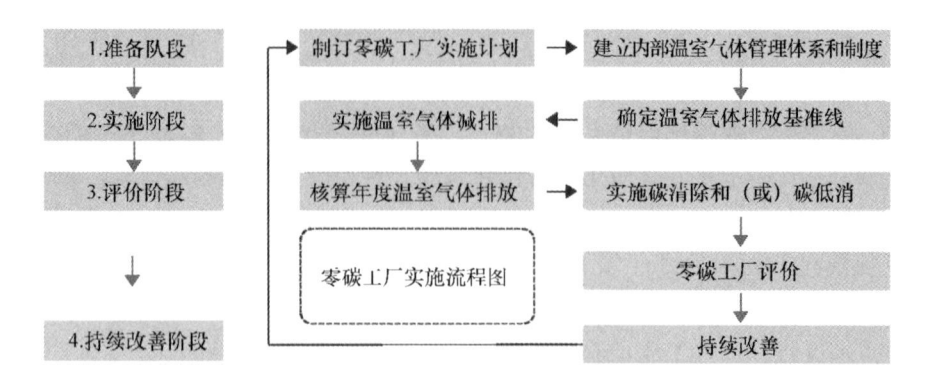

图 1 零碳工厂创建及评价流程

资料来源：《零碳工厂评价规范》（T/CECA-G 0171—2022）。

产品供给绿色化全方位转型。到2030年，实现制造业绿色低碳转型成效显著，传统产业绿色发展层级整体跃升，产业结构和布局明显优化，绿色低碳产业比重显著提高，各级绿色工厂产值占制造业总产值比重超过40%，绿色融合新业态不断涌现，绿色发展基础能力大幅提升，绿色低碳竞争力进一步增强，使绿色发展成为推进新型工业化的坚实基础。

通过绿色低碳改造升级，我国传统产业在技术装备水平、资源能源利用效率等方面有了显著提升，重点行业和领域主要污染物和二氧化碳排放强度持续下降。根据国家税务总局数据，2023年我国高耗能制造业销售收入占制造业销售收入的比重为30.7%，较2022年下降1.5个百分点，制造业绿色化转型稳步推进。根据工业和信息化部公开数据，截至2023年底，我国已累计培育绿色工厂5095家，绿色工厂产值占制造业总产值的比重超过17%，培育绿色工业园区371家，绿色供应链管理企业605家，绿色产品近3.5万个，我国制造业绿色转型升级取得长足进展，绿色制造体系逐步形成。

（二）发展机遇

1. 大规模设备更新有效推动塑料装备制造业的技术进步和市场规模扩大

设备更新不仅是机器的重复替换过程，而且包含技术创新的"新旧交替"过程，即新的技术条件下新型生产设备对传统生产设备的技术革新。新型塑料生产装备不仅能大大提升下游需求端塑料加工企业的技术工艺，也能在供给端极大拉动塑料装备制造业自身的技术进步，加快塑料装备产品更新迭代，为塑料加工企业供给更先进、更智能化的塑料装备，不断扩大市场规模。为了更好地与塑料加工企业对新型生产设备需求相匹配，塑料装备制造企业需要通过核心技术研发，并逐步形成先进装备的产业化能力，全面带动塑料装备制造业的技术升级，极大地提升我国塑料装备制造业的自主创新水平与生产工艺水准。

2. 绿色低碳制造是塑料装备制造业高质量发展的必由之路

2024年政府工作报告指出，大力发展绿色低碳经济，促进节能降碳先进技术研发应用。低碳经济的实质是以低碳技术为核心、低碳产业为支撑、低碳政策制度为保障，通过创新低碳管理模式和发展低碳文化，实现社会发展低碳化的经济发展方式。广泛引导塑料加工企业使用先进的节能技术、节能工艺、节能塑料装备产品，积极推动节能降碳先进技术研发和市场化规模应用，不断提高塑料装备制造业在环保技术、降低能耗、减少排放等方面的应用标准，是顺应我国提高能源利用效率、减少碳排放、促进形成工业绿色低碳生产方式的必然选择，也是推动我国塑料装备制造业绿色高质量发展的必由之路。

（三）目的和意义

在国务院及相关部委发布相关实施政策之后，党的二十届三中全会于2024年7月审议通过的《中共中央关于进一步全面深化改革、推进中国式现代化的决定》进一步强调，要推动制造业高端化、智能化、绿色化发展，对相关工作赋予了更高的关注和决心。在相关政策的引导和大力支持下，塑料装备制造业通过产品技术升级、绿色低碳水平提升和重点工业领域推广应用，不仅可以促进自身技术进步，还可以大力助推下游塑料加工制造业通过积极更新先进、绿色塑料装备来提高产品质量、提升生产效率和实现绿色低碳制造，塑料装备制造业和塑料加工制造业互相促进、共同发展，全面推动传统产业技术改造投资扩大和绿色低碳升级。

二 塑料装备制造业高质量发展

（一）塑料装备制造业发展现状

1. 塑料装备制造业是国家重点扶持的战略性新兴产业

相对于金属、石材、木材，塑料凭借重量轻、绝缘性好、可塑性强、制造成本低等优点在国民经济中应用广泛,塑料工业在当今世界上占有极为重要的地位。根据国家统计局数据,我国塑料制品产量由2009年的4479.28万吨增长至2023年的7488.51万吨,年复合增长率为3.74%;2024年1—9月,我国塑料制品产量累计约为5577.5万吨,同比增长0.7%。伴随着塑料工业的良好发展,我国塑料装备制造业同步取得了高速发展。我国塑料装备年产量占世界比重已超过50%、年销售收入占世界比重约为35%,已成为世界塑料装备台件生产的第一大国、塑料装备消费大国和出口大国,在全球市场上具有重要影响力。

2. 塑料装备制造业现状

(1) 产业规模增长态势明显

根据国家统计局、中国塑料加工工业协会、中国包装联合会及相关公开统计数据,2023年我国塑料装备产量为29.37万台(其中浙江省、广东省塑料装备产量占全国比例分别为39.69%和38.96%),同比微降0.74%,连续20年位居世界第一;2023年规模以上企业营业收入为940.69亿元(见图2),同比增长1.77%。2024年1—9月,我国塑料装备产量为23.3万台,同比增长4.9%。我国是全球塑料装备出口第一大国,根据海关总署发布的数据,2023年中国五大类塑料装备(注塑机、挤出机、吹塑机、真空模塑机及其他热成型机、其他模塑或成型机)出口340.24千万美元,同比增长2.99%;进口金额212.24千万美元,同比增长7.15%。

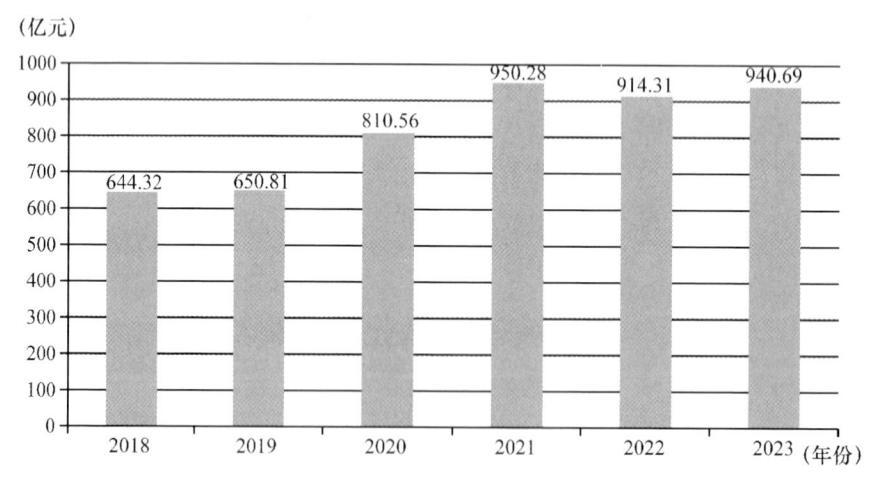

图2 2018—2023年全国塑料装备行业规模以上企业营业收入情况

资料来源:根据中国塑料加工工业协会、中国包装联合会、华经情报网等数据整理。

（2）重点产品优势突出

中国塑料装备的优势产品主要包括注塑机、薄膜吹塑机组、流延机组等，其中注塑机是中国塑料装备中使用量最大、产值最高及出口最多的产品，约占塑料装备总产值的40%。海天国际8800T超大型注塑机的额定锁模力达88000千牛（kN），注射容量达134000立方厘米（cm^3），刷新行业纪录，实现了超大型注塑机研发制造能力的突破。广东仕诚塑料机械有限公司（以下简称广东仕诚）应用于食品软包装行业的"多层共挤流延膜生产装备"已替代进口设备，面向全国和海外100多个国家进行销售及提供服务，国内市场占有率连续多年居前，高端宽幅的CPP/CPE多层共挤流延膜生产线产销量连续十年世界总量居前。

（3）重点应用领域逐步拓展

以塑代钢、以塑代有色金属、以塑代水泥、以塑代木等趋势仍在逐步发展，高分子材料及塑料广阔的下游应用领域及市场空间为塑料装备行业的需求增长提供了重要保障。塑料装备制造业是为航空航天、国防、石化、电子、光电通信、生物医疗、新能源、建筑材料、包装、电器、汽车及交通、农业、轻工业等国民经济各领域提供重要装备的战略性新兴产业。随着计算机技术、自动化控制、传感器技术和物联网的发展，现代塑料装备越来越趋向于高精度、高效率和智能化，进一步支撑和推动相关应用产业的发展。

（4）重点企业影响力不断增强

自2011年以来，中国塑料机械工业协会每年面向社会各界推出了中国塑机行业优势企业榜单，海天国际在"2024中国塑机制造业综合实力40强企业"和"2024中国塑料注射成型机行业18强企业"中已连续14年稳居榜首；伊之密在"2024中国塑机制造业综合实力40强企业"和"2024中国塑料注射成型机行业18强企业"中居第二位。广东仕诚作为中国首家生产高端宽幅流延膜生产线的专业厂家、世界级高端流延薄膜设备与服务提供商之一，已经形成了单/多层共挤流延薄膜生产线、单双向拉伸薄膜生产线、数字化智能膜材包装机器人三大产品系列，其产品广泛应用于软包装、航空航天、光学、新能源、医疗卫生基材、环保材料、膜材智能包装等八大行业，全力打造"中国智造"的民族品牌。

3. 塑料装备制造业的绿色化和集群化发展

（1）绿色化转型升级

未来的塑料装备更加注重降低能源消耗和污染排放，用环保的材料和技术开发生产更加环保的塑料装备产品，实现塑料装备制造业绿色化发展。海天国际在伺服节能注塑机的基础上，全新推出"伺服+加热节能"的DES双效节能注塑机，其能耗比伺服机再下降10%—30%，设备节能减排作用明显。广东仕诚通过牵头建设装备制造业绿色升级创新服务平台及相关子平台（塑料薄膜装备产业全球服务平台），实现内外部全流程数字化升级，降低每台装备生命周期中碳排放量，积极推动塑料装备绿色转型升级。

（2）集群化发展态势明显

我国塑料装备制造业优势企业主要集中在以浙江、江苏、广东为主的华东和华南地区，产业集群化发展态势明显，这与当地良好的营商环境、完善的配套产业链、方便快捷的交通物流以及服务型政府支持等多方面因素有着密切关系。江苏为我国塑料装备生产第一大省，拥有塑料装备企业超过2万家，浙江、广东以及山东塑料装备企业数量也超过1万家。其中，浙江宁波已成为中国最大的注塑机生产基地，年生产量占国内注塑机年总产量1/2以上，占世界注塑机的1/3。

（3）区域发展目标明确

"十四五"时期，我国绝大多数省份以节能减排和技术革新为核心提出了塑料装备制造业的发展目标（见表1），其中广东、河南、河北、安徽、吉林、内蒙古、贵州等省份强调推动行业的高端化、智能化发展，江苏、浙江、湖北、吉林、重庆等省份提出要融合集聚、集群化、集约化发展，新疆、云南、宁夏、山西、福建等省份则着力于产业链整体的协同发展，持续巩固我国塑料装备制造业的产业新优势。

表1 "十四五"时期全国各省份塑料装备制造业发展目标

序号	省份	塑料装备制造业发展目标
1	北京	建立相关统筹机制，建设产业投资平台
2	天津	加快企业规模化发展，对有关技术实行重点突破
3	河北	促进产品质量升级，推进行业智能化发展

大规模设备更新助推塑料装备制造业绿色低碳发展

续表

序号	省份	塑料装备制造业发展目标
4	山西	促进新兴产业对行业的赋能，构建具有国际影响力的产业链
5	内蒙古	推动行业智能化发展
6	辽宁	推动塑料机械在深加工领域上的拓展
7	吉林	支持产业集群发展，推动行业向高端化、智能化转型
8	黑龙江	推动数字化成果的产业应用
9	上海	推动产品质量升级，加大研发投入强度，提高下游产品自给率
10	江苏	发展塑料机械产业融合的集聚效应
11	浙江	优化发展空间，打造产业集群
12	安徽	促进塑料机械生产全面智能化
13	福建	对塑料制品实行全产业链上的革新
14	江西	加快行业提质转型升级，促进上下游协同发展
15	山东	行业建设上对标国际标准，增强创新能力，打造优势企业
16	河南	推动产品生产全流程智能化和轻量化
17	湖北	促进产业集约化发展，提升创新能力
18	湖南	加强产业数字化建设
19	广东	提倡生产流程的高端化，加快各环节塑机设备上云和人机协同
20	广西	提高产品生产质量
21	海南	提升行业的外资利用水平
22	重庆	打造塑料产业生态集群
23	四川	引进龙头企业，增强创新能力
24	贵州	依托智能化手段提升行业生产力
25	云南	拓展行业新需求以及新应用领域
26	陕西	依托产业龙头和平台建设实现行业健康发展
27	甘肃	拓展塑料机械在高端生产领域方面的应用
28	宁夏	提升设备制造的数控化率，发展高端塑料产业链
29	新疆	发展纺织、塑料、汽车配件、化学建材等下游产业，推动炼化纺一体化发展

资料来源：根据各省份官网、前瞻产业研究院及相关公开数据整理。

（二）塑料装备制造业高质量发展

1. 加强先进设备创新

装备制造业只有通过加强研发创新，才能增加产品的附加值，进而提升竞争能力。塑料装备制造企业深入开展高端、智能、绿色、安全的先进塑料装备技术研发创新与产业化，强化技术创新理念，不断提升产品创新和竞争能力。广东仕诚自主研发的悬浮式包装机器人，是基于目前双向拉伸尼龙薄膜（BOPA）、双向拉伸聚酯薄膜（BOPET）、双向拉伸聚丙烯薄膜（BOPP）行业对膜材包装的高标准、高要求特点而全新开发的全自动包装设备，能够不接触膜材表面而一次性实现多规格卷材、气泡膜、珍珠棉端盖、木夹板、堵头、塑钢带、H角件、标签等辅料的全自动化包装，推动实现了无人化全自动生产模式。广东仕诚与广东省机械工业质量管理协会联合共建"流延薄膜成套装备提质增效示范中心"，积极推动双方在技术、政策、人才、资金等多资源、全方位合作共赢，强化质量提升，不断示范引领国内流延薄膜成套装备提质增效。

2. 践行绿色低碳发展

绿色低碳发展是一种以低耗能、低污染、低排放为特征的可持续发展模式，一方面要降低二氧化碳排放实现绿色化发展，另一方面要实现经济社会发展，对经济和社会的可持续发展具有重要意义。塑料装备制造企业在自身生产制造中，广泛开展节能减排、循环经济、环保技术应用，积极践行绿色低碳发展理念。广东仕诚开展"仕诚智慧工厂"建设，在建设阶段实现节约钢材消耗、节省电力消耗、降低碳排放的基础上，建成后的智慧工厂将在能源规划、环保技术、产品全生命周期管理等方面对标绿色工厂要求，并大幅提高生产办公环境舒适度，引领行业发展。同时，广东仕诚自身注重能源管理和技术创新，推广先进的节能技术和设备，降低能源消耗和环境排放；重视废弃物回收再利用和循环经济建设，推广资源综合利用技术，最大限度地减少资源浪费和环境影响；致力于为行业提供友好型绿色高端装备产品，实现无废气、零固体废物处理和净化，更好地保护环境和人类健康；积极推广企业社会责任理念，提高企业社会形象和社会认可度，积极参与国际、行业及团体标准制定，促进行业自律绿色智能发展；推行信息化低碳管理，与西门子等公司合作进行数字化转型探索、实施和验证，打造原生数字化工厂。

三 塑料装备制造业设备更新与绿色低碳制造案例

(一) 更新先进塑料装备是塑料加工领域实现提质增效的有效手段

1. 设备更新的必要性

设备更新是工业领域提高产品质量、提升生产效率、塑造竞争优势的重要手段。塑料加工企业仍存在落后低效设备超期服役、现有设备技术规格低、设备能耗高等设备使用问题，部分塑料装备已成为制约塑料加工企业转型升级发展的突出短板，亟待通过更新应用先进塑料生产装备来提升塑料加工技术工艺水平。

2. 设备更新的方向与需求

塑料加工企业对高端、智能、绿色、安全的先进塑料装备具有迫切的更新需求。例如，具备远程信息采集监控、故障诊断和自动调整、智能分析和精细管理等功能的智能化塑料装备，以及通过应用5G、大数据、物联网、AI、数字化等新一代数字化、网络化技术实现塑料装备的智能化管理、优化调度和信息共享、协同作业，使设备的利用率、运行效率和稳定性、可靠性提高，能够满足塑料加工企业提升生产效率和效益的需求；具有特定功能的高精度注塑机、多层共挤塑料挤出机、流延薄膜成套装备等塑料装备，能够满足航空航天、新能源等特定行业的设备更新需求；采用纳米红外加热圈、电预塑、智慧烘料伺服系统等技术的新型节能型塑料装备，能够显著降低塑料加工生产过程中的能源消耗和废弃物排放。

3. 塑料装备制造业助推提升生产制造效率

塑料装备制造业通过技术创新，显著提升了生产设备的制造效率。以某型流延薄膜生产线为例，得益于螺杆技术改进和切边刀驱动方式的优化，生产效率和产品质量均实现质的飞跃，可以满足更多元化的生产需求。新设备性能水平主要体现在每小时产量由700千克提升至1500千克，线速度由180米/分钟提高至230米/分钟，制品幅宽由3.5米提高至5.5米，可靠性也得到增强，故障率大幅降低，成品率提升至98%。另外，相关塑料加工用户企业通过应用广东仕诚等塑料装备制造业企业提供的先进设备，不断提高产品质量，提升生产效率。广东德冠薄膜新材料股份有限公司作为一家致力于功能薄膜和功能母料的研发、生产与销售的企业，通过使用广东仕诚创新研制的数字化智能膜材包装机器人，在包装工序的同等工作量下人员配置减少80%，生产效率提高的同时显著降低了劳动强度和人力成本；包装质量大幅提升，机器人包装的膜卷更加标准统一、美观，提升了产品的整体外观和品牌形象，从而解决了劳动力成本不断上升、人工包装外观缺乏统一和美观性等问题。

（二）绿色低碳制造是塑料加工领域实现"双碳"目标的重要路径和重要抓手

1. 绿色低碳转型的必要性

实现"双碳"目标对全球环境保护和经济发展具有重要意义，不仅有助于减缓气候变化的影响，还能促进能源结构的优化和产业结构的升级，推动经济向绿色低碳方向发展。但是，当前发展绿色低碳制造仍面临绿色制造激励政策的协调性不足、绿色制造水平的评价工具和标准体系不完善、绿色技术创新质量不高等问题，而且由于塑料需求量非常大而导致的碳排放多，塑料加工企业要达成"双碳"目标，就必须通过提升生产过程的节能减排水平来实现绿色低碳制造。

2. 绿色低碳制造的方向与需求

塑料加工领域的节能减排必须高度依靠塑料装备制造业这个重要生产部分，在塑料装备制造环节通过绿色设计、绿色制造、低碳制造、配置节能装置等方式降低设备运行能耗，在塑料装备生产运行环节则要合理规划设备安装位置、工艺流程等来减少能源浪费，达到减少对环境负面影响的目的。

3. 塑料装备制造业助推绿色低碳制造

塑料装备制造业在绿色低碳技术的研发和应用上不断探索和创新，为实现"双碳"目标和促进可持续发展作出了积极贡献。以某节能型塑料挤出机为例，改进后的设备能耗由原先的520千瓦时/吨降低至400千瓦时/吨，能耗降低23%，显著减少了能源消耗和碳排放；该设备通过绿色设计、优化工艺流程等措施，进一步降低了对环境的影响。另外，相关塑料加工企业通过应用广东仕诚等塑料装备制造业企业提供的先进设备，实现绿色低碳制造和发展。例如，国内某聚氨酯新材料公司引进真空密封箱体硬件、真空泵等先进设备，结合自主研发的发泡自动化控制技术，建设了国内领先的真空发泡生产线，实现用健康环保材料替代传统发泡剂MC

(二氯甲烷)或 CFC-11（一氟三氯甲烷），年节材量达到 46 吨；同时利用屋顶闲置区域建设太阳能光伏发电站，总装机容量 2.18 兆瓦，2020—2022 年实际发电量达 467 万千瓦时，减少二氧化碳排放 2663 吨。

四 塑料装备制造业高质量发展的主要影响因素与应对策略

(一) 主要影响因素

塑料加工行业的大规模设备更新与绿色低碳制造需求对塑料装备提出了高端、智能、绿色、安全的要求，但塑料装备制造业高质量发展存在以下影响因素。

1. 技术创新成本持续攀升

塑料装备制造业需要根据用户企业需求持续开展高端、智能、绿色等先进装备产品研发和产业化，技术创新过程中的高端人才薪酬、设备购置与维护、实验材料费用、专利使用费、技术培训费等研发费用成本不断上升，使得企业的运营成本增加，进而压缩了企业的利润空间，反过来影响其在新技术、新产品研发方面的投入，从而降低企业的市场竞争力和创新能力。

2. 行业标准与要求大幅提高

塑料装备作为塑料加工行业的重要设备之一，随着消费升级和工业升级，市场对塑料装备的产品质量与可靠性、智能化水平、稳定性和加工效率要求越来越高。塑料装备制造业的相关国际、国家标准对塑料装备的安全性能、技术要求、质量验收和技术条件、绿色低碳和环保节能等方面提出了明确的要求，亟待不断提高塑料装备的质量和安全性。未来，我国塑料装备制造企业仍需进一步推动国产化进程，加强品牌建设，提升国际市场占有率。

3. 产品水平亟待提升

我国塑料装备制造业发展迅速，已基本可以满足国内塑料加工所需的一般技术设备需求，个别塑料装备产品技术水平位于世界前列。但由于行业起步时间较晚、技术研发实力较弱等因素影响，目前我国塑料装备整体技术水平与德国、日本、意大利等发达国家的差距主要表现在附加值低、品种少、能耗高、智能控制水平低、产出效率低、性能不稳定、产品性能指标低、大型化装备制造能力弱等方面，塑料装备亟待不断提升产品水平，向具备远程监控、故障诊断、自动调整等功能的智能化方向发展，积极打造高端产品。

（二）应对策略

针对影响塑料装备制造业高质量发展的上述主要因素，提出以下应对策略。

1. 积极推动技术创新与产品升级

塑料装备制造企业为了保持技术优势和竞争力，有必要不断投入资金开展各类研发创新活动。技术创新成本持续攀升虽然会增加企业的成本负担，但成功的研发创新活动能够推动塑料装备制造业通过技术革新淘汰落后产品，不断产生高端化、精细化、智能化、节能化的先进塑料装备产品或综合服务解决方案，提高塑料装备制造企业的市场竞争力。同时，持续的技术创新投入有助于塑料装备制造企业保持或强化在细分领域的技术领先地位，从而获得更多的市场机会和收益。

2. 大力实施政策支持与企业协同

工业和信息化部等七部门发布的《推动工业领域设备更新实施方案》明确提出，"推广应用智能制造装备，重点推动装备制造业更新面向特定场景的智能成套生产线"，因此，塑料加工行业企业更新购置流延薄膜成套装备等塑料装备不仅是自身发展的需求，而且符合国家政策要求和可以获得技术改造等专项资金补助支持。同时，通过塑料加工行业企业不断增加固定资产投资，能促进塑料装备制造业企业进一步加大技术创新与研发投入，扩大市场规模，取得多方协同发展。

3. 以数智化重点助推企业转型升级

随着塑料加工行业对塑料装备更新和绿色低碳制造需求要求进一步提升，亟待塑料装备制造企业借助数字化、网络化技术实施企业绿色化转型，研发数字化、智能化、绿色化的先进塑料装备，助力塑料加工行业实现"双碳"目标。例如，广东仕诚在装备生产制造过程中，从物料采购、机加生产、装配作业、仓储物流、售后服务全部采用全流程数字化业务系统，生产实施及业务沟通更高效、低成本，企业数智化水平不断提升。

五　结　语

在政府部门引导和支持、塑料加工行业自身亟待更新淘汰低效落后设备的迫切需求之下，塑料装备制造业能不断供给先进塑料装备助推塑料加工行业提升生产制造效率、实现绿色低碳制造，同时自身也能取得显著技术进步、扩大市场规模，共同实现"双碳"目标和经济效益提升目标。未来，在塑料装备向高端化、智能化发展的背景下，我国在航空航天、电子设备等方面对高端塑料制品需求的进一步扩大，将使对塑料装备的新需求进一步涌现，塑料装备制造业预期呈现出稳步增长的态势，以复合增长率5.68%预测，到2028年我国塑料加工专用设备市场规模预计超过1400亿元。同时，随着大规模设备更新政策实施、低碳环保理念在国家层面的高度重视，塑料装备制造业将迎来自身生产制造上的全面数智化革新，推出更多的高端、智能、绿色塑料装备产品，大力助推塑料加工行业实现绿色低碳制造，积极践行国家战略要求。

主要参考文献

金壮龙：《加快推进新型工业化助力美丽中国建设》，《环境与可持续发展》2024年第4期。

于耀伟、秦志红、何考华：《数智化赋能塑料装备制造业绿色发展的关键要素与实现路径》，载谢伯阳主编《2024年中国绿色经济发展分析》，中国社会科学出版社2024年版。

秦志红、赵鹰翔：《装备制造业绿色升级创新服务平台建设》，载谢伯阳主编《2023年中国绿色经济发展分析》，中国社会科学出版社2023年版。

张利强等：《装备制造业绿色低碳数字化管理平台》，《机电工程技术》2023年第9期。

张月月等：《标准参与、产业链协同与企业高质量发展——基于中国高端装备制造企业的实证分析》，《工业技术经济》2024年第10期。

绿色经济的实践活动

库布其沙漠治理与"绿进沙退"新发展

黄如诔[*]

在沧海桑田的自然界，沙漠以其独有的苍茫与辽阔演绎着人类活动与自然变迁的交叠。工业革命极大地解放人类改造自然的能力，但生态环境破坏，荒漠化、石漠化、沙漠化反而日益严峻。治理沙漠，修复自然环境，是对人类自身生存方式的深刻调整与再适应，关乎土地健康、水资源合理利用、生物多样性保护，以及如何在不破坏自然平衡的前提下，探索绿色发展的新路径。从刀砍斧凿、人工培育的植树造林、方格固沙到工业生产、现代科技的管道交错、生态补水，从民间力量积极参与到国家层面战略规划，每一分努力都凝聚着对美好环境、美好家园的向往与追求。

过去的几十年时间里，通过政府、企业和当地居民的共同努力，库布其沙漠发生了翻天覆地的变化，实现了从"沙逼人退"到"绿进沙退"的历史性转变，进而带动库布其沙漠周边地区发展，厚植发展韧性与创新活力。在一片看似沉寂却又暗流涌动的沙海边缘，治理沙漠、恢复生态、促进人与自然和谐共生的努力，正以前所未有的决心与智慧铺展开来。

一 治理库布其沙漠的背景与挑战

库布其沙漠是距北京最近的沙漠，是京津冀地区三大风沙源之一，其生态环境和治理工作备受关注。库布其沙漠位于我国内蒙古自治区鄂尔多斯市的杭锦旗、达拉特旗和准格尔旗的部分地区，地处黄河中游河套平原

---

[*] 黄如诔，北京双治科技有限公司总经理，曾先后担任《中国轮胎资源综合利用》《福利中国》等杂志主编、北京生态农业产业协会秘书长等职，主要研究方向为生态农林建设和现代农业创新发展。

以南的鄂尔多斯高原北部边缘。它是我国第七大沙漠，总面积达16756平方千米，西起巴彦高勒对岸，东至托克托县对岸，三面（西、北、东）以黄河为界，地势南部高，北部低。

库布其沙漠地处内陆干旱区，降水稀少，生态环境脆弱。沙漠的扩张一方面威胁着当地的生态环境，另一方面对周边地区的经济和社会发展造成了严重影响。库布其沙漠以其广袤的沙丘链和格状沙丘为主要地貌特征，每个沙丘高数十米不等，形态多样。这里曾被称为"死亡之海"，生态环境极度脆弱，植被稀少，降水不足，沙尘暴频发，是内蒙古自治区中西部地区生态安全的重大威胁。治理库布其沙漠面临以下五个方面的制约因素。

一是自然环境制约。干旱少雨的库布其沙漠地区降水量不仅少，而且多集中于夏季，使得植被生长困难，土壤保水能力差，治理工作难以持续。沙漠地区本就植被稀少，土壤裸露，易受风蚀和水蚀作用，形成流沙和沙丘，也增加治理难度，再加上库布其沙漠的沙化面积大，沙丘移动速度快，治理需要长期且持续的努力。

二是资金、技术制约。沙漠治理需要大量的资金投入，包括植树造林、防风固沙、生态移民等费用，地方政府在这方面的投入和能力都相对有限。治理周期长、见效慢、资金筹集困难等都给当地政府带来了巨大压力。虽然沙漠治理局部地区取得一些技术突破，但整体上仍存在技术落后、创新不足的问题。

三是部门协调制约。沙漠治理涉及多个部门和利益主体，需要协调各方力量共同推进，这给政府管理和沙漠治理主导方带来很大的挑战。

四是推进与维护体系制约。沙漠治理需要得到当地居民的配合和支持，沙漠地区生活条件艰苦，收入也不高，推进沙漠治理，首先要面临移民安置问题，移民安置涉及土地、就业、教育等多方面问题，难度较大。其次是植被恢复与维护，在沙漠地区植树造林需要克服土壤贫瘠、水资源缺乏等困难。同时，已种植的植被需要长期的维护和管理，否则容易死亡或退化。最后是水资源短缺，治理工作需要大量的水资源，如何合理利用和保护水资源成为治理工作的一大难题。

五是政策法规的不健全制约。在沙漠治理方面，缺乏明确的法律支持和政策保障。虽然国家出台了一系列支持沙漠治理的政策措施，但在地方层面执行力度及地区化的差异，导致政策效果未能充分发挥。

二 治理库布其沙漠的绿化措施

沙漠治理，注定是一场与自然的深刻对话。鄂尔多斯市当地部门面对广阔的荒漠，勇敢地打破常规，以创新的智慧和坚定的决心，探索出了一条治理荒漠化的新路径。通过退耕还林还草、天然林保护、"三北"防护林建设、"引黄入沙"等重点生态工程，对抗恶劣的自然环境，重建新的生态平衡，遏制沙漠化扩张，推动区域绿色发展，为生态治理贡献智慧与成功案例，书写着荒漠化治理的新篇章。

多年来，当地政府部门不仅依赖传统的植树造林工程展开实际行动，更是运用生态修复、水资源管理、土壤改良等多维度手段综合施策，以现代科技推动库布其沙漠重焕生机。

（一）注重植树造林与整体布局

植树造林是库布其沙漠治理的重要手段之一。政府和企业通过引进适宜的树种，采用科学的种植技术，在沙漠地区大面积种植树木，以提高植被覆盖率，改善生态环境。据统计，从20世纪80年代开始，库布其沙漠地区累计种植各类树木超过3亿株，造林面积超过1万平方千米。其中，沙棘、梭梭、胡杨等树种成为治沙造林的主力军。这些树种不仅能够在干旱的环境中生长，还能够有效固定流沙，减少沙尘暴的发生。鄂尔多斯市累计种植沙棘11.6万公顷，并仍以每年6000多公顷的速度推进。

植树造林不是简单地组织大规模化的种植和绿化，而是借助生态工程与技术，完成锁边林带建设。在沙漠边缘建设锁边林带，形成阻隔带，有效阻止风沙的侵袭，保护周边生态环境。应用抗旱造林技术如大坑深栽、顶凌造林等，结合乔木、灌木和草本植物，形成多层次、立体化的植被结构，提高沙漠生态的稳定性和生物多样性，甚至利用无人机进行飞播造林，提高绿化效率，扩大绿化面积。

（二）借助"黑科技"种草治沙

除了植树造林，种草治沙也是库布其沙漠治理的重要手段之一。政府和企业通过引进适宜的草种，采用科学的种植技术，在沙漠地区大面积种植牧草，以提高土壤肥力，减少沙尘暴的发生。据统计，库布其沙漠地区累计种植牧草超过100万亩。这些牧草不仅能够提高土壤肥力，还能够为当地居民提供饲料和牧草资源。

当地政府为治理库布其沙漠，千方百计推陈出新，使用了不少"黑科技"。不仅运用大数据技术对沙漠环境进行监测和分析，为绿化措施提供科学依据，还采用"微创气流植树法"和"螺旋钻植树法"，大幅减少地表干扰，降低了种植成本，并显著提高了树苗的成活率。其中，"微创气流植树法"利用加压水枪喷射的水气流在沙地上冲出小洞，再将树苗种进去，快速高效；"螺旋钻植树法"则是用微动力带动螺旋钻打孔，再插入树苗并夯实沙土。

（三）依托国家项目修建水利工程

修建水利工程是库布其沙漠治理的又一重要手段。政府和企业通过修建水库、引水渠等水利工程，将黄河水引入沙漠地区，为植树造林和种草治沙提供水源保障。

以杭锦旗为例，该旗在黄河岸边修建了引水渠和分水闸等设施，将黄河水引入沙漠腹地。通过实施"引黄入沙"工程，杭锦旗成功地将黄河水引入库布其沙漠腹地，形成了近120平方千米的湿地。湿地的形成不仅改善了沙漠地区的生态环境，还为当地居民提供了渔业和水产养殖资源。

（四）推动多业态协同发展

光照是沙漠蕴藏的和丰富的潜在资源，利用沙漠丰富的太阳能资源，发展光伏产业，实现能源绿色转型是一条变废为宝逆势发展的创新做法。当地政府还注重培育和发展沙生植物种植、加工和销售等沙产业，实现沙漠资源的合理利用和增值。在此基础上，依托沙漠独特的自然景观和人文资源，发展生态旅游产业，吸引游客前来观光、休闲和度假。

以亿利集团为代表的企业，通过光伏治沙、产业治沙等模式，将新能源与生态治理深度融合，不仅实现了沙漠地区的绿化，还带动了当地经济的发展。亿利集团在库布其沙漠腹地建设的200万千瓦光伏基地，不仅年发电量可达41亿千瓦时，减排二氧化碳超过320万吨，同时配套的治沙工程还将有效治理10万亩沙漠。

三 库布其沙漠治理的互嵌式发展

在治理库布其沙漠的生态与产业的融合发展过程中，政府发挥了政策引导和资金支持的关键作用。通过出台一系列扶持政策，鼓励企业和社会力量参与沙漠治理，形成"政策性支持+产业化投资+市场化参与+持续化科创"的四轮驱动治理新模式。企业和农牧民的积极参与也是库布其沙漠治理成功的重要因素。沙漠及周边地区的农牧民以多种新身份参与到沙漠绿化事业中来，农牧民不仅获得了就业机会和收入来源，还通过发展家庭旅馆、餐饮、民族手工业等产业，实现了脱贫致富。

企业的发展离不开经济效益的支持，通过开发沙漠旅游业、种植经济植物等方式来实现生态与产业"双赢"，实现沙漠治理成果和经济发展的协同。

（一）发展沙漠生态旅游

企业通过政府支持项目，开发沙漠旅游项目，如沙漠探险、沙漠越野、沙漠露营等，带动了当地旅游业的发展，开发沙漠景区、建设旅游设施增加了就业，也吸引了大量游客前来观光旅游。随着库布其沙漠生态环境的改善和治理成果的显现，沙漠生态旅游逐渐成为当地的一个新兴产业。

旅游业的兴盛离不开交通干线的基础建设和发展，G242道路沿线两侧的方格沙障铺设是库布其沙漠治理工作的重要组成部分。G242道路作为连接库布其沙漠周边地区的重要交通干线，其沿线两侧的沙障铺设对于保护道路安全、防止风沙侵袭具有重要意义。G242道路沿线两侧的方格沙障主要采用干沙柳枝条作为材料，通过画线、挖沙沟、栽植沙柳枝条等步骤形成方格状沙障。根据规划，G242道路沿线两侧的方格沙障铺设是2023—2025年的重点攻坚任务之一。

鄂尔多斯市依托库布其沙漠的自然风光和人文景观，建设了多个沙漠旅游景区和度假村。以七星湖沙漠旅游度假区为例，它是一个集荒漠化防治、新能源开发、沙生植物研究、国际会议、沙漠越野、旅游休闲、老百姓脱贫致富于一体的综合性旅游胜地。总规划面积达到10315公顷，包括水域、芦苇湿地、草原、沙漠等多种地貌，为游客提供了丰富的自然景观和独特的旅游体验。定期举办大型主题演艺秀《大漠传奇》等特色活动，并利用新媒体平台如社交媒体、短视频等，扩大宣传范围，吸引更多游客的关注。这些景区和度假村带动了当地餐饮、住宿等相关产业的发展，沙漠生态旅游的发展不仅提供了就业机会和增加当地居民收入，还提高了当地的知名度和美誉度。

（二）发展沙漠新能源

库布其沙漠地区拥有丰富的太阳能和风能资源，全年平均有效光照在3180小时以上，为发展光伏产业提供了得天独厚的条件，通过引进新能源技术和设备，在沙漠地区建设了多个光伏电站和风电场。

以达拉特旗为例，该旗在库布其沙漠中段建设了世界上最大的光伏板图形电站——骏马电站。该电站由19.6万余块光伏板组成，形成了一幅壮观的"骏马图"。电站的建成不仅为当地提供了清洁能源，还带动了相关产业的发展和就业机会的增加。政府和企业还在沙漠地区建设了多个风电场和储能设施，以提高新能源的利用率和稳定性。这些新能源项目的建设不仅为当地提供了清洁能源供应，还减少了碳排放和环境污染，实现了经济效益和生态效益的"双赢"。

（三）发展沙漠特色农业

库布其沙漠地区虽然生态环境恶劣，但也有一些独特的农业资源可以利用。"板上发电、板下种植、板间养殖"的多层次产业发展模式，给库布其沙漠带来巨大的经济效益。光伏板也能够遮挡阳光，减少地表水分的蒸发，提高沙漠植物的存活率。当地政府和企业通过引进适宜的农作物品种和种植技术，在沙漠地区发展特色农业——种植与利用甘草、麻黄、沙棘等，进而发展药业产业、养殖业等特色沙漠农业。

以沙棘为例，沙棘是一种耐干旱、耐盐碱的树种，不仅能够在干旱的环境中生长，还能够提供经济价值。政府和企业通过引进适宜的沙棘品种和种植技术，在沙漠地区大面积种植沙棘林。沙棘果可以加工成多种产品，如沙棘油、沙棘汁等，具有很高的市场价值。特色农业的发展不仅为当地居民提供了就业机会和收入来源，还促进了当地农业产业结构的调整和升级。

四 治理库布其沙漠的成效与经验

经过几十年的努力，库布其沙漠治理取得了显著成效。治理范围内的植被覆盖率显著提高，生态环境得到了明显改善。同时，政府和企业还通过积极探索沙漠资源的综合利用途径，实现了生态效益和经济效益的"双赢"。

（一）治理成效

植被覆盖率大幅提高，流动沙丘面积减少，沙漠化扩展得以被遏制与逆转。植被恢复与土壤改良使得沙漠中的生物多样性逐渐恢复，一些珍稀物种重新出现，生态系统稳定性增强。通过发展沙产业、光伏产业和旅游业等，带动了当地经济发展。当地居民的收入水平提高，就业机会增多，生活质量得到显著改善。同时，改善了周边地区的气候条件，减少了沙尘暴等自然灾害的发生频率和强度，民众环保意识不断增强。

（二）成功经验

1. 在政府主导下多方参与

内蒙古自治区鄂尔多斯市委、市政府坚决贯彻中央、自治区关于生态文明建设的重大决策部署，坚持山水林田湖草沙一体化保护和系统治理，统筹推进国民经济和社会发展规划与国土空间规划，出台一系列推进生态建设保护配套政策措施。在条件较好的区域发展林沙产业、生态旅游产业等；将生态严重退化的区域划定为禁止开发区，对区域范围内的农牧民整体进行生态转移，实行退耕、禁牧等休养生息政策，力求提高生态系统的自然修复能力。

当地政府主导和政策双重背书，吸引了众多社会组织、企业和个人等多方力量参与，形成了政府、企业、社会共同参与的治理格局。像达拉特旗库布其沙漠汽车摩托车运动协会以及华谊、中广核、正泰、泛海、万达、传化、均瑶、法液空等大型企业，通过亿利集团创新的"平台+插头"模式，共同参与到库布其沙漠的产业化治沙中。还有更多的本土企业如东达、伊泰、鄂尔多斯等也积极参与库布其沙漠的治理，共同为库布其沙漠的治理和生态改善作出了积极贡献。

2. 以科学规划为前提分区治理

根据沙漠的地理特征和生态环境状况，科学制订规划，采取分区治理的策略——"两带、三区、两线"的治理思路。

"两带"是指北缘锁边和南部围堵。即在沿黄高速公路南北两侧开展库布其沙漠北缘防沙护河锁边林草带建设，实现库布其沙漠"北锁"治理目标。在库布其沙漠腹地南缘建设风沙路径阻隔带，实现库布其沙漠"南堵"治理目标。

"三区"是指风沙路径阻隔带中间的核心治沙产业区、西部自然保护区和南部生态巩固提升区。通过实施生态光伏、生态旅游、分凌引水、科技治沙等一系列生态治沙产业，同步探索在严重沙化基本草原内开展种草治沙试验示范，形成立体生态产业带。结合生态红线划定封禁保护区，以近自然修复为主、人工干预为辅，进一步提升保护区的生态功能和生态安全。通过人工造林种草、退化林修复、灌木灌草平茬以及工程固沙、围栏封育等作业，进一步巩固提升生态治理成效。

"两线"是指在库布其沙漠境内 G242 公路和 S215 公路沿线两侧采取工程固沙措施进行"锁沙""定沙"，落实林草生态建设任务。

3. 借助"黑科技"和技术创新来支撑

在治理过程中，创新采用微创种植技术、无人机飞播造林等先进技术，提高了植树造林的成活率和效率。建设了沙漠生态大数据平台，运用大数据技术对沙漠环境进行监测和分析，为治理工作提供了科学依据。

值得一提的是，库布其沙漠的治理过程采用了智能化植树技术，尤其是使用智能植树机器人。它们不仅具备高度智能化的植树技术，能够自主地感知环境和判断最佳的植树路径，还可以通过多种传感器检测到土壤的湿度、酸碱度等相关参数，并根据这些数据判断出适合植树的位置。同时收集气象信息，合理安排植树的时机，使树苗能够在最适宜的环境下生长。这种高科技手段的投入使用，大大提高了植树效率，造林效率是人工的 5 倍以上。

4. 推动产业深度融合发展

将沙漠治理与产业发展相结合，形成了沙产业、光伏产业和旅游业等多元化产业格局。

其一，林草治沙与种植加工业的嵌合。库布其沙漠地区通过开发本土化耐寒旱、耐盐碱的种质资源,建立了"乔、灌、草(甘草)"相结合的立体生态治理体系。其二,工业治沙与新能源产业的嵌合。库布其沙漠地区充分利用粉煤灰等工业废渣和沙漠中的沙子,研发出国际上技术领先的石油压裂支撑剂等产品。同时,利用生物、生态技术,将工业废渣和农作物秸秆制成土壤改良剂、复混肥、有机肥料等。其三,旅游治沙与服务业的嵌合。依托大漠自然风光和沙漠绿洲,发展沙漠旅游业。

5. 农牧民市场化参与和生态产业相结合

建立生态补偿利益共享机制,对参与治理的企业和个人给予一定的经济补偿,激发了社会各界参与治理的积极性,推动了治理工作的深入开展。

在库布其沙漠治理过程中,采取"公司+农户"的模式,推动沙漠及周边地区的农牧民以沙地业主、产业股东、旅游小老板、民工联队长、产业工人、生态工人、新式农牧民七种"新身份"参与治沙,成为库布其沙漠绿化事业最大的参与者和受益者。

五 结 语

固定流沙,植被慢慢恢复,风沙灾害减少了;形成绿洲,吸引昆虫鸟类,生态系统丰富了;环境改善,畜牧种植发展,生活水平提高了;设施完善,经济持续发展,农旅需求增强了……随着治理措施的实施和综合利用的推进,库布其沙漠地区的生态环境得到了显著改善。沙漠地区生物多样性也得到了恢复和提升,一些曾经绝迹多年的动植物重新出现在沙漠中,如天鹅、野兔、胡杨等。生态环境的改善不仅减少了沙尘暴的发生频率和强度,还提高了当地的气候质量和空气质量。

库布其沙漠治理经验,是坚持政府引领与社会力量协同作战的典范,通过科学规划、分区施策,运用技术创新与大数据支持,实现了沙漠生态的显著恢复。同时,融合沙产业、光伏产业与生态旅游,打造绿色发展模式,建立生态补偿机制,实现利益共享,不仅改善了生态环境,更带动了地方经济发展,为全球沙漠治理贡献出宝贵的"中国智慧"与"库布其方案"。库布其沙漠治理是中国生态文明建设的一个重要里程碑,为全球沙漠治理和生态建设及生物多样化发展恢复提供了难能可贵的有益借鉴和启示。

主要参考文献

《库布其沙漠生态修复催生多产业协同效应》,《经济参考报》2018年7月24日第2版。

《科技创新,库布其防沙治沙的利器》,2023年6月21日,https://baijiahao.baidu.com/s？id＝1769275383198766031&wfr＝spider&for＝pc。

《原来,库布其治沙里藏着这些"黑科技"》,《内蒙古日报》2023年8月26日。

《库布其沙漠治理模式为世界开出"中国良方"》,2023年12月21日,https://www.nmg.gov.cn/ztzl/tjlswdrw/staqpz/202312/t20231221_2429498.html。

《库布其沙漠治理模式为全球荒漠化治理提供"中国经验"》,2023年9月13日,https://lcj.ordos.gov.cn/xb/zzms/lczx/202309/t20230913_3487814.html。

全面严谨，推动生物基材料含量检测认证标准编制

王晓琼　王　静　韦　琦*

实现碳达峰碳中和是一场广泛而深刻的社会系统性变革。自我国"双碳"目标提出以来，以绿色、低碳、循环、可持续发展为前提的产业发展创新和技术升级应用成为广泛共识。生物基材料（Bio-based Materials）是指利用生物质为原料或（和）经由生物制造得到的材料。包括以生物质为原料或（和）经由生物合成、生物加工、生物炼制过程制备得到的生物醇、有机酸、烷烃、烯烃等基础生物基化学品和糖工程产品，也包括生物基聚合物、生物基塑料、生物基化学纤维、生物基橡胶、生物基涂料、生物基材料助剂、生物基复合材料及各类生物基材料制得的制品。① 环境友好和可再生作为生物基材料及其产品的最大亮点，其研发、生产、加工等不同环节中的碳排放低于以化石能源为来源的传统产品。因此，生物基材料在生产生活中的应用规模不断扩大。

2023年1月9日，工业和信息化部等六部门联合印发《关于印发加快非粮生物基材料创新发展三年行动方案的通知》（以下简称《方案》）。《方案》指出，到2025年，非粮生物基材料产业基本形成自主创新能力强、产品体系不断丰富、绿色循环低碳的创新发展生态，非粮生物质原料利用和应用技术基本成熟，部分非粮生物基产品竞争力与化石基产品相

---

* 王晓琼，中国生物多样性保护与绿色发展基金会宣传部干事、助理编辑，主要研究方向为生态文明、生物多样性保护与绿色发展等；王静，中国生物多样性保护与绿色发展基金会新闻发言人、信息部主任、副研究员，北京市大兴区优秀青年人才，世界自然保护联盟（IUCN）教育与传播委员会专家库成员，主要研究方向为生态文明、生物多样性保护与绿色发展等；韦琦，中国生物多样性保护与绿色发展基金会宣传干事、副研究员，主要研究方向为生物多样性保护等。

① 全国生物基材料及降解制品标准化技术委员会：《生物基材料术语、定义和标识》（GB/T 39514—2020），2020年版。

当，高质量、可持续的供给和消费体系初步建立。由此可见，生物基材料的研究与应用已成为大势所趋，充分运用生物基材料及其产品，以减少化石能源使用，降低二氧化碳排放，已经上升为战略需求。因此，为落实《方案》要求，尽快建立材料中生物基材料含量认证标准体系，将成为规范行业发展、提高产品质量、满足多样化消费需求的重要参考依据。

一 材料中生物基材料含量检测认证的重要性

（一）材料中生物基材料的应用

生物基材料作为一种可再生、可降解的新型材料正逐步成为引领当代世界科技创新和经济发展的主导产业，有着广泛的应用前景。现阶段，生物基材料可广泛应用于包装、服装、农业、纺织、医学等领域，可为不同应用领域、不同行业场景提供基于"双碳"思路下的绿色转型与高质量发展的解决方案。

以包装材料为例，塑料制品作为应用最广泛的包装物，具有高污染、高排放、不易降解的特性。其在生产、使用和废弃处理过程中都会产生严重的环境污染和温室气体排放。当前，全世界已经广泛而深刻地认识到塑料的危害性，并寻求其替代产品。

生物基塑料可将生物废料，如各种动物来源的农副产品以及马铃薯皮、甘蔗渣、乳清蛋白、虾壳、蛋壳等食品垃圾转化为生物基塑料制品，既能循环回收生物废料，又可制造出可降解、低污染的生物基塑料，实现经济的绿色循环。生物基塑料与化石基塑料相比，具有诸多环保性能（见表1），为塑料行业摆脱对化石能源的过度依赖提供了重要路径。

表1　化石基塑料与生物基塑料特性对比

分类	化石基塑料	生物基塑料
材料来源	化石燃料	自然界的可再生碳（C）源（玉米、甘蔗、竹子或其他植物纤维素等生物质的类塑料产品）
环保性能	对环境造成污染	绿色环保、可再生、可降解、安全性高、资源节约等
缺点	消耗资源、不易降解、污染环境	物理性能（强度、韧性）相对较差、生产成本较高、限制了大规模应用

续表

分类	化石基塑料	生物基塑料
应用范围	可用于制造各种日用品、工业品等	主要用于包装、建筑、农业、医疗等领域，未来应用前景广阔

生物基材料具有可持续性和环境友好特点，在生物医学材料领域，因其质轻、稳定性好、可吸收、耐腐蚀等特性，成为新型的生物医学材料，生物基材料被用于制造头骨、牙齿、软骨、人工血管等的植入物，还可作为药物输送系统，控制药物的释放速度和位置，将靶向药物递送到特定的靶向器官或细胞。

（二）生物基材料含量检测认证

生物基含量是指材料或产品中生物基碳的含量占产品中总有机碳（TOC）的百分比。这是评价生物基产品的重要指标之一，通过对产品中生物基含量进行检测和评估，以确认产品是否符合生物基标准要求。生物基产品可以通过生物基材料含量认证获得相应的认证标签的使用权，帮助生产企业提高产品的市场认可度。目前，在国际市场体系下，生物基含量检测已被广泛应用于包装材料、建筑材料、生物塑料、涂料、家用产品、个护产品、化妆品、纺织品、皮革、鞋材、香精香料等领域。

1. 保证产品质量与安全性

随着生物基产品在各行业领域应用的主流化，其产品质量和安全性也受到广泛关注。标准是衡量产品质量的基础，是规范企业生产行为，确保产品质量和安全性的核心依据。生物基产品的广泛应用，亟待以标准的引领，推动行业走向高标准、高水平的高质量发展之路。

一种产品之所以被称为生物基产品，关键在于其中生物基含量的比例，因此生物基含量是认证生物基产品的核心要素。产品中生物基含量的比例，需要通过特定的测试和认证来确认，认证过程通常需要依据一系列标准来进行，这些标准将确保产品的生物基含量满足生物基产品的特定要求，从而在环保、健康和可持续性的基础上，保证生物基产品的质量和安全性。

2. 推动行业规范化发展

生物基行业的健康发展与规范化运行，离不开政策支持与标准支撑。

立足中国的生物基行业发展现状，制定并实施生物基含量检测认证标准，在推动行业发展方面发挥着至关重要的作用。生物基含量检测认证标准的出台，既确保了不同企业生产的产品达到了基本的要求，也规范了市场秩序，促进了生物基产品研发技术的进步，从而帮助企业在市场环境中提升竞争优势。

生物基含量检测认证系列标准的出台，也将进一步增强生物基研发、生产、加工等全行业标准化意识，不断健全和完善生物基市场标准化体系，提升标准贯彻实施成效，充分发挥标准化引领在推动行业规范化发展的基础性和强制性作用。

3. 促进环保与可持续发展

生物基材料不仅具有与化石能源材料相似的性能，还在环保、可持续发展方面具有显著优势。首先，相较于传统化石能源材料，生物基材料的原料主要是农作物、秸秆、竹木粉等可再生生物质，有助于摆脱对传统化石能源的依赖性；其次，生物基材料的制造过程消耗的能源较少，其被使用后也可以再次循环利用，不会对环境产生过多的负面影响，从而大大地降低了二氧化碳的排放量，是应对气候变化、推动绿色发展的重要手段。

因此，全球范围内，越来越多的国家、政府和企业开始重视生物基材料的研发和应用，并鼓励和支持生物基材料行业的发展。随着中国高质量发展的深入推进，生物基材料的市场需求日益增长，探索和发展生物基材料的技术和应用不断深化。当前，我国正在积极稳妥推进"双碳"工作，企业作为碳排放主体，承担着低碳转型的重要社会责任，如何将企业生产体系优势转化为竞争优势，以生物基材料产业发展作为创新驱动，无疑为我们提供了一种可行性方案。

二 生物基材料含量检测认证的发展趋势

根据经济合作与发展组织（OECD）预测，未来10年至少有20%的石化产品可由生物基产品替代；到2030年全球生物基化工产品占比有望达到35%。[①] 欧洲塑料工业协会在2023年表示，2022年全球生物基塑料产量达

---

① 同黎娜：《伊品打开生物基尼龙56新想象空间》，《中国纺织报》2024年9月12日。

190万吨，其中生物基环氧树脂占27%，生物基聚乙烯和聚乳酸都占16%，生物基聚酰胺占9%。[①] 由此可见，生物基材料研发技术和产品创新在不断取得新突破，而基于生物基认证的产业发展也将迎来重要机遇。

在生物基认证方面，《美国生产力与技术促进法案》（以下简称《法案》）于2002年首次提出了生物基认证（Biobased Certification），《法案》第九章节中，将"生物基产品"定义为"含有生物基原料和非生物基原料的商业或工业产品"，并规定农业部负责开发生物基产品的标准和测试程序。[②] 2014年，美国《农业法案》将此认证制度正式纳入法律体系，并确定了生物基含量检测方法及其应用范围。截至目前，美国、欧盟、国际标准化组织（ISO）和中国已相继制定并出台了生物基含量检测标准，尽管不同国家和地区在生物基含量的认证准则、认证步骤等方面互有差异，但其认证技术原理已日趋完善，国际互认趋势不断增强。

（一）认证技术不断发展和完善

现阶段，碳-14同位素含量分析已经成为国际上公认的生物基材料含量检测认证的重要手段之一。碳-14是一种具有放射性的同位素，其衰变程度可以被用来精确测定样品中天然来源原料的百分比含量。其检测原理为：利用碳-14这一放射性同位素进行分析，精确测定样品中碳-14与碳-12的比例，从而推测出样品中有机碳的生物质来源占比。在生物基含量检测过程中，通常采用高精度的质谱仪（Mass Spectrometer），这种设备能够精确分析样品中的同位素比例，从而提供有关生物基含量的关键信息。这一技术的不断发展和完善，也将为生物基含量检测的国际互认提供支撑。

（二）认证范围不断扩大

材料中生物基含量的认证范围除了传统的塑料、纺织、建筑等领域，在农业、林业、汽车用品配件、生物修复等新兴领域的应用也越来越广泛。以最先提出生物基认证的美国为例，美国农业部（USDA）推行了生

[①]《全球2022生物基塑料产量达190万吨》，2023年10月31日，http://www.csra.org.cn/details/2615。

[②]《统一生物机油减碳性能获得美国农业部（USDA）认证》，2023年10月16日，https://baijiahao.baidu.com/s?id=1779881873265387458&wfr=spider&for=pc。

物优先计划，为符合特定条件的产品颁发"USDA 生物优先"标签，为响应这一计划，美国制定了 ASTM D6866 标准，从现行标准内容来看，其认证范围适用于 USDA 建立的指定类别产品，包括胶黏剂、建筑材料和复合材料、纸张和包装、生物修复材料、园林绿化材料、餐具、润滑剂和功能液、塑料、油漆和涂料、植物和植物油墨等。

（三）国际化互认趋势加强

在全球生物基产业高速发展的背景下，随着生物基含量检测认证标准体系的不断完善，其在推进以生物基产品为基础的跨行业、跨领域综合标准化方面凸显其重要作用。从事生物基材料研发、生产加工的企业需要经过一系列认证的流程，才能获得生物基产品的认证，从而为生物基产品在市场竞争中赢得消费者的认可和青睐。只有当产品通过第三方认证机构的严格审核后，才能被授予使用生物基标签的权限。现阶段，不同国家和地区采取的认证标准和流程仍有区别，因此企业在寻求生物基含量认证时，还要关注到产品的目标销售市场，以免因为不同国家或区域检测标准的差异化，造成产品合规性和市场竞争力大打折扣。正因这一壁垒的出现，构建基于生物基含量认证的相互兼容的国际标准体系成为世界各国加强与国际标准机构的合作与交流，推动认证标准的统一互认的重要一环。

三　美国、欧盟和 ISO 认证标准概述

国际上通用的生物基含量检测标准主要包括美国制定的 ASTM 6866 标准、欧盟应用的 EN 16640 标准，以及国际标准化组织发布的 ISO 16620 标准，几项标准均提供了明确的生物基含量检测方法。通过对几项认证标准的概述与介绍，以期能够正确把握三项标准在应用过程中的共同性和差异性。

（一）美国标准 ASTM 6866

现行的美国标准制定体系是非常分散的，并且在很大程度上依靠大约 400 个私人部门和代表各种行业的 200 多个财团，才能使制定的标准满足

各行业的需求。① 美国国家标准主要由美国的标准制定组织,如美国机械工程师协会、国家防火协会、电和电子工程协会、美国材料试验标准协会等制定。

标准 ASTM 6866 是由美国材料试验标准协会（ASTM）制定的一套测试标准,目前的版本是 2022 年 3 月 15 日批准发布的 ASTM D6866-22。ASTM 6866 标准的制定,最初是为了响应美国农业部（USDA）推行的生物优先计划,该标准基于放射性碳定年法（Accelerator Mass Spectrometry, AMS）的原理发展而来,通过测量样品中碳-14 的含量,结合已知的现代生物圈碳-14 水平,可以准确计算出样品中化石成分和生物成分的比例。ASTM D6866 适用于任何含有碳基成分的产品测试,这些成分在氧气存在时可燃烧产生二氧化碳（CO_2）气体。整体分析方法也适用于气态样品,包括电力锅炉和垃圾焚烧炉的烟气。

（二）欧盟标准 EN 16640

欧洲标准化体系的主要构成包括欧洲标准化委员会（CEN）、欧洲电工标准化委员会（CENELEC）及欧洲电信标准协会（ETSI）等,EN 系列标准主要由 CEN 和 CENELEC 制定,要求成员国的国家标准必须与 EN 标准保持一致。

在欧洲,除电工行业以外的 EN 系列标准,基本由 CEN 制定。EN 16640 作为产品生物基碳含量测定的欧洲标准,由 CEN 于 2017 年 8 月发布实施,该标准描述了测定碳-14 含量的一般样品制定和三种测试方法,分别为液体闪烁计数器法、加速器质谱法以及 Beta 电离法,适用于任何包含有机碳的产品,包括生物复合材料中生物碳含量的测定。根据 EN 16640,材料的生物基碳含量表示为样品质量的一部分或总碳含量的一部分。

（三）ISO 16620 标准

自国际上第一套统一的质量管理体系 ISO 9000 系列标准诞生至今,ISO 管理体系标准的发展已经过了 32 年的历程。作为世界上最大的国际标准化组织,ISO 已发布 9200 个国际标准,拥有 117 个成员,由来自世界上 100 多个国家的国家标准化团体组成。ISO 16620 系列标准分 5 个部分,总

---

① 袁凤:《美国标准体系的最新发展趋势》,《企业标准化》2005 年第 10 期。

标题为塑料—生物基含量，适用于全部或者部分由生物基原材料制成的产品（包括生物基塑料、生物基合成聚合物等）含量的测定。

ISO 16620—2 作为本标准的第二部分，对塑料中生物基碳含量的测定做了明确规定，提供了生物基碳含量的术语定义和符号，确定了在碳－14含量测量的基础上，单体、聚合物、塑料材料和产品中生物基碳含量的计算方法，并对测试报告中应包含的基本信息给予指导。

四 建立中国生物基材料含量检测认证标准体系

美国、欧盟与国际标准化组织先后制定并推出生物基含量检测认证标准，对材料中生物基含量进行测定，这几项标准也被国际上较为知名的认证机构作为测算依据进行认证和推广。随着生物基材料在全球的广泛应用，其产品可以通过生物基认证获得相应认证标签的使用权，以进一步提升市场认可度。因此，建立符合中国生物基材料发展趋势的生物基材料含量检测认证标准体系就变得尤为迫切。

（一）对标国际检测认证标准

当前在全球化经济发展背景下，如何进一步提升本土企业在国际、国内市场中的竞争力，对标国际国内标准体系，使得企业产品获得相关标准的认证，将成为企业产品赢得市场青睐的有力证明。生物基材料行业作为朝阳产业，其发展规模在近年来得到了显著提升。但不可否认，作为新兴领域，生物基材料产业在全球范围内的发展仍然方兴未艾，亟须通过标准体系的不断完善和进步，为产业发展提供助力，促进生物基材料行业的蓬勃发展。

目前，国际上通用的生物基含量检测标准的技术路径和认证体系已日趋成熟，聚焦到中国生物基含量检测认证标准体系建设，应该进一步对标国际检测认证标准，既能够与国际检测标准做到有效衔接，又能够符合中国国情与产业发展趋势。

（二）全面严谨，推动生物基检测认证标准体系建设

我国的生物基材料行业发展起步较晚，尚未建立科学的标准和质量监

督体系。2008年6月，全国生物基材料及降解制品标准化技术委员会（SAC/TC380）正式获批成立，在全国范围内负责降解制品及生物基材料等领域标准化工作。现阶段，中国在生物基材料含量检测认证方面主要采用GB/T 29649，该标准由中华人民共和国国家质量监督检验检疫总局与中国国家标准化管理委员会于2013年9月6日发布，2014年1月31日正式实施。

根据中研普华产业研究院发布的《2024—2029年中国生物基材料行业发展分析及投资战略预测报告》，到2021年，中国生物基材料产能已达到1100万吨（不含生物燃料），约占全球的31%，产量达到700万吨。这些数据表明，我国的生物基材料产业发展势头强劲，正持续释放市场潜力和增长动力，未来发展向好因素不断增多。然而，我国现有的生物基材料检测认证标准已经不能满足行业快速发展的需要，随着生物基产品种类的不断增多，关键技术的不断突破，这一"瓶颈"也进一步影响生物基材料行业的规模化发展。因此，积极探索以国家标准为引领，团体标准与行业标准为补充和细化的生物基含量检测认证标准体系十分必要。

（三）《材料中生物基材料含量认证指南》助力生物基检测认证标准体系建设

在我国标准化领域，国家标准代表了国家在特定领域的技术要求和规范，在全国范围内统一适用，具有强制性或推荐性，而行业标准、地方标准和团体标准，因为制定主体、适用范围、制定程序、目的与作用的不同，在标准化体系中既相互联系又各有特点，为满足不同层面需求，它们共同构成了一个完整的标准体系。

团体标准是由特定的社会团体、协会、企业或行业组织根据自身需求，自愿制定并发布的标准。一般而言，团体标准可以转化为国家标准，为国家标准的制定奠定良好基础。

中国生物多样性保护与绿色发展基金会（以下简称中国绿发会）作为团体标准的编制单位，关注到生物基材料含量认证在国内的发展态势，为积极对接国际标准，助力中国生物基检测认证标准体系建设。中国绿发会周晋峰指出，生物基材料含量检测认证工作，可以借鉴美国、欧盟和ISO等国际标准机构的要求和做法。我们做的认证，可以寻求美国材料试验标准协会的认可，贴其认证标志和标识，帮助中国企业的产品向世界推广。如果国外机构按照我们的认证标准开展工作，也可以贴我们的标志标识，作为我们深度参与全球环境治理的体现。以此为指导，中国绿发会标准工作委员会于2024年8月26日对《材料中生物基材料含量认证指南》团体标准予以立项，并启动标准编制工作，该标准征求意见稿已于2024年10月面向社会征求意见，并于2024年12月18日正式实施。

《材料中生物基材料含量认证指南》规定了生物基材料含量认证机构应符合国家检测资质认证要求，并按照 ASTM6866、EN 16640、EN 16785-1、ISO 16620 开展生物基材料认证。认证流程应包含认证筹备、认证实施、监督审核、认证续期4个阶段。作为核心要素的认证实施环节，《材料中生物基材料含量认证指南》明确，认证实施流程应包括文件审核和样品检测两项主要工作。认证方根据检测报告和被认证方提交的文件出具综合性报告，交由专家评审会进行评审，并结合评审意见给出最终认证结论（见图2）。

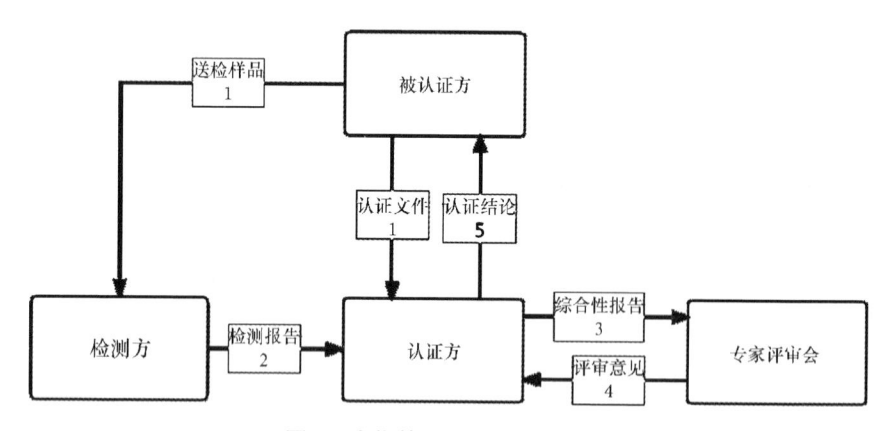

图2 生物基材料含量认证实施

资料来源：《材料中生物基材料含量认证指南》。

《材料中生物基材料含量认证指南》的发布和实施，进一步明确了生物基材料含量认证的流程以及认证条件等，让公众充分认识生物基材料，通过可靠的途径识别和选择真正由可再生、可持续资源制成的产品，促进环保、降低碳足迹，其与国家标准形成了互补效应，以灵活满足市场需求为导向，为推动生物基材料行业发展提供标准化支撑。

五 推动生物基材料含量检测认证标准的挑战与政策建议

诚然，生物基材料行业在国内的快速发展，使得建立生物基材料含量检测认证标准体系成为推动我国生物质战略必不可少的一环，对我国可持续发展与如期实现"双碳"目标具有重要意义。当前，符合中国市场经济发展与国际贸易基本原则的生物基检测认证标准体系仍在建设当中，如何乘势而上、把握机遇，持续健全完善生物基材料含量认证标准体系，推动国际、国内标准的衔接互认，成为未来一段时间内的重点工作。

（一）加强政策支撑保障

面对生物基材料行业发展热潮，各国政府纷纷出台相关政策，支持生物基材料含量检测认证工作。当前，中国政府已陆续出台一系列政策，支持和推动生物基材料行业的发展。除了 2023 年 1 月发布的《加快非粮生物基材料创新发展三年行动方案》，2023 年 8 月发布的《石化化工行业稳增长工作方案》，也提出支持开展非粮生物质生产生物基材料、伴生有机肥等产业化示范。鼓励地方结合区域资源、技术、产业优势，打造化工新材料、非粮生物基材料等细分领域中小企业特色产业集群。因此，发挥政策叠加效应，进一步加强生物基行业政策倾斜和支持力度，特别是在标准化建设层面的政策支持，对于聚焦市场迫切需求，激发产业创新动能，服务产业高质量发展意义重大。

（二）加强生物基材料含量检测认证标准研发平台建设

一项标准的制定并非一蹴而就，从立项、起草草案、征求意见、审查、批准，到发布实施，需要经过前期调研，了解行业的现状、问题和发展趋势，明确制定标准的必要性和目标；需要高水平的专业团队，如相关领域的专家、企业代表、行业协会等作为起草单位；需要根据调研结果和相关法律法规，起草标准的具体内容等。因此，构建生物基材料含量检测认证标准体系，仍需进一步加强生物基材料含量检测认证标准研发平台的建设，让生物基材料含量检测认证的权威机构、产品生产企业、行业协会等共同参与到标准研发制定的过程中，共同搭建基于生物基材料含量检测认证标准化体系建设的大联合、大协作格局，完善标准研发平台布局，提升研发平台的建设能力，推动生物基材料含量检测认证工作的不断改进与优化。

（三）强化宣传，积极推动团体标准建设

2024年3月，国家标准化管理委员会下达《生物基材料与制品生物基含量及溯源标识要求》国家标准制订计划，旨在引领和推动生物基材料的创新发展。在广阔的市场前景下，细分于各个领域的众多企业也将相继涌入赛道，生物基材料含量检测认证标准体系建设也要持续优化与适应不断变化的市场需要。未来，亟须加大宣传力度，阐明生物基材料及其制品对推进生态文明建设、绿色发展的重要作用，以及生物基材料含量检测认证标准制定的必要性和深远目标，聚焦生物基材料行业新技术、新产业、新业态和新模式，通过培育发展市场自主制定的标准，发展团体标准，快速响应市场需求，推动行业创新发展，提升企业话语权，增强产品竞争力，推动行业自律与保护消费者权益，加快形成以国家标准为引领，团体标准为补充的生物基材料含量检测认证标准体系。

六 结 语

随着生物基材料的绿色、环境友好属性日益显现，我国生物基材料行业发展规模不断扩大，应用领域不断增加，产品体系日趋完善，生物基材料应用也逐渐从农业、医疗、建筑、纺织等领域向生活消费品领域延伸，生物基材料含量检测认证标准的制定，将加快推动生物基材料产业有序发展，引导产业合理布局。未来，随着标准间国际互认趋势的不断加强，认证技术的不断升级，认证范围的不断扩大，中国生物基材料含量检测认证标准体系将为加快形成以生物基材料产业为代表的战略性新兴产业新质生产力蓄势赋能。

主要参考文献

江洪等：《生物基材料研发态势分析》，《中国生物工程杂志》2024年第1期。

王清文、易欣、沈静：《木塑复合材料在家具制造领域的发展机遇》，《林业工程学报》2016年第3期。

狄矢聪、任晨鸿：《ISO 管理体系标准发展现状与趋势研究》，《中国质量与标准导报》2019年第8期。

张松臣、孙楠：《生物化工行业现状及发展趋势》，《当代石油石化》2024年第6期。

探索环境权益质押在低碳行业的应用实践
——融资租赁风控体系建设

莫玉纯 陈友瑜[*]

一 融资租赁行业在低碳行业的发展情况

(一)低碳行业发展为融资租赁带来新的机遇

在全球气候危机的大背景下,我国积极推进碳达峰、碳中和,这是应对气候变化的重大战略决策。习近平总书记系统部署全面推进美丽中国建设,强调积极稳妥推进碳达峰碳中和,把建设美丽中国摆在强国建设、民族复兴的突出位置。中共中央、国务院也发布意见,明确提出积极稳妥推进碳达峰碳中和,重点控制煤炭等化石能源消费,大力发展非化石能源。

随着我国绿色低碳经济的加速发展,低碳技术行业市场也呈现出良好的发展态势。在新能源发电行业,风力发电、太阳能发电等具有投资金额大、投资成本高、投资回报周期长等特点,对投融资天然具有巨大渴求。融资租赁可以为这些项目提供资金支持,助力新能源发电行业的发展。在垃圾发电、新能源汽车等领域,绿色租赁也发挥了重要作用。以中信金融租赁有限公司为例,其先后向杭州萧山、江苏连云港、安徽芜湖三个垃圾焚烧发电厂提供融资租赁服务,助推企业垃圾发电设备升级改造。国网国际融资租赁公司也积极对接新能源项目,成为推动绿色能源转型的主力军之一。

---

[*] 莫玉纯,南网碳资产管理(广州)有限公司总经理助理、绿色金融业务负责人、高级工程师,主要研究方向数字金融、绿色金融、信息化等;陈友瑜,南网融资租赁有限公司高级业务经理、工程师,主要研究方向绿色融资租赁、供应链金融等。

（二）新能源与融资租赁呈现融合发展趋势

融资租赁行业具有"融物"与"融资"结合的特性，使之天然与设备更新、产业链及供应链的体系构建和优化提升相匹配。绿色低碳行业近年来已成为融资租赁公司的"必争之地"，短期来看，消纳率不容乐观。新能源电力具有随机性、波动性、间歇性特点，而电力系统运行要求实时平衡。近年来，大规模集中并网的新能源面临电网用电空间"装不下"，输电通道"送不完"，出力变化"摸不准"，安全运行"裕度低"等多重困难。

根据《关于加快建设全国统一电力市场体系的指导意见》，新能源纳入市场化交易已成为必然趋势。新能源参与市场面临的主要问题之一是新能源市场交易电价水平偏低。加之辅助服务分摊、系统偏差考核等因素，新能源在市场化交易中面临较大的价格风险。

融资租赁公司要透过绿色低碳行业整体繁荣的外表看问题，选择商业模式相对成熟的细分领域，根据自身资源禀赋审慎选择行业赛道，在考虑工商业分布式电站、工商业储能、分散式风电、废旧电池回收循环等具体场景，分析匹配数据支撑、收益测算、压力测试等环节后再进行业务规模化推广。

（三）融资租赁行业风险控制至关重要

融资租赁中货物的所有权和下属责权长期分离的法律特征导致相关潜在风险的产生。拥有所有权的出租人没有实际占有，而占有使用权利的承租人没有所有权，这就容易造成因相关信息、执行情况不对称而导致的风险。为缓释风险，出租人一般要求承租人提供强增信，包括第三方连带责任担保、股权质押等。然而，随着新能源行业发展的日益成熟，金融机构对该行业的认可度显著提高，在激烈的同业竞争下，依托传统增信措施开展新能源融资租赁业务的模式难以为继。环境权益随发电量而形成，有效支持所有权人对项目情况的跟踪。同时，环境权益由于其非物质性、价格波动性、政策依赖性强等特点，可以成为融资租赁公司的增信措施新选项，有助于建立更加完善的价值追踪风控体系。

（四）环境权益政策法规逐步健全

近年来，随着中国政府对环境保护和碳中和目标的推进，相关政策和法律逐步完善。国家出台了《碳排放权交易管理办法（试行）》《环境保护法》《关于做好可再生能源绿色电力证书全覆盖工作促进可再生能源电力消费的通知》等相关政策和法律，国内试点碳市场部分认可绿证抵消，国际倡议性组织如SBTi、RE100等认可绿电使用抵消碳排放，均为环境权益的市场化交易提供了法律依据。这些政策与国际倡议推动了环境权益的市场流动性，使其逐渐成为可供企业质押融资的资产。

综上，探索环境权益质押手段是在不占外债额度的前提下，一方面开放性解决新能源项目融资增信问题，另一方面利用环境权益与项目运营直接挂钩，解决新能源融资租赁信息不对称导致的金融风险。

（五）融资租赁行业对产业低碳转型的积极影响

通过引入环境权益（如碳排放权、排污权等）作为质押物，一方面拓宽了绿色金融的工具和渠道，还推动了金融资源向环保和低碳领域的倾斜；另一方面在一定程度上解决信息不对称导致的系统性风险，有效支持可再生能源产业发展，助力国家实现"双碳"目标和可持续发展战略。

环境权益本质上是一种无形资产，通过将其质押进行融资租赁，可以提高这些资产的流动性和市场价值。这不仅促进了环境权益市场的活跃，也推动了更多企业参与到环境权益的交易和使用中，进一步完善市场机制。

同时，环境权益质押的引入对金融机构的风控体系提出了新的要求，迫使其在风险识别、评估和管理上进行创新。构建这一风控体系，有助于金融机构在未来处理类似非传统质押物时具备更强的风险管理能力，降低信息不对称所导致的金融风险，提升融资租赁公司经营稳定性。

二 环境权益质押融资租赁与其风险控制

（一）环境权益质押融资租赁的内涵

环境权益质押融资租赁是指企业以环境权益（如碳排放权、排污权、水权、绿证等）作为质押物的一种增信融资租赁方式。对于融资租赁企业，探索组合赛道的业务模式，利用环境权益增信提升企业融资额度，降低企业融资成本，并提供可持续发展的融资租赁保障。开放环境权益质押可以有效帮助提升企业的融资增信，同时需要注意识别和分类环境权益质押融资中可能遇到的风险，包括市场风险、信用风险、操作风险等。这需要对环境权益市场有深入的了解和持续的监控，对融资租赁业的发展大有裨益。

环境权益质押融资租赁，能够有效促进生态文明建设的进一步推进，满足建立绿色金融体系的要求，使环境权益在改善环境、应对气候变化、节约资源方面发挥支撑作用，并有助于推动当前经济社会保持可持续发展和绿色转型、产业升级。

(二) 融合环境权益质押的融资租赁风控体系的构建

为了应对环境权益质押融资中的风险，探索和构建融合环境权益质押的融资租赁风控体系（见图1），落实基于环境质押的风控体系，融资租赁行业必须建立以下的具体体系与机制。

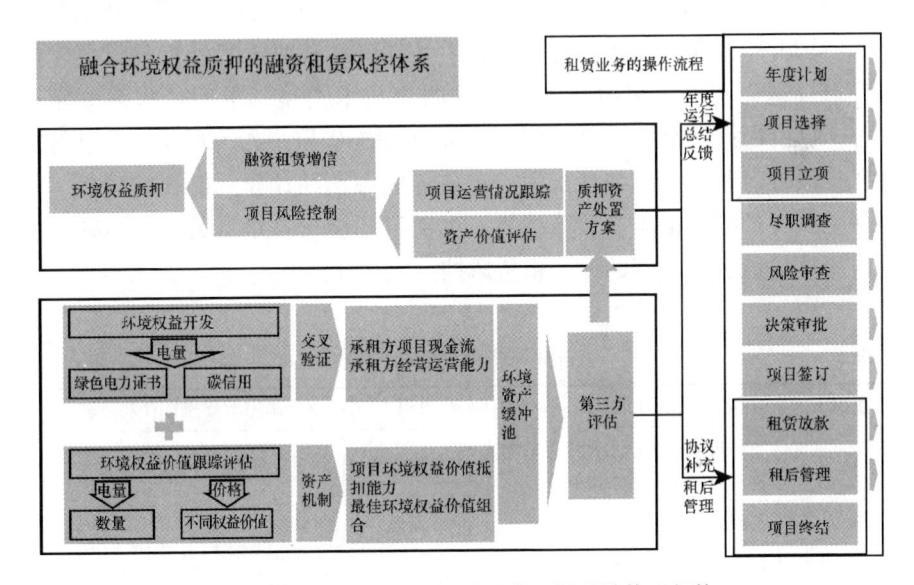

图1 融合环境权益质押的融资租赁风控体系架构

资料来源：南网融资租赁有限公司整理。

价值评估体系：引入第三方专业评估机构，通过分析国内外政策发展趋势，识别并科学评估环境权益的市场价值，以减少资产价值不确定性。

风险跟踪：通过环境权益质押，交叉验证项目经营过程可能存在的风险，为采取质押资产处置方案提供战略判断。

法律保障：加强合同设计，确保环境权益质押的合法性和可执行性，防止因政策变化导致的法律风险。

市场监控与预测：建立对环境权益市场价格的监控和预测机制，及时调整质押率和融资金额，降低市场波动带来的风险。

三 环境权益质押融资租赁的典型应用案例

（一）项目概况

吉林省某 100 兆瓦风力发电平价上网项目（以下简称吉林风电项目），总投资 82214.24 万元。南网租赁以直租方式出资约 6 亿元（以标的物实际开具发票金额为准），以吉林风电项目部分发电及配套设备作为租赁标的物，期限 15 年。碳资产是市场化的补贴机制，用于支持需要产业化的低碳技术，因此中国全国碳市场首批方法学（碳资产获取的基础）在可再生能源领域仅纳入了海上风电与光热发电两个技术类型。本项目收益率超过 9%，项目自身有较强的盈利能力，因此不考虑碳资产作为环境权益进行质押风控设计。基于绿电绿证抵消、可再生能源消纳比重、能控转碳控、电量环境属性的唯一证明等政策趋势，本项目环境权益重点关注国际绿证与国内绿证价值及其质押的融资租赁风控（见表1）。

表1　　　　　　　吉林风电项目整体方案

承租人	吉林某公司	出租人	南网融资租赁有限公司
租赁金额	不超过60000万元（以标的物实际开具发票金额为准）	租赁资产	风力发电及配套设备
交易方式	直租	期限	15 年
增信措施	1. 第三方连带责任担保； 2. 项目公司股权质押； 3. 电费收费权质押； 4. 开设电费共管账户； 5. 租赁物设备抵押； 6. 设立环境权益资产共管机制，合同设置环境权益质押条款；根据第三方评估，乙方自愿将其持有的电站的环境权益，包括但不限于所有申领的绿色电力证书，包括但不限于中国国内绿证、国际绿证 I-REC（E）、国际绿证 TIGRs、碳信用〔包括但不限于清洁发展机制（CDM）下核准减排量（CER）、中国核证自愿减排量（CCER）、自愿碳减排核证标准（VCS）、黄金标准（GS）、广东省碳普惠核证减排量（PHCER）及其他地方碳普惠、全球碳委员会（GCC）等〕等质押		

资料来源：南网融资租赁有限公司整理。

（二）融资租赁公司内部管理机制

基于政策研究，明确环境权益质押主体内容，如国内陆上风电项目。目前政策体制下，绿电绿证存在时效性，1 年期内的绿证价格最高，2 年期绿证基本没有交易价值。因此，建议建立专项共管账户制度，将项目前 2 年预期收益置于共管账户，绿电绿证价值按照 10 元，共管账户最高可以保持约 628.88 万元，达到季度最大还款金额的 30%。

如果出现因发电量降低等原因客户未能按期还款，将触发保护机制，由融资租赁公司拥有 1 年环境权益的优先处置权，专业第三方持出具的环境价值趋势报告开展合理处置。

（三）本项目环境权益质押敏感性分析

现阶段绿证价格处于低位运行，成交价格为 6—15 元，按照环境权益质押内部管理机制，在最大有效发电小时数的情况下，监管账户的价值变化区间为 377.28 万—943.20 万元，即最大还款金额年度（2024 年的 7936 万元）的 4.75%—11.89%。

（四）案例实施过程

本项目实施过程具体包括市场与政策分析、质押物评估、风控体系设计、合同签订与实施等。

市场与政策分析：首先，需要对环境权益市场的现状和发展趋势进行分析，同时了解相关政策的规定和可能的变化。这是确定质押物风险水平的重要基础。本项目基于政策重点关注国内绿证与国际绿证。

质押物评估：构建科学的环境权益评价模型，对质押物进行科学、合理的价值评估。由于环境权益的价值波动性较大，这一步尤为关键，评估结果将直接影响质押率和融资金额。依靠第三方专业机构出具价值评估报告，同时通过绿证申领情况评估项目经营情况。

风控体系设计：根据质押物的特性，设计相应的风控体系。具体包括质押物价值的动态监控、质押率的设定、合同条款的细化、违约处理机制的制定等。一旦发生未能完成全额还款，即执行质押物处置补充还款金额。

合同签订与实施：签订融资租赁合同，明确双方的权利义务，并按照约定的资金用途实施项目。需要注意的是，合同中应详细规定质押物的使用和处置权限，防止质押物价值的流失。根据政策研究规定质押种类、处置方式、处置权限等。

持续监控与调整：在融资租赁期间，融资租赁公司持续监控质押物的市场价值和相关政策的变化，必要时调整质押物的评估值和质押率。随着还款金额持续下降，可以合理调整环境权益质押期限，以及监管账户资金余额。

（五）案例创新点与意义

本案例为首个真正完成环境权益组合质押的融资租赁行业风控体系建设，也是首次基于新能源消纳能力以及新能源价格波动趋势，通过环境权益质押风控体系第三方评估，支撑融资租赁公司制订年度工作计划。

此次实践，进一步深化了数据驱动的风险评级定价，将环境权益资产融入风控体系。通过案例分析可知，环境权益质押可有效提供融资租赁项目增信，提升资产安全性。

通过环境权益质押，构建识别与交叉验证融资租赁项目经营情况的风控体系，能够有效识别和防范潜在风险，确保项目稳健运行。这一体系不仅有助于提高企业的风险管理能力，还能进一步增强市场对企业的信任度，从而提高市场知名度。通过优化风险管控流程，企业能够更好地展示其专业能力和责任担当，提升品牌的影响力和竞争力。

四　结　语

环境权益质押作为一种创新的金融工具，在低碳行业的应用实践中扮演着越来越重要的角色。在融资租赁领域，这种模式有助于低碳行业的企业降低融资成本，同时促进绿色金融的发展。为了有效实施环境权益质押，融资租赁风控体系的建设至关重要。这包括对环境权益价值的准确评估、对相关政策和市场风险的深入分析，以及对质押物流动性和变现能力的考量。南网融资租赁有限公司根据扎实的理论研究与长期实践，成功构建了一个全面的风险控制体系，并在吉林省进行了首个真正完成环境权益组合质押的融资租赁行业风控体系建设，此类实践在确保基于环境权益质押的融资租赁交易的安全性和可持续性方面迈出了坚实的一步。相信未来会有越来越多成功的基于环境权益质押的融资租赁服务落地，进而持续推动低碳行业的健康发展，实现经济效益与环境的"双赢"。

主要参考文献

傅皓天、于斌：《融资租赁在光伏电站中的应用探索》，《现代管理科学》2018年第3期。

汪国平、林华、王洪亮：《"双碳"目标下的绿色租赁发展》，《中国金融》2022年第4期。

刘金凯、邵四华、姜鹏等：《融资租赁业务创新模式研究——以天津市融资租赁业为例》，《华北金融》2020年第11期。

侯玉娟、魏鲁彬：《环境权益融资模式创新及业务优化建议》，《农业发展与金融》2024年第11期。

贾燕军、王超、刘书琪：《碳中和背景下的融资租赁转型和发展——以风光发电行业为例》，《华北金融》2021年第8期。

徐小敏：《融资租赁企业内部控制建设关键点探索》，《财会学习》2022年第4期。

推进中国的绿色经济
——政策与行动

詹姆斯·克雷布[*]

中国和世界其他国家一样,正处于历史上的又一个关键时刻。为发展绿色经济,中国已推行了许多值得称赞的政策,但也仍然面临很多不确定性和地缘政治风险。中国已经积累了一些实践经验,不仅对亚洲其他国家,而且对整个世界都起到了示范作用。

一 绿色信贷政策

随着工业化和城市化的快速发展,中国经济在快速增长的同时生态环境急剧恶化。环境保护与经济发展之间的矛盾引起了中国政府的极大关注,中国政府制订了有效的政策和计划,以平衡环境保护和企业的经济效益,从而实现可持续发展目标。[①] 2007 年,《关于落实环保政策法规防范信贷风险的意见》的发布,标志着中国绿色信贷管理的开始。绿色信贷是"绿色发展"的重要组成部分,是指导商业银行以社会责任为核心价值取向,合理配置信贷资源,在消费者中树立绿色消费观念,引导社会资本流动,促进经济、资源、环境协调发展的政策。[②] 2012 年,中国出台的《绿

---

[*] 詹姆斯·克雷布(M. James C. Crabbe),英国牛津大学教授,牛津大学沃夫森学院院士,英国皇家化学会等多个学会会士,西安交通大学—利物浦大学(XJTLU)影视艺术学院客座教授,中国生物多样性保护与绿色发展基金会顾问,研究方向主要为生物医学、环境科学等。

[①] 刘锡良、文书洋:《中国的金融机构应当承担环境责任吗?——基本事实、理论模型与实证检验》,《经济研究》2019 年第 3 期。

[②] Zhang Bing, Yan Yang, Jun Bi, "Tracking the Implementation of Green Credit Policy in China: Top-down Perspective and Bottom-up Reform", *Journal of Environmental Management*, Vol. 92, No. 4, 2011, pp. 1321–1327.

色信贷指引》明确了银行业绿色信贷的标准和原则。

基于"波特假说",长期绿色信贷政策可以通过"创新补偿效应"促进污染企业的绿色转型升级,增强污染企业的可持续发展能力,促进长期经济增长。[1] 投融资期限错配是指公司过度使用短期借款来满足固定资产和其他长期投资的资金需求,导致公司缺乏足够的现金流来偿还到期债务,从而放大公司债务偿还压力,加剧公司财务风险。长期和短期负债的无差别使用削弱了公司治理机制,资金带息偿还的持续压力迫使公司不断努力解决资本流动性问题,从而降低了公司投资效率。[2]

如图1所示,从平均水平的变化来看,在2012年《绿色信贷指引》发布之前,污染企业的投融资期限错配比非污染企业更为严重。2012年实施《绿色信贷指引》后,污染企业投融资期限错配减少,几乎与非污染企业相当。[3] 2012年绿色信贷政策实施前后,非污染企业投融资行为的期限错配没有显著变化。《绿色信贷指引》要求银行金融机构从战略高度推进绿色信贷有效识别、计量、监测控制等信贷业务活动中的环境和社会风险,并建立相关的风险管理政策制度和流程管理。这反映出绿色信贷政策的实施在一定程度上缓解了污染企业投融资期限错配的问题。

针对上述问题,关于绿色信贷政策提出以下建议:

对政府来说,要进一步加快金融信贷市场化改革进程,使货币金融更加贴近实体经济,通过合理配置长期和短期贷款,缓解污染企业在绿色转型中面临的融资约束。因此,政府必须鼓励商业银行和其他金融机构不断创新和优化绿色金融产品和业务,同时增加银行的长期信贷供应,推动优化资本配置,以促进污染企业的可持续发展。

对于银行来说,在实施绿色信贷审核方面,要加强与环保部门的合作,充分了解污染企业的绿色转型绩效,增加长期贷款;在金融发展水平较高的地区,加强对非国有金融机构的绿色信贷管理,合理控制对此类污染企业的信贷供应。

---

[1] Michael Greenstone, John A. List, Chad Syverson, *The Effects of Environmental Regulation on the Competitiveness of U.S. Manufacturing*, Cambridge, MA: National Bureau of Economic Research, 2012.

[2] Zhang Zhong, "Law and Economic Growth in China: A Case Study of the Stock Market", *Asian Journal of Law and Society*, Vol. 5, 2018, pp. 333-357.

[3] Cao Yaowei, Youtang Zhang, Liu Yang, et al., "Green Credit Policy and Maturity Mismatch Risk in Polluting and Non-Polluting Companies", *Sustainability*, Vol. 13, 2021, p. 3615.

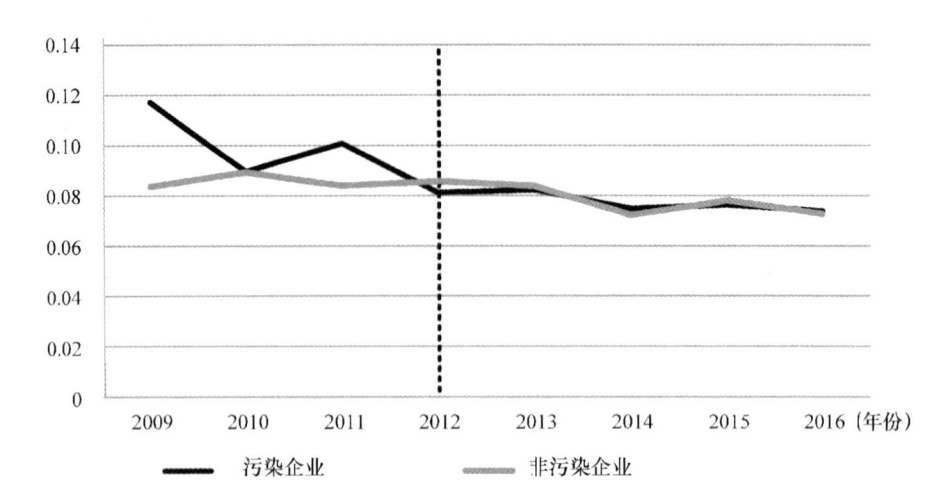

图 1　污染企业和非污染企业的投融资期限错配

资料来源：Cao Yaowei, Youtang Zhang, Liu Yang et al., "Green Credit Policy and Maturity Mismatch Risk in Polluting and Non-Polluting Companies", *Sustainability*, Vol. 13, 2021, p. 3615.

对于企业来说，当受到绿色信贷政策的影响时，污染企业应在减少原有生产规模的同时，积极增加环保投资，并全面实施绿色转型，以更好地应对银行的绿色审查，提高银行释放长期贷款的意愿。

总之，企业在绿色转型过程中应高度重视投融资期限错配问题，加强自主创新能力，提高绿色转型升级效率，增强长期盈利能力，减少对银行贷款的依赖，积极拓展股权融资渠道，缓解投融资期限错配带来的财务风险。此外，中国绿色信贷虽然在政策制定上与其他发达国家没有明显差距，但在政策执行方面仍存在一些不足。

二　环境保护税法

为了缓解环境和生态问题并控制污染，《中华人民共和国环境保护税法》（以下简称《环境保护税法》）于2016年12月25日被审议通过，自2018年1月1日起施行。随着公众越来越关注环境质量，中国政府实施了越来越严格的环境保护法规。与市场对未来监管成本增加的预测一致，市场对披露了重污染状况或环境信息而没有披露具体改善行动的公司有更为负面的反应，但对位于法律制度相对完善地区的公司，或披露详细环境改善信息的公司，反应则不那么负面。① 这说明，在可持续发展时代，更完善的区域法律制度和积极的环境改善活动在遏制和减少环境污染方面同样意义重大，能够减少未来监管成本的不确定性。

具体表现为以下两个方面：

第一，市场投资者关注社会发展趋势和政策变化，以调整投资从而顺应总体趋势。例如，他们可以转向更加环境友好的行业，避免政府日益严格的污染控制带来的不确定性。

第二，市场投资者确实关心企业的环境保护价值和战略，因此，企业应通过披露详细的环境信息，特别是关于环境合规和环境改善的信息，减轻市场对日益严格的环境法规导致的未来监管成本的担忧。企业对未来监管成本的认知将影响市场对环境事件的反应或环境政策的执行。

三 中国公众对太阳能气候工程的看法和理解

太阳能气候工程已被提出作为应急干预措施，通过将部分阳光直接反射回太空来对地球进行人为冷却。②太阳能气候工程中的实施方案包括平流层气溶胶注入、空间镜、云白化、白色屋顶和沙漠反射器等。但这些方案也存在争议，因为对气候系统的大规模干预可能会对环境和生态系统产生意想不到的副作用。

太阳能气候工程方案的部署不仅取决于效率评估结果、技术可行性分析和成本合理与否，还涉及人类、社会和政治的许多层面。公众的反对可能会导致代价高昂的太阳能气候工程干预措施延误和取消。

研究人员进行了一项关于中国公众对太阳能气候工程看法的全国性调查，山东大学 Zhihua Zhang 教授、田纳西大学 Donald Huisingh 教授以及牛

---

① Tu W. J., Yue X. G., Liu W., et al., "Valuation Impacts of Environmental Protection Taxes and Regulatory Costs in Heavy-Polluting Industries", Int. J. of Environmental Pollution and Public Health, Vol. 17, 2020, pp. 2070-2091.

② John Shepherd, Ken Caldeira, Joanna Haigh, et al., Geoengineering the Climate-Science, Governance and Uncertainty, The Royal Society, 2009.

津大学 James C. Crabbe 教授于 2020 年，通过全国性问卷调查的方式，对中国公众对太阳能气候工程（Solar Climate Engineering）的认知与态度进行了首次大规模调查。调查覆盖中国大陆全部省份，共收集了 1269 份有效样本。

为了确保样本具有充分的代表性，参与者需满足以下条件：首先，参与者不能具有气候或环境相关的学术背景或从业经历。其次，参与者在以下方面应呈现多样化分布：年龄范围应涵盖 7 岁及以上 6 个不同的年龄阶段；性别比例应保持男女均衡；教育水平需包括从高中及以下学历到研究生学历；职业类型应涵盖学生、企业员工、政府人员、农民等不同群体；居住地应广泛分布，包括偏远地区，如西藏、新疆等。

调查采用两阶段设计：第一阶段评估公众基础气候知识，第二阶段在提供简明的太阳能气候工程定义及实施方案（如平流层气溶胶注入、空间反射镜等）后，进一步分析公众对其有效性、成本、风险及治理的态度。该研究首次聚焦中国公众对多种太阳能气候工程方案组合的认知，并探讨了国际治理与监管框架的公众支持度，填补了此前以欧美国家为中心的调研空白。

调查结果表明[①]：①70.88%的参与者表示他们关心环境问题，只有 8.92%的参与者表示不关心；②94.17%的参与者听说过"气候变化"或"全球变暖"一词，89.99%的参与者接受"气候变化或全球变暖"的事实；③大约 80%的参与者通过电视和网络知道"气候变化"或"全球变暖"，54.60%的参与者在报纸上见过，40.73%的参与者从家人或朋友那里听说过；④69.43%的参与者同意或强烈同意"人为温室气体排放是气候变化和全球变暖的主要原因"这一观点，只有 6.72%的参与者不同意或强烈反对；⑤参与者对气候变化风险的初始认识程度不同：极端高温（73.13%）、冰川退缩（75.97%）和干旱（62.88%）是气候变化造成的主要灾害，而 20.41%和 39.01%的参与者错误地认为"地震"和"水污染"也与气候变化有关。总体而言，大多数受访的参与者掌握了基本的气候变化知识及其带来的灾难性后果。

针对气候政策和相关的金融领域进行的调查结果表明：73.13%的参与者同意或强烈同意"中国政府应立即采取有效行动减缓气候变化"，这表

---

① Zhang Zhihua, Donald Huisingh, M. James C. Crabbe, "Chinese Public's Perceptions and Understanding of the Potential Roles of Solar Climate Engineering for Reducing Climate Change Risks", *Environment, Development and Sustainability*, 2024.

明中国受访公众坚定支持国家气候行动。由于税收在应对气候变化和环境保护方面发挥着关键作用，因此有必要衡量相关公众对增税的态度和支持程度。在此背景下，考虑了两种情况：(a) 对个人使用化石燃料征收额外的个人税，或 (b) 为支持国家气候变化战略而征收的额外个人税。公众态度没有显著差异。50.99%［情况 (a)］或 52.29%［情况 (b)］的参与者同意或非常愿意纳税，23.44%［情况 (a)］或 25.00%［情况 (b)］是中立的，只有 22.50%［情况 (a)］或 19.80%［情况 (b)］反对。[1]

将气候工程与减缓气候变化风险的七个主要方案进行了比较，得出以下结论：①约 50%的参与者将太阳能气候工程和碳税作为优先事项或高度优先事项，这一比例低于其他选择。②70%的参与者将节能技术、可再生能源、低碳能源和低碳生活方式作为优先事项或高度优先事项。③60%的参与者将二氧化碳排放控制技术、碳税、工业利用和二氧化碳利用和储存作为优先事项或高度优先事项。中国的受访参与者将太阳能气候工程列为最低优先级。[2]

总体而言，应进一步开展多渠道公众教育，扩大沟通交流，并确保中国公众、研究机构和政府之间的信息互通，以使公众更好地理解和认识太阳能气候工程在帮助降低气候变化相关社会和生态风险的潜在价值。

四 社区行动——以中国生物多样性保护与绿色发展基金会为例

中国生物多样性保护与绿色发展基金会（以下简称中国绿发会）成立于 1985 年。是全国性非营利性公募基金会，致力于环境和生物多样性保护工作。作为环境正义的领导者，中国绿发会迄今已发起了超过 50%的中国环境公益诉讼案件，资助了数百个基层非政府组织，支持了数千名个人，并在全国各地举办了许多环境和保护活动。

---

[1] Zhang Zhihua, Donald Huisingh, M. James C. Crabbe, "Chinese Public's Perceptions and Understanding of the Potential Roles of Solar Climate Engineering for Reducing Climate Change Risks", *Environment, Development and Sustainability*, 2024.

[2] Zhang Zhihua, Donald Huisingh, M. James C. Crabbe, "Chinese Public's Perceptions and Understanding of the Potential Roles of Solar Climate Engineering for Reducing Climate Change Risks", *Environment, Development and Sustainability*, 2024.

中国绿发会以多种方式参与环境保护工作：于 2016 年 4 月起建立中国绿发会保护地（CCAfa），在社区层面开展环境保护工作；采取了一系列教育举措，以提高中国对环境问题的认识，并鼓励可持续实践；与学校和大型野生动物志愿者合作，通过在目标地区发起倡议行动，确保候鸟的安全飞行。

中国绿发会参与了全国野生动物保护区栖息地的研究和管理计划，还为行业和政府机构提供可持续发展和环境影响方面的建议。深度参与物种保护。参与环境公益诉讼。它与联合国组织建立了伙伴关系，并与世界自然基金会（WWF）、联合国环境规划署（UNEP）、联合国开发计划署（UNDP）、《生物多样性公约》（CBD）、《保护野生动物迁徙物种公约》（CMS）、《濒危野生动植物种国际贸易公约》（CITES）和世界自然保护联盟等多个国际环保组织开展了合作。

主要参考文献

Cao Yaowei, Youtang Zhang, Liu Yang, et al., "Green Credit Policy and Maturity Mismatch Risk in Polluting and Non-Polluting Companies", *Sustainability*, Vol. 13, 2021, p. 3615.

刘锡良、文书洋：《中国的金融机构应当承担环境责任吗？——基本事实、理论模型与实证检验》，《经济研究》2019 年第 3 期。

Jeffrey D. Sachs, "Beyond Hegemony—A New International Order under the UN Charter", *Horizons*, No. 27, 2024.

Tu W. J., Yue X. G., Liu W., et al., "Valuation Impacts of Environmental Protection Taxes and Regulatory Costs in Heavy-Polluting Industries", *Int. J. of Environmental Pollution and Public Health*, Vol. 17, 2020, pp. 2070-2091.

Zhang Zhihua, Donald Huisingh, M. James C. Crabbe, "Chinese Public's Perceptions and Understanding of the Potential Roles of Solar Climate Engineering for Reducing Climate Change Risks", *Environment, Development and Sustainability*, 2024.

绿色设计：全球可持续发展的主要推动力

吴文婧　冯晓瑞　毕树礼[*]

一　世界绿色设计组织及主要工作

在全球化背景下，绿色设计已成为实现可持续发展的关键路径。绿色设计在中国的发展在过去 15 年取得了显著的进步和成果，中国"双碳"目标的实现离不开系统性的绿色设计。世界绿色设计组织（World Green Design Organization，WGDO）可以说是绿色设计的全球引领者。WGDO 作为一个国际性非营利组织，自 2013 年成立以来，始终致力于推广绿色设计理念和促进可持续发展，并打通了绿色设计理论与产业绿色转型的逻辑链条。WGDO 的宗旨是通过跨学科合作、教育与培训、政策倡导和国际合作等方式，提升公众和专业人士对绿色设计的认识，培养未来的绿色设计领导者。该组织通过影响和改进全球层面的政策以支持绿色设计事业和社会可持续发展，表彰更多绿色设计创新以促进产业绿色转型。同时，搭建了全球化的绿色设计信息、产品、技术、资本及人才高质量交流平台，携手各方共同应对气候变化。

WGDO 发源于比利时，是欧盟议事机制中可以发挥影响政策作用的

---

[*] 吴文婧，世界绿色设计组织北京代表处国际合作经理、副研究员；天津外国语大学欧美文化哲学研究所硕士，主要研究方向为生态哲学、绿色设计理论实践及国际项目合作等；冯晓瑞，世界绿色设计组织绿色可持续设计研究院合作中心主任、研究员，主要研究方向为生态文明绿色发展、绿色设计政策分析、绿色设计教育等；毕树礼，世界绿色设计组织总干事助理，主要研究绿色设计助力产业绿色转型，搭建全球绿色设计对话机制，促进绿色设计人才、材料、技术和资本流动，助推联合国可持续发展议程落实。

NGO，同时具有联合国特别咨商地位，享有参与联合国相关事务的权利。这一地位使 WGDO 能够紧密地将绿色设计理念与联合国的可持续发展目标相结合。在过去十年间，WGDO 在超过 40 个国家和地区推动了绿色设计的相关工作。通过举办国际高端峰会、牵头编制"绿色设计国际标准"、评定"世界绿色设计之都"、发起绿色产品评价"绿叶标"、开展国际公益项目"绿叶之家"、培养绿色设计人才——"绿色设计工程师"、设立全球绿色发展智库等，促进全球范围内绿色设计协同发展。

2020 年 3 月，WGDO 在北京注册成立了中国代表处，从而能够结合其在欧洲的优势资源和研究成果与中国本土的绿色发展实践，构建了一个新型的中欧绿色对话与合作平台。WGDO 北京代表处在中国先后参与、主导了众多国际性盛大活动，如在中关村论坛、服贸会等国家级平台上举办核心平行论坛，参与大会议程，推动绿色设计在中国的深化发展。

二 绿色设计在全球视野下的重要性

绿色设计理念具有六重属性（前瞻性、普适性、经济性、系统性、可持续性、协同性），对全球可持续发展的贡献是多方面的，涉及环境保护、资源节约、社会进步和经济发展等多个层面。绿色设计强调从微观、中观、宏观三个维度，在产品、服务和流程的设计阶段就考虑其全生命周期对环境的影响，旨在减少废物、降低能耗、使用可再生资源，并提高产品的可回收性。践行绿色设计理念有助于减缓气候变化、保护生物多样性、减少污染，并促进经济的绿色增长。

绿色设计在全球范围内的应用，已经促使许多行业从线性经济模式转变为循环经济模式，这种转变不仅减少了对环境的负担，还创造了新的市场机会和就业岗位。例如，在建筑领域，绿色设计通过使用节能材料和优化建筑设计，显著降低了建筑物的能源消耗；在制造业，绿色设计推动了对环境友好材料的使用和产品生命周期的延长，减少了废物的产生。

国际社会对绿色设计的共识与行动体现在多个方面。许多国家已经将绿色设计纳入国家政策和法规中，通过提供税收优惠、补贴和研发资金来支持绿色产品和技术的开发。"绿色设计"被写入《中美关于在 21 世纪 20 年代强化气候行动的格拉斯哥联合宣言》中；联合国通过可持续发展目标

绿色设计：全球可持续发展的主要推动力

（SDGs）鼓励成员方采纳绿色设计原则，以实现环境和社会的可持续性。

企业也在积极顺承绿色设计的国际趋势，通过实施绿色设计策略来提升品牌形象和市场竞争力。这一部分源于消费者对环保产品的需求日益增长，促使企业在产品设计中更加注重环境影响和社会责任，另一部分源于企业运用绿色设计收获了实在的经济效益。各科研院所及高校也在不断加强绿色设计相关的研究和人才培养。

综上所述，绿色设计已经成为全球可持续发展的重要推动力，国际社会的共识与行动正在加速这一进程，共同为建设一个更加绿色、健康和可持续的世界而努力。

三　中国绿色设计典型案例

在中国，绿色设计正在加速发展，取得了一系列令人瞩目的成就。这得益于国家政策的大力支持和社会各界对环保和可持续发展的广泛关注。中国的绿色设计应用已经覆盖建筑、制造、能源等多个领域，推动了产业的绿色转型和升级。尽管面临技术创新不足、市场认知度有限等挑战，但中国的绿色设计在全球范围内的影响力和竞争力不断提升。

（一）循环制造——废轮胎循环利用解决方案

作为中国绿色设计发展的典型案例，广州泓泰控股公司（以下简称泓泰公司）通过其世界领先的液相粉碎技术，有效地解决了全球废轮胎处理的难题，以废轮胎为优质原材料，制备超细、超微细硫化橡胶粉，其工艺、品质、成本和应用价值整体上颠覆了废轮胎资源再利用产业。该公司已经形成了装备、回收供应链、生产基地、产品应用研发、销售平台"五位一体"的产业系统闭环，实现了废轮胎到新材料的高效循环利用，形成了从"轮胎中来，到轮胎中去"的闭环产业链。该技术在全封闭环境下开展物理性加工，无废气、废水、粉尘排放，做到了真正的清洁生产，并且生产系统能耗低，运行成本低，产品品质优越。泓泰公司的案例展示了绿色设计在推动循环经济方面的关键作用，以及中国在全球绿色设计领域的影响力和贡献。

(二) 绿色农业——"一稻三虾"混养技术

江苏里下河地区农科所研发的"一稻三虾"生态循环养殖模式，利用了生物间的互利互惠生态原理，同时加快了物质循环，提高了资源利用率，在养大虾的同时种好稻，包括提前育秧、消毒除杂、种草养草、虾苗投放、大苗栽插、水位调控、绿色施肥、绿色投饵、绿色防控、适时捕捞等关键环节。

3月中旬投苗于种好水草的水稻田，4月底前收获"稻前虾"；6月插秧季投放二茬苗，7—8月稻中虾上市；秋季水稻收割前，放养繁殖早苗或晚苗，次年3月上市"稻后虾"早苗或5月上市"稻后虾"晚苗。这样，一亩稻虾田，水稻亩产1400斤左右，龙虾500斤左右，亩产年纯收入6000元左右，是普通耕作农田收益的6倍以上，大幅度提高了稻田养虾效益。这种模式不仅提升了经济效益，也体现了绿色设计的理念，即通过优化生态系统内部的循环利用，实现资源的最大化利用和环境的最小化影响。通过减少化肥和农药的使用，保护了生态环境，促进了农业的可持续发展，为实现绿色农业提供了一个有效的范例。

(三) 绿色园区——北京城市绿心森林公园

北京城市绿心森林公园是北京市通州区的生态修复项目，旨在通过绿色设计理念提升城市环境质量。公园内采用"近自然、留弹性、活文化"的设计理念，创造了多功能的绿色空间，既为市民提供了休闲娱乐的场所，又促进了生态系统的恢复。通过绿色设计的应用，公园不仅提高了区域的生态价值，还为城市可持续发展提供了重要的示范。

四 绿色设计推动中国社会经济绿色转型的策略

(一) 政策引导和支持

近年来，中国政府发布一系列的政策文件，从国家层面积极引导并推动各行各业的绿色设计实践。《关于加快经济社会发展全面绿色转型的意见》明确提出，要通过绿色产品设计、绿色制造以及碳足迹管理体系的构建，降低全生命周期能源资源消耗和生态环境影响。这些政策为绿色设计

绿色设计：全球可持续发展的主要推动力

奠定了规范化和制度化的基础，以实现社会经济的全面绿色转型。

1. 制造业

《关于加快推动制造业绿色化发展的指导意见》提出，大型企业在绿色设计和供应链管理中应起到核心作用，并探索"产品+服务"的综合模式，进一步强化绿色低碳装备制造的产业升级。

根据《工信部关于组织推荐第五批工业产品绿色设计示范企业的通知》，工业领域聚焦高生态影响行业，通过示范企业的引领作用，推动绿色设计理念在全生命周期的应用，包括轻量化、低碳化等方向。该政策强调了绿色设计对产业链协同提升的重要性。

《轻工业重点领域碳达峰实施方案》提出，要全面推广绿色制造理念，并通过完善评价技术规范和推广成功案例，推动轻工业企业在绿色设计方面取得突破。

《家用电器更新升级和回收利用实施指南（2023年版）》鼓励家电企业加大研发投入，采用高效节能工艺和绿色制造技术，特别是在高端家电产品的绿色供给上形成优势。这一政策的核心在于通过市场激励推动技术创新，为绿色家电市场提供多样化选择。

《纺织工业提质升级实施方案（2023—2025年）》明确要求，提高纺织品的绿色设计水平，减少旧纺织品回收难度，同时推进循环利用标志标准的制定和推广。

《以标准提升牵引设备更新和消费品以旧换新行动方案》将材料的可再生性和循环利用性纳入强制性标准，为相关产品的绿色设计提供技术支持。

绿色供应链建设被认为是提升行业整体绿色化水平的重要举措。《质量强国建设纲要》明确指出，全面推行绿色设计、制造与建造，并建立统一的标准、认证和标识体系，推动绿色供应链的高质量发展。通过政策引导企业向上下游传递绿色设计理念，供应链的协同优化成为可能。

2. 建筑业

在建筑领域，绿色设计贯穿建造、运维到回收的全生命周期。

《2024—2025年节能降碳行动方案》要求，通过严格执行节能降碳标准和推广新型建材技术，加快建筑方式的绿色转型。

《关于加强新时代水土保持工作的意见》强调绿色施工的重要性，并提出减少水土流失和破坏表土资源的具体措施。

《市管企业碳达峰行动方案》则以打造"绿色设计—绿色施工—绿色运维—绿色回收"一体化产业链为目标，为建筑业绿色化提供系统化解决方案。

3. 交通业

在交通行业，《推动铁路行业低碳发展实施方案》提出了绿色设计的全流程管理模式，包括设计、建设和验收等环节，以确保工程项目的能耗与碳排放达到绿色低碳要求。通过在交通基建中引入绿色设计理念，中国正逐步实现铁路等关键领域的低碳化转型。

4. 服务业

建立完善的绿色标准体系对于确保绿色设计的实施具有基础性作用。《关于促进服务消费高质量发展的意见》建议，通过建立绿色低碳服务标准和认证体系，增强绿色服务的市场认可度。

（二）技术创新

技术创新是推动绿色设计实施的关键力量。在绿色设计的应用中，制造业作为典型领域，逐步形成了绿色转型的示范效应。政府政策的引导为技术创新提供了支持，而绿色设计的普及和教育则进一步加速了这一进程。因此，绿色设计的通识教育以及绿色设计工程师的专业培训显得尤为重要。通过在教育体系中融入绿色设计理念与实践，能够提升未来设计师和工程师的环保意识，增强他们解决实际问题的能力和创新思维。

1. 制造业企业的绿色设计实践

制造业企业在推动绿色设计中的作用至关重要。根据《制造业企业供应链管理水平提升指南（试行）》（以下简称《指南（试行）》）的要求，企业应积极应用绿色设计技术，以全生命周期管理为核心理念，加速绿色产品的开发与推广。具体而言，该政策提出以下几点：

（1）高可靠性与低环境负担

绿色设计技术应优先提高产品的可靠性，同时降低生产过程中的资源能源消耗和污染物排放。这不仅符合可持续发展的目标，而且在成本控制方面展现出潜力，实现企业发展和环境保护的"双赢"局面。

（2）易包装运输与拆解回收

在产品设计阶段，提前考量产品生命周期结束时的拆解与可回收性，这不仅能有效延长资源的使用周期，降低能耗，还能从经济层面挖掘循环利用的价值。

(3) 逐步提升绿色产品供给

政策要求制造业企业通过创新绿色包装材料和回收技术，不仅要满足环保法规要求，还要提升企业在绿色消费领域的品牌形象与市场竞争力。

此外，制造业的技术创新必须与上下游供应链协作。《指南（试行）》建议，通过供应链的协同优化，推动绿色设计的规模化应用，进一步支撑整个行业的低碳化发展。

2. 航空制造业的绿色设计探索

航空制造业作为一个技术密集型行业，是绿色设计技术应用的重要试验场。《绿色航空制造业发展纲要》（以下简称《纲要》）提出，要构建面向环境、能源和材料的绿色制造技术体系，重点发展绿色表面处理、清洁加工和低能耗工艺。具体而言，该纲要提出了以下几项技术创新：

(1) 绿色表面处理技术

传统航空表面处理工艺常伴随高污染和高能耗问题，而绿色表面处理技术能够在优化性能的同时，显著降低有害物质的排放，为提升行业环保标准打下坚实基础。

(2) 清洁加工与低能耗工艺

航空制造业对精密性和高质量有极高要求，清洁加工技术不仅减少了加工废弃物，还通过优化工艺流程降低了能耗。这些技术创新不仅符合环境保护的要求，同时提升了航空产品的性能和市场竞争力。

(3) 绿色制造技术体系

《纲要》强调采用系统化思维推进绿色技术的研发与应用，涵盖从材料选择到制造过程，再到产品生命周期管理的各个环节，推动形成全方位的绿色制造模式。这一体系化发展路径为航空制造业提升全球市场竞争力提供了有力支持。

五 结 语

绿色设计作为推动全球绿色经济发展的新动力，预示着新的机遇和挑战。在全球范围内，绿色设计不仅引导产业和技术的发展方向，而且通过创新设计减少资源消耗和环境污染，提高资源利用效率。中国在全球绿色设计领域的影响力和贡献日益增长，通过国际合作平台将绿色设计理念和技术输出到世界各地，为全球绿色经济的发展作出积极贡献。

  面对未来，中国绿色设计的发展需要加强顶层设计，推动"产学研"合作，培养绿色设计专业人才，推广绿色消费，以及加强国际合作，以确保绿色设计为中国乃至全球的可持续发展贡献更多的智慧和力量。通过这些努力，绿色设计将为社会经济的绿色转型提供强有力的支持，引领我们走向一个更加绿色和可持续的未来。

绿色消费

推动绿色消费　促进绿色发展
——中国餐饮高质量发展的必由之路

郑　健　刘元棠[*]

中国餐饮业，有730多万家市场主体，容纳3760多万就业人口，为提振消费、稳定就业发挥了重要的作用。经国务院批准，商务部等部门于2024年3月14日联合印发《关于促进餐饮业高质量发展的指导意见》（以下简称《指导意见》），从7个方面提出22项具体政策措施，其中餐饮业实现绿色消费、促进绿色发展，减少餐饮浪费是政策措施的几个重点要求。促进绿色发展是《指导意见》的最核心要求。而倡导绿色消费、绿色生产的餐饮业数字化消费平台，则是促进餐饮业绿色发展的重要手段，对于整个餐饮业的可持续发展，提供了更多体验创新的空间，推动了人才、资源、资本和场景等各类要素的高效率配置。

一　促进绿色发展的具体要求

《指导意见》指出：餐饮业与人民群众日常生活紧密相关，是促消费、惠民生、稳就业的主要领域。

（一）提升餐饮业产品品质和服务品质

落实食品安全"四个最严"要求，实施食品安全风险分级监管。加强食材原产地认证，完善标准体系。严格食品原料进货查验，严把食品原料

---

[*] 郑健，"网红生日宴"项目总策划、总运营，云南盈彩博特网络科技有限公司董事长，主要研究方向为企业管理咨询、投融资政策、企业上市孵化等。刘元堂，云南盈彩博特网络科技有限公司《网宴之声》编辑部主任，主要研究方向为企业文化等。

准入关。推广餐饮外卖封签制度，开展餐饮环节食品添加剂减量使用，非必要不添加。

（二）创新餐饮消费场景，促进餐饮特色化、专业化、品牌化和数字化

优化餐饮供给格局。培育、认定一批中华美食街区。发展乡村休闲餐饮，培育知名餐饮品牌，培育"名菜""名小吃""名厨""名店"，打造地方特色餐饮品牌。发展"数字+餐饮"，培育餐饮消费平台。鼓励大型连锁餐饮企业下沉发展，挖掘县域餐饮市场潜力，完善乡村休闲餐饮配套产业和设施，提升餐具清洗、原辅料物流、厨余垃圾处理领域产业化水平。

（三）推动绿色生产和绿色消费

坚决制止餐饮浪费，促进低碳环保发展。加强餐饮油烟、噪声排放控制。持续减少餐饮领域一次性塑料制品和包装物使用。建立健全绿色餐饮标准体系。规范预制菜的发展，例如：加快制定完善预制菜相关标准；持续开展预制菜风险监测和评估；进一步严格预制菜食品安全监管；引导相关机构建立预制菜技术联合开发平台，不断提升预制菜品质。

（四）促进行业从业人员提升服务技能

落实资金经费支持餐饮从业人员培训。支持本科高校和职业院校开设餐饮经营管理、烹饪等相关专业。支持符合条件的餐饮企业举办餐饮服务类职业院校。鼓励餐饮领域职业教育校企合作，打造一批校企合作示范项目。

（五）优化餐饮业营商环境

为规范和优化餐饮业营商环境，《指导意见》制定了规范清理涉企收费、拓展投融资渠道、提升便利化水平、规范经营秩序，以及加强组织领导和服务水平等八条具体措施。

（六）提升中国餐饮业文化自信和国际化

加强地方特色餐饮文化内涵挖掘和保护，培养餐饮文化和技艺传承梯队。推动体现中华餐饮文化的非遗项目申报联合国教科文组织非物质文化遗产名录、名册。加快中餐"走出去"。支持餐饮经营主体积极开拓海外市场。加强与重点国家和地区在检验检疫等领域合作，积极推动中餐厨师赴境外从业，支持餐饮原辅料等进入国际市场等。

二 绿色消费对餐饮业发展的促进作用

（一）绿色消费的定义

"绿色消费"一词涵盖了生产和消费领域的全方位活动，包括绿色产品、材料回收、能源的有效利用、环境保护和物种保护。

联合国环境规划署将绿色消费的定义扩大到可持续消费和生产的整个链条。可持续消费和生产（Sustainable Consumption and Production，SCP）是指用更少的资源做更多、更好的事情。它还涉及将经济增长与环境退化脱钩，提高资源效率和促进可持续的生活方式。

SCP是指使用服务和相关产品满足基本需求，并带来更好的生活质量，同时在服务或产品的生命周期内最大限度地减少自然资源和有毒材料的使用以及废物和污染物的排放，以免危及子孙后代的需求。

（二）绿色消费的促进作用

1. 供应链侧重本地化采购

由于可持续发展寻求最大限度地减少整个食品供应链的温室气体排放，餐饮企业应该积极与当地食材供应商进行供应链在地化，以缩短食品需要的运输距离。这有助于支持当地企业，尤其是生产有机食品的农民种植户和养殖户。通过采购本地生产的食品而不是进口食品，餐饮业可以大力推动当地的经济增长。

2. 使用有机产品

有机农场要求种植户、养殖户使用天然杀虫剂、除草剂和肥料，为饲养动物提供更大的、有人性的开放空间，喂养优质饲料，并且仅在绝对必要的情况下使用经批准的合格的、适量的非合成激素和抗生素。

3. 最大限度减少浪费

全球气候变暖、水资源短缺、能源危机、粮食危机已经成为人类面临的紧迫问题，推行绿色消费，减少食物浪费是可持续餐饮的关键。中商产业研究院发布的《2024—2029年中国固废处理市场调查与行业前景预测专题研究报告》显示，2022年我国餐厨垃圾处理量达到1.74亿吨，2023年达到1.92亿吨，2024年达到2.11亿吨（见表1）。

表1　　　　2021—2024年中国厨余垃圾处理量

年份	2021	2022	2023	2024
餐厨垃圾处理量（亿吨）	1.58	1.74	1.92	2.11

注：2024年为估计值。
资料来源：中商产业研究院：《2024—2029年中国固废处理市场调查与行业前景预测专题研究报告》，2024年。

最大限度地减少浪费，不仅可以减少我们对环境的影响，还意味着我们以更高效、更具成本效益的方式利用资源。

三　餐饮业为绿色发展所做出的努力

世界呼唤餐饮业绿色发展和可持续发展。餐饮业的绿色发展不仅仅是一种趋势，更是一股变革的浪潮，重塑着人类的食物链。2024年3月7日，达沃斯国际论坛上，专家呼吁面向未来，借助App、CRM软件等现代科技手段，把食材绿色溯源、绿色消费等纳入餐饮业的全部流程，重新定义餐饮业，实现餐饮业高质量发展。

（一）增强餐饮业发展动能

《指导意见》提出：鼓励餐饮领域人工智能、大数据、区块链技术及智能设备研发与应用。推进餐饮数字化赋能，培育一批餐饮数字化示范企业、示范街区和数字化服务提供商，为餐饮业发展提供新动能。

（二）打造绿色餐厅行业标准

2018年，财政部等部门联合发布的《绿色餐饮发展指导意见》提出，构建餐饮行业节能经济的发展模式，到2022年初步建立绿色餐饮标准体系，培育5000家绿色餐厅，提出每10000元营业收入减少20%以上的餐饮浪费和能源消耗的目标。2023年9月20日，云南省出台了我国第一个绿色餐饮地方标准。2024年9月9日，江苏省餐饮行业协会组织业界活动，宣传和推动绿色餐饮和绿色消费。

（三）倡导绿色消费，降低食物浪费

世界各国餐饮食材浪费数量巨大（见表2），在如何处置方面耗费大量社会资源并增加碳排放。

表2　　2017—2024年世界各国餐饮食材浪费数据一览

国家与地区	食材浪费数据	近期变化
美国	每年6000多万吨，人均325磅	目标降低一半
中国	每年5000万吨	出台反食品浪费法规
日本	2000年高达980万吨，2017年约612万吨，2022年470万吨	2019年10月出台法规，促进2030年食品浪费比2000年减半
英国	每年950万吨	2022年估计浪费食材1070万吨，2023年出台环境改善计划，严格要求减少浪费增加回收
澳大利亚	每年760万吨	出台食品浪费控制战略，要求2030年食品浪费量减少50%
全球	2022年25亿吨	联合国呼吁减少食品浪费，2024年控制目标为16亿吨

资料来源：根据联合国环境规划署（UNEP）、中国农业科学院、美国自然资源保护协会（NRDC）及日本农林水产省等公开资料整理。

联合国把减少食品浪费列为人类17个可持续发展目标之一，各国均积极响应。餐饮业从系统源头重新设计菜单和供应链、客户卖点、服务流程，进而降低无效的食材损耗，提高效率和效益，已经成为餐饮管理者的必修课。在中国，就减少食材浪费已经出台一项法律。

（四）推动包装材料绿色实践

多国立法减少包装材料的使用。当需要打包时，也不要用对环境危害较大的塑料材料。尽量选择可生物降解、可堆肥甚至可食用的包装解决方案。餐饮包装盒创新也有望产生大量创新企业。

美团、饿了么等平台纷纷响应国家政策号召，鼓励消费者选择"不提供（一次性）餐具"选项，也鼓励餐饮外卖商家降低对不可降解包装材料的使用。

我国有多家企业推出使用植物纤维材料加工的食品包装盒和包装袋，生产成本也逐渐降低，达到市场可接受的水平。这为食品包装产业以绿色环保材料替代塑料，提供了万亿级别的创新机遇。

（五）推行食材有机化

餐饮业食材精品化，尤其是力推绿色有机食材主题，成为餐饮创新亮点之一。从东京到巴黎、澳门，再到国内的许多城市，主打有机食材的精品餐厅纷纷涌现。美国有机食品的销售额，从2018年的479亿美元，增长到2022年的616亿美元，2023年是827亿美元，增长强劲。

2024年，中创网宴在中国举办了300多场餐饮业绿色发展学习会，宣传绿色消费，倡导绿色食材，并在网宴App科技平台上助推生产商家的绿色有机食材。同时积极与各地政府合作，在当地打造绿色食材供应链，扶植绿色产业链上的种植户和养殖户，助推中国餐饮业食材有机化高质量发展。

四 餐饮业绿色发展存在的问题和应对措施

（一）餐饮业绿色发展存在的问题

当前，由于历史起点和人才基础等各种因素的影响，我国餐饮企业仍然存在以下问题。

1. 绿色消费意识淡薄，食材浪费严重

我国餐饮业绿色消费意识淡薄，形成了巨大的浪费，也影响了餐饮业的高质量发展。

据食物营养所和中国科学院地理所调研，我国食物总体损耗浪费率为22.7%。2023年12月18日，中国农业科学院发布的《2023年中国食物与营养发展报告》显示，包括粮食、蔬菜、水果、肉蛋禽类等在内的食物，2022年损耗浪费总量达4.6亿吨，造成经济损失1.88万亿元，相当于农业总产值的22.3%。

2. 绿色食材短缺

2023年,中国绿色食品产量达到11156.9万吨,增速为3.2%。赛迪顾问预计,未来绿色食品产量将保持稳定增长,2027年达到12399.9万吨,增速为2.7%。

绿色食品销售额从2015年的4383.2亿元增长至2022年的5397.57亿元。2022年,我国食品饮料行业销售收入达11.1万亿元,绿色食品占比仅为4.9%[①],绿色食材在餐饮门店及市场终端大量短缺。

(二)餐饮业绿色发展的应对措施

1. 聚焦客户体验品质,建立餐饮服务评价标准

早在1998年,美国学者就在《哈佛商业评论》发表文章,指出人类社会经济活动经历了商品经济、产品经济和服务经济三个阶段之后,正迈入体验经济时代。

表3　　　　　　　　商品经济到体验经济的主要区别

	商品经济	产品经济	服务经济	体验经济
经济形态	农业	工业	服务业	体验产业
经济职能	采集	制造	交付	场景
价值特性	可交换	有形的	无形的	值得回忆的
关键特征	自然生产的	标准化的	定制化的	个性化的
提供的方式	大量堆积	加工后库存	按需交付	一段时间后回想
卖方	贸易商	制造商	供应商	场景开发者
买方	市场	用户	委托人	顾客
需求要素	商品特性	产品特色	价值益处	情绪价值

资料来源:B. Josephpine Ⅱ, James H. Gilmore, "Welcome to Experience Economy", *Harv Bus Rev*, No.76, Vol.4, 1998。

新加坡餐饮及旅游酒店业服务管理专家围绕体验经济的质量管理,设计出服务体验的质量衡量体系,它用五种核心价值维度来衡量,依次是可信度(Reliability)、保证度(Assurance)、可见度(Tangible)、关怀度

---

① 智研咨询:《中国绿色食品行业市场竞争态势及投资前景研判报告》,2023年。

（Empathy）和反应度（Responsiveness）（RATER）。

中国餐饮业历来注重服务礼仪、流程等仪式感，强调场景体验价值。但我国餐饮业普遍缺乏高水准的服务体验管理体系，我们建议餐饮业及监管部门围绕 RATER 质量管理体系，充实和完善餐饮服务质量管理体系，提高客户服务体验的惊喜度。

2. 打造绿色精品食材基地并推行原产地认证保护

我国餐饮业大多仍然停留在拼成本、打价格战的低层次，亟待构建供应链名优食材绿色生产标准化体系，建立名优食材原产地认证保护制度。我国拥有山东长岛扇贝、松江鲈鱼、云南黑松露等数百种名优食材，同时各地也在不断培育创造新的名优品种。但市场缺乏高质量的秩序监管，鱼龙混杂，产品市场口碑不高，国际形象差。原产地名优产品质量体系升级、原产地品牌认证保护机制亟待加强。同时，建立互联网产业平台积极进行舆论引导。

3. 打造餐饮数字化升级服务平台

数字化服务平台是餐饮业各类要素快速匹配、精准匹配、低成本交易的必由之路。对于许多门店和创业者来说，加入在线订购、在线配送和电子商务平台已经变得至关重要。

美团平台推出万物到家服务、万物到店两类系统。万物到店服务系统可以方便厨师更便捷地从当地供应商那里订购优质食材。万物到家系统则提供了一种经济实惠的方式，可以将厨师制作的美味菜品直接送到用户家中或聚会地点，比如婚礼现场。诞生于中国的网宴 App 则能将厨师、主持人、歌舞服务艺人和酒水供应商等精准匹配，帮助用户实现一键下单、一键定制自己的宴会服务。

智能化、数字化平台，把"信息孤岛"打破，为餐饮业、供应商、用户搭建起高效率的信息平台，把复杂的流程用数字化后台集中解决，将为餐饮业高质量发展创造无限可能。

中国对餐饮业数字化服务平台、产业融资平台等领域的限制性条件较多，来自地方政府部门的干预较多，需要出台政策为数字化平台型创新和创业创造宽松的监管环境，为资本、技术、人才、创意等要素的高效率匹配提供高质量的产业制度条件。

五　2025年餐饮行业绿色发展趋势展望

（一）2025年中国餐饮市场规模持续扩大

我国餐饮业人均年消费额约为3745元，处于发展中国家平均水准。世界餐饮业发展历史经验表明：经济越发达，餐饮业人均消费水平越高。基于这一基本趋势，以及我国餐饮业增长速度高于经济增长速度的基本事实，结合国家多举措推动餐饮业高质量发展和持续增长繁荣的有利环境，中国餐饮业将持续高质量增长。按照餐饮业年均增速10%估算，2025年将达到6.39万亿元，并向7万亿元关口稳步迈进。

（二）绿色生产及绿色消费、产业平台合力推动中餐国际化

中餐因其鲜美的味觉体验在世界上广受赞誉。随着中国餐饮业整体生产作业流程的绿色化，以及中餐菜品烹饪短视频在字节跳动等新媒体平台上的广泛传播，中国餐饮国际化水平迅速提升。按照世界中国烹饪联合会的统计，目前海外中餐厅约有60万家，分布在全球188个国家和地区。

数字化点餐、订餐和定制化服务平台，极大地便利了餐饮业少人化和客户管理的集约化，加上餐饮业品牌国际管理人才团队的成长，国际化经营理念、服务规范的快速提升，中餐在国际上的扩展速度也不断提升。这也推动了中餐的标准化、食材绿色化，以及烹饪作业流程的绿色化。在世界文化日益融合的全球环境下，中餐伴随着中国国力的提升、中国文化魅力的提升、中国人才素质的提升，赢得更高的国际地位。

六　结　语

随着更多餐饮门店接受绿色消费和绿色餐饮，餐饮业正朝着更具创新性和可持续性的方向发展。借助社会监督、数字化和生态意识的高度关注，餐饮的未来注定更加光明、食品更加健康美味、消费体验更加完美。

绿色消费指明了人与自然可持续和谐共存的大方向，而中创网宴等数字化平台，则在中国餐饮业数字化转型升级、绿色消费以及中国餐饮业非遗饮食文化的发掘和传承发展上，发挥了积极的作用。

中国餐饮业绿色食材种类万千，餐饮流派众多，当全社会沿着绿色发展的明确目标努力时，餐饮行业必将迎来黄金时代。

主要参考文献

中国农业科学院：《2023 年中国食物与营养发展报告》，2023 年。

智研咨询：《2024—2030 中国绿色食品行业市场竞争态势及投资前景研判报告》，2025 年。

乔治·T. K. 郭：《不平凡的服务：打败竞争者的唯一方式》，黄诗芬译，中国社会科学出版社 2008 年版。

我国农业食品系统温室气体减排的分析与建议

杨 彦[*]

农业食品系统（以下简称农食系统），指人类为了满足食物需求所开展的农业生产、食物加工、包装、运输、零售以及消费的各个活动环节所组成的一个整体系统。农食系统作为基础性民生领域，关系人类生存和经济社会发展。农食系统是碳源也是碳汇，影响着全球气候，也深受气候变化的影响。全球农食系统产生了30%的温室气体，消耗了70%水资源，改变了80%的土地利用格局。与此同时，在气候变化下，气温、降水和辐射变化以及极端天气，加剧了农业生产的波动性，严重影响农业生产和食物获取，甚至威胁着人类的生存发展。因此，需要采取积极措施推动农食系统减少碳排放、增加碳汇，提高农食系统应对风险的韧性，保证食物供给安全且可持续。

一 我国农食系统温室气体排放现状和特征

推动农食系统温室气体减排的首要任务是厘清农食系统温室气体排放现状和特征，并在此基础上有针对性地提出科学的减排策略。

（一）农食系统的温室气体排放源

从食品全生命周期角度考虑温室气体排放，通常可以将农食系统分为

---

[*] 杨彦，中粮集团节能环保部高级经理、高级工程师、注册环保工程师、环评工程师、咨询工程师，主要研究方向为绿色发展、环境保护。

农业生产、食品加工分销以及食物消费活动三个主要阶段，包括农业生产、食品加工、食品运输、食品销售、食物烹饪和废弃物处置六个主要环节，可见农食系统温室气体排放环节相对多且分散。因此有必要对农食系统温室气体排放源进行系统梳理（见图1）。

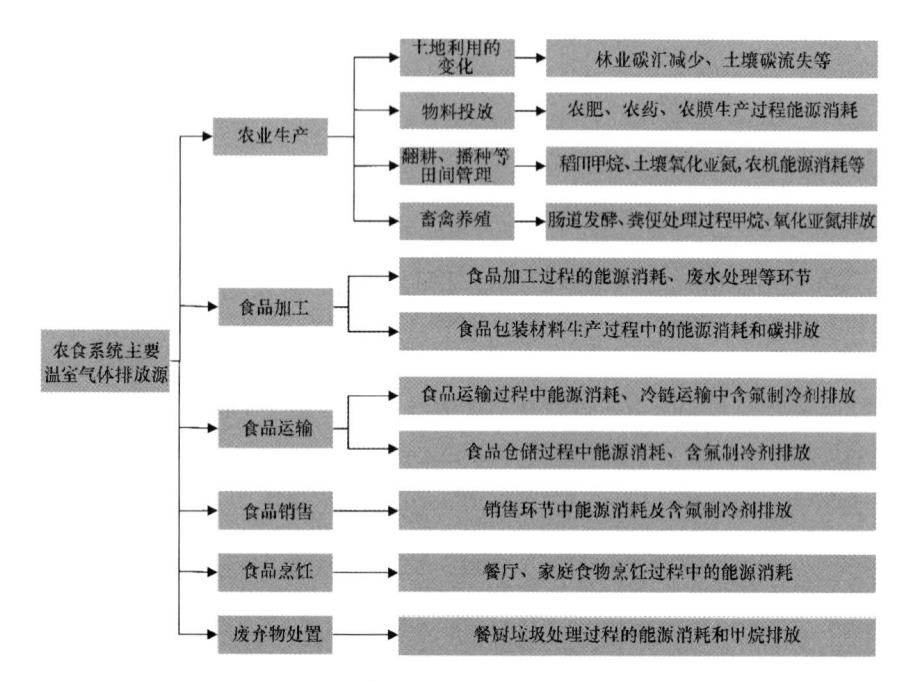

图1 农食系统温室气体主要排放源

（二）我国农食系统温室气体总量和结构

在温室气体核算体系里，食品加工、运输、销售和废弃物处置等环节的排放通常被放在不同行业类别中统计。

2023年，我国农食系统温室气体排放量达到13.86亿吨，约占我国温室气体排放总量的11%，其中农业生产温室气体排放8.85亿吨，是最主要的排放源，占63.85%。食品加工和食物消费阶段温室气体排放量相当（见图2）。

其中，食品加工的温室气体排放1.83亿吨，食物烹饪环节1.21亿吨，共同构成食品从原料至投入市场的加工过程；食物消费阶段的温室气体排放则集中于下述环节：销售环节温室气体排放0.45亿吨，物流环节0.35亿吨，废弃物处理环节1.17亿吨，食物消费阶段中废弃物处理是温室气体排放的主要来源。

我国农业食品系统温室气体减排的分析与建议

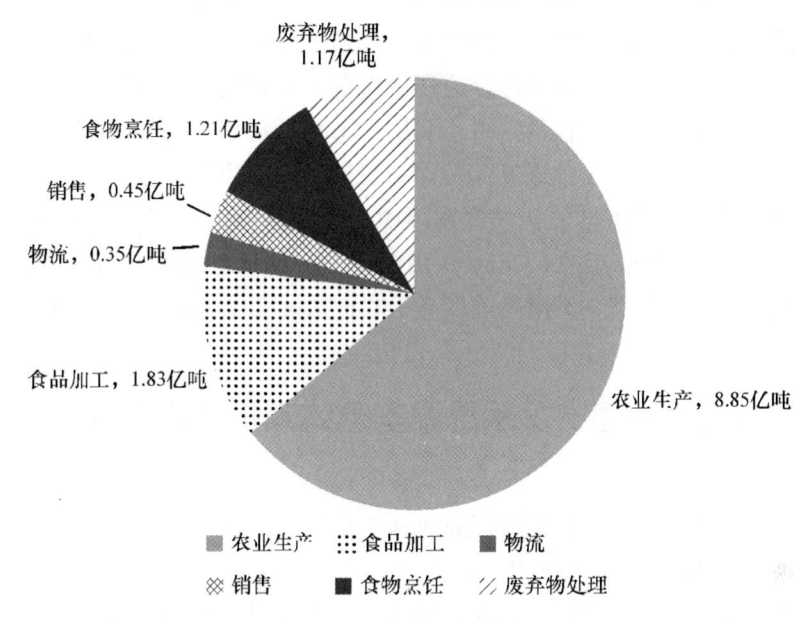

图2 我国农食系统主要排放源温室气体排放情况（2023年）

资料来源：根据公开数据整理。

（三）我国农食系统温室气体排放特征明显

1. 农食系统温室气体排放类别结构

如前所述，农食系统温室气体排放涉及甲烷、二氧化碳、氧化亚氮、氟碳化合物等多个类别。图3对比了5种主要温室气体在我国整体、农食系统和农业活动中的占比（见图3）。农食系统二氧化碳排放占比仅为37.81%，显著低于能源活动和工业生产过程中二氧化碳排放的占比。水稻、小麦等粮食作物种植过程、畜禽养殖过程以及食品废弃物处置环节的甲烷和氧化亚氮的排放在农食系统温室气体排放中也占据重要地位，占比分别为37.38%和21.31%。

另外，在农食系统和农业活动中，其他非二氧化碳温室气体排放，包括氧化亚氮、氟碳化合物和六氟化硫等，排放量相对较少。

2. 农业生产是温室气体排放的核心环节

农食系统温室气体排放链条长、环节多，其中农业生产是农食系统温室气体的主要来源，也是我国除能源消耗和工业生产过程外最大的温室气体排放源。

根据 CEIC 统计数据，2012—2023 年，我国农业生产温室气体排放总量呈阶梯式波动下降。2015—2017 年下降速度较快，2017—2023 年下降速度相对平缓。农业生产排放总量的降低得益于农业的绿色发展。我国从化肥农药减量使用、农作物秸秆综合利用、畜禽粪污资源化利用、地膜减量回收利用等多维度持续推进农业全面绿色转型，取得显著成效。然而，农业生产活动温室气体排放在农食系统中的占比却持续提高，从 2019 年的 59.11% 提高至 2023 年的 63.85%。由此可见，农业生产温室气体排放在农食系统中越来越显著，其减排难度高于农食系统其他温室气体排放环节。

二 我国农食系统温室气体减排技术路径

农食系统的温室气体减排需要农业生产、食品加工分销以及食物消费活动三个主要阶段协同作用。现阶段，农业生产、食物加工、运输、销售、烹饪和垃圾处理等环节，在能效水平不断提升、能源清洁化发展形成趋势、循环经济不断发展、食物消费端的行为改变等因素的共同影响下，减排空间还很大（见图3）。

在农业生产环节，2022 年 6 月，农业农村部牵头颁布《农业农村减排固碳实施方案》，明确了围绕种植业节能减排、畜牧业减排降碳、渔业减排增汇、农田固碳扩容、农机节能减排、可再生能源替代六项任务，实施包括稻田甲烷减排、化肥减量增效、畜禽低碳减排等在内的十大行动。

现阶段我国农业农村减排固碳技术模式涵盖了种植业、畜牧业、渔业和农村可再生能源替代等重点领域。具体可选择的技术模式包括以下内容。

（1）稻田甲烷减排技术：通过选用高产低碳品种、旱耕湿整、控水栽培、施用减排肥料等措施，在保障水稻丰产稳产的同时，抑制稻田甲烷产生，降低甲烷排放。

（2）农田氧化亚氮减排技术：通过减少氮肥施用、优化施肥方式、改进肥料种类、提高水肥耦合，在增加作物产量的同时，有效减少氧化亚氮排放，提升氮肥利用率。

（3）保护性耕作固碳技术：利用秸秆地表覆盖、少免耕播种、配套应用药剂拌种、种子包衣、化学除草等防治技术，减少土壤扰动，降低土壤

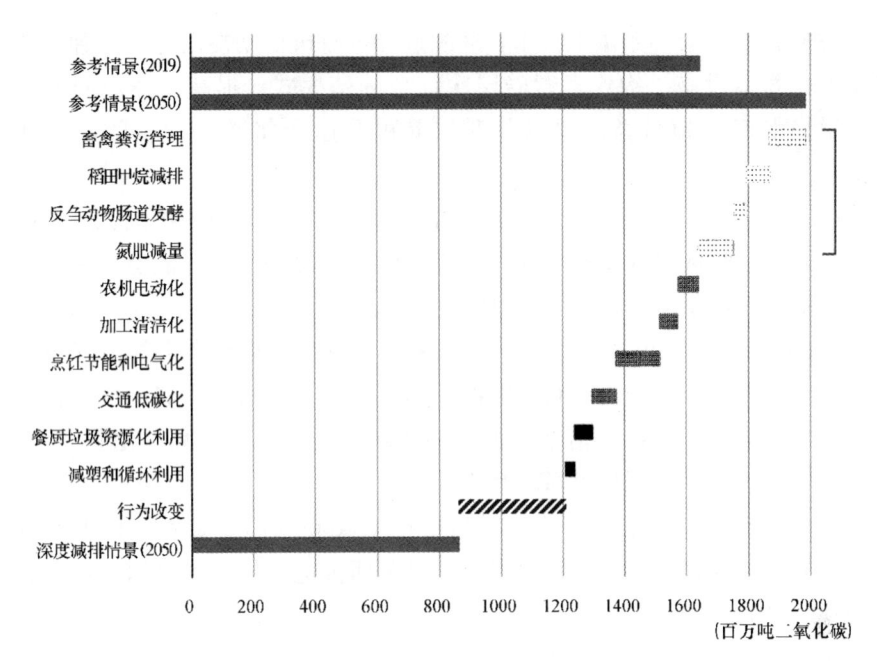

图 3　农食系统主要减排行动的减排潜力

资料来源：绿色创新发展研究院：《农食系统与碳中和中国农业与食物相关温室气体减排路径分析报告》，2023年。

侵蚀，促进蓄水保墒，提高土壤有机碳含量，增强土壤固碳能力。

（4）秸秆还田固碳技术：通过秸秆粉碎抛撒、机械还田，配套应用调氮促腐措施，补充土壤中的矿质元素，减少化肥施用量，将碳保留在土壤中，增加土壤有机质含量。

（5）反刍动物肠道甲烷减排技术：通过调控日粮营养结构、优化饲料品种、改善粗饲料品质、合理使用饲料添加剂，降低反刍动物肠道甲烷排放，提高畜牧业生产效益。

（6）畜禽粪便管理温室气体减排技术：采取粪污干湿分离、固体粪便覆膜好氧堆肥、液体粪污密闭贮存发酵、粪肥深施还田等，减少甲烷和氧化亚氮的直接排放，大幅降低氨气导致的氧化亚氮间接排放，还能替代化肥使用，提高土壤有机质。

（7）牧草生产固碳技术：通过对中轻度退化草地切根改良、重度退化草地免耕补播、多年生人工草地混播建植，以及林草复合、灌草结合、草田轮作等措施，提升草地生产力，增加牧草产量，提高草地生态系统固碳能力。

(8) 渔业综合养殖碳汇技术：通过选择具有碳汇功能的养殖品种，建设生态化养殖设施，构建多营养层次综合养殖模式，提高水体空间利用率，增加水产养殖效益，并以收获、沉积等途径将碳存储，形成渔业碳汇。

(9) 秸秆能源化利用技术：通过推广秸秆打捆直燃集中供暖、成型燃料清洁燃烧、热解炭气肥联产等，替代生产生活使用的化石能源，解决农村地区清洁能源供应短板，减少温室气体排放。

(10) 农村沼气综合利用技术：采用厌氧发酵处理，产生的沼气用于集中供气、发电上网、提纯制备生物天然气，产生的沼渣沼液进行综合利用，为农村地区提供绿色清洁能源，替代化石能源消耗，减少化肥施用，增加土壤有机质，实现减污降碳协同增效。

这些技术模式的推广应用，有利于推动农业绿色发展和乡村生态振兴，提升农业农村适应气候变化能力，对全面推进乡村振兴、加快农业农村现代化具有重要意义。

三 我国农食系统温室气体减排面临的挑战

(一) 全球农食系统温室气体排放不平衡

全球农食系统的温室气体排放呈现出显著的不平衡性。一方面，由于农业生产方式不同，发达国家农业生产的集约化和现代化程度较高，单位产量的温室气体排放相对较低，而发展中国家由于农业生产方式相对落后，单位产量的温室气体排放较高；另一方面，在农食产业链全球化的背景下，发达国家的消费模式对发展中国家的农业生产和温室气体排放具有直接影响，而这种跨境影响在现有的国际气候政策中往往未能得到充分考虑。

(二) 我国农食品系统温室气体排放处于增长期

随着我国经济的快速发展和居民生活水平的提升，饮食结构发生了显著变化，特别是对高蛋白食品的消费需求不断增加。据《中国农业温室气体排放报告》，畜牧业作为农食系统中温室气体排放的主要来源之一，其排放量随着肉类和奶制品消费的增加而持续上升。此外，农业食品生产过程中的化肥使用、农业机械作业以及食品加工和运输等环节也是温室气体排放的重要来源。这些因素共同推动了我国农食系统温室气体排放量的增长。

(三) 农食系统温室气体活动数据体系相对滞后

在我国，农食系统温室气体排放的数据监测和核算体系尚未得到充分发展。由于农业活动本身具有复杂性和多样性，再加上缺乏精确的排放因子和先进的监测技术，准确核算农食系统的温室气体排放变得相当困难。此外，农业食品供应链的长链条特性也进一步增加了数据收集和处理的难度，导致了排放数据的不完整性和不准确性，从而使得制定有效的减排措施变得更加复杂。

(四) 推动农食系统减排实践的机制有待创新

我国农食系统的减排实践需要依赖技术创新和制度创新。技术创新是提高农业生产效率、减少温室气体排放的关键，而制度创新则能够有效激励农业生产者采取减排措施。

四 对我国农食系统绿色低碳发展的建议

(一) 制定农食系统低碳发展战略

农业作为国家经济的基石，其绿色低碳发展对于实现国家碳达峰和碳中和目标具有重要意义。因此，从国家层面制定农食系统低碳发展战略至关重要。制定农食系统低碳发展战略，须对整个行业厘清现状、明确工作思路与重点方向，并提出加强农食系统科技创新、完善低碳发展相关政策法规建设、培养农食系统低碳人才、完善市场化机制、加强绿色金融产品创新等多元化手段，推进农食系统低碳发展。

(二) 建立健全农食系统碳排放监测、评价体系

以碳排放总量和强度"双降"为目标，在农食系统的各个环节，建立包括减排效果、降碳潜力、适应气候变化能力等多指标的评价体系。在此基础上，大力发展碳排放监测指标体系、在线监测与核算方法，形成兼顾科学性、准确性和实时性的农食系统碳排放数据库，评估减排措施的效果。

（三）充分发掘农业碳汇市场潜力

农业不仅是食物生产的基础产业，也是重要的碳汇系统。我国农田土壤碳库储量巨大，通过改善土壤质量、增加植被覆盖等方式，可显著提高土壤的固碳能力。为充分挖掘农业碳汇的市场潜力，应加大农业绿色低碳发展基础研究和应用研究的投入，建立完善农业碳汇技术标准体系、计量监测体系；同时建立健全农业碳汇项目的申报、经营、核证等程序，保障农业碳汇市场的规范运转。

（四）引导食品行业绿色低碳消费

引导消费者采取绿色低碳的消费行为将会为农食行业碳减排带来显著的影响。一方面，政府可以通过立法、税收优惠、补贴等政策手段，激励消费者选择低碳食品；另一方面，市场机制也可以通过标签、认证、广告等方式，提高低碳食品的知名度和吸引力。

（五）发展农食系统绿色金融

开发多元化绿色金融产品，将为农食系统的绿色低碳项目提供必要的资金支持。例如，发展绿色信贷、绿色债券，为农食系统的绿色项目提供长期、低成本的资金支持；进一步扩大农业保险的覆盖面，将更多绿色低碳农业项目纳入保险范围；开发天气指数保险、碳排放权保险等，为农业绿色转型提供风险保障。

五 结 语

我国农食系统绿色低碳发展需要政策制定者、农业与食品行业生产者、科研机构和消费者的共同努力，通过技术创新和制度创新，实现农食系统的可持续发展和温室气体的有效减排。

主要参考文献

孔德雷、姜培坤：《"双碳"背景下种植业减排增汇的途径与政策建议》,《浙江农林大学学报》2023年第6期。

唐旭、李依霖:《迈向零碳未来:碳排放核算与管理研究综述》,《石油科学通报》2023年第4期。

高鸣、张哲晰:《碳达峰、碳中和目标下我国农业绿色发展的定位和政策建议》,《华中农业大学学报》(社会科学版)2022年第1期。

曾晓昀:《"双碳"目标与我国粮食法律制度的完善》,《吉首大学学报》(社会科学版)2024年第5期。

霍如周等:《碳中和背景下中国农业碳排放现状与发展趋势》《中国农机化学报》2023年第12期。

绿色创新发展研究院:《农食系统与碳中和——中国农业与食物相关温室气体减排路径分析报告》,2023年,https://www.igdp.cn/wp-content/uploads/2023/12/2023-11-30-iGDP-Report-CN-The-Agri-Food-System-and-Carbon-Neutrality.pdf。

智能化装配式城市污水处理系统及发展前景

汪新亮　朱枭强　韩富全[*]

一　城市污水处理的市场规模与发展趋势

(一) 城市污水处理现状

污水处理行业作为生态保护和环境治理的关键领域,在国家工业化和绿色化进程中扮演着日益重要的角色。随着工业化和城市化步伐的加速,水污染问题越发严峻,对水资源的质量和可持续利用构成了巨大威胁。在此背景下,污水处理行业迅速发展壮大,成为守护绿水青山、推动生态文明建设的重要力量。

工业污水处理方面,市场规模持续扩大。据统计,2013—2023年,全国范围内城市污水处理厂从1736座增长到2967座,处理能力从1.25亿立方米/天增长到2.27亿立方米/天,污水年处理量由381.89亿立方米增长到651.87亿立方米,处理率从89.34%增长到98.69%(见表1)。[①] 预计未来几年,随着工业化进程的加快和环保政策的推动,市场规模将继续保持增长态势。这一成就不仅体现了国家对污水处理的重视,也反映了污水处理行业在保障水资源安全、改善水环境方面的显著成效。然而,随着城镇化进程的持续推进,生活污水和工业废水的排放量仍在不断增加,对污

---

[*] 汪新亮,鹏凯环境科技股份有限公司项目管理工程师;朱枭强,鹏凯环境科技股份有限公司集团研究院副院长;韩富全,鹏凯环境科技股份有限公司产品研发部总监。

[①] 中华人民共和国住房和城乡建设部编:《中国城市建设统计年鉴(2023)》,中国统计出版社2024年版。

水处理设施和处理能力提出了更高要求。

表1　　　　　全国历年城市排水和污水处理情况

年份	污水处理厂（座）	污水年处理量（亿立方米）	污水处理率（%）
2013	1736	381.89	89.34
2014	1807	401.62	90.18
2015	1944	428.83	91.90
2016	2039	448.79	93.44
2017	2209	465.49	94.54
2018	2321	497.61	95.49
2019	2471	536.93	96.81
2020	2618	557.28	97.53
2021	2827	611.90	97.89
2022	2894	626.89	98.11
2023	2967	651.87	98.69

资料来源：中华人民共和国住房和城乡建设部编：《中国城市建设统计年鉴（2023）》，中国统计出版社2024年版。

（二）城市污水处理行业发展趋势

污水处理行业的重要性不仅体现在其对水资源保护和生态文明建设的贡献上，还体现在其对碳达峰碳中和目标的助力上。污水处理过程中产生的碳排放量虽然占全社会温室气体排放总量的比例不高，但仍是推动行业减排降碳的重要领域。通过采用低碳环保技术、提高能源资源回收利用水平等措施，污水处理行业可以显著降低碳排放强度，为实现碳达峰碳中和目标贡献力量。

污水处理行业还是促进循环经济发展的重要环节。通过处理后的污水回用、污泥资源化利用等方式，污水处理行业不仅可以减少对新鲜水资源的依赖，还可以降低固体废弃物的排放，从而实现资源的循环利用。这不仅有助于缓解水资源短缺的问题，还有助于推动经济的可持续发展。

污水处理行业的发展也提升了城市的综合承载力。随着城市化进程的推进，城市人口不断增加，对污水处理设施和处理能力的需求也日益增长。加强污水处理设施建设和管理，不仅可以提升城市的水环境质量，还可以增强城市对人口增长和经济发展的承载能力，从而保障城市的可持续发展。

值得注意的是，污水处理行业的发展还带动了相关产业的蓬勃发展。环保设备制造、环保技术研发、环保咨询服务等产业在污水处理行业的推动下，不断取得新的突破和进展。这些产业的发展，不仅为污水处理行业提供了更加先进的技术和设备支持，还为其提供了更加完善的服务和保障。

然而，污水处理行业在发展过程中也面临着诸多挑战。例如，污水收集效能偏低、处理过程中温室气体排放较多、能源资源回收利用水平不高等问题仍需解决。为了应对这些挑战，污水处理行业需要不断创新技术、提高管理水平、加强监管力度，以推动行业的持续健康发展。

污水处理行业在国家工业化和绿色化进程中发挥着举足轻重的作用。它不仅守护着我们的水资源和生态环境，还助力着碳达峰碳中和目标的实现，促进循环经济的发展，提升城市的综合承载力，并带动着相关产业的蓬勃发展。未来，随着国家对环保和可持续发展的日益重视，污水处理行业将迎来更加广阔的发展空间和更加重要的历史使命。因此，我们需要不断加强污水处理行业的建设和管理，推动其持续健康发展，为构建美丽中国、实现绿色发展贡献力量。

二 城市污水处理的传统方式

（一）传统方式概述

现如今，污水处理方式多样，主要可以归纳为物理法、化学法和生物法三大类。物理法通过沉淀、筛滤和气浮等工艺，利用物理作用分离悬浮污染物，不改变水质化学性质。化学法则通过投加混凝剂、调节 pH 值或进行氧化还原反应，分离或转化污染物为无害物质。而生物法则利用微生物降解有机污染物，分为好氧和厌氧处理。好氧处理如活性污泥法，通过曝气充氧促进微生物降解；厌氧处理如上流式厌氧污泥床，利用厌氧菌降解有机物等。

（二）生物处理技术及其应用

生物处理技术因其成本低廉、污染物去除效率高、无二次污染等优势，被广泛应用于各类污水处理。该技术主要依赖于微生物的生命活动，通过微生物降解与转化有机污染物实现水质净化。其中，活性污泥法、生物膜法及移动床生物膜反应器（MBBR）是三大主流技术。

1. 活性污泥法

该技术作为生物处理技术的基石，自1914年首次在英国曼彻斯特应用于污水处理以来，历经一个多世纪的发展，已成为全球范围内最为普遍和成熟的污水处理工艺之一。该方法的核心在于，培养并维持一个含有大量好氧微生物的活性污泥系统，这些微生物在曝气条件下，以水中的有机物作为能源和营养源，通过自身的代谢活动将其分解为二氧化碳、水及生物质，从而达到净化水质的目的。

活性污泥法的主要优势在于，其处理效率高、操作灵活性强以及能够适应不同水质条件的变化。通过调节曝气量、污泥回流比、污泥龄等关键参数，可以实现对处理效果的精准控制。此外，活性污泥法还具有较强的抗冲击负荷能力，即使在进水水质波动较大的情况下，也能保持稳定的处理效果。近年来，随着生物选择器、缺氧/好氧（A/O）、厌氧/缺氧/好氧（A^2/O）等改良工艺的出现，活性污泥法在脱氮除磷、提高污泥沉降性能等方面取得了显著进展，进一步拓宽了其应用范围。[1]

2. 生物膜法

生物膜法，又称附着生长法。生物膜法是指使微生物黏附于载体上，污水在通过载体时，微生物利用氧化分解、吸附方法等分解污染物。[2] 与活性污泥法相比，生物膜法中的微生物附着在载体表面，形成一层致密的生物膜，这不仅增加了微生物与污水的接触面积，提高了处理效率，而且有利于微生物的固定化和稳定生长，减少了污泥产量。

生物膜法的处理系统通常包括生物滤池、生物转盘、生物接触氧化池等多种形式。在这些系统中，污水流经附有生物膜的载体时，有机物被膜上的微生物吸附、降解，同时，氧气通过扩散作用进入生物膜内部，为微生物提供必要的呼吸条件。生物膜法的一个显著特点是其能够形成多样化的微生物群落结构，包括好氧菌、厌氧菌、兼性菌等。这使得它在处理复杂水质时表现出更强的适应性和处理能力，尤其是在去除难降解有机物和

---

[1] 张永健等：《传统活性污泥法与吸附—再生活性污泥法的比较》，《环境保护与循环经济》2008年第8期。

[2] 程磊等：《生物膜法在市政污水处理中的应用研究进展》，《中国资源综合利用》2021年第5期。

氨氮方面具有独特优势。

3. 移动床生物膜反应器

移动床生物膜反应器（MBBR）是生物膜法的一种创新形式。它将传统的固定生物膜与悬浮生长系统的优点相结合，通过在反应器中投加一定比例的悬浮填料，为微生物提供附着生长的空间，同时这些填料随水流自由移动，增加了微生物与污水的接触机会，提高了处理效率。MBBR 技术既保留了生物膜法高生物量、强稳定性和低污泥产量的特点，又具备了活性污泥法灵活操作、易于控制的优点。[①]

MBBR 系统的核心在于悬浮填料的选择与设计。理想的填料应具备良好的比表面积、适宜的孔隙率、耐磨耐腐蚀以及良好的流体力学性能，以确保微生物的高效附着与生长。此外，填料的投加量和分布方式也是影响 MBBR 处理效果的关键因素。通过优化这些参数，MBBR 能够在较短的停留时间内实现高效的有机物去除、脱氮除磷，尤其适用于升级改造现有污水处理厂、提高处理负荷或处理难降解废水等场景。

（三）传统方式面临的挑战与改进方向

现如今大多数污水处理厂以物理法、化学法与生物处理技术相结合的方式来处理废水，以充分利用各自的优势，达到更高效的污水净化效果。但还是会存在一些困难和挑战。例如：处理效率偏低，对于某些难降解的有机物和微量污染物（如抗生素、内分泌干扰物等），传统方法的处理效果有限，难以达到严格的排放标准；建设周期长，目前污水厂普遍采用混凝土方式进行建造，这样不仅增加了建设时长，而且也增加了建设成本；运行成本高，化学法需投加大量药剂，生物法则需要维持适宜的生物生长环境，这些都会增加运行成本，物理法中的某些设备（如离心机、气浮装置）能耗较高；占地面积大，尤其是生物处理法，需要较大的曝气池和沉淀池等构筑物，不利于土地资源紧张地区的污水处理；管理维护复杂，生物处理系统需要精确控制运行参数（如溶解氧浓度、pH 值等），且微生物种群易受环境影响而发生变化，管理维护较为复杂。[②]

---

① 廖维等：《移动床生物膜反应器—膜生物反应器深度处理模拟废水及工业园区综合废水》，《环境污染与防治》2015 年第 6 期。

② 钱军：《城市污水处理的优化对策及提高环境工程中城市污水处理水平》，《环境与发展》2020 年第 1 期。

针对这些问题，研究者正不断探索和研发更高效、环保、经济的污水处理新技术。一方面，将污水处理厂的建设模式改为装配式一体化设备现场安装，以及合理构造减少了建设时长及占地面积，并减少建设成本；另一方面，结合物联网、大数据、人工智能等信息技术，实现污水处理过程的精准管理和智能优化，进一步提升处理效率和资源利用率。

三 智能化装配式城市污水处理系统

智能化装配式城市污水处理系统是指通过预制构件在工厂生产、现场快速组装的污水处理设施，并结合物联网、大数据、人工智能等信息技术手段实现智能化管理。

通过研究高度集成化的结构及模块式设计，将污水处理过程中的各个关键步骤，如格栅过滤、生物处理、沉淀、消毒等，集成到一个模块化、标准化的系统中，并且融合多种先进工艺实现工艺创新，提高主体工艺在污水处理过程中对污染物的去除效率，最终实现在不同排放标准下的增产、降耗。同时，污水处理厂占地面积小、成本低、灵活的建设方式解决选址难及当前财政资金不足的问题。

（一）智能化装配式城市污水处理系统结构：以鹏凯环境"鹏凯圆"为例

智能化装配式城市污水处理系统外形为圆形结构，主体由内方和外圈两部分组成，外圈区域沿水平方向依次设置预缺氧区和缺氧区（见图1）。内方为好氧区—改良的三相分离器—沉淀区的竖向叠加结构，省去了二沉池。而好氧区与二沉池的有机结合，极大地缩减了污水处理系统的占地面积。

（二）智能化装配式城市污水处理厂智慧云平台

智能化装配式城市污水处理厂通过数据采集、无线网络、水质水压及溶解氧浓度等在线监测设备实时感知进水浓度、出水浓度、水处理期间的运行状态等情况，从而实现水质水量监管自动化、信息资源共享化和管理决策智能化。智慧云平台控制系统，由7大系统组成，分别为水质监测系

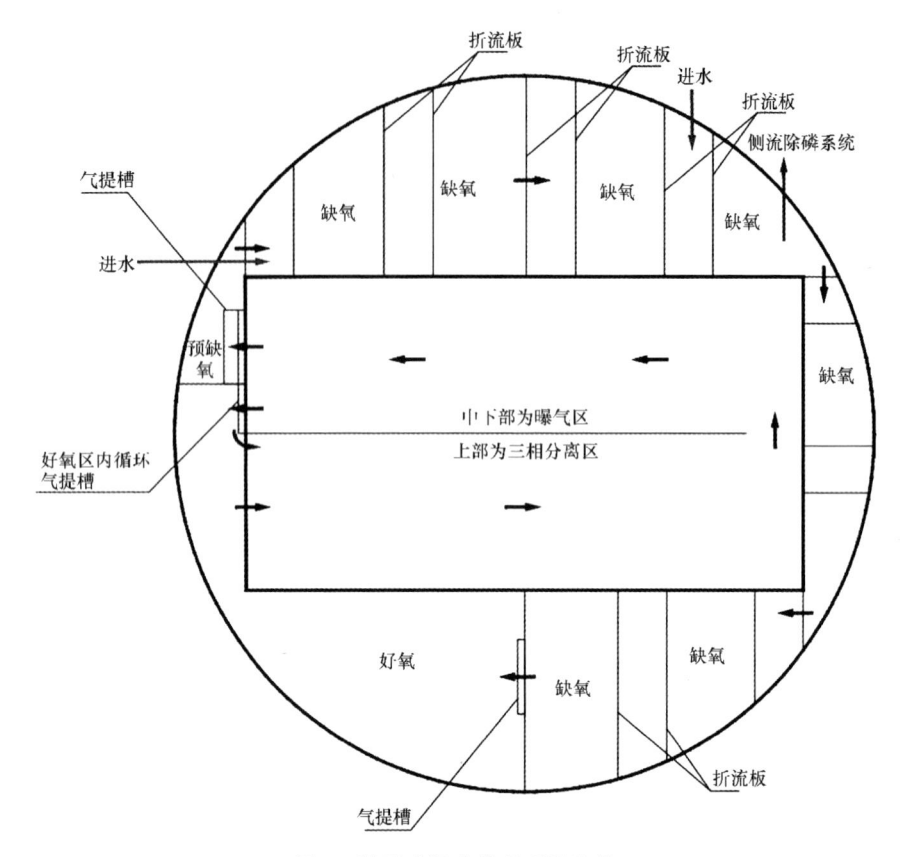

图 1　装配式污水处理系统结构

统、维护预警系统、数据存储系统、运行监控系统、安全防卫系统、远程运维系统及故障反馈系统，如图2所示。

（三）智能化装配式城市污水处理系统的优势

相较于传统污水处理厂，智能化装配式污水处理系统的优势主要体现在以下几个方面。

1. 产品模式代替工程模式，引领水处理产业模式转变

从一个项目一套方案、个性化定制向工程设备化、设备标准化、运维智能化的模式转变，减少对工程项目团队能力依赖，对质量、风险控制自主把控力度大，从而改变行业属性，争取盈利空间，将利润回归环保企业。

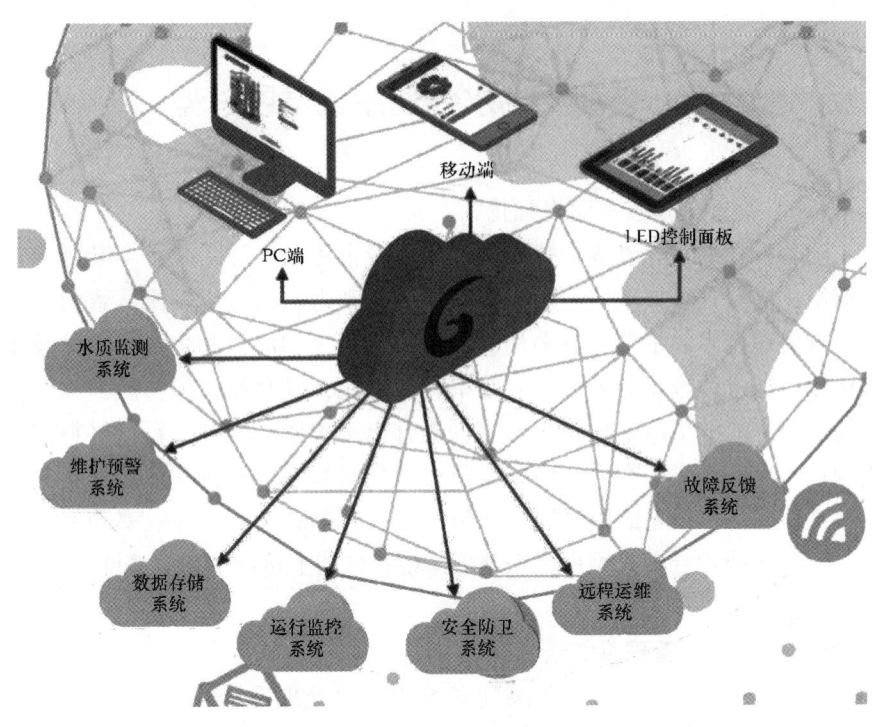

图2 智慧云平台控制系统

2. 智能化装配式污水处理系统在整个项目全过程周期中达到了高效简便、高标准、低成本、绿色低碳要求

在产品设计上，开创沉淀区与生化区上下高度集成的立式结构及好氧区三相分离、气提无动力回流技术，占地面积、电耗及材料投入大为减少，且标准化的产品规格及标准化的设计流程减少建设前期设计周期。

在建设过程中，除基础采用钢筋混凝土现场浇筑方式外，其他设备主件基本上采用工厂预制、现场安装方式，即模块化装配式建设方式，这种建设方式可有效减少成本投入、缩短建设周期及降低对环境的影响。

在运维上，产品内置自动控制系统，并结合智慧水务信息管理平台，处理效果稳定、高效，且实现污水处理装置远程智能控制。

在回收上，产品材料回收利用率较传统土建污水处理厂高。产品除了基础采用钢筋混凝土减少，其他主体部分均采用不锈钢、碳钢钢材，回收率在70%左右。

四　装配式污水处理系统发展趋势

（一）高效处理技术研发强化

随着科技的飞速进步，智能化装配式城市污水处理系统正不断迈向技术前沿，高效处理技术的研发成为其核心驱动力。系统研发团队致力于新型生物处理技术的革新，特别是生物膜反应器（MBR）和生物磷去除技术的优化。通过改进生物膜的反应效率和稳定性，以及提高生物磷去除的彻底性，系统能够更高效地净化污水，提升出水水质。同时，新型材料的应用为技术突破提供了有力支撑。聚合物膜材料和纳米材料等先进材料的引入，不仅增强了设备的耐腐蚀性和耐磨性，还提高了其处理效率和使用寿命，使得智能化装配式城市污水处理系统在性能上达到了新的高度。

（二）智能化管理系统迭代升级

智能化管理系统是智能化装配式城市污水处理系统的"大脑"。为了更精准地控制污水处理过程，系统将不断迭代升级，融入更多前沿的智能算法。人工智能、机器学习和深度学习等技术的引入，使得系统能够实时分析大量数据，准确预测水质变化趋势，并根据进水水质、水量的动态变化以及环境因素的影响，自动调整控制策略。这种自适应能力确保了污水处理效果始终保持在最佳状态，提高了系统的稳定性和可靠性。

（三）能源回收与资源循环利用技术创新

面对能源和资源日益紧张的现状，智能化装配式城市污水处理系统将更加注重能源回收和资源循环利用。通过技术创新，系统能够从废水中提取有价值的物质，如氮、磷和金属等，实现资源的循环利用。这不仅有助于减少对有限资源的依赖，还能降低处理成本，提高经济效益。同时，系统还将探索更多的能源回收途径，如利用污水中的有机物进行发酵产生生物能，为污水处理过程提供可再生能源。

（四）标准化设计的广泛推广

为了提高智能化装配式城市污水处理系统的兼容性和可移植性，标准化设计成为行业发展的必然趋势。通过制定和推广硬件接口标准、通信协议标准、编程规范等，不同厂家的设备之间可以实现互联和集成，降低了系统集成的难度和成本。这不仅促进了污水处理行业的健康发展，还为用户提供了更多选择，满足了不同场景下的污水处理需求。

（五）模块化设计的持续优化

模块化设计是智能化装配式城市污水处理系统的一大亮点。通过模块化设计，系统可以根据不同的污水处理项目需求，快速组合和配置模块，提高了系统的灵活性和适应性。无论是小型社区还是大型城市污水处理厂，都可以通过模块化设计实现定制化解决方案。同时，模块化设计还便于设备的维护和更换，降低了维护成本，提高了系统的可靠性和可用性。

五 政策措施建议

（一）完善优惠政策

2022年，工业和信息化部、科技部、生态环境部发布的《关于印发环保装备制造业高质量发展行动计划（2022—2025年）的通知》，提出完善环保装备数字化智能化标准体系、建设一批模块化污水处理装备等智能制造示范工厂等系列政策措施，也为环保装备企业指明了发展方向。

在具体的政策措施落实方面，希望可以进一步研究完善智能化装配式城市污水处理装备的优惠政策，包括税收减免优惠政策、预算内财政补助政策、专项发展基金（资金）、政府绿色采购目录和政策、投资信贷优惠政策等。

（二）政策引领，人才支撑

面对未来发展中许多不确定性因素，急需各种技术人才作为支撑。在这个背景下，通过政策引领，加大对企业的科技创新指导，定期组织开展专业人才培训，不断优化调整、改善关键技术人才知识结构；通过健全科技人才流动机制，鼓励高校、科研机构和企业技术研发人才双向流动等措施，为行业提供更多的技术攻关人才。

六　结　语

智能化装配式城市污水处理系统开启了工厂化预制污水处理系统的新模式，其建设周期更短、投资更省、占地更小、运行更加智能，更能适应环境政策和社会快速发展的要求。智能化装配式城市污水处理系统复制性强、行业聚焦度高，其集成化设计，能够从工艺上承载更加精细化的模块设计方案；预制装配式结构，既能大幅提高生产质量，又能大大缩短建设周期；产品模式代替工程模式，引领水处理产业模式转变，从一个项目一套方案、个性化定制向工程设备化、设备标准化、运维智能化的模式转变，破解污水处理厂建设工程属性的一些弊端，突破工程建设中人员、资金、地域等因素限制，推动整个污水处理产业链的改变。

主要参考文献

中华人民共和国住房和城乡建设部编：《中国城市建设统计年鉴（2023）》，中国统计出版社2024年版。

张永健等：《传统活性污泥法与吸附—再生活性污泥法的比较》，《环境保护与循环经济》2008年第8期。

程磊等：《生物膜法在市政污水处理中的应用研究进展》，《中国资源综合利用》2021年第5期。

廖维等：《移动床生物膜反应器—膜生物反应器深度处理模拟废水及工业园区综合废水》，《环境污染与防治》2015年第6期。

钱军：《城市污水处理的优化对策及提高环境工程中城市污水处理水平》，《环境与发展》2020年第1期。

厨余垃圾处理碳排放核算及政策建议

陈建湘[*]

随着经济的快速发展和人们生活水平的提高，厨余垃圾对温室气体排放量的贡献也日益显著。根据世界银行估算，全球固体废物（厨余垃圾）行业排放约16亿吨二氧化碳当量温室气体，占全球温室气体排放总量的5%。[①] 目前，国外针对厨余垃圾处理开展了大量研究，但由于我国与国外在饮食结构、生活方式等方面差异巨大，厨余垃圾成分及含量也不尽相同，因此研究符合我国国情的厨余垃圾处理碳排放核算模型，对促进"双碳"目标实现和推进生态文明建设具有重要的意义。

一 中国厨余垃圾的基本情况

（一）厨余垃圾产生量

我国厨余垃圾主要来源于居民、机关食堂等单位的日常消费，餐饮行业的食物残余，以及食品加工行业的边角余料等，是生活垃圾的主要组成部分。据《2019年全国城市生活垃圾处理情况统计公报》，全国厨余垃圾产生量占生活垃圾总量的38%，年产生量已超过1.1亿吨。[②]《中国统计年鉴（2023）》数据显示，2022年我国城镇厨余垃圾的产生量为1.25亿吨。[③]

---

[*] 陈建湘，深圳市朗坤科技股份有限公司董事长、总裁，第七届深圳市政协委员，九三学社广东省委员，主要研究方向为有机固体废物、生物科技、绿色发展等。

[①] 世界银行：《2050年全球固体废弃物管理一览》，2018年。

[②] 中华人民共和国住房和城乡建设部：《2019年全国城市生活垃圾处理情况统计公报》，2020年。

[③] 国家统计局编：《中国统计年鉴（2023）》，中国统计出版社2023年版。

厨余垃圾产生量除了受到人口基数、饮食习惯、生活水平提高等因素的影响，一个不容忽视的影响因素就是食物浪费。联合国环境规划署公布的数据显示，食物浪费普遍存在于高收入、中高收入和中低收入国家之中，60%发生在家庭层面；食物浪费产生了全球8%—10%的温室气体排放，几乎是航空业的5倍。[1]

（二）厨余垃圾的处理原则

我国针对包括厨余垃圾在内的固体废物采取"减量化、资源化、无害化"的原则，并体现在《固体废物污染环境防治法》《循环经济促进法》等法律条文中，具体来说：①减量化：是指在生产、流通和消费等过程中减少资源消耗和废物产生，以及采用适当措施减少垃圾体积和重量。②资源化：是指将废物直接作为产品使用，或者经修复、翻新、再制造后继续作为产品使用，或者采用适当措施实现垃圾中的材料及能源等资源利用的过程。③无害化：是指在垃圾收集、运输、储存、处理、处置的全过程中，采取措施以避免对环境和人体健康造成不利影响。

美国国家环境保护局（EPA）根据厨余垃圾处理的优先次序原则，提出了厨余垃圾管理的六个层级（见图1），这六个层级从高到低依次为：①源头减量：通过减少食物的浪费，从源头上减少厨余垃圾的产生。②赠与饥饿人群：将可食用的剩余食物捐赠给需要帮助的人群，比如慈善机构等。③饲喂动物：将不适合人类食用的剩余食物转变为动物饲料。④工业应用：将废弃油脂用于提炼和生产生物燃料，将厨余垃圾通过发酵用于能量回收。⑤堆肥：将厨余垃圾用于生产优良的土壤改良剂。⑥填埋或焚烧：最后的处理方法。

（三）厨余垃圾处理方式

目前，我国厨余垃圾主要的处理方式有填埋、焚烧、堆肥和厌氧发酵等。此外，随着科技水平的进步，生物燃料制备技术也逐渐应用到废弃油脂的资源化处理之中。一般而言，大中型厨余垃圾处理项目会组合使用两种或以上的处理方式。

1. 填埋

填埋是常见的厨余垃圾处理方式，但是由于对土地资源的浪费较大，

---

[1] 联合国环境规划署：《2024年食物浪费指数报告》，2024年。

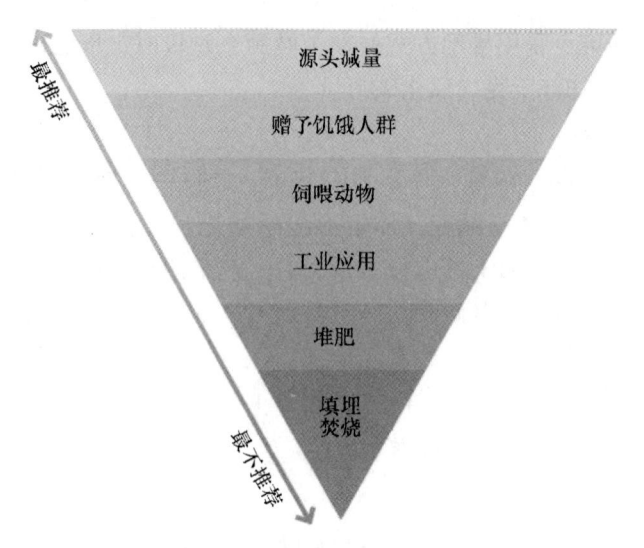

图1 美国厨余垃圾管理层级

（金字塔由上至下：源头减量、赠予饥饿人群、饲喂动物、工业应用、堆肥、填埋焚烧；左侧箭头"最推荐"向下为"最不推荐"）

近些年我国已很少新建垃圾填埋场。填埋释放的温室气体有 CH_4、CO_2 等，主要来源于厨余垃圾有机组分的分解释放。此外，垃圾填埋场的运营以及渗滤液处理等也会间接释放温室气体。不同垃圾组分的有机质含量及其可降解性存在差异，因此垃圾组分是影响填埋碳排放量的主要因素之一。

据研究，采用填埋方式处理1吨厨余垃圾时，碳排放量的区间范围在430—4200千克二氧化碳当量。

2. 焚烧

焚烧释放的温室气体以 CO_2 为主，主要来源于厨余垃圾中化石碳的燃烧释放。焚烧也存在间接释放温室气体情况，如渗滤液处理等。此外，垃圾在焚烧过程中还可以对热能进行回收利用，形成碳补偿。影响焚烧碳排放量的因素包括可燃组分、发电效率等。

据相关研究，采用焚烧方式处理1吨厨余垃圾时，排放量的区间范围在25—1744千克二氧化碳当量。

3. 堆肥

堆肥释放的温室气体有 CO_2、N_2O 等，主要是由微生物分解垃圾中有机物产生。垃圾堆肥厂间接释放温室气体的情况包括供氧、废气处理等。此外，堆肥产生的土壤改良剂可用来替代氮肥和磷肥，形成碳补偿。影响堆肥碳排放的因素有C/N、水分含量和堆肥条件等。

据相关研究，采用堆肥方式处理 1 吨厨余垃圾时，堆肥碳排放量的区间范围在 123—300 千克二氧化碳当量。

4. 厌氧发酵

厌氧发酵释放的温室气体以 CH_4 为主，进行能量回收还会产生 CO_2。垃圾厌氧发酵间接释放温室气体情形包括加热和搅拌产生的能耗等。此外，厌氧发酵产生的 CH_4 可进行能量回收，产生的有机肥可用来替代氮肥和磷肥，形成碳补偿，其碳补偿有时甚至可以抵消生产运营过程中的碳排放。影响厌氧发酵碳排放的因素包括 pH 值、C/N、TS 和发酵条件等。

据相关研究，采用厌氧发酵方式处理 1 吨厨余垃圾时，排放量的区间范围在 -395—111 千克二氧化碳当量。

二 碳减排核算方法

综合考虑我国厨余垃圾处理与资源化的方式及其碳减排效应，本文针对厌氧消化处理和资源化、生物柴油制备以及焚烧发电的碳减排核算方法进行研究。

（一）厌氧消化和资源化

1. 基准线排放计算

基准线排放按照公式（1）计算：

$$BE_y = BE_{SWDS,y} + BE_{EC,y} \tag{1}$$

式中：

BE_y——第 y 年的项目基准线排放量（吨二氧化碳当量）；

$BE_{SWDS,y}$——第 y 年在没有项目活动的情况下，厨余垃圾填埋产生的甲烷排放量（吨二氧化碳当量）；

$BE_{EC,y}$——第 y 年的项目与发电相关的基准线排放量（吨二氧化碳当量）。

2. 项目排放计算

项目排放量按照公式（2）计算：

$$PE_y = PE_{FC,y} + PE_{EC,y} + PE_{phy,y} + PE_{flare,y} + PE_{ww,y} \tag{2}$$

式中：

PE_y——第 y 年的项目排放量（吨二氧化碳当量）；

$PE_{FC,y}$——第 y 年的项目活动化石燃料燃烧产生的排放量（吨二氧化碳当量）；

$PE_{EC,y}$——第 y 年的项目活动电力消耗产生的排放量（吨二氧化碳当量）；

$PE_{phy,y}$——第 y 年的项目活动厌氧消化系统物理逸散产生的甲烷排放（吨二氧化碳当量）；

$PE_{flare,y}$——第 y 年的项目活动沼气燃烧产生的排放量（吨二氧化碳当量）；

$PE_{ww,y}$——第 y 年的项目活动废水处理产生的排放量（吨二氧化碳当量）。

3. 项目泄漏排放计算

项目泄漏排放量按照公式（3）计算：

$$LE_y = LE_{INC,y} + LE_{COMP,y} + LE_{storage,y} \qquad (3)$$

式中：

LE_y——第 y 年项目泄漏排放量（吨二氧化碳当量）；

$LE_{INC,y}$——第 y 年焚烧处理杂质产生的泄漏排放量（吨二氧化碳当量）；

$LE_{COMP,y}$——第 y 年堆制肥料产生的泄漏排放量（吨二氧化碳当量）；

$LE_{storage,y}$——第 y 年沼渣厌氧储存产生的泄漏排放量（吨二氧化碳当量）。

4. 项目减排量核算

第 y 年项目的减排量按照公式（4）计算：

$$ER_y = BE_y - PE_y - LE_y \qquad (4)$$

式中：

ER_y——第 y 年的项目减排量（吨二氧化碳当量）。

（二）焚烧发电

1. 基准线排放计算

基准线排放按照公式（5）计算：

$$BE_y = \sum_t (BE_{CH_4,t,y} + BE_{WW,y} + BE_{EN,t,y} + BE_{NG,t,y}) \times (1 - RATE_{compliance,t,y})$$

$$(5)$$

式中：

$BE_{CH_4, t, y}$——第 y 年来自厨余垃圾填埋的甲烷基准线排放量（吨二氧化碳当量）；

$BE_{WW, y}$——第 y 年项目活动不存在的情况下，开放式厌氧塘中的污水或污泥池的泥浆厌氧处理过程产生的甲烷基准线排放（吨二氧化碳当量）；

$BE_{EN, t, y}$——第 y 年项目与能源生产相关的基准线排放（吨二氧化碳当量）；

$BE_{NG, t, y}$——第 y 年与天然气使用相关的基准线排放（吨二氧化碳当量）；

$RATE_{compliance, t, y}$——第 y 年强制使用的垃圾处理替代方案 t 的符合率；

t——垃圾处理替代方案的类型。

2. 项目排放计算

第 y 年项目排放按照公式（6）计算：

$$PE_y = PE_{COMP, y} + PE_{AD, y} + PE_{GAS, y} + PE_{RDF\_SB, y} + PE_{INC, y} \qquad (6)$$

式中：

$PE_{COMP, y}$——第 y 年堆肥或联合堆肥产生的项目排放量（吨二氧化碳当量）；

$PE_{AD, y}$——第 y 年厌氧消化和沼气燃烧产生的项目排放量（吨二氧化碳当量）；

$PE_{GAS, y}$——第 y 年气化产生的项目排放量（吨二氧化碳当量）；

$PE_{RDF\_SB, y}$——第 y 年与垃圾衍生燃料/稳定生物质相关的项目排放量（吨二氧化碳当量）；

$PE_{INC, y}$——第 y 年焚烧产生的项目排放量（吨二氧化碳当量）。

3. 项目泄漏排放计算

泄漏的确定方法如公式（7）所示：

$$LE_y = LE_{COMP, y} + LE_{AD, y} + LE_{RDF\_SB, y} \qquad (7)$$

式中：

$LE_{AD, y}$——第 y 年厌氧消化器的泄漏排放（吨二氧化碳当量）；

$LE_{RDF\_SB, y}$——第 y 年与垃圾衍生燃料/稳定生物质相关的泄漏排放（吨二氧化碳当量）。

4. 项目减排量核算

项目的减排量应用公式（4）进行核算。

（三）生物柴油制备

1. 基准线排放计算

基准线排放量按照公式（8）计算：

$$BE_y = BF_y \times NCV_{BF,y} \times EF_{CO_2,FF} \tag{8}$$

式中：

BF_y——第 y 年可申请减排量的生物柴油的量（吨）；

$NCV_{BF,y}$——第 y 年生产的生物柴油的净热值（吉焦/吨）；

$EF_{CO_2,FF}$——被替代柴油的 CO_2 排放因子（吨二氧化碳/吉焦）。

2. 项目排放计算

项目排放按照公式（9）计算：

$$PE_y = AF_y \times (PE_{BP,y} + PE_{BT,y} + PE_{MeOH,y}) \tag{9}$$

式中：

AF_y——第 y 年生物柴油生产的分配系数；

$PE_{BP,y}$——第 y 年原料加工设施和生物柴油生产厂产生的项目排放量（吨二氧化碳当量）；

$PE_{BT,y}$——第 y 年运输环节产生的项目排放量（吨二氧化碳当量）；

$PE_{MeOH,y}$——第 y 年生物柴油中与甲醇酯化产生的化石碳的项目排放量（吨二氧化碳当量）。

3. 项目泄漏排放计算

泄漏排放量按公式（10）计算：

$$LE_y = LE_{MeOH,y} + LE_{H_2,y} + LE_{FF,y} \tag{10}$$

式中：

$LE_{MeOH,y}$——第 y 年与生产生物柴油所用甲醇相关的泄漏排放量（吨二氧化碳当量）；

$LE_{H_2,y}$——第 y 年生产生物柴油所用氢气相关的泄漏排放量（吨二氧化碳当量）；

$LE_{FF,y}$——第 y 年避免生产化石柴油有关的泄漏排放量（吨二氧化碳当量）。

4. 项目减排量核算

项目的减排量按照公式（4）进行核算。

三 实例——朗坤科技典型项目碳减排核算

（一）项目概况

1. 深圳龙岗餐厨项目

该项目于2015年运行，至今未停产一天，创造国内同类项目的最好纪录。该项目占地20多亩，负责龙岗全区厨余垃圾的收运和处理，处理规模为600吨/天。

2. 广州餐厨项目

该项目于2019年7月投产试运营，该项目占地125.4亩，实现多种厨余垃圾的协同处置和资源化，设计产能2040吨/天。

3. 中山餐厨项目

该项目是中山市的民生项目，补齐了中山市厨余垃圾终端处理设施的短板。该项目采取BOT模式，处理规模为1004吨/天。

4. 北京通州餐厨项目

该项目目前处于施工阶段，预计2026年投产运营。该项目用地面积约14.75公顷，协同处理多种厨余垃圾，设计处理总规模为2100吨/天。

5. 北京房山餐厨项目

该项目目前处于施工阶段，预计2026年投产运营。该项目占地面积89.97亩，协同处理多种厨余垃圾，设计处理总规模为750吨/天。

6. 茂名高州餐厨项目

该项目目前处于设计施工阶段，预计2025年投产运营。该项目协同处理多种厨余垃圾，设计处理总规模为250吨/天。

7. 深圳龙岗生物柴油项目

该项目于2015年投产运营，采用朗坤科技研发的生物酶法制备生物柴油工艺，每年可生产高品质生物柴油2万吨。

8. 广州生物柴油项目

该项目于2021年投产运营，采用朗坤科技研发的生物酶法制备生物柴油工艺，目前总产能约为10万吨/年。

9. 北京通州再生油脂项目

该项目目前处于施工阶段，预计2026年投产运营，设计产能为10万吨/年。

10. 茂名高州焚烧项目

该项目已投产运营，采用 BOT 模式，目前处理能力为 1200 吨/天，配置凝汽式汽轮发电机组。

11. 湛江吴川焚烧项目

该项目已投产运营，目前处理能力为 1200 吨/天，配置凝汽式汽轮发电机组。

（二）各项目碳减排量

依据上述碳减排核算方法和项目类型，测算和预测各项目碳减排量。2021—2026 年，深圳龙岗餐厨项目从 23506 吨二氧化碳当量增加至 116000 吨二氧化碳当量，广州餐厨项目从 219049 吨二氧化碳当量增加至 462562 吨二氧化碳当量，中山餐厨项目从 91632 吨二氧化碳当量增加至 249299 吨二氧化碳当量，茂名高州焚烧项目和湛江吴川焚烧项目从 17539 吨二氧化碳当量增加至 148078 吨二氧化碳当量；2026 年，北京通州餐厨项目、北京房山餐厨项目、茂名高州餐厨项目、深圳龙岗生物柴油项目、广州生物柴油项目、北京通州再生油脂项目的碳减排量将分别达到 89733 吨二氧化碳当量、40788 吨二氧化碳当量、36397 吨二氧化碳当量、48990 吨二氧化碳当量、255000 吨二氧化碳当量、255000 吨二氧化碳当量。

由于餐厨项目和焚烧项目深度处理厨余垃圾，将其转化为有机肥、绿色电能等资源化产品，因此餐厨项目和焚烧项目的碳减排量与厨余垃圾处理量成正比关系。由于生物柴油（含再生油脂）本身就是清洁能源，因此生物柴油（含再生油脂）项目的碳减排量与产量成正比关系。

从碳减排效率来看，生物柴油（含再生油脂）项目>餐厨项目>焚烧项目，与国内外相关研究结果（生物柴油制备>厌氧消化和资源化>焚烧发电）一致。

（三）朗坤科技碳减排总量

朗坤科技碳减排总量测算和预测的结果如图 2 所示。2021—2026 年，朗坤科技碳减排总量从 517174 吨二氧化碳当量增加至 1849925 吨二氧化碳当量，年均复合增长率约为 29%，减碳减排效应显著。

从结构分布来看，以厌氧消化和资源化为主，以生物柴油制备和焚烧发电为辅；2026年，厌氧消化和资源化的贡献率约为54%，生物柴油制备的贡献率约为30%，焚烧发电的贡献率约为16%。2021—2026年，从碳减排角度出发，朗坤科技的厨余垃圾处理结构更加优化。

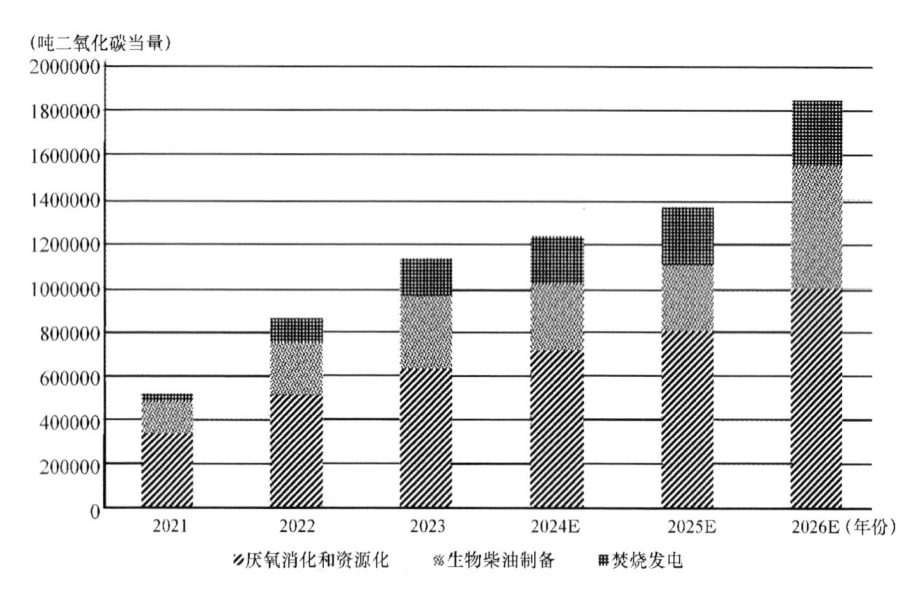

图2 朗坤科技碳减排结构分布和变化趋势

注："E"表示预估值。

四 政策建议

（一）加快建立厨余垃圾处理碳排放统计核算体系，补齐政策短板

政策层面，建议相关政府部门组织行业内科研机构、代表性企业等共同研究和制定厨余垃圾处理行业的企业碳排放核算标准、技术规范等，明确统计核算、计量、监测、核查等配套规则，加快推进厨余垃圾处理行业的企业碳排放报告与核查。同步推进碳排放自动监测系统在厨余垃圾处理行业的试点应用，出台相关监测技术指南、标准规范，开展与核算数据对比分析，提高碳排放监测数据的准确性和可比性。

（二）推动厨余垃圾处理温室气体自愿减排交易，提升企业积极性

市场层面，尽快发布厨余垃圾处理行业的温室气体自愿减排项目方法学,进一步完善和规范温室气体自愿减排交易机制和市场。相比而言,温室气体自愿减排交易市场涉及的主体更多,项目业主、第三方机构、金融机构等都可以参与,可充分体现厨余垃圾处理行业碳减排的经济效益。当前,我国温室气体自愿减排交易市场处于起步阶段,需不断加强市场参与主体能力建设,逐步扩大绿色电能、生物质燃料等清洁能源产品的交易。

(三)推进厨余垃圾处理技术体系结构优化,提升碳减排效益

技术层面,按照"生物柴油制备>厌氧消化和资源化>焚烧发电"优先顺序,因地制宜地构建厨余垃圾处理项目的技术体系,鼓励采用组合技术体系,发挥多种技术耦合协同作用。前端方面,大力开展"反对食品浪费"和垃圾分类工作,减少厨余垃圾的产生量。后端方面,尽量避免采用填埋的处理方式,鼓励建设安装集中式处理设施,支持生物科技等技术创新和推广应用,持续优化技术体系结构,提高处理效率和资源化水平,提升碳减排的经济社会环境等综合效益。

主要参考文献

UNEP, *Food Waste Index Report 2024*: *Think Eat Save*, *Tracking Progress to Halve Global Food Waste*, Nairobi: UNEP, 2024.

Couth R., Trois C., "Cost Effective Waste Management through Composting in Africa", *Waste Management*, Vol. 32, No. 12, 2012.

Kaza S., Yao L., Bhada-Tata P., et al., *What A Waste 2.0*: *A Global Snapshot of Solid Waste Management to 2050*, Washington, D.C.: World Bank, 2018.

Na Yang, Hua Zhang, Miao Chen, et al., "Greenhouse Gas Emissions from MSW Incineration in China: Impacts of Waste Characteristics and Energy Recovery", *Waste Management*, Vol. 32, No. 12, 2012.

Wang Yixuan, Levis James W., Barlaz Morton A., "An Assessment of the Dynamie Global Warming Impact Associated with Long-Term Emissions From Landfills", *Environmental Scienee & Technology*, Vol. 54, No. 3, 2020.

社会经济绿色发展典型案例

浙江余姚市鹿亭野生铁皮石斛保护与开发
—— 浙江健九鹤药业集团有限公司

一 野生铁皮石斛保护地简介

浙江余姚铁皮石斛保护地的建立，最早源于对2个野生种群的保护。铁皮石斛是一种多年生的兰科植物，因其具有较高的营养和药用价值，在我国民间备受尊崇。而原产于浙江余姚的铁皮石斛，其名气与运用的历史，则有500多年。明嘉靖年间的《浙江通志》记载："台温地区进贡礼部石斛三十八斤。"原台温地区隶属于浙东一带，余姚四明山为浙东名山，故此可以推断，余姚所产铁皮石斛，在明代即已成为当地著名物产，得以进贡入京。

由于人们对这种珍贵药草历来需求量大，而它们自身却对生存环境要求苛刻、自然繁殖困难，到2000年前后时，作为铁皮石斛原产地的余姚，基本上已经找不到野生铁皮石斛的踪迹了。铁皮石斛也被列为国家二级保护野生植物。

2011年5月，在余姚四明山的悬崖峭壁上两丛野生铁皮石斛被发现。为保护这一脆弱而珍稀物种，经浙江省林业厅批准，当年即在原发现地余姚专门为这2个小种群设立起一个自然保护小区。2019年6月，中国绿发会在自然保护小区基础上，与浙江健九鹤药业集团有限公司（以下简称健九鹤集团）联合设立中国绿发会野生铁皮石斛保护地·余姚，对原生野生小种群周边70平方千米范围内的生境进行保护。而后，双方在保护的基础上，开展了铁皮石斛人工繁育工作，并使之成为支撑起当地一大经济产业和珍稀野生种质资源保护的典范。

二 濒危物种保护与全产业链打造相融合

（一）始终坚持保护优先原则

余姚铁皮石斛保护地设立后，保护地设有专人负责，重点从三方面开展保护工作：

（1）以保护和维护当地原生生态，不让人破坏保护地内铁皮石斛生长所需要的伴生自然植被和岩石结构，严禁人为砍伐、挖掘等破坏行为，同时在必要时优化保护地生境，如增加竹子种植，提供石斛生长所要的树荫等，增加原生地生态系统稳定性等日常保护工作。

（2）开展科学普及和巡护工作，不仅保护地工作人员对铁皮石斛野生原种地进行定期巡查与管护，也发动周边企业、居民等参与保护。

（3）对这2个小野生种群进行全天候监测，不仅监测种群数量的增长与削减，对其生长状态也时时监测，包括植株高度、叶片数量、开花情况等。

（二）在保护基础上规划发展

在做好原生种群保护的基础上，健九鹤集团联合浙江大学、浙江中医药大学、浙江农林大学、江南大学等国内著名院校，对余姚铁皮石斛展开研究，进行人工繁育或仿生扩育。健九鹤集团从种子育苗开始，在培育种植、产品开发、项目承接、科普教育等领域建立了保护协同发展的全产业链模式。

在种植和生产环节，健九鹤集团采取仿野生种植、人工大棚有机种植的方式，通过精细化、智能化的加工技术和严格的质量控制体系（如ISO22000认证），严格按照欧盟有机认证标准进行操作，确保铁皮石斛的品质和安全；在产品研发方面，不断投入研发资源，成功研发出以余姚铁皮石斛为核心原料的九大系列健康产品，既保留了铁皮石斛的天然活性成分和药用价值，还融入现代科技元素和时尚设计理念，以满足不同消费者的需求。

（三）重视技术创新，全面践行绿色发展

在推动铁皮石斛保护和产业发展的过程中，健九鹤集团通过技术创新

不断向绿色发展转型，追求实现经济效益与生态效益的"双赢"。

（1）研发果斛共生技术，加强生物质资源循环利用。在节能减排方面，健九鹤集团研发并推广了果斛共生技术，通过星创产业园孵化了大片水果基地，并在果树干上适量种植铁皮石斛。这种种植方式不仅提高了土地利用效率，还赋予了林地新的观赏价值和经济效益，让园区内绿化率高达95%，使得每一片绿色植物都成为自然的"净化器"，有效降低了二氧化碳含量并提升了空气质量。

（2）开展清洁能源替代。野生铁皮石斛对气候变化敏感。它们的生长对气候条件有着苛刻的要求，比如生长地的温度不能过高或过低，需要常年保持在适宜的范围内。此外，喜欢年降雨量在1000毫米以上的地区，且空气湿度要保持在较高水平。

随着国家"双碳"战略的深入实施，加强清洁能源建设也成为余姚市所需要积极采取的行动。健九鹤集团在全生产区域覆盖了光伏发电系统，充分利用光照资源进行清洁能源的替代和利用，并通过定期的宣教活动和环保知识的普及，引导员工养成良好的环保习惯和节约用电理念，系统提升员工的环保意识和责任感。

三　总结

自2011年在四明山区域发现野生铁皮石斛以来，经过10多年的发展，对铁皮石斛的保护与产业发展已成为该市新兴特色农业经济的一面旗帜。

保护与发展协同的绿色发展模式，还推动了多样性石斛种质资源库的建设，收录了来自全球1000多个石斛种质资源。这一举措不仅有力保障了全球石斛品种的种质资源的完整性，也为未来的科研和产业发展提供了宝贵的基础资源。

编辑：姚国祥　王静

建设"低碳环保之家",打造零碳酒店
——北京红墙紫龙花园酒店管理有限公司

一 项目基本情况

北京红墙紫龙花园酒店管理有限公司(以下简称紫龙花园酒店)位于北京市东城区西扬威胡同甲1号院,成立于1993年4月19日,前身为原北京市地毯四厂,是北京工美集团总公司所属的集体所有制企业。紫龙花园酒店秉承"绿色、健康、环保"的理念,致力于为客人提供更加健康、舒适、环保的住宿和餐饮体验,打造城市更新改造过程中的低碳节能样板项目,使酒店成为一个真正的"低碳环保之家"。

紫龙花园酒店地上7层、地下2层、建筑面积4633.02平方米,拥有得天独厚的区位优势,致力于打造以"建筑节能+零碳能源+数字管理+社区普惠"为主题的零碳酒店试点示范工程。

紫龙花园酒店以"三个一点"为总体零碳实施路线,做到"能耗减一点,能源增一点,碳汇补一点"。首先,通过空气源热泵、电化学储能、建筑本体围护保温结构的节能改造,暖通设备的提效改造,做到建筑能耗的大幅度降低。其次,重点考虑运用太阳能,如屋顶光伏/光热等可再生能源为零碳酒店提供无污染、零碳的清洁电力/热力,提供既有公共建筑低碳改造一体化综合解决方案。最后,创新性地通过协同周边社区的碳普惠、碳汇以及碳交易市场等手段,对酒店产生的碳排放进行抵消,打造零碳酒店。紫龙花园零碳酒店试点不仅关注自身节能,更以酒店为中心,搭建面向酒店住客及周边居民的碳普惠平台,带动社会公众践行绿色低碳生活方式。

二　项目改造内容

（一）SMXT 外墙保温系统

SMXT 保温板是新型保温绝热板材。保温层为 SMXT 复合保温板，由 20 毫米厚芯材（铝箔包裹无机粉体混合干料，经负压工艺制成）、10 毫米厚矿物纤维材料和矿物颗粒材料混合砂浆组成，混合砂浆包裹芯材全部表面。其导热系数低，保温绝热性能优异。

（二）真空玻璃外窗

低性能、不达标的门窗将造成大量能源浪费，这成为建筑节能领域的关键问题之一。真空玻璃利用特殊的封接材料和工艺，在两层平板玻璃之间构建一层厚 0.1—0.2 毫米，真空度优于 10—2 帕斯卡的高真空层。在玻璃之间的真空层中，热传导和对流基本不存在，声音无法传播，平板玻璃上的 LOW-E 镀膜可以反射 95% 以上的热辐射。

（三）LED 照明系统

实测数据表明，照明电耗占大型公共建筑总电耗的 20%—40%，是建筑能耗的主要组成部分，通过采用高效的照明系统和智能控制技术，可以有效减少能源的流失，降低建筑的能耗。相比传统照明技术，LED 灯具有更高的能效，可以显著降低能源消耗和碳排放。同时，LED 灯不含汞等有害物质，减少了对环境的污染。

（四）暖通系统

根据联合国环境规划署在第 27 届联合国气候变化大会上发布的报告，2021 年全球建筑业造成的能源消耗已占全球能源需求的 34% 以上。暖通空调系统作为建筑中的耗能大户，占建筑总能耗的 40%—60%。风冷热泵冷热水机组是一种以空气为冷热源，以水为供冷（热）介质的中央空调机组。作为冷热源兼用型的一体化设备，风冷热泵与传统中央空调相比省去了冷却塔、冷却水泵、锅炉以及相应管道系统等多种辅配件，其系统结构简单，节省安装空间，维护管理方便而且高效节能。

(五) 能碳系统及碳普惠系统

本项目中的能碳系统通过以楼层为单位建设公共建筑的能碳管理平台，在每个楼层搭建能碳全景（数据大屏），通过数字化、可视化的智慧大屏将建筑主体的节能减碳数据对外展示，实现酒店用电及能源消耗状况的全面监测、分析和优化。

碳普惠是绿色低碳发展的创新机制，通过建立商业激励、政策激励和核证减排量交易等公众低碳行为正向引导机制，链接消费端减排和生产端减排，将个人绿色行动的"涓涓细流"凝聚成低碳发展的"洪流"，通过识别用户与碳排放有关的行为并采集数据，应用方法学对其减排进行量化，并按照规则生成碳积分发放至用户账户，由用户使用碳积分兑换奖品，来完成对低碳行为的正向激励和引导，从而完成普惠机制的闭环。

三 降碳效益测算

为比较紫龙花园酒店改造前后的节能降碳效果，按照地方现行强制标准，利用模拟软件对校准建筑与报告期建筑进行节能对比分析。

紫龙花园酒店竣工于1998年，年代比较久远，图纸资料及数据缺失严重，校准建筑相关数据参考《公共建筑节能设计标准》（GB 50189—2005）中相关规定及限值，并结合紫龙花园酒店改造前实际情况进行设置，计算结果如表1所示。

表1 基准建筑和报告期建筑能耗计算结果

总体方案情况	校准建筑	报告期建筑
采暖主机耗电量［千瓦时/（平方米·年）］	—	—
采暖能耗［吉焦/（平方米·年）］	0.17	0.12
制冷主机耗电量［千瓦时/（平方米·年）］	36.76	30.04
照明系统耗电量［千瓦时/（平方米·年）］	40.39	24.23
设备耗电量［千瓦时/（平方米·年）］	17.5	17.5
末端系统耗电量［千瓦时/（平方米·年）］	17.33	14.19
全年总耗电量［千瓦时/（平方米·年）］	111.98	85.96

| 建设"低碳环保之家",打造零碳酒店 |

续表

总体方案情况	校准建筑	报告期建筑
能耗总量(万千瓦时/吉焦)	43.23/656.2	33.18/463.2
碳排放量(吨)	333.26	251.36
节电率(%)	23.2	
节热率(%)	29.4	
减碳总量(吨)	81.9	

编辑:张彼得

新型化石燃料温核聚变复合燃烧技术及其应用

——领航国创控股集团有限责任公司

由领航国创控股集团有限责任公司（以下简称领航国创）开发的新型化石燃料温核聚变复合燃烧技术，与国内外普通的直流/交流等离子体燃烧技术相比，呈现诸多优点。本项技术可广泛应用于火力发电、建材生产、供暖供热、炼油炼钢等节能减排领域，以及废物处理、尾气净化等环保工程领域，可为我国实现节能和"双碳"目标战略作出重大贡献。

一 复合燃烧技术介绍

化石燃料温核聚变复合燃烧技术是一种将连续产生的等离子体与化石燃料复合燃烧产生温核聚变能的技术。该技术在应用过程中具有非常显著的节能、稳燃以及低氮氧化物排放等特性。

（一）节能机理

等离子复合燃烧炬采用中高频、中高压交流电激发多相电极放电产生电弧，由电弧激发气体电离产生等离子体。将化石燃料与助燃气体通入交变非均匀（畸变）高压电磁场中，解离出的轻核（氕氘）进行碰撞，引发核聚变反应，释放核能。

（二）稳燃原理

由于等离子复合燃烧炬的无水冷电极寿命在 8000 小时以上，热效率近 100%，与原来的单独等离子点火炬高压水冷电极技术的热效率 75%—80%

相比，优势很大，能够实现更好的锅炉稳燃效果。

（三）超低 NOx 排放原理

在燃烧的前一阶段保持还原性气氛，以利于还原剂的形成和 NOx 的还原，在燃烧的后期，转变为氧化性气氛，完成燃烧过程，达到较高的燃烧效率。

二 技术创新性

与国内外普通的直流/交流等离子体燃烧技术相比，呈现出以下九个方面的技术与性能特点：

（1）电压和工作频率较高：采用交流电作为激励源，施以高电压和工作频率，大幅提高燃烧过程中的物理及化学反应动力学特性，并获得聚变能量增益。

（2）提升锅炉负荷弹性：由于全时段伴燃，增强了锅炉的热值要求和低负荷限制，降低燃料添加对燃烧的影响，大大地提高了加热设备的稳定性与负荷弹性。

（3）使用寿命长：延长了燃烧炬的寿命和可靠性，其电极使用寿命在8000 小时以上，实现了工业化运用。

（4）节能效果显著：对交流等离子体与天然气复合燃烧炬而言，节能率在 10%—30%，对发电用交流等离子体与煤粉复合燃烧炬而言，节能率在 2%以上。

（5）燃料适用面广：高频、高压、高温等离子滑动弧的环境对燃料的选择性很宽，根据应用场合可以包括天然气、氢气、氨气、煤粉（包括低燃烧值煤粉）、燃料油、水基燃料、醇基燃料（生物质）等。

（6）长时效低成本：通过优化供电电源系统设计和等离子场设计，燃烧炬使用稳定可靠、寿命长、时效性好和成本低。通过减少燃料消耗，可在 1 年半左右或更短时间内收回成本。

（7）点火与助燃一体化：采用该技术不需要单独点火，实现了大型、中型、小型锅炉点火与助燃的一体化，提高了锅炉的安全性。

（8）低氮氧化物排放：相对于普通燃烧而言，氮氧化物不易形成，故该燃烧工艺可降低氮氧化物排放10%—30%。

（9）应用面广：具有燃料选取、功率大小以及结构设计的灵活性，可在发电、供热、陶瓷、发动机动力、工业与民用通用燃具、航天等领域发挥巨大作用。

三　综合绿色效应

（一）煤炭温核聚变复合燃烧技术

试验测试表明，煤炭温核聚变复合燃烧技术的节煤率为9.44%。将此技术在火力发电领域进行工业化应用，按3%节煤率计算，生产每千瓦时电可降低煤耗9克。

（二）天然气或石油液化气温核聚变复合燃烧技术

在生产玻璃、陶瓷、耐材、烧结矿领域的工业化应用，按节约天然气或石油液化气15%计算，参考2022年国家全年平板玻璃产量8086万重量箱、瓷砖产量125.6亿平方米、耐材产量2301万吨、铁矿产量75480.27万吨计算，每年节约47.6亿立方米天然气或石油液化气，二氧化碳（CO_2）减排量为915.8万吨。

在生活供暖领域的工业化应用，按节煤率3%，节约天然气或石油液化气15%计算，参考2022年国家全年生活取暖用煤、用气计算，每年可节约1800万吨煤炭，CO_2减排量为3763万吨。每年节约242亿立方天然气或石油液化气，CO_2减排量为4656万吨。

在轧钢领域的工业化应用，按节能天然气或石油液化气15%计算，参考2022年国家全年轧钢13.4亿吨计算，每年可节约60亿立方天然气或石油液化气，CO_2减排量为1154万吨。

在内燃机领域的工业化应用，按节能燃料油10%计算，参考2022年国家成品油消费量36855万吨计算，每年可节约3685.5万吨燃料油，CO_2减排量为1.16亿吨。在船舶内燃机领域的工业化应用，节能（船舶燃料油）率在10%以上，按2022年国家船舶燃料油消费量890万吨计算，每年可节约89万吨船舶燃料油，CO_2减排量为249万吨。

我国是能源消费第一大国，随着环境问题日益严重，节能减排已成为社会发展的紧迫任务，随着本项技术的推广，我国有望提升等离子技术水平和行业竞争力，通过减少能源消耗和降低污染物排放，有效缓解资源短缺、改善空气质量、降低碳排放等环境问题，为我国实现节能和"双碳"目标作出重大贡献，推动绿色发展，实现人与自然和谐共生。

编辑：丁振恩　谢顺鹏

广州琶洲三七互娱总部高层绿色建筑设计
——GWP 源尚建筑设计事务所

GWP 源尚建筑设计事务所将绿色理念付诸建筑上，提供多元人性化的设计，构建实现绿色减排、以人为本、舒适、健康的精神场域，全面控制成本，实现整个生命周期的绿色实践，推动绿色建筑的转型升级。

三七互娱总部大厦位于广州琶洲核心 CBD 区域，与珠江新城、广州国际金融城隔江相望，构成广州中心城区经济发展"黄金铁三角"，未来将成为广州创新经济发展核心引擎。项目设计参照现行《绿色建筑评价标准》（GB/T 50378—2019）中三星级绿色建筑设计要求，遵循环境友好、健康舒适、能源与资源消耗较低的基本理念。从企业文化内涵思考将设计延伸至创造快乐的概念，将建筑形态、空间体验和通风采光、节能装配等因素协调平衡，创造丰富且属于企业独特的建筑美感，为使用者带来空间感知的愉悦和精神的振奋，以及对生活、工作场所的归属感。

一　模块化表皮系统

为适应岭南地区气候的特点，设计在建筑外立面上置入了模块化的表皮系统。通过控制模块的组合方式，形成"东疏西密"的合理遮阳方式，保证室内自然采光并减少太阳辐射，同时降低了 15% 的空调负荷，实现高效的节能控制。疏密的组合也展现出立面灵动的变化，在提升建筑节能的同时赋予了美学的魅力。表皮的模块采用造型铝板内置开启窗的方式，室内一侧的铝板面板设置平开窗，室外一侧的造型铝板局部为冲孔铝板。通过使用者控制开启窗，调节空气流动性，优化了室内空气品质及提高空间的舒适性。

二 立体多维的绿化体系

立体绿化360°螺旋形从下至上覆盖整个建筑，在高区、中区、低区分布不同的空中花园，结合公共空间设置，可调节微气候，降低热岛效应。在节水方面，结合海绵城市的设计，在立体绿化上100%采用市政中水系统灌溉，有效节约了水资源。

"多维"的绿化体系。低区裙楼屋顶延伸周边场地的绿化景观，精心营造一个充满亲和活力与社交互联的休憩之园。中区空中平台花园结合运动层布置，通过精心布置的景观植物及外摆家具，打造生态健康的户外运动休闲空间。高区塔楼屋顶花园可品赏极致全方位江景，通透开阔的视野让使用者尽情享受珠江美景。同时，每个办公层均设置两个绿化景观阳台，打破传统高层办公空间的封闭感，提供舒适健康的办公环境。

三 舒适健康的空间设计

面对互联网类企业和人才团队使用需求，在建筑的高区、中区、低区各构建以人为本、生动有趣的特色公共空间，创造丰富多元的空间体验和场所互动。低区的协作交流文化空间以阶梯形式联系通高空间，打造愉悦互动的交流体验和美妙惊艳的视觉感受，营造出更宽广的空间尺度，保证了空间的实用性和吸引力。中区的健康运动空间里设置了环形慢跑跑道、趣味攀爬装置、活力健身运动空间和户外悠闲绿化平台，为企业和人员提供开放、健康的运动活动场所。顶层的活动中心面向珠江，打开全方位江景视线，配置精致生态绿植的设计和通透开阔视觉空间，打造出一种优雅愉悦的总部办公及商务体验。

四 严谨落地把控

在项目实施建设过程中，项目以建筑专业为主体统筹协调各细分专业。如在结构专业，提前介入超高层建筑方案设计中，提高平面的使用功能和景观视野；在幕墙、泛光专业，严格把控招标图纸与精细还原方案程度，把关审核实体落地样板，反复验证现场实施效果；定期到现场参与例会与巡查，与参建方沟通探讨技术细节及施工问题，及时地解决图纸和现场疑问，确保了设计方案与落地效果的高度还原。对细节的严谨把控和对各专业高频率的沟通，是绿色建筑品质落地的关键。

因此，三七互娱总部大厦是在绿色发展理念下，由内至外充分考虑功能合理性、空间舒适性及系统的高效性，是融合文化与绿色科技节能的大楼。通过关注人的使用体验，在阳光、空气、运动设施、空间感受、设计美感等细节要素中取得微妙平衡，创造出一种有趣、和谐、开放创新以及凝聚共享的场所。通过绿色设计节能减耗，在合理控制造价成本的同时减少对环境的影响。

绿色建筑的发展既是当代社会发展的需求，也是对高质量发展时代下建筑高品质的引领。绿色建筑所带来的效益不限于节能与舒适性，同时也会带来独特的建筑美感及项目价值、区域价值的提升。通过结合地域气候、当地文化、周边环境、设计标准等条件，绿色理念能催生出有别于传统的建筑设计逻辑，大至布局、空间、形态、表皮，小至节点、构造、设备选型等方面。GWP建筑事务所致力于探索绿色理论的建筑实践与建设，深度挖掘建筑与自然的关系，不断采用创新绿色设计手法，进一步推动"双碳"背景下绿色建筑在未来节能减排城市建设中的转型升级。

编辑：肖冰璇

秸秆高值化利用 助力农业绿色发展

——安徽丰原集团有限公司

农业绿色发展是践行绿色发展理念的重要抓手。实现农作物秸秆资源更加科学、更加高效、更加高值化利用是农业、农村高质量发展的重点环节之一。《"十四五"全国农业绿色发展规划》提出：将秸秆综合利用率作为主要指标，推进秸秆综合利用，推动农业循环式生产，促进其资源化、产业化、高值化利用。

一 基本情况

我国是农业大国，拥有丰富的秸秆资源。近年来，随着国家工业化、城镇化的快速发展，以及农村能源、农业种养业、肥料使用等结构的改善，秸秆的传统作用有了较大转变，秸秆资源也因此呈现出结构性、季节性、地区性的过剩现象。大量秸秆被当作废弃物随意丢弃或者就地焚烧，在浪费资源的同时，对生态环境、交通运输等构成巨大威胁，也对我国发展绿色、低碳、循环农业提出了挑战。秸秆是发展农村循环经济的一个重要物质基础，实现秸秆资源化对于促进农民增收、推动农业产业的可持续发展及构建资源节约型和环境友好型社会具有重要意义。

二 典型做法

安徽丰原集团有限公司（以下简称丰原集团）经过20多年自主技术创新，攻克了以农作物秸秆为原料生产秸秆混合糖联产黄腐酸高效有机肥关键技术。通过"秸秆—混合糖—乳酸—聚乳酸—下游应用"的全产业链核心工艺技术和专有装备制作技术，对秸秆进行深加工（见图1），提高附加值，让秸秆从废弃物变成新物质资源。

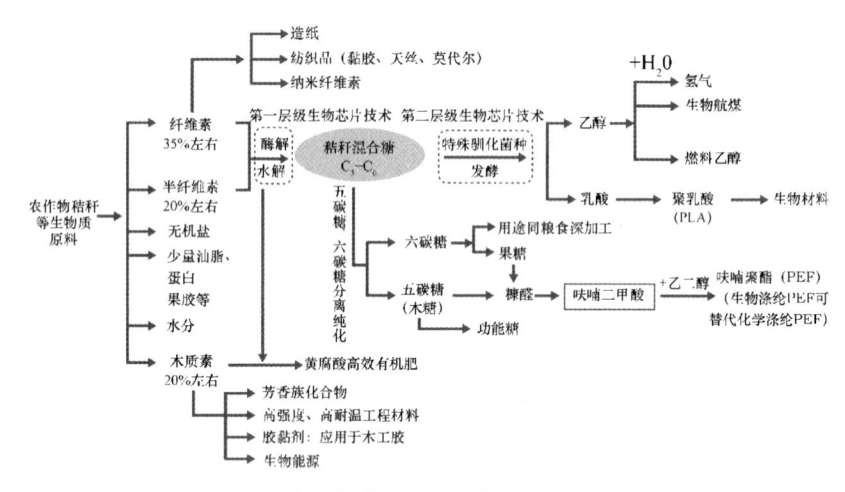

图1 农作物秸秆深加工主要产品产业链

（一）助力生物基材料产业发展

生物基材料是替代化石资源的主流，秸秆制糖是生物基材料的上游产业。目前，生物基材料聚乳酸主要用玉米加工。使用秸秆制糖后，未来，聚乳酸综合成本测算将降低到9000元/吨左右，与石油基塑料、化纤的成本相当，实现生物基材料对石油基材料的全面替代。同时，进一步推进下游产业发展壮大，生产秸秆塑料、秸秆布料、秸秆油漆、秸秆涂料、秸秆皮革等物品，推进产业结构绿色低碳转型，实现碳循环平衡（见图2）。

（二）助力能源绿色低碳转型

重点领域有序替代化石能源。一是在无法电气化的航空领域，以生物燃料替代化石燃料将成为主要路径。利用秸秆生产的生物酒精、生物航煤可为汽车、飞机、轮船提供燃料。以秸秆为原料，生产生物酒精的成本比市场价格低20%。二是我国每年非粮生物质资源约为20亿吨（秸秆约9亿吨，农林废弃物约11亿吨），可以保障传统石油制品的逐步替代，解决近60%进口原油的原材料来源，实现能源自主可控。

生物制造产业碳循环平衡（不增加大气中温室气体净含量）

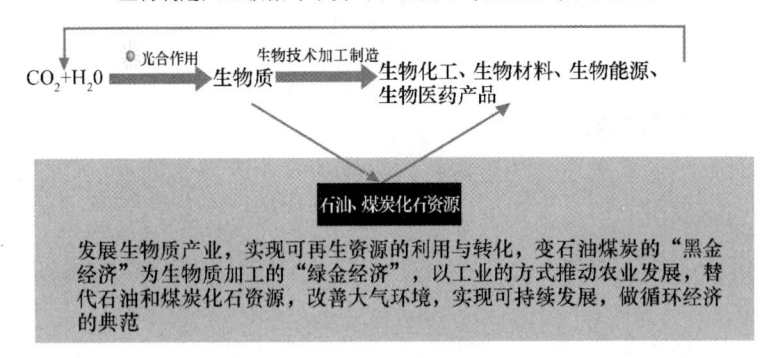

CO_2+H_2O →（光合作用）生物质 →（生物技术加工制造）生物化工、生物材料、生物能源、生物医药产品

石油、煤炭化石资源

发展生物质产业，实现可再生资源的利用与转化，变石油煤炭的"黑金经济"为生物质加工的"绿金经济"，以工业的方式推动农业发展，替代石油和煤炭化石资源，改善大气环境，实现可持续发展，做循环经济的典范。

图2 生物制造产业碳循环平衡

（三）助力农业农村绿色发展

秸秆制糖联产的黄腐酸，是植物生长剂、刺激剂，还是土壤的改良剂、营养剂，是一种超级有机生态肥料。能够增加土壤微生物种群，提升土壤层养分含量，降低土壤层营养物质外流，推动农作物根、茎、枝消化吸收，增强植物抗逆能力，提高果蔬产量及品质。通过其还田，可改善土壤微生物种群及土壤质量，实现农田变良田。同时，具备低成本优势，适用范围不再局限于瓜果蔬菜等经济作物，还可用于大田粮食作物，实现粮食产量和质量的双提升。

三 主要成效

（一）资源效益

我国每年产生约20亿吨非粮生物质资源，通过秸秆高值化利用，实现变废为宝，同时，解决乳酸等有机酸生物发酵工业中存在的"与人争粮"危机，降低原料来源的风险与成本，发展壮大聚乳酸等可降解材料，在保障国家能源安全、农业强国建设的同时，助推中国生物经济实现"换道超车"。

（二）环境效益

秸秆制糖生产聚乳酸，可用于生产生物基新材料。秸秆高值化利用技术可有效解决秸秆处置和焚烧难题，对从源头降低碳排放、减少化石原料消耗、防治废弃塑料与纤维引起的微塑料污染、白色污染等具有重要意义。

（三）碳减排效益

秸秆制糖原料为可再生资源，大幅减少农业废弃物处置的碳排放。此外，通过黄腐酸有机肥还田固碳和聚乳酸代替传统塑料，有效实现温室气体减排，对实现"双碳"目标、改善乡村生态环境的推动作用显著。

（四）经济效益

随着下游应用领域的技术不断开发和产业化示范，各地区以分布式乡镇糖厂的模式，在乡镇建立混合糖和有机肥加工厂，可实现秸秆原料→混合糖→聚乳酸（生物基聚氨酯、生物基碳酸酯、生物基聚酰胺三大功能材料）→下游应用→联产黄腐酸有机肥等产业链集群发展。

（五）社会效益

推进秸秆综合利用，可带动农村剩余劳动力就业、促进农业增效和农民增收，解决重点地区秸秆焚烧造成的大气环境污染问题，最终促进农业资源与工业生产的良性循环，建设生态家园，实现社会效益、环境效益和经济效益的"多赢"。

编辑：李荣杰

"智能驿站"绿色公共服务项目

——北京数驿科技有限公司

"智能驿站"概念源自传统的"驿站",但今天的"智能驿站"融入科技、环保和互联网等现代元素。随着科技进步和城市化进程的加速,智能驿站作为一种新型城市绿色服务设施,在"科技+环保+互联网+场景运营+产业生态"的理念指导下,已经成为提升城市公共服务能力和促进地方经济发展的重要力量。

一 智能驿站项目介绍

北京数驿科技有限公司基于"公共服务、城市管理"的理念,运用绿色、卫生安全的新型智能装备,设计建设集科技、商业和数据于一体的数字公共服务驿站集群,旨在为城市的绿色发展、公共服务建设和民生医疗下沉提供专业的系统解决方案。

目前,智能驿站建设方面已经取得了一定进展,总数不断增加,覆盖多个城市。中央文化和旅游管理干部学院新添加了文化旅游驿站样板。部分智能驿站配备了智能充电桩,实现了快速充电和远程监控功能,大大缩短了平均充电时间。

在成都,智能驿站已经实现多种业态,如商铺租赁、咖啡馆、理发店、鲜花店、小吃店、健康驿站、赛事驿站等,打造从生产、研发、管护、商业运营全过程体系。

在多个省市建立了近1000座智能驿站,每年服务约7亿人次。以城市发展、民生需求为基础,已经打造出三大类型七大业态的产品集群,相关具体形态如表1所示。

表 1　　　　　　　　智能驿站三大类型七大产品业态

序号	类型	产品业态	比例（%）
1	城市服务	智慧驿站+生活馆	30
		智电驿站	5
		退伍军人就业驿站	5
2	商业集市	独立商铺	30
		集市驿站	10
3	社区医疗	智慧驿站+医疗驿站	10
		独立智慧医疗驿站	10

二　存在的问题及改进思路

（一）存在的问题

（1）社区服务不足：全国社区目前缺少的服务设施主要包括养老、托育、健身、停车、充电、便利店、早餐店、菜市场以及"小修小补"点等。在城市中心区，选址难、投资大、协调困难等问题突出，限制了智能驿站的普及，导致社区服务难以全面开展。

（2）城市街头与地铁口问题：存在配套数量不足、规划位置不合理、内部设施不全、管理不够规范等问题，影响了市民的生活便利性和服务效能。单一的运营模式也限制了其发展潜力。

（3）公园绿道问题：传统驿站造价过高，不具备灵活多变性，导致因城市更新变化被荒废；大型公园电瓶车停放、租赁场地不足。业态单一，运营率不足，限制了绿道驿站的功能和价值发挥。

（二）改进思路与举措

打造"新技术、新科技、新应用、新场景"于一体的新时代城市更新产业生态链需要采取系统有效的思路：

（1）市场调研与需求分析：深入了解当前城市更新包括技术、经济、社会和环境等方面的需求。

（2）战略规划与顶层设计：制订战略规划，明确目标、任务、时间表和责任分配。

（3）技术研发与创新：投入资源自主技术研发，推动技术创新和应用。

（4）标准化与模块化生产：建立工业化标准生产体系，提高生产效率和产品质量。

（5）智慧化建设与管理：利用物联网、大数据、人工智能等技术，实现智慧化建设和运营管理。

（6）资金筹措与投资：通过市场化投资、引入基金投资等方式，筹集必要的资金支持项目实施。

（7）合作伙伴关系建立：与高校、科研机构、企业等建立合作关系，共同推进项目实施。

（8）品牌建设与市场营销：通过品牌跨界合作、新媒体全覆盖等方式，提升品牌影响力和市场占有率。

（9）持续优化与迭代：根据市场反馈和技术发展，提升产品和服务。

（10）社会责任与可持续发展：注重环保、节能、减排，实现经济效益和社会效益的"双赢"。

智能驿站的发展需要政府、企业和社会各界的共同努力和支持。通过政策引导、技术创新、产学研合作、多元化商业模式和人才培养等多方面措施，推动智能驿站的快速发展和广泛应用。

三 发展前景及行业趋势预测

智慧城市的建设和发展为智能驿站奠定了坚实的基础。中国智慧城市市场规模近几年均保持30%以上的增长，2022年市场规模为24.3万亿元，2024年达到33万亿元。智慧城市的建设不仅包括物联网、云计算等技术的应用，还包括智慧社区、智慧养老、智慧医疗、智慧交通、智慧安防、智慧应急、银发经济等多个方面的发展，这些都为智能驿站的应用提供了广阔的空间。目前，城市更新市场容量正在不断扩大，预计到2029年，我国城市更新市场规模将超过9万亿元。城市更新的定义涵盖了旧工业区、旧商业区、旧住宅区、城中村等的改造和更新，旨在促进经济和社会的可持续发展，智慧驿站为城市更新提供了不同场景的载体。

编辑：施江强　卢乐杰

朗坤广州生物质资源再生中心
——深圳市朗坤科技股份有限公司

一 项目简介

（一）背景情况

根据广州市城市管理和综合执法局的统计结果，2023年，广州市清运生活垃圾791.6万吨，无害化处理率为100%。按照处理方式统计，其中生物化学技术的处理量为122.19万吨，占总处理量的15.44%；焚烧技术的处理量为669.41万吨，占总处理量的84.56%。按照垃圾类型划分，厨余垃圾无害化处理量为125.04万吨，占总处理量的15.8%；其他垃圾无害化处理量为666.56万吨，占总处理量的84.2%。

厨余垃圾、餐饮垃圾含有较高的油脂、有机质和营养元素等物质，具备较高的资源化再利用价值。

（二）项目基本概况和主要内容

1. 基本概况

朗坤广州生物质资源再生中心是国内一次性建成的规模最大的城市生物质废弃物综合处理和资源再生项目、广州市规模最大的生活垃圾分类处理生化处理设施、广州市唯一病死畜禽和粪污无害化协同处理项目，由深圳市朗坤科技股份有限公司（以下简称朗坤科技）采取BOT模式投资、建设、运营，总投资约9.3亿元。项目位于广州市黄埔区新龙镇福山村福山循环经济产业园，占地面积约125.4亩；建有7个9600立方米厌氧罐，是全球单体最大的联合厌氧系统；装有智能收运系统和云数据系统，实现垃圾"产生端、收运端、处理端"全覆盖、全过程监管以及"信息化、智慧化、精细化"运营。

2. 主要内容

朗坤广州生物质资源再生中心的主要内容包括生物质废弃物处理和再生与生物柴油制备两部分，具体如下：

（1）生物质废弃物处理和再生部分：该部分主要处理广州市中心六区的餐饮垃圾、厨余垃圾、粪污以及全市的动物固废。设计产能为2040吨/日，其中：餐饮垃圾400吨/日、厨余垃圾600吨/日、粪污1000吨/日、动物固废40吨/日。采用朗坤科技研发的LCJ厌氧微生物技术，同时对上述四类生物质废弃物进行协同处理和资源化处置。该部分自2019年7月26日正式投产试运营，12月实现满产，创造了当时同类项目全面满产的最快纪录。

（2）生物柴油制备部分：该部分总产能约为10万吨/年，于2021年投产运营，采用朗坤科技研发的LBD生物酶法技术。生产的生物柴油品质高，已通过欧盟ISCC、荷兰DDC以及ISO 9001、ISO 14001、ISO 45001三体系的认证。

（三）其他功能性内容

朗坤广州生物质资源再生中心采用"环保+花园式工厂+科普"理念进行设计和建设。项目在整体设计和建设中突出层次分明的园林绿化景观，打造"厂在林中、林在厂中"花园式工厂。此外，项目还配套建设科普宣教设施，其中：建设了全长268米、环绕厂区的空中廊道，既可以纵览全厂景观，也可以了解整个项目"变废为宝"的生产过程；建设了1100平方米的高科技室内环保展厅，对垃圾分类、环境保护进行科普和宣传，通过VR全息立体、交互式互动和多媒体等方式，使参观者充分感受生物科技与环境保护相互融合。

二 工艺技术

朗坤广州生物质资源再生中心协同处理工艺流程如图2所示，核心技术均由朗坤科技自主研发，主要包括LCJ厌氧微生物技术、LBD生物酶法技术、LHP 超高压分离技术等。

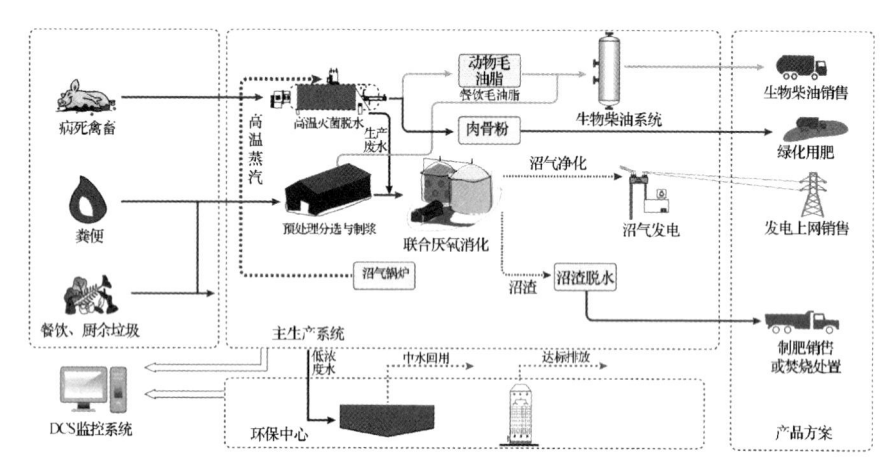

图 2　协同处理工艺流程

三　业务模式

朗坤广州生物质资源再生中心是朗坤科技专门处理和资源化利用生物质废弃物的绿色工厂，通过先进的 LCJ 厌氧微生物、LHP 超高压分离、LBD 生物酶法等核心技术，协同处理多种类型的生物质废弃物，并用于生产生物柴油、甲烷、绿色电力、有机肥等清洁能源产品和资源再生产品，将传统治废的"政府输血"业务模式升级为新型智造的"自身造血"业务模式，减轻当地政府财政负担，引领从"生物治废"到"生物智造"的蝶变。

朗坤广州生物质资源再生中心的产品内容和规模为：生物柴油 10 万吨/年，沼气发电量 1 亿度/年，有机肥原料 5 万吨/年，蒸汽 5.48 万吨/年。

四　经济、环境及社会效益

（一）经济效益

朗坤广州生物质资源再生中心通过协同处理、技术创新、热力回用、中水回用等方式，不仅降低了投资、建设和运营成本，同时还生产和出售清洁能源产品和资源再生产品，产生直接经济效益。2023年，本项目营业收入约为9亿元，是同类项目的3倍以上；纳税金额约为8000万元，是同类项目的8倍以上；政府支付的处理费占营业收入的比例低于20%。

（二）环境效益

据核算，2023年朗坤广州生物质资源再生中心碳减排总量约为66.93万吨二氧化碳当量，其中生物质废弃物处理和再生部分为38.28万吨二氧化碳当量，生物柴油制备部分为28.65万吨二氧化碳当量。同时，本项目深度处理厨余垃圾等四类生物质废弃物，利用地沟油、潲水油等精炼生物柴油，真正实现了城市垃圾资源循环利用，为根治"垃圾围城"、食品安全等问题和促进循环经济发展作出了贡献。此外，本项目采取协同处理方式，减少设备占地面积，节约了土地资源。

（三）社会效益

朗坤广州生物质资源再生中心多次接受国家级、省部级等各级领导的考察调研，具有良好的示范效应和推广价值。先后4次获得央视频道报道，其中《新闻联播》报道1次，《人民日报》、央广网、《经济日报》、《南方日报》、广东省电视台等主流媒体也多次对本项目进行采访报道，极大地促进了生态文明和健康环保生活理念的宣传，提升了垃圾分类处理意识。本项目荣获了广州市主管部门颁发的2022年生活垃圾终端处理设施运营管理先进单位和新冠疫情防控先进单位两项荣誉，以及财联社"碳中和先锋奖"。此外，在新冠疫情防控期间，为保障广州公共卫生安全作出了贡献。

编辑：李诗莹

科技驱动汽车后市场绿色转型
——北京哇牛数字科技有限公司

北京哇牛数字科技有限公司（以下简称哇牛科技）依托数字化驱动，全力推动服务标准化、智能化升级，为车主提供全生命周期的一站式养车服务，引领汽车后市场绿色转型，实现可持续发展。

一 科技驱动，引领汽车后市场绿色转型

哇牛科技以其全面且创新的环保产品体系，向绿色、智能的新时代迈进。

在发动机养护方案上，其核心在于聚四氟乙烯（PTFE）材料的应用。这种材料因其优越的润滑性能，在军工、航空航天等尖端领域有着广泛应用。其分子结构赋予材料极低的摩擦系数，能有效减轻发动机部件间的摩擦，从而显著延长发动机的使用寿命。此外，PTFE 的耐高低温和抗腐蚀特性，能够在极端环境中保持稳定的润滑效果。哇牛科技看到了这一材料的独特价值，将其成功引入汽车后市场服务，不仅大幅降低了车辆能源能耗，还有效减少尾气排放，为节能减排事业作出了积极贡献。

在车内环境优化方面，哇牛科技推出了马滤康负氧离子生态液。该产品通过高效诱生高浓度负氧离子，为车主及家庭成员营造了一个安全、健康的驾乘空间。历经三代技术的持续迭代，马滤康负氧离子生态液已能显著提升车内空气质量，与"健康中国"国家战略高度契合。这不仅彰显了哇牛科技对环保健康的深刻理解，也为消费者提供了更为环保、健康的养车新选择。

在车辆保护领域，公司精选由 TPU 母粒打造的科技环保车衣。这款车

衣施工简便，低温下能快速修复，且具备出色的抗酸耐碱性能，为车辆提供了持久而全面的保护。同时，该车衣产品严格遵循SVHC环保标准，健康无害，犹如为车辆披上了一层绿色"保护甲"，有效减少车漆老化、褪色等问题所带来的二次污染。

通过构建一系列创新产品和绿色服务体系，哇牛科技不仅为车主提供了更加便捷、高效的养车体验，更为社会的可持续发展作出了贡献。

二 全球视野，开创绿色转型新篇章

在全球汽车产业绿色转型的大背景下，政策导向与消费者偏好均日益倾向于绿色出行与健康生活方式。哇牛科技，秉持"创新、可靠、绿色、便捷"的核心价值观，致力于打造一个集智慧养车、绿色服务于一体的全新生态，旨在引领汽车后市场服务进入一个崭新的发展阶段。未来，公司将紧密围绕低碳生活、低碳出行的核心理念，坚定不移地推进可持续发展战略，为消费者提供更为绿色、高效、智能的养车体验。

在产品研发与技术革新方面，哇牛科技将进一步加大投入，特别是新能源汽车养护领域，不断推出契合绿色出行需求的创新产品。深化与国内外科研机构及企业的合作，共同研发适用于汽车后市场的环保养护解决方案。例如：拓宽聚四氟乙烯（PTFE）材料的应用边界，不限于发动机养护，更将延伸至其他关键部件的保护，以进一步降低车辆能耗与尾气排放。同时，通过与新能源汽车制造商的紧密协作，推动养车服务的标准化、在线化与可视化，为新能源车主带来前所未有的便捷与高效体验。此外，哇牛科技还将积极营造新能源社交体验，让绿色出行成为引领潮流的生活方式。

在智能化服务层面，公司将依托大数据和人工智能技术，构建更为完善的车辆健康管理系统。通过智能诊断和预测性维护技术，及时发现并解决车辆潜在问题，延长车辆的使用寿命。同时，大力推进数字化转型，利用互联网技术提升服务透明度与效率，减少不必要的中间环节，让消费者享受到更加实惠、高效的服务体验。

三　新能源养车标准：制定者与引领者

面对蓬勃发展的新能源汽车市场，哇牛科技深刻认识到标准制定的重要性。公司将凭借在新能源汽车技术领域的深厚积累，积极参与汽车后市场标准化建设，携手行业专家与机构，共同推动新能源养车行业标准的制定与实施，促进行业健康发展。公司计划与更多行业协会及科研机构合作，制定并推广汽车后市场服务标准与规范，确保行业整体服务质量与水平的持续提升。通过标准化培训，提升门店与从业人员的专业素养，使汽车后市场服务更加规范、透明、可靠。此外，哇牛科技还将积极寻求国际合作机会，为全球消费者提供符合当地需求的养车服务，通过国际化战略布局，不断拓展市场，实现全球化发展，为绿色出行与可持续发展贡献中国智慧与力量。

作为新能源养车技术的认证中心，哇牛科技将建立一套严谨、完善的技术认证体系。对新能源养车技术人员进行严格培训与考核，确保他们掌握最前沿的技术与知识。通过认证的技术人员将获得由哇牛科技颁发的专业证书，成为行业内的佼佼者。同时，还将与各大新能源汽车制造商合作，对其技术进行认证与评估，为车主提供可靠的技术保障。

为培养更多符合行业需求的高素质人才，公司将与高校建立紧密的合作关系，共同成立实训基地与实验室。制定新能源养车领域的职业技能标准与培训体系，为行业源源不断地输送专业人才。同时，与职业院校开展定向委培项目，为行业定向培养具有专业技能的技师。通过技师年审制度与五级技工层级制度，确保技师的技能水平始终保持在行业前沿，并为其提供清晰的职业发展路径与晋升机会。

在未来的发展中，哇牛科技将积极整合政府、产业、高校、科研机构、金融、协会等多方资源，形成强大合力。公司将与政府相关部门保持密切沟通与合作，共同推动新能源养车行业的健康发展。同时，与科研机构、高校及金融机构建立紧密的合作关系，共同开展技术研发、产品创新与市场拓展等工作。通过整合这些资源，哇牛科技将构建起一个完备的新能源养车生态体系，为行业的持续、健康发展注入强大的动力与活力。

哇牛科技以创新驱动为引擎，以绿色未来为方向，不断推动汽车后市场服务的高质量发展。通过持续的技术创新、优化服务体系、丰富绿色产品线、推动行业标准化和加强国际合作,为车主提供放心、便捷、环保的养车体验,为汽车产业的可持续发展贡献力量。推动中国汽车后市场迈向更加绿色、智能和可持续的未来。

编辑:朱红成　王恩忠

冷热碳表产品应用
——乌兰察布试点案例

一 乌兰察布"双碳"智慧监管平台项目简介

积极稳妥推进碳达峰、碳中和，完善碳排放统计核算制度，是党的二十大提出的战略部署。建立碳达峰、碳中和标准、计量检测、认证体系，提升碳排放和碳监测数据准确性和一致性，开展用能设施及系统碳排放计量测试方法研究和碳排放连续在线监测计量技术研究，是推动由宏观"碳核算"向精准"碳计量"转变的重要途径。

结合内蒙古自治区乌兰察布市具体"双碳"工作推进思路、实施进展和建设成果，2023—2024年，乌兰察布市应对气候与低碳发展中心作为项目建设单位，开展乌兰察布"双碳"智慧监管平台建设工作。平台建设分为如下几个部分：一是打通全市"双碳"数据统计通道，实现数据智慧化采集；二是创新碳计量方式，实现碳的智慧化监测计量；三是辅助主管部门决策分析，实现智慧化数据分析与展示；四是服务地区纳入碳市场重点企业，提升智慧服务手段。其中"创新碳计量方式，实现碳的智慧化监测计量"是平台建设的重要环节，为了满足平台创建要求，必须采用先进的监测技术和设备，确保碳排放数据的精确采集和有效管理。

二 冷热碳表

（一）冷热碳表产品简介

冷热碳表是用冷端与用热端碳排放的计量设备。冷热碳表基于传统计量表技术，随时结合不同能源属性和供能设备，结合能碳转换模型和动态因子库，实现能碳转化的边缘计算和本地显示并可上传云端，通过物联技术与数据云端储存，高效有力地服务应用端，实现碳排放精准溯源，确保碳排放数据的可视、可信和可比（见图1）。

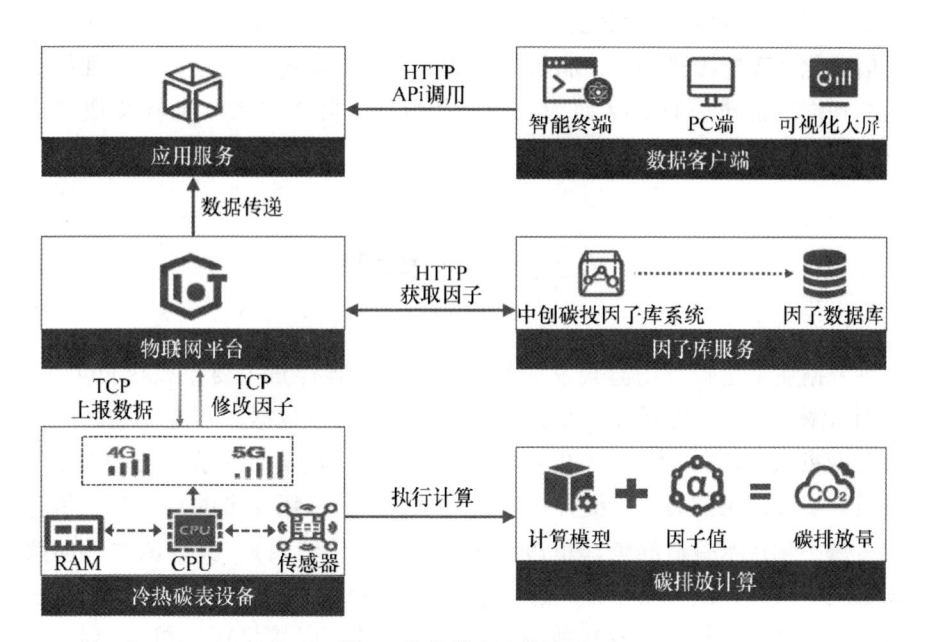

图1 冷热碳表工作流程

（二）冷热碳表主要功能

冷热碳表是在冷热量表的基础上，增加了冷热源碳排放因子。它可以通过授权设备在现场或者通过网络对碳排放因子进行远程赋值，并根据不同的周期或者时段，单独进行碳计量，对冷热用能转换的全过程、全生命周期开展实时监测，提供及时准确的统计数据，提高能量转化比、能量利用率，节能降碳。

（三）冷热碳表应用场景

工业企业生产涉及行业众多，且碳排放量巨大。冷热碳表会对整个工业生产过程进行用冷用热碳排放监测，并与其他软硬件碳管理工具连接运用，实现从"活动数据采集—核算方法关联—排放边界关联—碳排放在线监测"等全过程的碳排放监测与计量，帮助企业管理者进行碳排放监测、分析和优化，合理规划生产经营计划，提高能源利用效率，降低工业生产碳排放。

在冷热碳表碳数据计量基础上，通过软件和硬件结合，借助自研 IOT 平台和数据平台整合先进资源，实现智能化能碳数据采集和监控测算，围绕能碳管理实现生产透明化、设备集成化、数据一体化、管理可视化、能流信息化和碳资源集约化，满足能效碳效对表、能流碳流分析，实现精准的端到端的能碳管理，从而为企业节能降碳、降本增效、更好实现"双碳"目标提供数字化抓手。

三　未来展望

数据质量是碳市场健康发展的基石，当前碳计量主要是以核算为主，区别于一般的企业能耗在线监测只能获取企业能耗数据。通过"物联网在线监测+边缘计算技术"，不仅可实现能源、碳排放实时计量，还可以在设备层面实现结果的展示，提升数据采集时效性。采用先进的自动化、信息化、数字化技术打造的碳计量边缘一体机（冷热碳表），实现从"活动数据采集—核算方法关联—排放边界关联—碳排放在线监测"全过程的企业碳监测与计量，从而使碳排放总量、直接排放、间接排放有机结合起来，使之能够运用成熟的数据处理与分析技术，为企业进一步深入挖掘碳数据价值提供精准助力，为探索碳监测提供新的方式方法。通过本项目建设创新碳计量方式，实现碳的智慧化监测计量，提升碳的实时监测与分析能力；通过试点企业安装冷热碳表等物联网计量设备，实现能源表计数据实时采集和能碳数据边缘计算，在一定程度上保障了企业能碳数据真实性，同时基于边缘计算技术，企业以及主管部门可实时查看当前排放情况。

随着全球气候变化严峻，冷热碳表作为先进监测设备，能满足不同场景碳排放监测需求。其发展趋势良好，能提升碳排放数据质量，推动碳市场健康发展，助力"双碳"目标实现。总体而言，冷热碳表在政策支持下，凭借技术优势，在多领域有广泛应用场景，通过有效推广策略已开展试点应用，未来发展前景广阔，对实现碳达峰、碳中和目标意义重大。

编辑：李轶伟

绿色创新驱动，引领建筑节能新未来
——广东兴定新材料有限公司

广东兴定新材料有限公司（以下简称兴定新材料）在国内节能门窗幕墙领域占据着重要地位，专注于玻纤增强聚氨酯（聚氨酯复合材料）型材的研发、生产、销售以及安装服务，为建筑行业提供全方位的节能解决方案。公司以科技创新为核心驱动力，致力于打造高品质的节能产品，在推动行业发展和实现国家"双碳"目标方面发挥着积极作用。

一　玻纤增强聚氨酯材料介绍

因为其具有耐腐蚀性、抗弯强度高、密度低等特点，使用拉挤、模压、注射成型等工艺生产的制品被广泛应用于航空航天、石油化工、建筑、轨道交通、桥梁等领域，是高分子、高性能材料的代表。兴定新材料创新性地将这种材料通过拉挤工艺应用于门窗型材，研发的超级断桥铝门窗幕墙型材在世界上率先解决了铝型材和玻纤聚氨酯拉挤型材复合线性膨胀系数差异的难题，在保留了断桥铝门窗优点的前提下，最大范围地实现了铝合金型材的替代。和传统断桥铝门窗相比较，兴定新材料超级断桥铝型材制作的门窗具有更高的气密性和水密性、更高的抗风压性能、更好的保温隔热性能、更好的隔音降噪性能和更好的防火耐火性能。同时，因其优异的耐候性能可实现与建筑同寿命，是国际领先的新一代门窗幕墙型材。

二 新材料技术指标优势显著

(一) 卓越的隔热性能

兴定新材料的玻纤聚氨酯超级断桥铝复合型材和中空玻璃结构展现出了令人惊叹的隔热效果。其热传导系数低至 0.34 瓦/（平方米·开尔文）[W/（m²·K）]，相较于普通铝合金型材 140—170W/（m·K）有了质的飞跃（见表1）。整窗采用的中空玻璃结构热传导系数也仅为 0.78—1.98W/（m²·K），远远低于普通铝合金型材 6.69—6.84W/（m²·K）。这种出色的隔热性能能够极大地降低通过门窗传导的热量，有效阻止室内外热量的交换，为建筑节能奠定了坚实基础。

表1　　　　　兴定新材料热型材导热系数和线膨胀系数

性能	铝合金	钢	玻纤增强聚氨酯型材
导热系数 [W/（m²·K）]	>150	36—54	0.34
线膨胀系数（11×10⁻⁵K⁻¹）	2.0—2.4	1.2	0.5

资料来源：广东兴定新材料有限公司。

(二) 出色的防结露特性

带有隔热条的型材内表面温度与室内温度相近，巧妙地降低了室内水分因分子过饱和而在型材表面冷凝的可能性。这一特性不仅保持了门窗的美观与整洁，还延长了门窗的使用寿命，减少了因结露导致的潜在损坏和维护成本。

(三) 显著的节能效果

在冬季，玻纤聚氨酯隔热条窗框能够减少高达 2/3 的窗框热量散失，如同为建筑穿上了一件温暖的"棉衣"，有效保持室内温度，降低取暖能耗。而在夏季使用空调时，它又能减少冷量损失，宛如一道坚固的"冷墙"，阻挡室外热量入侵，为用户节省大量能源开支，实现了冬暖夏凉的舒适居住环境。

(四) 多维度的环保与健康贡献

从环保角度看，被动房通过隔热系统的应用，大幅减少了能耗消耗，同时降低了空调和暖气产生的环境辐射，为应对全球气候变化贡献了力量。在健康方面，通过门窗的保温性精准控制室内温度在 20—26℃，结合良好的气密性使湿度保持在 40%—60%，为人们创造了最适宜的居住环境，提升了居住的舒适度和健康水平。

(五) 强大的降噪隔音能力

采用独特的中空玻璃结构和玻纤聚氨酯超级断桥铝复合型材空腔结构，兴定新材料的门窗能够有效降低声波的共振效应，如同为建筑装上了"隔音耳塞"，阻止声音的传递。其降噪效果显著，可降低噪声 30 分贝(dB) 以上，为居民提供了宁静的居住空间，尤其适用于高速公路两侧、毗邻闹市等噪声污染严重的区域。

(六) 多重安全防护功能

1. 防火性能卓越

铝合金金属材质搭配玻纤聚氨酯隔热条，使其阻燃性能优于常规的 PA66+GF25（尼龙隔热条），强度更高，防火性能更加优良，为建筑安全提供了坚实保障，在火灾发生时能有效阻止火势蔓延，保护生命和财产安全。

2. 防风沙与抗风压性能强大

内框料采用空心设计，赋予了门窗超强的抗风压变形能力和抗震动效果，如同建筑的坚固盾牌。无论是超高层、高层建筑还是民用住宅，都能轻松应对恶劣天气条件，确保室内安全。同时，其良好的气密性和水密性能够有效阻挡雨水和风沙，保证室内窗台和地板无灰尘、不渗水，为用户打造干净、舒适的居住环境。

3. 高强度与免维护特性

断桥铝窗体具备高抗拉伸和抗剪切强度，以及出色的抵御热变形能力，坚固耐用，不易变形。而且，超级断桥铝型材耐酸碱侵蚀，不易变黄褪色，几乎无须保养，大大降低了用户的使用成本和维护精力。

(七) 优异的防水与密封性能

1. 保温隔热性能卓越

采用玻纤聚氨酯隔热条注胶复合铝合金外框，结合独特的三密封形式（两条U槽胶条和一条等压胶条），使门窗气密、水密性能极佳，保温性能优越。窗扇的中空玻璃结构进一步提升了整体性能，使窗户在隔音、隔热、保温等方面表现卓越，有效节省采暖和制冷费用，热传导系数处于0.78—1.98 瓦/平方米·开尔文，节能效果显著。

2. 防水功能出色

依据压力平衡原理设计的结构排水系统，下滑采用斜面阶梯式设计并设有排水口，确保排水畅通无阻，水密性良好。即使在暴雨天气，也能有效防止雨水渗漏，保护室内装修和家具不受损坏。

3. 防盗、防松动设计可靠

配置标准的五金锁具，为窗户提供了稳固的保障，确保在使用过程中安全可靠，让用户无后顾之忧。

(八) 绿色环保与多样化开启形式

兴定新材料的断桥铝门窗在生产过程中无有害物质产生，材料可回收循环再利用，是当之无愧的绿色建材环保产品，符合人类可持续发展的理念。此外，门窗开启形式丰富多样，包括平开式、内倾式、上悬式、推拉式以及平开和内倾兼复合式等，用户可根据不同需求和场景自由选择，满足了个性化的使用需求，同时兼具舒适耐用的特点。

三 社会效益与经济效益"双赢"

(一) 高性能门窗助力超低能耗建筑发展

在建筑能耗中，门窗能耗占比在45%—50%，是建筑节能的关键环节。兴定新材料积极响应"碳中和""碳达峰"目标，通过自主研发设计，打造出超高性能的被动式门窗产品。以热传导系数衡量门窗节能性，兴定新材料的绿色节能被动窗的热传导系数可低至0.78 瓦/平方米·开尔文，性能卓越，为超低能耗建筑提供了理想的解决方案，推动了建筑行业向绿色、节能方向发展。

(二) 创新驱动企业与行业发展

兴定新材料的技术创新不仅提升了自身竞争力，还带动了整个行业的技术进步。其高性能门窗产品的广泛应用，有助于提高建筑的整体节能水平，减少能源消耗和环境污染，促进建筑行业与生态环境的协调发展。同时，企业的发展也创造了更多的就业机会，为社会经济发展作出了积极贡献。

(三) 引领绿色生活新趋势

兴定新材料致力于为更多家庭创造绿色、美好的人居生活。其产品在降低能耗的同时，提升了居住环境的舒适性和健康性，让人们在享受现代建筑便利的同时，也能感受到绿色环保带来的积极影响。未来，兴定新材料将继续探索高性能门窗在超低能耗建筑中的应用，为实现"碳中和""碳达峰"目标贡献更多力量，引领建筑行业迈向更加绿色、可持续的未来。

四 结 论

兴定新材料秉持着"奔山赴海，筑就可持续未来"的使命愿景，积极响应世界节能减排的号召，全力助力国家"碳达峰""碳中和"目标的实现。公司深知自身在应对全球气候变化和推动可持续发展中的责任与担当，这一使命愿景贯穿于公司的发展战略、产品研发、生产运营以及市场推广的各个环节，致力于通过研发和生产高性能的节能材料及产品，为全球低碳生活贡献中国人的智慧和力量。

编辑：梁润章　朱宝龙